이 책의 한국어판 저작권은 EYA(Eric Yang Agency)를 통해 케임브리지대학교 출판부(Cambridge University Press)와 독점계약한 (주)소와당에 있습니다. 저작권법에 의하여 보호를 받는 저작물이므로 무단전재와 복제를 금합니다.

Korean translation copyright © 2021 by SOWADANG
Korean translation rights arranged with Cambridge University Press through EYA(Eric Yang Agency)

CAMBRIDGE WORLD HISTORY: Volume III(PART 4-6)
Copyright © Cambridge University Press 2015

고대의 도시들 2
권력과 제국주의

노먼 요피 편집 / 류충기 옮김

기원전 4000년 – 기원후 1200년
Cambridge World History
VOL. III PART 4-6

소와당

케임브리지 세계사 시리즈 소개

케임브리지 세계사 시리즈는 활발한 연구가 펼쳐지고 있는 세계사 분야를 새롭게 개괄하는 권위 있는 개론이다. 세계사 및 지구사의 최근 연구 경향을 반영함으로써 포괄하는 시간적 범위를 확대했으며, 문헌 기록 이후의 역사뿐 아니라 인류의 전체 역사를 대상으로 했다. 국제적으로 다양한 분과 학문에서 선도적인 연구 업적을 내는 필자들을 섭외했고, 200명 이상의 저자들이 참여하여 오늘날까지 인류의 과거를 종합적으로 설명했다. 세계사는 다양한 방법론을 통해, 그리고 다양한 시공간적 범위에서 검토되어야 한다는 인식이 성장하고 있음을 감안하여, 시리즈의 각 권에서는 지역별 연구, 주제별 연구, 비교 연구의 성과를 수록했으며, 사례 연구를 더하여 넓은 시각의 연구를 깊이 있게 들여다볼 수 있도록 기획했다. 바로 이런 점이 케임브리지 세계사 시리즈의 특징이라 하겠다.

시리즈 편집 총괄

메리 위스너-행크스(Merry E. Wiesner-Hanks)
- Department of History, University of Wisconsin-Milwaukee

편집위원회

그레이엄 바커(Graeme Barker)
- Department of Archaeology, Cambridge University

크레이그 벤저민(Craig Benjamin)

- Department of History, Grand Valley State University

제리 벤틀리(Jerry Bentley)

- Department of History, University of Hawaii

데이비드 크리스천(David Christian)

- Department of Modern History, Macquarie University

로스 던(Ross Dunn)

- Department of History, San Diego State University

캔디스 가우처(Candice Goucher)

- Department of History, Washington State University

마니 휴스-워링턴(Marnie Hughes-Warrington)

- Department of Modern History, Monash University

앨런 캐러스(Alan Karras)

- International and Area Studies Program, University of California, Berkeley

베냐민 케다르(Benjamin Z. Kedar)

- Department of History, Hebrew University

존 맥닐(John R. McNeill)

- School of Foreign Service and Department of History, Georgetown University

케네스 포메란츠(Kenneth Pomeranz)

- Department of History, University of Chicago

베린 셰퍼드(Verene Shepherd)

- Department of History, University of the West Indies

산자이 수브라마니암(Sanjay Subrahmanyam)
- Department of History, UCLA and Collège de France

스기하라 가오루(杉原 薫)
- Department of Economics, Kyoto University

마르설 판 데르 린던(Marcel van der Linden)
- International Institute of Social History, Amsterdam

에드워드 왕(Q. Edward Wang)
- Department of History, Rowan University

노먼 요피(Norman Yoffee)
- Departments of Near Eastern Studies and Anthropology, University of Michigan; Institute for the Study of the Ancient World, New York University

한국어판 영어판 분권 대조표

케임브리지 세계사 시리즈 영어판은 7권 9책으로 구성되어 있지만, 번역본 한국어판은 18권으로 출간한다. 그 이유는 분량 때문이다. 분량이 워낙 많은 데다 번역하는 과정에서 페이지 수가 더욱 늘어나 때로는 1000페이지가 넘는 경우가 생기므로, 부득이 영어판 각 1권을 한국어판 2권으로 나눴다. 다만 세계사 서술에서는 시대구분 문제가 중요한 주제 중 하나이며, 영어판의 구성 자체가 시리즈 기획자들의 의도를 담고 있으므로, 페이지 분량 문제로 한국어판에서 부득이 분권을 하더라도 영어판의 구성을 최대한 존중하고자 했다. 그리하여 각 권의 표지에서 영어판의 분권 체제를 명시했으며, 또한 아래와 같이 한국어판과 영어판의 분권 구성과 시대구분을 정리했다. — 옮긴이

영어판		한국어판
Cambridge World History Vol. I (to 10,000 BCE)	Part 1	케임브리지 세계사 01
	Part 2	케임브리지 세계사 02
Cambridge World History Vol. II (12,000 BCE~500 CE)	Ch.1~7	케임브리지 세계사 03
	Ch. 8~23	케임브리지 세계사 04
Cambridge World History Vol. III (4000 BCE~1200 CE)	Part 1~3	케임브리지 세계사 05
	Part 4~6	케임브리지 세계사 06
Cambridge World History Vol. IV (1200 BCE~900 CE)	Part 1	케임브리지 세계사 07
	Part 2	케임브리지 세계사 08

영어판		한국어판
Cambridge World History Vol. V (500~1500 CE)	Part 1~3	케임브리지 세계사 09
	Part 4~5	케임브리지 세계사 10
Cambridge World History Vol. VI (1400~1800 CE)	Part I Ch. 1~10	케임브리지 세계사 11
	Part I Ch. 11~18	케임브리지 세계사 12
	Part II Ch. 1~12	케임브리지 세계사 13
	Part II Ch. 13~18	케임브리지 세계사 14
Cambridge World History Vol. VII (1750~Present)	Part I Ch. 1~10	케임브리지 세계사 15
	Part I Ch. 11~23	케임브리지 세계사 16
	Part II Ch. 1~11	케임브리지 세계사 17
	Part II Ch. 12~21	케임브리지 세계사 18

케임브리지 세계사 VOL.Ⅲ 소개

기원전 제4천년기부터 기원후 제2천년기 초까지의 세계는 곧 도시의 세계였다. 이번 책(한국어판 05~06권)에서는 메소포타미아와 이집트에서 최초의 도시가 등장했을 때부터 아시아, 지중해, 아프리카, 아메리카에 이르기까지 도시가 생겨나는 결정적 변화의 순간을 포착했다. 세계 전역에 걸친 핵심 도시의 사례 및 비교를 통해 선도적 학자들의 연구 성과를 선보인다. 저자들은 핵심 도시들이 어떻게 순례나 의례, 교역, 저장, 재분배의 중심으로 성장했는지, 그리고 어떻게 방어와 전쟁의 중심이 되었는지를 보여주었다. 이들 도시는 주변의 시골과 결부되어 시골의 구조를 바꾸어놓았다. 또한 새로운 의례는 지도자와 시민과 신들을 연결해주었다. 시민이라는 새로운 신분이 탄생했고, 새로운 형태의 권력과 통치권도 출현했다. 인구가 집중되면서 질병과 폭력, 노예화, 예속화의 과정이 전혀 새로운 방식과 규모로 전개된 측면도 살펴보았다.

책임 편집 / 노먼 요피(Norman Yoffee)
미시건대학교 근동 지역 연구 및 인류학과 명예교수, 뉴욕대학교 고대 세계연구소 시니어 펠로우(Senior Fellow), 케임브리지 고고학 시리즈 편집자.

05권 저자 목록

노먼 요피(Norman Yoffee), University of Michigan; Institute for the Study of the Ancient World, New York University

니콜라 테레나토(Nicola Terrenato), University of Michigan

존 베인스(John Baines), University of Oxford

스티븐 휴스턴(Stephen Houston), Brown University

토머스 개리슨(Thomas G. Garrison), University of Southern California

미리엄 스타크(Miriam T. Stark), University of Hawaii, Mānoa

한스 니센(Hans J. Nissen), Free University of Berlin

왕 하이청(Wang Haicheng, 王海城), University of Washington

대니 로(Danny Law), University of Texas

게리 어튼(Gary Urton), Harvard University

존 자누섹(John W. Janusek), Vanderbilt University

제프 엠버링(Geoff Emberling), University of Michigan

사라 클레이턴(Sarah C. Clayton), University of Wisconsin, Madison

06권 저자 목록

칼라 시노폴리(Carla M. Sinopoli), University of Michigan

이언 모리스(Ian Morris), Stanford University

알렉스 노델(Alex R. Knodell), Carleton College

로드릭 매킨토시(Roderick J. Mcintosh), Yale University

프랑수아즈 미쇼(Françoise Micheau), University of Paris I

앤 킬러브루(Ann E. Killebrew), Pennsylvania State University

티모시 파우케탓(Timothy R. Pauketat), University of Illinois, Urbana-Champaign

수전 알트(Susan M. Alt), Indiana University, Bloomington

제프리 크루첸(Jeffery D. Kruchten), University of Illinois, Urbana-Champaign

아델하이트 오토(Adelheid Otto), Ludwig-Maximilians-University of Munich

헤라르도 구티에레스(Gerardo Gutiérrez), University of Colorado, Boulder

니콜라 테레나토(Nicola Terrenato), University of Michigan

노먼 요피(Norman Yoffee), University of Michigan; Institute for the Study of the Ancient World, New York University

케임브리지 세계사 시리즈 서문

케임브리지 역사 시리즈는 오래전부터 역사학의 특정 주제를 선정하여 권위 있는 개론을 제공해왔다. 전문가들이 각 장별로 집필을 맡아서 여러 권으로 구성된 시리즈를 제작하는 방식이었다. 이런 방식으로 만들어진 첫 번째 시리즈는 〈케임브리지 근대사〉였다. 액턴 경(Lord Acton)이 기획을 맡았는데, 그가 사망한 직후 1902년부터 1912년까지 14권으로 출간되었다. 이는 이후 시리즈 구성의 모범이 되었다. 후속 시리즈로는 7권으로 구성된 〈케임브리지 중세사〉(1911~1936), 12권으로 구성된 〈케임브리지 고대사〉(1924~1939), 13권으로 구성된 〈케임브리지 중국사〉(1978~2009) 등이 있었다. 이외에도 국가별, 종교별, 지역별, 사건별, 주제별, 장르별로 전문화된 시리즈가 있었다. 이러한 시리즈들은 〈케임브리지 중국사〉가 표방했듯이 해당 주제에 대해서 영어로 된 "가장 방대하고 가장 종합적인" 역사서였고, 〈케임브리지 정치사상사〉가 주장했듯이 해당 분야의 "주요 주제를 모두" 포괄하고자 했다.

〈케임브리지 세계사〉 시리즈는 위대한 선배들의 업적을 본받았지만 동시에 차이도 있다. "가장 방대하고 가장 종합적인" 세계사 시리즈로서 "주요 주제를 모두" 포괄하려면 적어도 300권 규모가 필요할 것이다(시간은 100년쯤 걸리지 않을까?). 그 대신 이번 시리즈는 세계사 중에서 활발히 논의되는 분야를 개괄하고자 했고, 전체는 7권(volume) 9책(book)으로 구성되었다. 시간 범위는 문자 기록이 발달한 이후로 한정하지 않고 인류의 역사 전체를 포괄했다. 이러한 범위 설정은 최근 세계사 연구 경향을 반영한 것이다. 이처럼 폭넓게 시간 범위를 설정하면 고고학과 역사학의 경계가 모호해지고, 인류의 과거를 밝혀내기 위해 두 학문이 서로 보충적 관계에 놓이게 된다. 그래서 시리즈 각 권의 책임 편집에는 역사학자뿐만 아니라 고고학자도 참여했다. 이들은 미국, 영국, 프랑스, 오스트레일리아, 이스라엘 등지의 대학교에 재직하는 학자다. 또한 저자들의 연구 분야 역시 지역 범위 못지않게 폭이 넓다. 역사학, 미술사, 인류학, 고전학, 고고학, 경제학, 언어학, 사회학, 생물학, 지리학, 지역학 전문가가 참여했다. 이들은 오스트레일리아, 영국, 캐나다, 중국, 에스토니아, 프랑스, 독일, 인도, 이스라엘, 이탈리아, 일본, 네덜란드, 뉴질랜드, 폴란드, 포르투갈, 스웨덴, 스위스, 싱가포르, 미국 등지의 대학교에 재직하는 학자다. 연구를 통해 세계사 분야를 형성하는 데 기여한 원로 학자도 포함되어 있으며, 중견 및 소장 학자는 앞으로 세계사 분야를 만들어갈 사람들이다. 저자들 중 일부는 독립된 학문 분과이자 교육 분과로서의 세계사를 구축하는 데 긴밀한 노력을 기울였다. 학계에서는 이들의 활동을 지구사(global history), 초국사(transnational history), 국제사(international history), 비교사(comparative history) 등으로 일컬었다. (이들 분야는 서로 겹치거나 얽혀 있고 때로는 경쟁 관계에 놓여 있다. VOL. I 에 이 분야의 발전을 추적하는 글이 몇 편 수록되었다.) 대부분의 저자는 자기 분야의 전문가일 뿐이라고 생각하지만, 편집자들이 보기에는 폭넓은 대중에게 해당 분야를 가장 잘 설명할 수 있는 전문가, 혹은 자신에게 익숙한 영역을 넘어 새로운 영역으로 나아갈 수 있는 학자다.

세계사에 접근하는 길은 여러 갈래가 있고, 시공간적 범위를 다양하게 설정해야 한다는 인식이 날로 심화되고 있다. 이를 반영해서 각 권에는 다양한 분야의 글이 수록되었다. 지역 연구, 주제 연구, 비교 연구뿐만 아니라 사례 연구도 포함되었다. 사례 연구는 세계사 특유의 폭넓은 시야에 깊이를 부여해줄 것이다.

VOL. I (한국어판 01~02권)에서는 핵심적인 분석의 틀을 소개한다. 시대를 관통하는 세계사를 어떻게 서술할 것인지, 가장 중요한 접근 방법과 주제는 무엇인지 등에 대한 내용이다. 그리고 인류 역사의 95퍼센트를 차지하는 구석기 시대부터 기원전 1만 년까지를 다룬다. 이후로 각 권이 포괄하는 시간 범위는 갈수록 줄어들 것이며, 각 권별로 시간 범위가 다소 겹칠 수도 있다. 여기에는 복잡한 시대구분 문제가 반영되어 있다. 진정으로 글로벌한 역사를 다루려면 시대구분 문제가 복잡할 수밖에 없다. 편집자들은 겹치는 시간 범위를 억지로 조정하지 않았고, (예컨대 고전기, 근대 등의) 전통적 시대구분에 얽매이지 않았다. 이는 기존의 시대구분에 도전하고자 하는 의미도 있다. 또한 각 권별로 시간 범위를 조금씩 겹치게 함으로써 다양한 지역 간의 고립과 불균형, 서로가 서로에게 영향을 미치는 방식을 강조할 수 있었다. 각 권은 고유의 주제, 혹은 일정한 범위 내의 주제에 집중한다. 주제 선정은 편집자들이 맡았는데, 각 권에서 포괄하는 시대의 핵심인 동시에 세계사 전체를 이해하는 데 기본이 되는 주제들이 선정되었다.

VOL. II (한국어판 03~04권) "농업과 세계사(1만 2000 BCE~500 CE)"는 신석기 시대 이전부터 시작해서 이후 농업의 기원과 세계 여러 지역의 농경 공동체를 살펴본다. 더불어 유목 경제와 사냥·어로·채집 경제 관련 이슈들도 검토한다. 농업을 통해 형성된 더욱 복합적인 사회 구조 및 문화 양식의 공통점을 추적하고, 세계 여러 지역을 개관하며, 해당 지역의 사례 연구를 제시한다.

VOL. III (한국어판 05~06권) "고대의 도시들(4000 BCE~1200 CE)"은 초기 도시에 초점을 맞춘다. 도시는 인류 사회 변화의 원동력이었다. 도시 및 공통 이슈 비교 연구를 통해 행정 및 정보 기술의 탄생과 전승, 의례, 권력의 분배, 도시와 그 배후지의 관계를 추적한다. 세계 여러 지역을 대상으로 도시의 발전과 일부 도시가 제국의 수도로 전환되는 과정을 살펴보기 때문에, VOL. III이 포괄하는 시간 범위는 매우 폭넓다.

VOL. IV (한국어판 07~08권) "제국과 네트워크(1200 BCE~900 CE)"는 대규모 정치 단위와 상호 교환 네트워크가 형성되는 과정을 분석한다. 여기에는 "고대 문명"이라고 일컬어지던 내용이 포함된다. 그러나 세계의 다른 지역까지 포함하다 보니 시간 범위가 더 넓어졌다. 노예, 종교, 과학, 예술, 성차별에 대한 장을 포함해 사회·경제·문화·정치·기술 발전의 공통점을 분석한다. 또한 지역별 개관을 제시하는데, 지역별로 한두 군데 사례 연구도 포함되어 있다. 이는 해당 지역을 보다 깊이 있게 들여다보도록 하기 위함이다.

VOL. V (한국어판 09~10권) "교역과 분쟁(500~1500 CE)"은 당시 1000년 동안 특징적으로 나타났던 무역 네트워크 및 문화 교류의 확장을 조명한다. 여기에는 경전 중심 종교의 확장과 과학, 철학, 기술의 전파도 포함된다. 사회 구조, 문화 제도, 환경, 전쟁, 교육, 가족, 법정 문화 같은 의미 있는 주제들이 전 지구적 차원 혹은 유라시아 차원에서 논의된다. 그리고 아시아, 아프리카, 유럽, 아메리카의 정치 및 제국 연구에서는 VOL. Ⅳ에서 시작된 국가 형성에 관한 논의가 계속 이어진다.

이상 VOL. Ⅰ~Ⅴ는 모두 각 1책(book)이다. 그러나 VOL. Ⅵ~Ⅶ은 각 2책이다. 기존의 시대구분으로 보면 근현대에 해당하는 부분이다. 최근 500년에 해당하는 이 시대의 특징은 갈수록 복잡해졌다는 데 있다. 전례 없는 세계화가 진행되었기 때문이다. 뿐만 아니라 그리 멀지 않은 과거이기 때문에 자료도 풍부하고 연구 성과도 많이 남아 있다.

VOL. Ⅵ(한국어판 11~14권) "세계화의 시대(1400~1800 CE)"는 갈수록 확대되는 생물학적·상업적·문화적 교류를 추적하고, 정치·문화·지성의 발달을 살펴본다.

VOL. Ⅵ 제1책(한국어판 11~12권)은 갈수록 상호 의존성이 심화되는 세계가 어떻게 만들어지게 되었는지 그 기초를 살펴본다. 여기에는 환경이나 기술 혹은 질병 등의 주제, 카리브해나 인도양 혹은 동남아시아처럼 특히 교류가 집중되었던 지역, 해양 제국이나 러시아 같은 육지 중심의 제국, 이슬람 제국, 대륙과 해양 모두 진출한 이베리아반도의 제국(포르투갈과 스페인) 같은 대규모 정치 체제 등이 연구 대상에 포함된다.

VOL. Ⅵ 제2책(한국어판 13~14권)은 전 세계적 혹은 지역적 이주와 서로의 만남을 검토한다. 이주를 일으킨 경제·사회·문화·제도적 구조를 살펴보고, 또한 이주를 통해 이러한 구조가 어떻게 바뀌었는지 검토한다. 여기에는 무역 네트워크, 법, 생필품 유통, 생산 과정, 종교 체제 등의 논의가 포함된다.

VOL. Ⅶ(한국어판 15~18권) "생산, 파괴, 접속(1750~현재)"은 세계가 화석 연료 사용 단계로 접어드는 과정을 추적하고, 인구 폭발과 세계화 과정을 통한 활발한 교류의 시대를 다룬다.

VOL. Ⅶ 제1책(한국어판 15~16권)은 인구 과잉의 지구가 만들어진 물질적 조건에 대해 논의한다. 여기에는 환경, 농업, 기술, 에너지, 질병 등의 주제와, 국가주의, 제국주의, 탈식민화, 공산주의 등 현대 사회를 만든 정치적 흐름, 그리고 몇몇 핵심 지역 연구가 포함된다.

VOL. Ⅶ 제2책(한국어판 17~18권)은 앞에서 논의된 주제들을 다시 검토한다. 가족, 도시화, 이민, 종교, 과학 등의 주제뿐만 아니라 스포츠, 음악, 자동차 등 이 시대에 특징적으로 나타난 글로벌한 현상, 냉전과 1989년 같은 변화의 특별한 계기 등에 대한 연구가 포함된다.

〈케임브리지 세계사〉 시리즈에는 모두 200여 편의 논문이 수록된 만큼 종합적이라고 할 수 있다. 그러나 결코 충분하지 않다. 각 권별 책임 편집자는 무엇을 포함하고 무엇을 배제할지 고심을 거듭했다. 이는 세계사 연구자라면 누구나 맞닥뜨리는 문제다. 2000년도 더 지난 과거에 헤로도토스(Herodotos)도 그랬고, 사마천(司馬遷)도 마찬가지였다. 각 권에서 논문의 배열 순서는 해당 시대의 특성을 고려하여 책임 편집자(들)가 판단했다. 그래서 각 권의 구성이 조금씩 다르다. 권별로 시대도 조금씩 겹치므로 어떤 주제는 여러 권에 걸쳐서 등장하기도 한다. 이는 각 권의 역사적 흐름을 이해하는 데 모두 중요하다고 판단되는 주제였기 때문이다. 특히 시리즈 편집자들은 중요한 요소의 발전 과정을 각기 다른 관점에서 살펴보는 것이 세계사 연구에 가장 적합한 방향이라고 생각했다. 각주는 다른 케임브리지 역사 시리즈들과 마찬가지로 상대적으로 가볍게 달았고, 처음 이 분야에 주목하는 독자들을 위한 배려로 각 장이 끝날 때마다 "더 읽어보기" 목록을 제시했다. 또한 이 시리즈는 이전의 시리즈들과 달리 전권이 한꺼번에 출간되었다(영어판의 경우—옮긴이). 시리즈를 출간하는 데 10여 년씩 걸리던 출판계의 여유로운 속도가 21세기 디지털 시대에 이르러 달라진 것인지도 모르겠다.

다시 말해 〈케임브리지 세계사〉 시리즈는 책이 기획 및 생산되는 시점의 시대상을 반영하고 있다. 〈케임브리지 근대사〉 시리즈도 이와 다르지 않았다. 케임브리지대학교 출판부의 설명에 따르면, 액턴 경이 기획한 것은 "세계사"였다. 그러나 실제로 그 시리즈에 수록된 수백 편의 글 중에서 주인공이나 사건 혹은 정치 단위가 유럽과 북아메리카를 벗어난 경우는 손에 꼽을 정도에 불과했다. 〈새로운 케임브리지 근대사〉(1957~1979) 시리즈도 마찬가지로 세계사를 자처했지만 지역 편중은 별로 개선되지 않았다. 이는 놀라운 일이 아니다. 1957년, 심지어 시리즈의 마지막 권이 출간된 1979년에도 유럽은 곧 "세계"였고, 근대의 모든 것은 유럽에서 비롯되었다고 믿었다. 이런 관점을 우리는 "유럽 중심주의"라 부른다. (다른 언어권에서도 세계사가 집필되는 해당 지역을 중심으로 세계를 바라보는 관점이 없지 않았다.) 20세기 중반에도 유럽 중심은 지속되었고, 세계사와 지구사 분야는 미약했다. 강연회, 학회, 학술지 등 신생 분야를 형성해간 주역들은 1980년대에 이르러서야 등장했다. 그중에는 시작된 지 10년도 안 지난 것들도 있다. 가령 〈세계사 저널(Journal of World History)〉이 1990년 처음 출간되었고, 〈지구사 저널

(Journal of Global History)〉이 2005년, 〈뉴 글로벌 스터디즈(New Global Studies)〉가 2007년 시작되었다.

세계사 혹은 지구사의 발전은 다른 모든 학문 분과에서 치열한 자기 반성이 이루어지던 시대와 맥을 같이했다. 자신의 존재를 돌아보지 않고는 어떤 연구도 불가능했고, 기존의 모든 범주가 혼란스러워졌다. 포함과 배제, 다양성에 대한 우려가 역사학의 하위 분야에서 기본으로 자리 잡았고, 이러한 분위기에서 역사학 관련 교육이 이루어졌다. 그래서 이 시리즈의 편집자들은 균형을 추구하려고 노력했다. 전통적으로 세계사 분야에서 중점을 둔 것은 거대 규모의 정치·경제적 과정이었고, 정부나 경제 엘리트들이 주체가 된 역사였다. 이것과 문화적 요인, 사고방식, 의미 등 새로운 관심 주제들의 균형을 고려해야 했다. 뿐만 아니라 우리는 세계 여러 나라의 역사에서 중요한 주제들도 포함시키고자 노력했다. 저자의 구성에서도 지역적 안배와 세대별 안배를 고려했다. 〈케임브리지 근대사〉와 비교하자면 저자군의 지역적 범위가 훨씬 더 넓고, 저자의 성별도 더 균형이 맞는다. 그러나 우리가 원한 만큼 글로벌하지는 못했다. 현재 세계사와 지구사 연구는 영어권에서 압도적으로 많이 진행되고 있다. 그래서 학자들의 분포 또한 영국과 미국의 대학교에 편중되어 있다. 현대 세계의 여러 가지 불평등한 현실도 그렇지만, 세계사 연구의 이 같은 격차는 그야말로 이 시리즈에서 서술하는 세계사의 결과다. 그중 어느 시대가 핵심 요인이었는가, 그리고 어느 정도 비중으로 기원의 문제를 다룰 것인가 하는 문제는 저자마다 의견이 다를 수 있다.

나는 다만 이 시리즈가 액턴 경의 시리즈만큼 편차가 크지 않기를 바랄 뿐이다. 가능하면 2권으로 구성된 〈케임브리지 인도 경제사〉 (1982) 정도였으면 좋겠다. 〈케임브리지 인도 경제사〉의 편집자들(Tapan Raychaudhuri, Irfan Habib)은 서문에서 이렇게 말했다. "우리는 감히 우리의 노력이 새로운 지식을 형성하는 데 촉매가 되기를 바랄 뿐이다. 그래서 머지않아 새로운 지식이 이 책에 수록된 내용을 대체할 수 있기를 기원한다." 세계사와 지구사는 활발한 분야라서 머지않아 틀림없이 새로운 지식이 등장할 것이다. 다만 우리의 시리즈가 21세기 초라는 시점에 한해서나마 세계사 분야로 들어가는 문이 되고 전체를 조망할 수 있는 유용한 개론이 되기를 기대해본다.

메리 위스너-행크스(Merry E. Wiesner-Hanks)

케임브리지 세계사 06 차례

케임브리지 세계사 시리즈 소개   4
한국어판 영어판 분권 대조표   7
케임브리지 세계사 VOL.Ⅲ 소개   9
케임브리지 세계사 시리즈 서문   12

PART 4   초기 도시와 권력의 분배

CHAPTER 15   고대 남아시아 지역에서 도시의 위상   31
CHAPTER 16   기원전 제1천년기 그리스의 도시들   71
CHAPTER 17   다양한 도시들: 제니-제노와 아프리카의 도시화   109
CHAPTER 18   도시의 권력 구조 : 위계질서와 그 불만   139

PART 5   초기 도시, 창조의 공간

CHAPTER 19   바그다드, 제국의 기반(762~836 CE)   163
CHAPTER 20   예루살렘: 반석 위의 도시, 상상 속의 도시   197
CHAPTER 21   흙과 나무로 만든 도시 뉴 카호키아:
                     물질성의 역사적 의미   231
CHAPTER 22   도시의 상상력   263

PART 6 고대 제국의 도시들

CHAPTER 23 신아시리아의 수도:

제국의 수도에서 코즈모폴리턴 도시로　287

CHAPTER 24 멕시코-테노치티틀란:

메소아메리카 최후 제국의 수도, 기원과 변화　323

CHAPTER 25 제국 도시의 전형: 로마의 부상과 제국의 무게　357

CHAPTER 26 제국의 도시들　391

CHAPTER 27 결론: 초기 도시의 의미　415

케임브리지 세계사 05 차례

CHAPTER 1   서론: 초기 도시 연구의 역사

PART 1   초기 도시, 의례의 각축장

CHAPTER 2   고대 이집트의 도시들: 기념비적 건축물과 의례 행사
CHAPTER 3   신을 위한 헌정 도시: 고전기 마야 도시의 형태와 의미
CHAPTER 4   동남아시아의 도시 형성: 초기 도시부터 고대 국가까지
CHAPTER 5   행사를 위한 무대, 도시

PART 2   초기 도시와 정보 기술

CHAPTER 6   도시화와 커뮤니케이션 기술:
                    메소포타미아의 도시 우루크, 기원전 제4천년기
CHAPTER 7   고대 중국의 문자와 도시
CHAPTER 8   초기 마야 도시 읽기: 도시화 과정에서 문자의 역할
CHAPTER 9   키푸로 보는 타완틴수유(잉카 제국)의 행정 체계
CHAPTER 10   초기 도시의 문자와 기록 관리

PART 3   초기 도시의 경관

CHAPTER 11   티와나쿠 도시의 기원: 분산된 중심과 정령이 깃든 경관
CHAPTER 12   메소포타미아의 도시와 도시화 과정, 기원전 3500~1600년
CHAPTER 13   테오티우아칸: 지역적 맥락에서 본 초기 도시화
CHAPTER 14   도시 경관: 공간의 변화와 공동체의 재구축

그림 목록

15-1. 모헨조 다로 요새 구역 평면도　　44
15-2. 모헨조 다로 중심 구역　　46
16-1. 밀레토스 평면도　　85
16-2. 아테네 아고라 평면도　　104
17-1. 후기 석기 시대 유적　　125
17-2. 메로에 지도와 그레이트 짐바브웨　　133
20-1. 청동기 이후 비잔틴 시기까지 예루살렘의 인구 규모 추정　　202
20-2. 청동기 및 철기 시대 예루살렘의 지형과 정착지 규모　　204
20-3. 계단식 석조 구조물　　210
20-4. 제2성전 시기의 예루살렘 추정도　　217
20-5. 헤로데 시기의 도수로　　219
20-6. 비잔틴 시기 예루살렘 재건축 추정도　　223
20-7. 우마이야 왕조 시기 행정 기관 및 궁전 유적　　227
21-1. 카호키아 건축 구성 평면도　　240
21-2. 주요 피라미드와 광장이 위치하는 카호키아 도심지　　244
21-3. 마운드 72번의 장례 관련 부분　　250
23-1. 아슈르 중심지의 주요 사원과 궁전　　295
23-2. 칼후 평면도, 여러 궁전과 중심 요새　　302
23-3. 새로 건설된 수도 두르-샤루-켄의 평면　　307
23-4. 당대 최대 규모의 도시 니네베, 도시와 그 주변부　　310
23-5. 니네베의 언덕 "쿠윤지크"를 묘사한 그림　　313
24-1. 아스테카 제국의 연간 조공 수입량 비중과
　　　 해당 범주에 속하는 지역의 수　　338

24-2. 도시의 일부 구역 도식화　　　　　　　　　　　349

지도 목록

15-1. 인더스 문명 유적지　　　　　　　　　　　36
15-2. 초기 역사 시대의 십육대국　　　　　　　　57
16-1. 그리스와 주변 지역　　　　　　　　　　　76
16-2. 헬레니즘 시기의 팽창(알렉산드로스 정복 전쟁의 범위)　　97
17-1. 제니-제노와 니제르강 중류의 도시 및 주변 지역　　119
17-2. 아프리카의 도시와 국가　　　　　　　　　130
19-1. 기원후 750년 이슬람 제국 지도　　　　　　167
19-2. 이라크 남부　　　　　　　　　　　　　169
19-3. 르 스트레인지(Le Strange)가 그린 초기 바그다드 예상도　　173
19-4. 초기 바그다드(762~836 CE)　　　　　　174
21-1. 카호키아 권역의 중심 구역　　　　　　　234
21-2. 카호키아 권역의 위치 및 미시시피강 연안의 마을들　　236
23-1. 신아시리아 제국 전성기(기원전 7세기) 지도　　292
24-1. 멕시코 평원의 도시 테노치티틀란과 틀라텔롤코의 위치　　332
24-2. 아스테카 조공 수량의 공간적 분포　　　　339
24-3. 고지도를 근거로 재구성한 멕시코 섬의 GIS 지도　　347
25-1. 기원전 600년경의 이탈리아　　　　　　　363
25-2. 로마의 팽창　　　　　　　　　　　　　370
25-3. 기원전 150년경의 로마　　　　　　　　　379
25-4. 기원후 330년경의 로마　　　　　　　　　380

25-5. 로마 제국 후기 385

표 목록

16-1. 로마 이전 시기 그리스의 표준 연표 80
21-1. 콜럼버스 이전 아메리카 중서부 연표 242
23-1. 아시리아 수도 연표 및 왕들의 재위 연표 291
24-1. 지역별 연간 조공 수량 추정치 337
24-2. 아스테카 제국의 연간 조공 수입량 338
24-3. 아스테카 제국 조공 수입의 공간적 분포 340

그림/지도 출처

〔그림 15-1〕 after J. Marshall, *Mohenjo-Daro and the Indus Civilization*, 3 vols. (London: Arthur Probsthain, 1931). 〔그림 15-2〕 after E. J. H. Mackay, *Further Excavations at Mohenjo-Daro*, 2 vols. (New Delhi: Government Press, 1937-8). 〔그림 16-1〕 A. Gerkan and B. F. Weber. 〔그림 16-2〕 Agora Excavations, American School of Classical Studies. 〔그림 17-1〕 Top: modified for publication with permission of Robert Vernet. Bottom: by permission of Ch. Bonnet. 〔그림 17-2〕 Right: from P. L. Shinnie and J. R. Anderson, *The Capital of Kush 2: Meroë Excavations 1973-1984* (Wiesbaden: Harrassowitz Verlag, 2004), with permission. Left: modified for publication with permission of Innocent Pikirayi. 〔그림 20-1〕 graphics: Brandon Olson; copyright: Ann E. Killebrew. 〔그림 20-2〕 graphics: Glynnis Fawkes; copyright: Ann E. Killebrew. 〔그림 20-3〕 photograph: Ann E. Killebrew; copyright: Ann E. Killebrew. 〔그림 20-4〕 Upper: photograph: Ann E. Killebrew. Lower: graphics: Glynnis Fawkes; copyright: Ann E. Killebrew. 〔그림 20-5〕 photograph: Ann E. Killebrew; copyright: Ann E. Killebrew. 〔그림 20-6〕 Upper: graphics: Glynnic Fawkes. Lower: graphics: Glynnis Fawkes; copyright: Ann E. Killebrew. 〔그림 20-7〕 photograph: Ann E. Killebrew; copyright: Ann E. Killebrew. 〔그림 21-1〕 East St. Louis image used with the permission of the Illinois State Archaeological Survey, University of Illinois at Urbana-Champaign. 〔그림 21-3〕 from Melvin L. Fowler et al. 1999, *The Mound 72 Area: Dedicated and Sacred Space in Early Cahokia* (Springfield: Illinois State Museum, 1999) used with permission of the Illinois State Museum. 〔그림 23-1〕 from W. Andrae, *Das wiedererstandene Assur* (Leipzig, 1938), p. 44, Abb. 24. 〔그림

23-2〕 drawn by M. Lerchl after M. E. L. Mallowan, Nimrud and its Remains (New York: Dodd, Mead 1966), p. 32, fig. 1. 〔그림 23-3〕 drawn by M. Lerchl. 〔그림 23-4〕 drawn by A. Otto; adapted from David Stronach, "Notes on the Fall of Nineveh," in Simo Parpola and R. M. Whiting (eds.), *Assyria 1995* (Helsinki: The Neo-Assyrian Text Corpus Project, 1997), p. 312, fig. 2. 〔그림 23-5〕 ⓒ Trustees of the British Museum.

〔지도 15-1〕after Thomas R. Trautmann and Carla M. Sinopoli, "In the beginning was the word," *Journal of the Economic and Social History of the Orient* 45 (2002), 492–523. 〔지도 15-2〕 after F. R. Allchin, *The Archaeology of Early Historic South Asia: The Emergence of Cities and States* (Cambridge: Cambridge University Press, 1995), p. 116. 〔지도 16-1〕 drawn by Alex R. Knodell. 〔지도 16-2〕 drawn by Alex R. Knodell. 〔지도 19-1〕 from G. Chalinad and J.-P. Rageau, *Atlas historique du monde méditerranéen* (Paris: Payot, 1995), p. 23. 〔지도 19-3〕 from H. Kennedy, *An Historical Atlas of Islam* (Leiden: Brill, 2002). 〔지도 19-4〕 copyright F. Micheau – H. Renel CNRS-Univ. Paris 1. 〔지도 23-1〕 drawn by M. Lerchl.

PART 4

초기 도시와 권력의 분배

CHAPTER 15

고대 남아시아 지역에서 도시의 위상

칼라 시노폴리
Carla M. Sinopoli

1924년 가을, 남아시아 도시의 역사는 2000년이 더 늘어났다.[1] 그때까지 학자들은 갠지스 평원(Ganges Basin)에서 도시와 국가, 종교적 사유가 번성한 시기를 기원전 제1천년기 중엽으로 보고 있었다. 그 이전의 일들에 관해서는 거의 알려진 바가 없었다. 그러던 것이 1924년 9월에 완전히 바뀌었다. 당시 인도 고고연구소 소장 존 마샬 경(Sir John Marshall)이 〈런던뉴스화보(Illustrated London News)〉에 수수께끼 같은 유물(미지의 문자가 새겨진 인장) 몇 가지를 발표했다. 하라파(Harappa)와 모헨조 다로(Mohenjo Daro)의 도시 유적에서 발굴된 유물이었다. 도시 유적들이 발견된 지 거의 한 세기가 지난 시점이었으며, 20세기 초 고고학자들이 발굴 작업을 진행한 적이 있었다. 발굴 작업에는 반다카르(D. R. Bhandarkar), 바네르지(R. D. Banerji), 바츠(M. S. Vats), 사니(D. R. Sahni) 등을 비롯한 남아시아 학자들이 참여했는데, 상당량의 유물이 발

작고하신 Gregory Possehl에게 이 글을 바친다. 그는 나의 친구였고, 멘토였고, 헌신적인 인더스 지역 연구자였다. 그가 살아 있었더라면 이 글에 실린 내용 중 아마도 많은 부분에 동의하지 않았을 것이다. 그러나 남인도 전공자인 필자의 남아시아 북부 지역 고고 연구와 관련된 과감한 도전 자체는, 분명 그 또한 지지하고 지원했을 것이다.

1 Nayanjot Lahiri, *Finding Forgotten Cities: How the Indus Civilization Was Discovered* (New Delhi: Permanent Black, 2005).

견되었지만 정확한 연대와 의미는 파악하지 못했다. 그런데 신문에 존 마샬 경의 글이 발표된 뒤 불과 몇 주 사이에 실마리가 발견되었다. 남 아시아의 과거와 관련된 기존 상식을 혁명적으로 바꿀 만한 발견이었 다. 실제로 그 뒤로 남아시아 고고학의 방향도 완전히 바뀌었다. 실마리 를 찾아낸 사람들은 메소포타미아 지역을 전공하는 세 명의 고고학자 (A. H. Sayce, C. J. Gadd, Sidney Smith)였다. 그들은 수사(Susa)와 우르(Ur) 를 비롯해 기원전 제3천년기 메소포타미아 도시 유적 몇 곳에서 신문에 실린 것과 같은 종류의 유물을 찾아냈던 것이다.

남아시아에서도 기원전 제3천년기에 도시가 존재했다는 사실이 밝혀지자 오랜 상식은 단번에 허물어졌다. 기존에는 남아시아 지역에서 이른바 "문명"이 비교적 늦게 시작되었다고 믿고 있었다. 상황이 이렇게 되자 고고학의 연구 중점도 바뀌었다. 기존에는 주로 초기 불교에 초점이 맞춰져 있었지만, 이제 관심은 "하라파 문명" 혹은 "인더스 문명"으로 이동했다. 그러나 어떻게 보면 별로 바뀐 것이 없다고 할 수도 있었다. 식민주의에 입각한 학계에서는 오래전부터 남아시아 정치 및 문화의 기원지를 외부에서 찾았다. 고대 메소포타미아와 인더스의 접촉이 밝혀진다면, 그것은 청동기 시대 남아시아 도시화가 외부의 영향이라는 가설에 부합하는 것이다. 내가 보기에 이런 관점은 지금도 여전히 인더스 지역 고대 도시와 정치적 주체를 해석하는 데 걸림돌이 되고 있다.

1924년 이후로 인더스의 유물이 발견된 유적을 비롯해 파키스탄, 인도, 아라비아반도에서 수많은 유적이 발견되었다. 그리고 대규모 도시 유적과 셀 수 없이 많은 정착지 유적에서 발굴 작업이 진행되었다. 이번 장에서 우리의 논의는 남아시아 최초 단계의 도시와 관련하여 지금까지 알려진 연구 성과를 개관하는 것으로 시작하고자 한다. 우리는 인더스의 도시들을 더 넓은 지역 범위의 맥락에서 조명하고자 한다. 그리고 1000년 이상 지속된 인더스 문명과 도시의 종말에 관해서 간략히 살펴볼 것이다. 이 논의를 통하여 나는 고대 남아시아 도시화의 과정과 도시 경관에서 확연히 드러나는 두 가지 특성을 추적해보고자 한다. 첫 번째 특성은 극소수 도시들의 막대한 규모다. 거대 도시들은 바다처럼 무수히 펼쳐진 작은 마을들 가운데 떠 있는 섬과 같았다. 두 번째 특성은 고밀도로 응집된 "도시 경관"(애덤스Adams의 의미에서)이다.

광대한 풍경 속의 고독: 인더스의 도시들

모헨조 다로와 하라파의 청동기 시대 도시에서 (그리고 이보다 덜 알려진 도시 돌라비라Dholavira, 간웨리왈라 타르Ganweriwala Thar, 라키가리Rakhigarhi에서도) 무엇보다 유명한 것은 도시의 막대한 규모, 건축물의 밀도, 확연히 구별되는 물질문화였다. 이들 도시와, 도시 사이에 있는 소규모 정착지 및 특화 구역 유적이 조사되었으며, 그 결과로 유적의 연대, 정착지, 경제, 원거리 교역, 정치 구조 등의 주제를 포함하여 방대한 양의 인더스 지역 연구 성과가 발표되었다.[2] 우리 연구의 목적은 기존 연구 성과를 모두 살펴보려는 것이 아니다. 오히려 그 반대로 한 가지 주

---

2 See Jonathan M. Kenoyer, *Ancient Cities of the Indus Valley Civilization* (Oxford: Oxford University Press, 1998); Gregory L. Possehl, *The Indus Civilization: A Contemporary Perspective* (Lanham, MD: AltaMira Press, 2002); Shereen Ratnagar, *Understanding Harappan Civilization in the Greater Indus Valley* (New Delhi: Tulika, 2001); and Rita P. Wright, *The Ancient Indus: Urbanism, Economy, and Society* (Cambridge: Cambridge University Press, 2010).

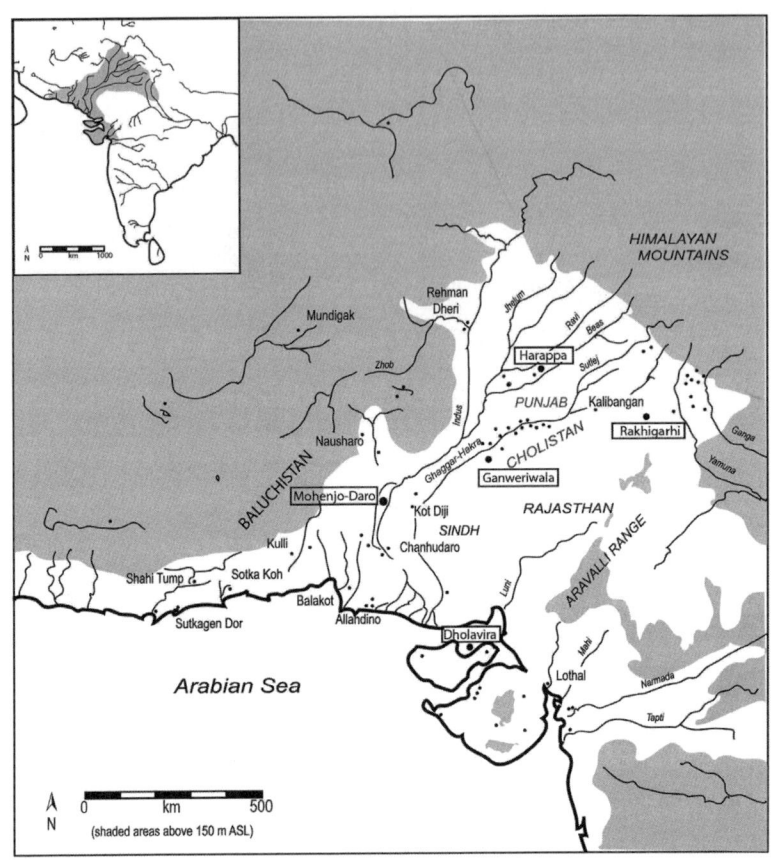

[지도 15-1] 인더스 문명 유적지

제에 집중하고자 한다. 인더스 전통 도시 유적은 서로 굉장히 먼 거리를 두고 떨어져 있었다. 광대한 지역 범위에서 극소수의 대도시가 존재했다는 점, 이것이 바로 우리 논의의 초점이 될 것이다(지도 15-1).

이 주제 자체가 새로울 것은 없다. 이미 케노이어(Kenoyer), 신드 연구팀(Shinde et al.), 라이트(Wright)를 비롯한 여러 학자들이 이와 같은 논점을 거론한 적이 있었다.[3] 라이트와 케노이어는 모두 인더스 지역의 정치 조직이 "도시-국가"라는 명칭에 가장 알맞다고 주장했다. 즉 독자적 정치 조직이 하나의 도시와 배후지를 아울러 자리하고 있었으며, 그 각각의 도시들이 공통의 "문명"과 상호 교류의 범위에서 공존한다는 해석이었다. 또한 인더스 지역의 고밀도 도시 경관이 상식적 도시 경관, 예컨대 메소포타미아의 초기 왕조 시대나 에게해 지역, 메소아메리카 혹은 남아시아 초기 역사 시대의 도시들(이하 논의 참조)과는 전혀 달랐다는 점에도 이들 두 학자는 견해를 같이했다. 인더스 이외의 다른 지역의 경우에는 대개 도시와 도시 혹은 국가와 국가 간 거리가 그리 멀지 않았다. 수십 킬로미터 혹은 며칠만 여행하면 닿을 수 있는 거리였다. 하나의 정치 단위가 관할하는 영역도 실제로는 그리 넓지 않았다. 각각의 도시는 나름대로 정치적·경제적 배후지를 실효적으로 지배했다. 이웃한 도시 주민 간의 상호 교류는 빈번하고도 내밀한 관계에 놓여 있었다.

이와 달리 기존에 보고된 인더스 지역의 다섯 개 도시는 어마어마한 거리를 두고 떨어져 있었다. 모헨조 다로와 간웨리왈라 타르가 가장 가까웠지만, 두 도시는 280킬로미터나 떨어져 있었다. 또한 하라파와 모헨조 다로의 거리는 600킬로미터였다. 그렇다고 이와 같은 엄청난 물

---

3 Also Jonathan M. Kenoyer, "Early City-states in South Asia," in Deborah Nichols and Thomas Charlton (eds.), *The Archaeology of City States: Cross Cultural Approaches* (Washington, D.C.: Smithsonian Institution Press, 1997), pp. 51-70; Vasant Shinde, Shweta Sinha Deshpande, Toshiki Osada, and Takao Uno, "Basic Issues in Harappan Archaeology: Some Thoughts," *Ancient Asia* 1 (2006), 63-72; and Wright, *Ancient Indus*, p. 333.

리적 거리가 상호 교역과 교류를 가로막은 것은 아니다. 이들 사이의 교류는 고고학적으로 충분히 확인된 사실이다. 그럼에도 불구하고 이 정도의 거리는 놀라운 사실이 아닐 수 없다. 인더스 지역 도시들도 저마다 주변 배후지를 관할했는데, 인더스 지역의 모든 유적이 중심 도시의 영향력에서 벗어나지 않았다는 가정 아래 케노이어가 추산한 바에 따르면, 인더스 지역의 "도시-국가"는 10만 내지 17만 제곱킬로미터를 관할했다.

인더스 지역이 그토록 광대한데도 도시는 극소수에 불과했다면, 거대한 인더스 세계 속에서 정치적·사회적·경제적·이데올로기적 질서의 중심지로서 이들 도시의 역할은 재검토가 필요할 것이다. 그렇다고 해서 인더스 지역 사람들에게 도시가 중요하지 않은 장소였다거나, 인더스 전통을 이해하고자 하는 학문적 노력이 의미 없다는 주장을 하려는 것은 아니다. 그것은 물론 사실이 아니다. 중심 도시가 그 주변 지역에 미친 영향은 당연히 의미가 없지 않았다. 그러나 중심 도시의 주변 지역에 대한, 그리고 도시에 살지 않는 사람들 혹은 간헐적으로 도시에 들르는 사람들에 대한 정치적·경제적 실효 지배의 정도는 상당히 제한적이었을 것이다. 인더스 세계의 정치적 질서는 틀림없이 매우 복합적이었을 테고, 현실적으로 하나의 정치적 모델로 설명할 수 없는 다양한 질서가 존재했을 것이다. 이처럼 도시와 국가는 모두 인더스 전통에서 중요한 요소였지만, 그들이 공유한 공통의 문화적 문법 아래에는 다양한 정치적·사회적 구조가 포함되어 있었을 것이다.

인더스 지역 연대기와 도시 형성 이전

인더스 문화에서 도시가 형성된 시기는 기원전 2600년에서 기원전 1900년 사이였다. 이후 1000년에 걸쳐 경제 구조와 물질문화가 고도화되었다. 이런 현상은 지리적으로 연결되지 않은 여러 곳에서 동시다발적으로 등장했다. 고고학적으로 확인된 결과, 이들은 서로 교류하며 지역별로 서로 다른 문화를 형성했다(문화권별 차이는 물질문화의 양식, 특히 채문토기를 근거로 구분되었다). 이를 초기 하라파 시기(Early Harappan period, c. 3500~2600 BCE)라 하는데,[4] 이때 오늘날의 파키스탄과 인도 북서부에 위치한 인더스강(Indus River)과 가가르-하크라강(Ghaggar-Hakra River)을 따라 형성된 비옥한 충적 평야를 중심으로 공동체들이 자리를 잡고 있었다.

도시 형성 이전에 이미 수많은 관습이 존재했다(이러한 관습이 나중에 도시의 특성으로 자리 잡게 된다). 지리적 자연환경이 새롭게 변하는 가운데 인구가 팽창했고, 이에 따라 식량과 수공예품 생산도 고도화 및 다양화되었다. 제작 기술이 갈수록 복잡해지고 전문화되었다는 증거가 다양한 종류의 유물을 통해 확인되었다. 최근 하라파 발굴 성과에 따르

---

4 Termed Pre-Harappan, Pre-Urban, "regionalization" phase by different scholars. Jim G. Shaffer, "The Indus Valley, Baluchistan, and Helmand Traditions: Neolithic through Bronze Age," in Robert W. Ehlrich (ed.), *Chronologies in Old World Archaeology*, 2 vols. (Chicago: The University of Chicago Press, 1992), Vol. i, pp. 441–64, and Vol. ii, pp. 425–46; M. Rafique Mughal, "The Geographical Extent of the Indus Civilization during the Early, Mature, and Late Harappan Times," in Gregory L. Possehl (ed.), *South Asian Archaeological Studies* (Delhi: Oxford University Press, 1992), pp. 123–43; Gregory L. Possehl, *Indus Age: The Beginnings* (Philadelphia: University of Pennsylvania Press, 1999); and Wright, *Ancient Indus*, Chapter 4.

면, 문자 기술의 시초를 알려주는 증거도 나타났다. 그중에는 인장을 생산한 흔적도 있는데, 인장에 새겨진 기호는 후대의 인더스 문자(Indus scripts)와 연관이 있는 것으로 확인되었다.[5] 초기 하라파 문명에 속하는 수많은 정착지(예컨대 라비Ravi, 암리Amri, 하크라Hakra, 소티-시스왈 Sothi-Siswal, 그리고 넓게 분포하는 코트 디지Kot Diji)는 규모의 측면이나 생산 활동 혹은 정착지 건설 정도의 측면에서 굉장히 다양했다. 특히 고대 가가르-하크라강 유역의 촐리스탄(Cholistan) 지역은 인더스 문명 말기에 매우 건조하고 인구 밀도가 낮은 조건이었기에 유적지 보존 상태가 아주 좋았다. 고고학자 무갈(Mughal)은 기능적으로 분화된 "하라파 이전(pre-Harappan)" 유적들을 다양하게 찾아냈다. 확인 결과 시간이 지날수록 고도화 및 경제적 다양화가 진행되었다. 그가 발견한 유적에는 소규모 수공업품 생산 유적과 캠프 유적 등이 포함되어 있었으며, 정착지의 면적은 1헥타르 규모부터 간웨리왈라에서 발견된 25헥타르 규모까지 다양했다.[6]

이 무렵에 정착지의 평면 구획이 갈수록 정형화되었다. 주요 플랫폼, 요새, 관개 시설 등 대규모 건축 프로젝트도 확인되었다. 최근 하라파 발굴 결과, 거대한 도시 외곽 성벽과 진흙 벽돌 플랫폼 건설, 도시 내 분야

---

5 Jonathan M. Kenoyer and Richard H. Meadow, "The Early Indus Script at Harappa: Origins and Development," in Richard H. Spoor and Eric Olijdam (eds.), *Intercultural Relations between South and Southwest Asia: Studies in Commemoration of E. C. L. During-Caspers (1934-1996)* (Oxford: Archaeopress, 2008), pp. 124-31.
6 M. Rafique Mughal, *Ancient Cholistan: Archaeology and Architecture* (Lahore: Ferozsons [Pvt.] Ltd., 1997).

별 전문 생산 구역, 공간 구획 및 이동 통로 정형화가 확인되었다.

현지 조사에는 많은 난점이 존재했다. 인더스강과 그 지류를 따라 두꺼운 퇴적층이 형성되었기 때문이다. 그래서 정착지 패턴을 알아보기 위해 연구 지역을 확장하려 해도 그것이 쉽지 않았다. 그럼에도 불구하고 기존에 발굴된 하라파 유적만도 이미 수백 곳에 달했다. 게다가 촐리스탄 및 인도 서부 지역 정착지 패턴은 상당히 자세하게 보고된 바 있다. 이와 같은 고고학적 발굴 성과에 유물 연구(물질문화를 통한 지역별 문화 전통 연구)를 더하면, 하라파 이전 시기의 사회 및 정치적 상황을 어느 정도 파악할 수 있다. 요약하자면 당시 다양한 규모의 정치 단위들이 서로 복잡한 관계와 교류를 통해 연결되어 있었으며, 그들 사이에 무역과 물물 교환, 인구의 이동과 팽창, 투쟁 등의 일들이 벌어졌다. 각각의 정치 단위 혹은 지역별 중심지는 서로 떨어져 있었고, 그 사이 공간에는 소규모 공동체가 산재했다. 그들의 조직 규모 또한 다양했고, 그중에는 목축 공동체도 포함되어 있었다. 이러한 공동체들은 서로 떨어져 있는 정치 단위 혹은 중심지를 연결하는 데 중요한 역할을 했을 것으로 추정된다.

인더스 문명의 도시들

인더스 전역에 걸친 극적 변화는 기원전 2600년경 시작되었다. 뚜렷이 구별되는 새로운 물질문화와 양식의 출현, 정착지 수의 증가 및 규모의 확대, 몇몇 거대 도시의 형성이 시대적 분기를 알리는 분명한 근거들이었다. 지역별 편차도 다양했고 기존의 풍습 또한 그대로 유지되었지만, 도시 주민과 도시 바깥 주민은 토기의 양식과 장식, 아이콘(iconography, 도상)과 그림(문자 포함), 장신구, 무게 등 도량형, 건축 기술, 기타 다양한 물질문화에서 공통된 어휘를 공유했다. 이와 같은 물질문화의 유사성은 넓은 지역에 걸쳐 나타났는데, 기존에 전해져오던 지역별 차이에 유사성이 덧씌워진 모양새였다. 이를 근거로 고고학적으로는 "문명" 혹은 인더스 문화가 존재했다고 판단하는 것이다.

본격적인 인더스 문명(도시 하라파)의 물질문화는 넓은 지역에 걸쳐 나타났다(알려진 유적지만 1000곳이 넘고, 면적으로도 100만 제곱킬로미터 이상이다). 이처럼 광대한 영역에서 "도시"로 알려진 곳은 다섯 곳뿐이었다. 즉 하라파(Harappa), 모헨조 다로(Mohenjo Daro), 간웨리왈라 타르(Ganweriwala Thar), 라키가리(Rakhigarhi), 돌라비라(Dholavira)가 그곳이다. 이들 도시는 거대하면서도 고도로 구조화된 장소로서, 추정컨대 면적은 50헥타르에서 200헥타르 사이였다. 이들 도시에 관해서는 다양한 연구 성과가 제출되었다. 하라파와 모헨조 다로 유적이 처음 확인된 때는 19세기 중엽이었고, 1920년대에 유물이 확인된 뒤로 대규모 발굴이 시작되었다. 다른 도시들은 1960년대에 처음으로 확인되었다(1962년 간웨리왈라, 1964년 라키가리, 1967년 돌라비라). 간웨리왈라는 인도-파키스탄 국경 분쟁 지역에 위치해 있어 발굴 조사가 거의 이루어지지 못했으며, 최근에야 비로소 약간의 발굴이 시작되었을 따름이다. 돌라비라는 사정이 전혀 달랐는데, 1989년부터 2003년까지 인도 고고연구소에서 조사를 진행했다. 그러나 지금까지 출간된 발굴 보고서는 많지 않다. 라키가리 역시 발굴이 이루어졌으나 간략한 발굴 성과만 보고되었을 뿐이어서, 도시의 형태나 조직에 관해서는 지금으로서 이용할 수 있는 정보가 거의 없는 편이다.

모헨조 다로는 인더스의 대표적 도시 유적지다. 그 규모 또한 과연 대표적인데, 무려 200헥타르 이상이었다. 모헨조 다로 발굴 작업은 수십 년 동안 이어졌고, 유적 내 넓은 구역에 걸쳐 잘 보존된 주거용 및 공공용 건축물들이 발견되었다. 지표수면 상승과 염류화(鹽類化) 현상 때문에 모헨조 다로 유적이 붕괴 위험에 직면하자, 최근 수십 년 동안 발굴 조사가 금지되었다. 유적 보존 활동이 지속되는 가운데 최근에는 비파괴 발굴 조사나 코어링(coring) 등의 기법을 통해 중요한 연구 보고서들이 제출되기도 했다. 그러나 모헨조 다로에 대해 우리가 알고 있는 지식의 대부분은 기존 발굴 성과의 재검토로부터 도출된 것이다. 최근 들어 기존에 알려진 평면 구획과 발굴 성과를 다시 분석하는 작업을 거쳤고, 발굴 유물과 발굴 장소를 연결하는 연구가 시도되었다. 초기 발굴자들이 발굴층위에 대한 기록을 거의 남기지 않은 데다 발굴층위를 지나치게 넓게 잡아놓은 터라, 그들의 발굴 성과를 재검토하는 일은 만만치 않은 도전이었다.[7]

    다른 도시 유적들처럼 모헨조 다로 또한 다양한 공간 구성을 포함하고 있었다. 서쪽 편에 높은 언덕이 있었는데, 면적이 400×200미터 정도에 높이는 지면에서 18미터 이상이었다(이곳을 흔히 "요새citadel" 언덕이라고 한다). 동쪽 편 언덕은 면적이 더 넓어서 남북 거리가 1100미터, 동서 거리가 650미터다(이곳을 "하위 도시lower town"라 한다). 최근 발굴 성과에 따르면 양쪽 언덕 사이의 광대한 면적에 걸쳐 주거지 유적이 발견되었다고 한다. 서쪽 언덕에서는 기념비적 건축물 유적 몇 곳이 분명

---

7 Michael Jansen and Günter Urban (eds.), *Interim Reports* (Aachen: Forschungsprojekt "Mohenjo-Daro," 1984), Vols. i and ii; and Giovanni Leonardi, *Interim Reports* (Rome: Forschungsprojekt "Mohenjo-Daro," 1988), Vol. iii.

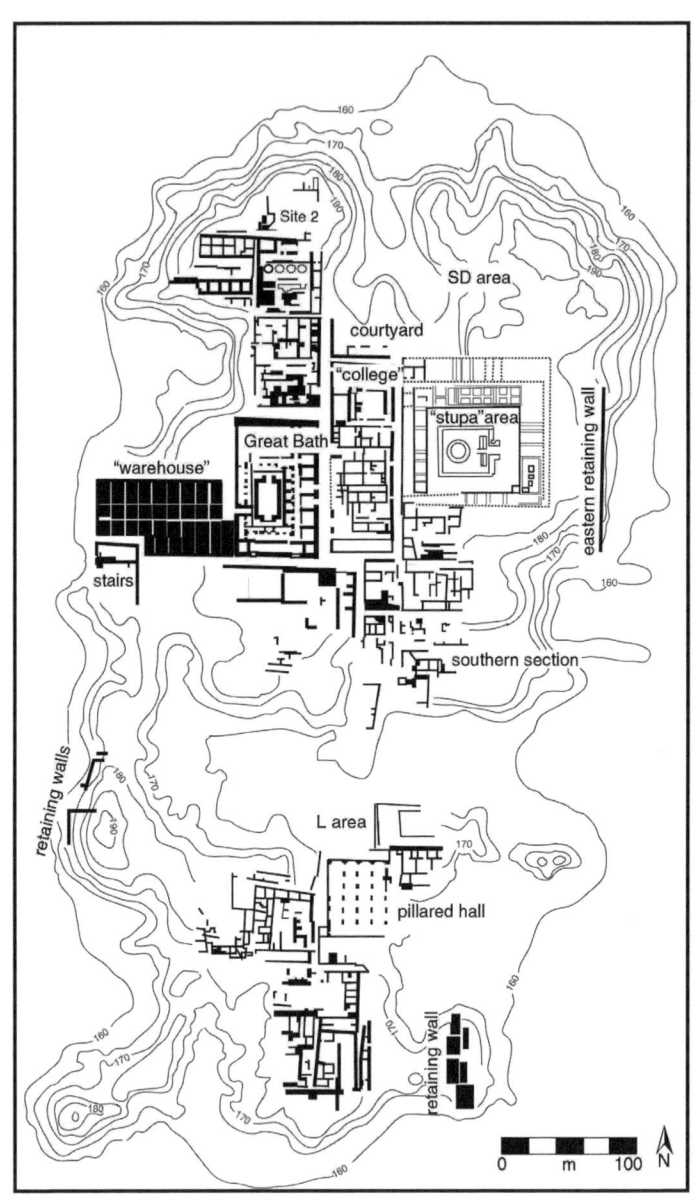

[그림 15-1] 모헨조 다로 요새 구역 평면도

히 확인되었다(그림 15-1). 여기서 발굴된 건축물에 초기 발굴자들이 이름을 붙여두어서 그 명칭이 아직 남아 있다. 대형 목욕탕, 대학, 창고, 탑, 사원 등이다. 그러나 용도가 그렇게 분명했던 것은 아니다. 다만 규모가 상당히 큰 건축물로서 주거용 건물은 아니며, 건축을 위해 상당한 규모의 노동력 투입과 관리가 필요했다는 정도는 분명히 알 수 있었다. 거대한 진흙 벽돌 플랫폼이나 관개 시설을 건설하는 데도 상당한 노동력이 동원되었을 것이다. 관개 시설은 도시의 발달 과정에서 여러 단계에 걸쳐 조성된 것이었다. 플랫폼은 특정 시기에 다른 건축물과 연계되지 않고 독립적으로 건설된 것 같은데, 이후에 다른 건물들을 건축할 수 있는 토대가 되었다. 가장 거대한 플랫폼은 길이가 무려 500미터에 달했다.

　모헨조 다로의 동쪽 편 언덕에도 플랫폼이 건설되어 있었는데, 도시 내에서 인구 밀도가 가장 높은 곳이었다(그림 15-2). 주거지와 작업장이 밀집되어 있었으며, 크고 작은 도로와 오솔길이 그 사이를 가로질렀다. 주택 건물은 상호 연관 관계, 평면, 규모 면에서 다양했다. 평면 면적도 90제곱미터에서 183제곱미터까지 서로 달랐다. 게다가 몇몇 거대 규모 주거지도 포함되어 있었다. 그중 HR 1이라는 건물에는 방이 25개 이상이었고, 유명한 "사제 왕(priest king)" 조각이 발견된 장소도 바로 이곳이었다. 이외에도 15개의 인장과 기타 정교한 유물이 발견되었다. 채문토기, 동석(凍石), 설화 석고, 상아, 반보석(半寶石) 등으로 만든 공예품이었다. 얀센(Jansen) 연구팀의 보고에 따르면, 주택의 구성에는 두 가지 유형이 있었다. 하나는 중앙의 공간 또는 마당과 공동 우물을 향해 주거지가 배치된 유형, 또 하나는 가운데 거대한 건물 주변으로 작은 주거지들과 경우에 따라서 작업장이 배치된 유형이었다.[8] 이런 자료들로 볼 때

〔그림 15-2〕 모헨조 다로 중심 구역

도시 내 공간 구성의 측면에서, 그리고 사회적·경제적 상황의 측면에서 각 가정의 조직과 규모는 상당히 다양했을 것으로 추정된다. 또한 생산 품목이 전문화된 구역이 모헨조 다로의 양쪽 언덕에서 발견되었다. 이로 보아 특정 품목의 물품(예컨대 돌로 만든 팔찌)은 행정 기관의 통제 아

---

8 M. Jansen and F. Urban (eds.), *Interim Reports Vol. 1: Report on Fieldwork Carried out at Mohenjo-Daro Pakistan, 1982–83 by the IsMEO-Aachen University Mission* (Aachen: Forschungsprojekt "Mohenjo-Daro", 1984); and *Interim Reports Vol. 2: Report on Fieldwork Carried out at Mohenjo-Daro Pakistan, 1983–84 by the IsMEO-Aachen University Mission* (Aachen: Forschungsprojekt "Mohenjo-Daro", 1987).

래 생산되었던 것 같다.

하라파 유적은 모헨조 다로와 마찬가지로 평지와 뚜렷이 구분되는 언덕이 있었고, 성벽을 두른 구역이 도시 안에 포함되어 있었다. 이로 보아 두 유적의 공간 구성에는 공통점이 있었다. 그런데 19세기에 인도 철도 건설과 맞물려 벽돌 도둑이 기승을 부리면서 유적지의 상당 부분이 파손되고 말았다. 특히 서쪽 편 "요새" 언덕(Mound AB)의 훼손이 심했다. 결과적으로 이 지역 건축물의 평면 구성과 관련하여 알려진 것은 거의 없었다. 심지어 모헨조 다로 같은 비주거용 공공 건물이 존재했는지조차 알 수 없게 되었다. 언덕을 둘러서 거대한 성벽과 포장도로가 존재한 흔적은 남아 있지만, 성벽 안쪽의 모습이 어떠했는지는 거의 알 수가 없게 되었다.

그러나 하라파의 요새 언덕에서 잃어버린 정보를 채워줄 수 있는 발굴 성과가 있었다. 하라파 고고연구 프로젝트(Harappa Archaeological Research Project, 1986~2001) 주관으로 하라파의 다른 구역을 체계적으로 발굴했다.[9] 엄밀한 발굴과 구역 조사에 노력을 기울인 끝에 세밀

---

9 George F. Dales and Jonathan M. Kenoyer, "Harappa Excavations – 1988," *Pakistan Archaeology* 24 (1990), 68-176; Richard H. Meadow and Jonathan M. Kenoyer, "Harappa Excavations 1998-1999: New Evidence for the Development and Manifestation of the Harappan Phenomenon," in Ellen M. Raven (ed.), *South Asian Archaeology 1999: Proceedings of the Fifteenth International Conference of the European Association of South Asian Archaeologists, Held at the Universiteit Leiden, 5-9 July, 1999* (Groningen: Egbert Forsten, 2008), pp. 85-109; and Richard H. Meadow and Jonathan M. Kenoyer, "Excavations at Harappa 2000-2001: New Insights on Chronology and City Organization," in Catherine Jarrige and Vincent Lefèvre (eds.), *South Asian Archaeology 2001: Proceedings of the Sixteenth International Conference of the European*

한 시기 구분이 가능해졌다. 이를 근거로 연구팀은 도시의 역사를 추적할 수 있었다. 기원전 제4천년기 말엽 도시 등장 이전 시기부터 이후 시기까지 포함되어 있었다. 이를 통해 도시의 등장 및 급작스런 소멸과 관련된 지루했던 논란에 마침표를 찍을 수 있게 되었다. 요새 언덕의 동쪽 편에 있는 언덕 E(Mound E, 하위 도시)를 발굴하자 육중한 성벽과 정교한 출입문 시스템이 발견되었고, 주거용 공간, 이동 통로, 수공업품 생산 구역 등이 모두 드러났다. 또한 성벽을 두른 도시 공간으로 들어오는 것을 감시하고 통제한 근거도 발견되었다. 하라파 주변 지역은 리타 라이트(Lita Wright) 연구팀이 조사했는데, 이들은 물줄기와 관개 수로를 따라 조성된 유적지를 체계적으로 분석하는 방법론을 발전시켰다.[10] 유적지 보존 문제와 시각적 관찰의 한계에도 불구하고 이들은 상당수의 유적지를 찾아내는 데 성공했다. 이들의 연구를 통해 하라파 인접 배후지의 복잡한 인프라 구조가 드러났다. 배후지는 다양한 규모의 정착지과 농경지로 구성되어 있었다.

발굴 성과가 기록된 인더스의 세 번째 도시 유적은 돌라비라다. 오늘

Association of South Asian Archaeologists, Held in Collège de France, Paris, 2-6 July 2001 (Paris: Éditions Recherche sur les Civilisations, 2005), pp. 207-24.

10 R. P. Wright, M. Afzal Khan, and J. Schuldenrein, "The Emergence of Satellite Communities along the Beas Drainage: Preliminary Results from Lahoma Lal Tibba and Chak Purbane Syal," C. Jarrige and V. Lef'evre (eds.), *South Asian Archaeology 2001* (Paris: Recherche sur les civilisations 2005), pp. 327-35; and R. P. Wright, J. Schuldenrein, M. Afzal Khan, and S. Malin-Boyce, "The Beas River Landscape and Settlement Survey: Preliminary Results from the Site of Vainiwal," in U. Frank-Vogt and H.-J. Weisshaar (eds.), *South Asian Archaeology 2003* (Aachen: Linden Soft, 2005), pp. 101-11.

날 인도 구자라트주의 그레이트 란(Great Rann, 소금 습지)에 있는 카디르섬(Kadir Island)에 위치해 있다. 인도 고고연구소의 비슈트(R. S. Bisht)에 의해 1989년부터 지금까지 14차 발굴이 진행되었으며, 그 결과로 복잡한 구조의 도시 공간이 드러났다. 도시의 면적은 약 50헥타르(서쪽 편에 있는 거대한 묘지 구역 제외)에 달했다. 도시의 평면 구성은 하라파나 모헨조 다로와 전혀 달랐다. 다만 성벽을 두른 여러 구역이 포함되어 있다는 점에서 앞서 본 유적들과 공통점이 있었고, 도시 내 차별적 공간 구조를 나타내는 고도 차이가 확인되었다. 발굴팀은 도시의 역사를 7개 시기로 세분했는데, 이곳에서 인더스 문명은 대략 기원전 2650년부터 기원전 1900년까지 지속되었다. 발굴 성과를 통해 시기별 도시의 공간 구성 변화를 밝혀낼 수 있었는데, 기원전 2650년경에 세워진 조그만 요새가 성장해서 도시가 되었다. 그 시기는 다른 지역 도시들이 폭발적 성장을 시작한 시점과 정확히 일치했다. 돌라비라의 최전성기는 기원전 2500년경으로, 그 무렵 최대 규모의 성벽과 주요 관개 시설이 건설되었다. 도시 내 민물 공급과 식량 생산을 보장하려면, 소금 습지 환경인 쿠치(Kutch)에서는 관개 시설이 핵심 요소였다. 몬순 기후의 주기에 맞추어 도시 주변을 흐르는 두 개의 강줄기에서 도시 안으로 물을 끌어들이는 수로를 건설했는데, 이 공사를 위해서는 상당한 규모의 노동력을 투입해야 했을 것이다. 그 결과 저수지와 우물을 정확히 연결하는 복잡한 운하 네트워크가 건설되었다.

도시의 성벽 안쪽에는 다시 담장을 두른 주거 구역과 기타 특수 목적 구역들이 존재했다. 유적의 남쪽 가운데 구역에 방어 시설이 갖추어진 거대 구역이 있었다. 내부는 지면 고도를 높이고 성벽을 둘렀는데, 그 안에 주거용 건물과 "공공" 건물이 포함되어 있었다. 발굴팀에서는 이 구역을 "요새"라고 명명했다. "요새 구역"은 "중간 구역" 및 "하위 구역"과 분명하게 구분되었다. 이 둘은 요새 구역 북쪽으로 개방지에 펼쳐져 있는 주거 구역들이었다. 발굴팀에서는 요새 구역이 공적 회합이나 의례 용도로 사용되었을 것으로 추정했다. 돌라비라에서 발굴된 특징적 유물 가운데 거대한 석문(石門)이 있었는데, 양쪽에 돌기둥이 세워져 있었다. 석재 조각은 기존에 모헨조 다로에서 발견된 것과 같은 양식이었고, 북문(North Gate)에 간판이 달려 있었다. 간판에는 인더스 문자(Indus script)로 (각각 높이 25센티미터 이상인) 10개의 큼직한 글자가 새겨져 있었다. 이는 인더스 문자를 대중이 읽었다는 최초의 증거에 해당한다. 향후 발굴 성과와 세부 평면 구조 관련 자료들이 출간된다면 이 중요한 유적에 관해서 더 많은 이야기를 할 수 있을 것이다.

앞에서도 언급했듯이, 인더스 도시 유적 가운데 라키가리와 간웨리왈라 타르에 관해서는 알려진 자료가 거의 없다. 간웨리왈라 타르 유적에 관해서는 일부 확인된 사실이 있는데, 복잡한 차별적 계층 구분에 따른 정착지들이 도시 주변을 둘러싸고 있었다. 1000여 곳이 넘는 다른 인더스 유적들은 대개 표층 조사를 통해 알려져 있을 뿐이며, 발굴 조사가 진행된 곳은 10여 곳에 불과하다. 일부 유명한 유적들, 예컨대 칼리반간(Kalibangan), 로탈(Lothal), 찬후다로(Chanhudaro) 등은 비교적 자세한 보고서가 나와 있다. 이들 유적은 복합 구조의 공간 구성과 다양한 범주의 유물이라는 측면에서 공통점이 있지만, 도시 유적과 비교하자면 면적이 (대략 5헥타르 정도로) 작은 편이다. 다만 중간 정도 크기의 정착지도 보고된 바는 있다.

인더스 문명의 해석 문제

인더스 지역에서 전반적으로 나타났던 현상을 개념화하자면 가장 먼저 규모의 문제가 대두된다. 유적지의 지리적 분포 범위는 엄청나게 거대했다. 그 가운데 주요 중심지들(즉 도시들)이 있었다. 그곳은 당연히 영향력 면에서 중심지였다. 공통된 문화를 함축하는 유물의 생산, 상징적 권력과 경제적 부가 그곳에서 비롯되었다. 이러한 중심지들은 서로 수백 킬로미터 이상 거리를 두고 떨어져 있었다. 각각의 도시를 중심으로 그 주변 지역을 아울러 나름대로 하나의 세계를 형성했고, 그 세계에 살고 있는 주민에게는 그 도시가 일상생활의 중심이었다. 이러한 중심 도시들은 수백 킬로미터의 간극에도 불구하고 물질문화의 공통점이 있었다. 공간 구성의 체계, 무게나 거리 측량 단위, 문자, 다양한 일상 용품과 귀중품 등을 근거로 추정컨대 아마도 그들이 공유하는 가치관도 있었을 것이다. 소규모 정착지들도 지역별로 상당한 차이가 있었다. 이들 또한 다양성을 기반으로 했지만, 그럼에도 불구하고 대도시와 비슷한 정도로 물질문화의 공통점이 확인되었다. 서로 엄청나게 멀리 떨어져 있는 도시들, 그리고 도시와 도시 사이에 흩어져 있는 수백 개의 공동체들은 누군가에 의해, 어떤 메커니즘에 의해 서로 연결되어 있었다. 그러나 그 행위자와 메커니즘을 밝혀내기란 쉽지 않은 일이다. 크고 작은 유적지에서 생산된 물품의 이동, 기술자 개인 혹은 집단의 이동, 상인의 이동은 분명 인더스 지역의 상호 연결에 중요한 기반이었을 것이다. 목축민 공동체 또한 거대 중심지 사이의 빈 공간을 메우고, 다양한 방식으로 시골과 도시 공동체를 연결하는 매개자 역할을 했을 것이다.

정치 구조와 정치적 관계, 그리고 이데올로기는 인더스 연구에서 특히 어려운 주제에 속한다. 근거도 부족하고 역사적 문제도 개입되어 있다. 내가 보기에는 메소포타미아 역사에 특권적 지위를 부여하는 것도 문제를 어렵게 만드는 원인 중 하나다. 고대 도시나 국가를 이해하고자 할 때면 부지불식간에 메소포타미아의 역사와 특징이 제시되곤 한다. 메소포타미아 연구 성과가 이미 존재하기 때문이다. 그래서 인더스 문명과 같은 시기, 즉 초기 왕조 시대 메소포타미아 도시(특히 우르)의 이상화된 모델과 비교하여, 인더스 지역에서 무엇이 결핍되었는지를 살펴보는 것이다. 메소포타미아 지역에서도 도시가 처음 등장하고 무려 1000년이 지난 뒤에야 초기 왕조 시대의 국가들이 번성했다. 이러한 비교는 보통 (메소포타미아 초기 왕조에는 있었지만) 인더스의 도시들에 부족했던 점을 강조한다. 이를테면 왕실 묘지 구역, 왕권 통치와 폭력 기관을 상징하는 엘리트 계층의 아이콘, 타협의 여지 없이 용도가 분명한 사원과 궁전 등이 인더스 지역에는 없었다는 결론에 도달한다.

굳이 메소포타미아와 인더스 지역의 역사적 과정이 현실적으로 매우 달랐다는 사실을 숨길 의도는 없지만, 나로서는 오래도록 이어져온 판에 박힌 비교 방식에 도전해보고자 한다. 훨씬 더 적절하고 흥미로운 비교가 되려면 인더스 지역 도시의 제1세대와 메소포타미아 지역 도시의 제1세대를 비교해야 할 텐데, 이때 비교 대상은 기원전 제4천년기 메소포타미아의 도시 우루크(Uruk)가 된다. 이렇게 비교를 해보면 초기 도시가 형성될 당시 양쪽 지역 간의 유사성이 기존에 알려진 것보다는 더 풍부하게 드러날 것이다. 지도자, 권력, 권위를 나타내는 상징은 우루크의 아이콘이나 텍스트에서 상당히 두드러진 측면이 있었다(예를 들면 와르카Warka 항아리, 인장, 조각 등). 그러나 (유물에 주로 인간 혹은 신격이 맹

수나 초자연적 존재와 싸우는 모습이 담긴[11]) 인더스 지역에서는 그런 면이 잘 드러나지 않았다. 그런데 도시 형성 초기 수 세기 동안에는 양쪽 지역 모두 왕실 묘역이 존재하지 않았고, 뚜렷이 구별되는 궁궐도 없었다.[12] 실제로는 존재했을지도 모르지만, 어쨌든 지금까지는 명확히 보고된 바가 없다. 근거가 없는 상태에서 논의하기란 언제나 쉽지 않지만, 양쪽 지역에서 모두 처음 도시가 형성되고 최초의 정치 질서가 수립되었을 당시 사람들은 사회적 차별 구조를 물질적으로 확연히 드러내기보다는 숨기는 쪽을 택했을 것이다. 다시 한 번 말하지만 인더스 지역의 도시와 그를 지탱한 정치 조직이 메소포타미아 지역의 도시-국가와 다름이 없었다는 주장을 하려는 것이 아니다. 아마도 여러 가지 차이가 있었겠지만 그중 하나는, 케노이어(Kenoyer)가 지적했듯이 인더스 지역의 다양한 공동체에서 엘리트 계층의 권력 및 권위가 훨씬 폭넓게 분배되었다는 사실이다. (메소포타미아 지역 같은) 단일한 "왕권" 중심의 행정 체계가 인더스 지역에서는 끝내 형성되지 않았다.[13]

11 Kenoyer, *Ancient Cities*, pp. 114-15; and Wright, *The Ancient Indus*, pp. 290-3.
12 궁궐 관련 내용은 비평가들이 보기에 나의 최대 약점일지도 모른다. 궁궐이 없었다는 나의 판단은, 만약 궁궐 유적이 있다면 우리가 알아볼 수 있었으리라는 전제를 깔고 있다. 사실 궁궐의 형태는 여러 가지가 있을 수 있다. 하나의 거대한 건물도 가능하고, 담장을 둘러 여러 개의 건물이 그 안에 밀집되어 있을 수도 있다(예를 들어 남인도 지역의 중세 도시 비자야나가라Vijayanagara에는 궁궐이라 할 만한 단일 구조물이 하나도 없었지만, 궁궐 혹은 "왕실" 대신 거대한 성벽을 두르고 성벽 안에 수많은 엘리트 계층의 주거용 건물, 응접용 건물, 행정기관 등이 있었던 사례가 있다. John M. Fritz, George Michell, and M. S. Nagaraja Rao, *Where Kings and Gods Meet: The Royal Center of Vijayanagara* [Tucson: University of Arizona Press, 1985]). 이런 말을 하는 이유는 인더스 지역의 도시에 궁궐이 과연 있었는가를 논쟁하기 위함이 아니라, 잘 보존된 유적을 통해 보자면 분명히 대규모 주거용 건물과 공공 건물이 있었고, 그것이 사회적 차별이 존재했다는 사실의 근거가 된다는 사실을 말하고자 함이다.

초기 역사 시대 도시-국가

우리가 이해하는 한 인더스 문명은 기원전 1900년경부터 해체되기 시작했다. 일부 도시 지역(그리고 비-도시 지역)의 정착지는 그대로 유지되었지만, 그 규모와 성격이 극적으로 바뀌었다. 고도로 조직화된 도시에서 비-도시 공동체로 완전히 바뀐 것이다. 인더스 "문명"이라고 하는 공통의 특성(채문토기의 형태와 무늬, 인장, 문자 체계 등)은 사라졌고, 지역별로 특화된 문화가 다시 한 번 남아시아 전역에 등장하게 되었다. 전체적으로 인구가 감소했는지는 알 수 없지만 넓은 지역으로 분산된 것만은 틀림없다. 인구의 중심은 점차 동쪽으로 이동했다.

남아시아에서 다시 도시가 등장하기까지는 1000여 년 이상의 시간이 걸렸다. 제2차 도시화라 할 만한 이 현상은 인더스 지역에서 과거보다 더 넓은 지역을 포괄했으나, 핵심 지역은 동쪽의 갠지스강(Ganges River)과 야무나강(Yamuna River) 충적 평야였다. 과연 제2차 도시화 현상이 과거 인더스 문명의 전통과 기억에 기반을 둔 것이었는지, 아니면 전혀 새로운 문화였는지를 두고 학계의 논쟁이 지속되었다. 과거 인더스 문명의 모든 지식과 기억이 완전히 잊혔다고 보기는 어렵겠지만, 남아시아 제2차 도시화 현상은 나름의 독특한 여정을 거쳤으며 전혀 다른 문화와 사람들이 영향을 미쳤던 것 같다.

고고학적으로 역사 시대 초기 도시들의 전조는 이른바 "회색채문토기(Painted Grey Ware, PGW)" 시대부터 시작되는데, 기원전 1100~700년경이었다. 이는 물레(輪臺)를 사용했음이 분명한 특정 토기 양식을 따

---

13 Kenoyer, *Ancient Cities*, pp. 99-102.

라 붙은 시대 명칭인데, 일반적으로는 엘리트 계층에서 사용된 토기로 추정된다. 거의 700곳에 이르는 유적지에서 드물게 발견되었으며(해당 시기 전체 토기 유물 가운데 10퍼센트 정도), 분포 지역도 굉장히 넓게 퍼져 있었다. 갠지스 평원에서 회색채문토기(PGW) 시대에 인구가 급격한 성장세를 보이고 사회적 차별 구조가 처음 시작되었는데, 현지 인구도 성장했지만 외부에서 이주해 온 인구도 많았다. 갠지스 평원의 정착지들은 주요 강줄기와 지류를 따라 퍼져 나가며 수적으로나 다양성 면에서 성장을 거듭했고, 한정된 공간을 넘어서 비교적 개방적인 습지나 숲 지대까지 사람들이 들어차기 시작했다.

곳곳에 사람들이 들어차고 사회 및 정치적 차별 구조가 등장해 고착화되면서 "북부 검은연마토기(Northern Black Polished Ware, NBPW)" 시대가 뒤따랐는데, 기원전 700~200/100년경이었다. 바로 이 시기에 거대 도시가 건설되었다. 회색채문토기(PGW) 시대에 등장한 사회적 위계질서는 북부 검은연마토기(NBPW) 시대 들어 더욱 정교해지고 강화되었다. 새로운 도시의 형성과 도시를 통치하는 정부의 출현은 갠지스강과 야무나강 사이 핵심 지역에서 시작되었다. "초기 역사 시대"의 도시와 정치 구조는 빠르게 광대한 지역으로 퍼져 나갔다. 동서 축으로는 동인도와 방글라데시 지역의 갠지스강 삼각주로부터 오늘날 북서부 파키스탄까지, 남북 축으로는 오늘날 네팔의 히말라야 산자락에서부터 인도 중부까지 확산되었다.

기원전 제2~1천년기의 기록이 남아 있지는 않지만 이 시기를 거치면서 형성된 주요 경전들이 존재하고, 수백 년 뒤의 문헌이기는 하지만 당시를 기록한 자료도 남아 있다. 경전《베다》와 이를 해석한《푸라나

(Purana)》와 《샤스트라(Shastra)》, 그리고 불교와 자이나교의 문헌들이다. 이러한 텍스트는 오늘날 힌두교, 불교, 자이나교 사상의 기반이 되고 있다. 대체로 종교적 밀서에 가까운 이러한 문헌을 정치, 사회, 경제, 심지어 성직자들의 체계와 수행을 해석하는 데 직접적 근거로 사용하기에는 문제가 상당히 복잡하다. 그럼에도 불구하고 문헌 비평을 거쳐 신중히 접근한다면 이들 경전에서 초기 도시에 관한, 그리고 점차 복잡한 체계와 차별적 사회·정치 구조로 발전해간 당시의 사회 상황과 그들의 이상적 사회 질서에 관한 핵심 정보를 얻을 수도 있다.[14]

텍스트가 처음 형성된 시기는 기원전 제1천년기 중엽으로 추정되는데, 당시의 거대 도시나 다양한 방식으로 조직화된 국가의 중심지에 관한 정보를 담고 있다. 그 도시들이 바로 마하야나파다(mahajanapadas), 즉 십육대국이는 곳이었다(지도 15-2).[15] 텍스트의 내용이나 고고학 발굴 자료는 다 같이 복잡한 위계질서를 갖춘 장소와 사람들이 있었음을 증언하고 있다. 십육대국의 수도 마하나가라(mahanagara), 그 외 다른 도시 나가라(nagara), 시장과 교역 중심지 니가마/푸탑헤다나(nigama/putabhedana), 농사짓는 마을 가마(gama)가 있었고, 그 외 목초지나 숲의 이름도 있었다. 문헌 자료에 따르면 십육대국은 두 가지 유형이 있었다. 하나는 라자(rajya, 군주정)였고, 다른 하나는 가나(gana, 과두정)였다. 가

---

14 Brajadulal D. Chattopadhyaya, *Studying Early Indian: Archaeology, Texts, and Historical Issues* (New Delhi, Permanent Black, 2003); and Shonaleeka Kaul, *Imagining the Urban: Sanskrit and the City in Early India* (Delhi: Permanent Black, 2010).
15 Upinder Singh, *A History of Ancient and Early Medieval India: From the Stone Age to the 12th Century* (Delhi: Pearson Longman, 2008).

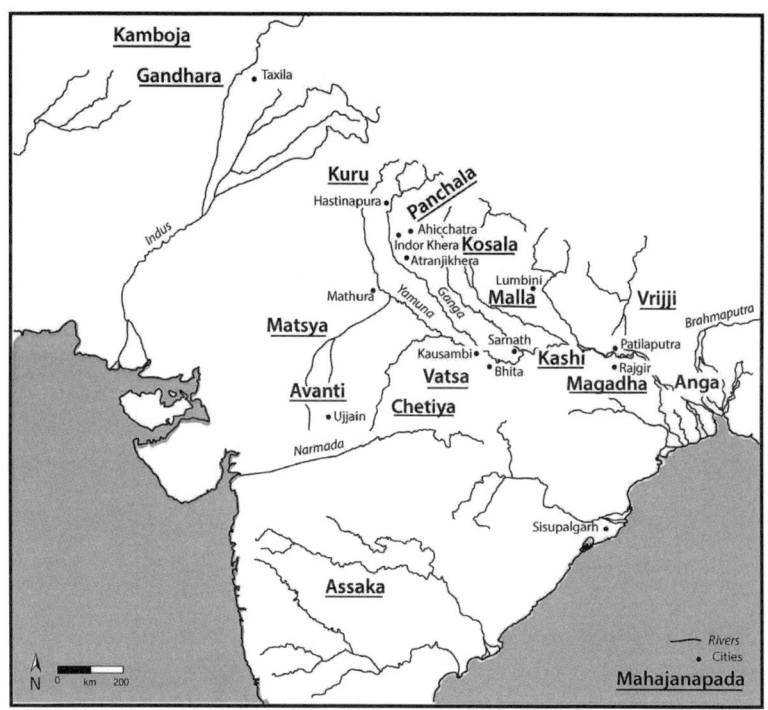

[지도 15-2] 초기 역사 시대의 십육대국

나는 원로 회의에서 공동으로 통치했는데, 원로들은 지배 계층의 가문에서 선출되며 임기가 정해져 있었다. 가나는 대개 히말라야산맥 지대에 국한되어 있었다. 이들은 스스로 강가강이나 야무나강 유역의 비옥한 지대에 위치한 군주정 국가와는 다르다는 인식을 가지고 있었다. 문헌에는 바르나(varnas)라고 하는, 사람들을 네 가지 계급으로 나누는 내용이 등장한다(브라만Brahmanas, 크샤트리야Kshatriyas, 바이샤Vaishyas, 수드라Sudras). 네 가지 바르나는 이후 힌두교 카스트 제도는 물론, 역할과 사회적 지위가 나뉘는 수많은 전문 집단을 구분하는 기반이 되었다.

기원전 600년경에 이르면 남아시아 북부의 대부분 지역에 밀집 도시가 존재했다. 그중 핵심 지역에는 도시국가들이 가까운 거리에 분포했는데, 며칠 여행하면 닿을 수 있을 정도의 거리였다. 이는 앞에서 언급한 과거 인더스 지역의 도시 경관과는 사뭇 다른, 세계 다른 지역의 도시 분포와 비슷한 모습이었다. 초기 역사 시대 도시-국가들은 광범위한 상호 관계의 네트워크에 연결되어 있었다. 예를 들면 경제적 교역, 엘리트 계층의 혼인, 빈번한 전쟁과 경쟁의 관계였다. 또한 이들은 엘리트 계층의 문화와 종교적 물질문화를 공유했다. 이런 면모는 엘리트 계층이 사용한 검은연마토기에서 분명히 드러났으며(발굴된 유적만 1500곳 이상), 이외에도 테라코타 인형, 상아·도기·유리·구리·철·돌로 만든 다양한 장신구과 공예품, 도시 건축의 일부 측면에서도 확인이 되고 있다. 주요 정치 조직에서는 은이나 구리를 이용해 동전을 발행했으며, 돌의 무게나 인장을 사용한 것으로 보아 공통된 표준이 존재했던 것 같다. 원거리 교역이나 지역 내 교환 체계에서도 표준은 중요한 문제였고, 교역은 지역 전체를 아우르는 매개체였다.

초기 역사 시대 도시들 중에는 《베다》에 등장하는 신격을 위한 성지나, 붓다(Buddha)나 마하비라(Mahavira) 같은 성인의 일생과 관련되는 중요한 곳이 많았다. 붓다와 마하비라는 초기 국가가 형성되는 혼란의 시기를 살았던 인물이며, 살아생전과 사후에도 수많은 추종자를 거느렸다. 이들과 관련된 성지는 비교적 이른 시기에 건설되었지만, 후대의 통치자들도 성지에 건축을 더하는 바람에 최초 단계의 종교적 건축물은 그 모습을 잃어버렸다. 그러나 이러한 과정을 통해 수많은 초기 도시들의 수명이 오래도록 연장되기도 했다.

초기 역사 시대 도시들을 고고학적으로 발굴하기란 쉽지 않다. 그래서 인구 밀도가 높은 갠지스-야무나 유역 핵심 지역에 관해 우리가 확보하고 있는 고고학적 근거는 인더스 지역보다 더 적은 상황이다. 갠지스-야무나강 사이 습하고 숲이 밀집한 지역이 인구 밀도가 높은 농경지로 변한 것은 기원전 제2천년기 중엽 이후부터였다. 일단 사람들이 정착한 뒤에는 강변의 비옥한 평야 지대를 따라 인구가 급속도로 확산되었다. 초기 역사 시대에 이르렀을 때 그 지역의 인구는 이미 상당한 규모였고, 가장 큰 도시는 인더스 도시에 필적할 만한 규모로 성장해 있었다. 오늘날까지도 이 지역은 세계에서 인구 밀도가 가장 높은 지역에 속하며, 지난 3000여 년 동안 농업과 정착지가 그대로 유지되었다. 그 바람에 수많은 고고 유적지들이 파괴되거나 모호한 상태로 변해버렸다. 인더스 지역의 유적지들과는 달리 초기 역사 시대 도시들 가운데 완전히 버려져 방치된 경우는 거의 없었다. 오히려 대부분은 지금까지도 그 자리에 사람들이 거주하며, 초기 주거 층위는 오늘날 지표면에서 수십 미터 아래에 묻혀 있다. 결과적으로 도시 형성의 초기 단계와 관련해서 발굴이 이루어진 지역은 아주 좁은 범위에 한정되었고, 문헌 자료에서 언급된 수많은 지명은 여전히 확인되지 못했다. 북서부 파키스탄 지역의 탁실라(Taxila)와, 조그만 도시인 비타(Bhita)가 수평발굴법(horizontal excavation)에 의해 발굴되었을 뿐이다. 이들 두 개의 도시는 고고학의 주된 관심사가 인더스 지역으로 옮겨 가기 전인 20세기 초에 발굴 작업이 이루어졌다.

도시 형성 과정을 추적하는 일은 더더욱 힘든 과제다. 고고학을 통해 오래도록 지속되는 단계를 확인할 수 있지만, 그 사이에 일어났던 급속한 사회정치적 변화가 고고학적 성과와 반드시 일치할 수는 없기 때문이다. 그래서 북부 검은연마토기(NBPW) 시대 500~600년의 범위에는 수많은 역사적 변화의 계기가 포함되어 있다. 즉 북부 검은연마토기 시대는 초기 역사 시대 국가들과 도시들이 형성되기 전부터 시작되며, 그들의 팽창과 강화 단계를 거쳐 이후 남아시아 최초의 제국인 마우리아 제국(Mauryan Empire)의 형성과 붕괴까지 아우르게 된다. 고고학적으로 이 시기를 더 세분화하려는 노력이 진행 중이긴 하지만, 특정 구간을 확정할 만한 절대 연대나 발굴층위가 확보되지 않았고, 고고학 발굴 자료 또한 아직 정밀한 보고서로 제출되지 않았으며, 우리가 알고 있는 변화를 설명하기에는 근거가 부족한 형편이다. 그럼에도 불구하고 앞에서 잠시 언급했던 문헌 자료에 덧붙여 고고학적 발굴로 보충할 수 있는 자료들이 있다. 그리고 오늘날 소규모 지역 연구가 이루어지고 있다. 강줄기에서 더 멀리 떨어져 있고 인구 규모가 크지 않았던 지역들이 대상이다. 또한 인도 고고연구소와 대학 소속 연구진이 최근에 몇몇 중요한 현지 조사를 진행 중이다.[16]

기원전 제1천년기 도시 유적 가운데 가장 극적인 흔적은 바로 성벽이다. 초기 역사 시대 도시 주변을 에워싼 성벽의 흔적이 발견된 경

---

16 Makkhan Lai, *Settlement History and the Rise of Civilization in the Ganga-Yamuna Doab from 1500 BC-300 AD* (Delhi: B. R. Publishing Corp., 1984); George Erdosy, *Urbanisaton in Early Historic India* (Oxford: Archaeopress, 1988); and Jaya Menon, Supriya Varma, Suchi Dayal, and Paru Bal Sidhu, "Indor Khera Revisited: Excavating a Site on the Upper Ganga Plains," *Man and Environment* 33 (2008), 88-98.

우가 많았다. 성벽의 잔해에서는 목재나 구운 벽돌이 발견되기도 했는데, 성벽을 쌓기 위한 토목 공사와 동원된 노동력의 규모는 매우 거대했다. 예를 들어 인도 중부의 도시 우자인(Ujjain)에서 발견된 성벽은 기초 부위 너비가 75미터였고, 현재 14미터 높이로 남아 있는데, 그 길이는 5킬로미터에 이르렀다. 이와 비슷한 성벽의 흔적들(기초 부위 너비가 40미터에 불과한!)이 카우삼비(Kausambi), 라즈기르(Rajgir), 아힉차트라(Ahicchatra), 아트란지케라(Atranjikhera), 하스티나푸라(Hastinapura), 마투라(Mathura) 등지에서 발견되었다. 보루나 감시탑의 위치로 보아 이들 성벽이 방어용이었던 것은 분명해 보인다. 그러나 그 높이가 지나치게 높아서, 방어 목적이라면 굳이 그렇게 높아야 했을까 의문이 든다. 아마도 방어 목적 이외에도 평지성이기 때문에 멀리서도 성벽을 볼 수 있었을 것이며, 권력의 과시와 함께 주민과 여행객의 안전을 보장하는 중요한 장소라는 의미를 나타내고자 했을 것이다.

성벽으로 둘러싸인 안쪽 구역에서 확인된 도시의 규모도 상당했다. 예컨대 카우삼비(Kausambi)는 기원전 600년경 면적이 이미 50헥타르에 달했으며, 이후 2세기 동안 3배, 그러니까 150헥타르 이상으로 팽창했다. 일부 도시들은 이보다 훨씬 더 컸다. 마우리아 제국이 패권을 장악한 기원전 4세기 말에서 기원전 3세기 초까지 제국의 수도 파탈리푸트라(Pataliputra, 오늘날 파트나)의 전체 면적은 2000헥타르 이상이었다.

수평발굴법이 시행된 사례가 별로 없어서 고고학적 근거를 통해 도시 내부 구성을 알기는 어렵다. 그러나 문헌 자료의 기록과 일부 고고학적 자료를 종합해볼 때, 당시 경제적 전문화 및 사회적·공간적 차등화가 상당히 높은 정도로 발달해 있었던 것 같다. 크고 작은 도시들은 경제적 생산과 교환의 거점이었고, 공예품 생산 흔적과 제작 과정의 부산물 잔해가 확인된 유적이 매우 많았다. 흙과 벽돌로 만든 성벽을 통과하는 지점에는 거대한 성문이 있었고, 이 문을 통과하면 주요 도로로 연결되었다. 그리고 다시 작은 도로와 인도가 주요 도로에 곁가지처럼 붙어있었다. 발굴 결과 주거지나 도시 인프라 시설의 규모와 평면 구조는 상당히 다양했다. 유적의 평면이 노출된 경우 밀집된 건물의 유적이 확인되었으며, 따라서 도시에는 상당한 규모의 인구가 거주했던 것으로 추정된다. 최초의 도시가 등장한 단계에서 공공 시설 혹은 행정 기관으로 사용되었던 건물이 보존된 경우는 거의 없으나, 문헌 자료에는 그러한 건물이 존재했다는 기록이 남아 있다.

북부 검은연마토기 시대의 후반부로 가면 우리가 알 수 있는 내용이 좀 더 많아진다. 이 시기와 관련해서 역사적 기록도 더 많이 남아 있고 파편적 기록들 사이에 일치하는 내용도 더 많아지므로 결국 역사적 지식도 더 풍부해진다. 이를 통해 우리는 남아시아 최초의 제국이 어떻게 등장했는지 그 과정을 추적해볼 수 있다.[17] 기원전 4세기에 이르러 오랜 세월 누적되어온 도시들 사이의 투쟁이 결국 하나의 패권으로 수렴되었다. 최후의 패자는 16개국을 거느린 마가다(Magadha) 왕국이었다. 마가다 왕국의 위치는 초기 국가 형성기의 핵심 지역에서 동쪽 끝에 해당하는 갠지스강변이었다. 마가다 왕국 역대 왕들의 이름과 재위 연도가 여러 문헌 자료에 남아 있기 때문에 우리는 왕국의 연대를 충분히 가늠해

---

17 Romila Thapar, The Mauryas Revisted (Calcutta: C. P. Bagchi and Co., 1984); and Romila Thapar, *Early India: From the Origins to AD 1300* (New Delhi: Penguin, 2002).

볼 수 있다. 이를 통해 보자면 마가다 왕국은 기원전 6세기에서 기원전 3세기까지 존속했던 것으로 보인다. 다만 마가다 왕국의 정치 및 경제적 구조에 관해서는 잘 알려져 있지 않은데, 과연 마가다 왕국에게 정복당한 경쟁자들과 달랐을지 알 수 없다. 분명한 것은 마가다 왕국의 속국이었던 마우리아 왕국의 통치자들은 군사 및 정치적 동맹 관계를 강화해갔고, 기원전 4세기 말경에 이르러 왕국의 영토 확장을 위한 수차례의 전쟁에서 잇달아 승리를 거두었으며, 결국에는 남아시아 북부 지역 대부분을 장악하는 데 성공했다는 점이다. 마우리아 왕국의 가장 유명한 왕은 아소카(Ashoka, 재위 268~232 BCE) 대왕이다. 그는 제국의 영토를 인도아대륙 거의 전역으로 확대한 업적으로 유명하며, 남아시아 불교의 역사에서도 중요하게 등장하는 인물이다. 그가 새겨둔 금석문들이 매우 폭넓은 지역에 걸쳐 돌기둥이나 바위에 남아 있는데, 이는 지금까지 남아 있는 남아시아의 기록 자료로서는 거의 최초라 할 수 있다. 오늘날 아소카 대왕은 인도 통합 국가의 상징이자 계몽 군주로 추앙받고 있으며, 당시의 조각상들이 인도의 화폐 도안으로 사용되고 있다.

마우리아 제국 시대와 아소카 대왕에 관해서는 많은 연구가 이루어졌다. 우리의 논의에서는 다만 당시의 도시 유적에 관해서 우리가 알고 있는 사실만 언급하고자 한다. 그러나 이 주제 또한 연대 확정의 문제나 마우리아 제국에 대한 과도한 역사적 상상력 때문에 어려움에 직면해 있다. 고고학적으로 밝혀진 특정 단계나 문헌 자료가 "마우리아 제국"의 것이라는 근거는 상당히 제한적이다. 제국이 성립된 뒤 물론 도시의 규모가 계속 성장했던 것은 분명하지만, 제한적인 고고학적 자료만으로 제국의 성립과 함께 도시 구조가 극적 변화를 겪었다고 결론 내릴 수는 없다. 그러나 북부 검은연마토기 시대의 후반부로 가면 도시의 평면 구조나 건축과 관련해서 우리는 좀 더 풍부한 자료를 확보하고 있다(다만 이러한 자료가 어느 특정 왕국과 연계되어 있는지는 밝혀내지 못했다).

비타(Bhita)와 탁실라(Taxila)에서의 초기 발굴에 관해서는 앞에서 잠시 언급한 바가 있고, 최근에는 인도르 케라(Indor Khera)에서 발굴이 진행되었다.[18] 이들 도시에서는 해당 시대에 관하여 수평발굴법을 실시했다. 마우리아 제국의 수도 파탈리푸트라에 관한 정보로는 19세기 말에서 20세기 초까지 제한된 발굴 조사가 이루어져 고고학적 근거 자료가 있고, 찬드라굽타(Candragupta, 재위 c. 324~297 BCE) 당시 셀레우코스 제국(Seleucid empire)의 외교관으로 마우리아 제국에 파견되었던 메가스테네스(Megasthenes)가 남긴 파편적 기록이 남아 있다. 메가스테네스는 마우리아 제국의 수도를 인구가 많은 거대 도시로 묘사했는데, 길이는 약 12킬로미터이고 너비는 약 2.5킬로미터에 이르고, 도시를 둘러싼 넓은 해자 안에 목책으로 만든 성벽이 있다고 했다. 고고학적 발굴 조사를 통해 성벽의 흔적이 드러났고, 거대한 왕실 및 행정 기관의 유적도 발견되었다. 발굴 결과 80개의 거대한 돌기둥이 거대한 평면 위에 줄지어 늘어서 있었다. 이외에도 다른 도시 유적에서 홀로 서 있는 거대한 돌기둥 유적들이 발견되었는데, 여기에 사용된 석재는 추나르(Chunar)에 있는 채석장에서[19] 돌기둥이 세워진 도시로 운반된 것이었다. 돌기둥에는 글

---

18 Menon, Varma, Dayal, and Bal Sidhu, "Indor Khera Revisited."
19 Vidula Jayaswal, *From Stone Quarrying to Sculptural Workshop: A Report on the Archaeological Investigations around Chunar, Varanasi, and Sarnath* (Delhi: Agam Kala Prakashan, 1998).

이 새겨져 있었고, 내용은 아소카 대왕의 "포고문"이었다. 이는 남아시아에 남아 있는 기록물 가운데 가장 오래된 유물에 속한다. 우아하게 새겨진 성스러운 그림들도 그 당시의 것이며, 그 시대의 동전도 남아 있다. 이들은 모두 마우리아 제국의 패권을 나타내는 아주 분명한 지표 유물의 사례이다.

기원전 232년 아소카 대왕이 사망한 후 마우리아 제국의 통치는 그리 오래 지속되지 못했고, 제국은 약 40년 뒤에 무너졌다. 그러나 앞에서도 잠시 언급했듯이, 이후로도 수백수천 년 동안 수많은 왕국과 제국이 뒤를 이으면서 정치적 변화를 겪고 정복과 합병과 몰락의 과정을 거치는 동안에도 당시의 많은 도시들은 끈질기게 유지되었다. 언제나 변화하면서도 결국 도시의 형태와 공간이 회복된 것은 사회적·경제적·종교적 제도와 메커니즘이 지속된 결과였다. 도시에 극적인 정치적 동요가 있을 때에도 이러한 요소들은 변함없이 그대로 유지되었다. 이러한 지속성을 이해하려면 우리는 도시와 정치를 분리해서 생각할 수밖에 없다. 정치 이외에 폭넓은 범위의 사회적·경제적·종교적 제도와 메커니즘이 역사적으로 남아시아의 도시 공간을 유지하고 뒷받침한 요소였다.[20]

맺음말

이번 장에서는 지리적으로 같은 장소에서 펼쳐졌던 도시화의 두 가지 여정을 간략히 살펴보았다. 각각의 과정에서 거대 규모의 도시가 특

20 Monica L. Smith, "The Archaeology of South Asian Cities," *Journal of Archaeological Research* 14 (2006), 97–142.

징적이었으며, 차별적 구조와 복잡한 조직이 포함되어 있었다. 양자의 물리적 및 문화적 풍경은 전혀 달랐다. 하나는 인더스 지역에서 넓게 펼쳐진 시골 경관에 둘러싸여 있었으며, 다른 하나는 갠지스-야무나 평원의 도시가 밀집된 경관 가운데 자리 잡고 있었다. 소수의 몇몇 도시와 훨씬 더 많은 수의 소규모 정착지로 구성된 인더스의 시대는 700년에 불과했고, 그 뒤 인더스 전통은 쇠락하여 사라져버렸다. 이후 그 흔적이 발견되기까지는 1000여 년 이상이 걸렸다. 초기 역사 시대의 도시들은 많은 경우 훨씬 더 오래도록 지속되었다. 마우리아 제국이 멸망한 뒤에도 활발한 인구의 중심지로 남아 있는 도시가 많았고, 이후 여러 나라와 제국을 거치면서도 당시 도시의 유산은 지금까지 지속되고 있다.

더 읽어보기

Bisht, Ranvir S., "Dholavira: New Horizons of the Indus Civilization," *Puratattva* 20 (1991), 71-81.

_____. "The Water Structures and Engineering of the Harappans at Dholavira (India)," in Catherine Jarrige and Vincent Lefèvre (eds.), *South Asian Archaeology 2001: Proceedings of the Sixteenth International Conference of the European Association of South Asian Archaeologists, Held in Collège de France, Paris, 2-6 July 2001*, Paris: CNRS, 2005, pp. 11-25.

Blackman, M. James, and Massimo Vidale, "The Production and Distribution of Stoneware Bangles at Mohenjo-Daro as Monitored by Chemical Characterization Studies," in Richard H. Meadow (ed.), *South Asian Archaeology 1989: Papers from the Tenth International Conference of South Asian Archaeologists in Western Europe, Musée National des Arts Asiatiques-Guimet, Paris, France, 3-7 July 1989*, Madison, WI: Prehistory Press, 1992, pp. 37-43.

Chattopadhyaya, Brajadulal D., "The City in Early India: Perspectives from Texts," *Studies in History* 13 (1997), 181-208.

Erdosy, George, "City States of North India and Pakistan at the Time of the Buddha," in F. Raymond Allchin et al., *The Archaeology of Early Historic South Asia: The Emergence of Cities and States*, Cambridge: Cambridge University Press, 1995, pp. 123-52.

_____. *Urbanisation in Early Historic India*, Oxford: British Archaeological Reports, 1988.

Fritz, John M., George Michell, and M. S. Nagaraja Rao, *Where Kings and Gods Meet: The Royal Center at Vijayanagara*, Tucson: University of Arizona Press, 1985.

Gaur, Ruby C., *The Excavations at Atranjikhera: Early Civilization in the Ganga Valley*, Delhi: Motilal Banarasi Das, 1983.

Ghosh, Amitav, "Taxila (Sirkap) 1944-45," *Ancient India* 4 (1948), 66-78.

Jansen, Michael, and Günter Urban (eds.), *Interim Reports*, Aachen: Forschungsprojekt "Mohenjo-Daro," 1984, Vols. i and ii.

Jayaswal, Vidula, *From Stone Quarry to Sculpturing Workshop: A Report on the Archaeological Investigations around Chuna, Varanasi and Sarnath*, Delhi: Agam Kala Prakashan, 1998.

Kenoyer, Jonathan M., "The Indus Valley Tradition of Western India and Pakistan," *Journal of World Prehistory* 5 (1991), 331-85.

Kenoyer, Jonathan M., and Richard H. Meadow, "The Ravi Phase: A New Cultural Manifestation at Harappa, Pakistan," in Maurizio Taddei and Giuseppe de Marco (eds.), *South Asian Archaeology 1997: Proceedings of the Fourteenth International Conference of the European Association of South Asian Archaeologists, Held in the Istituto italiano per l'Africa e l'Oriente, Palazzo Brancaccio, Rome, 7-14 July 1997*, Rome: Istituto Italiano per l'Africa e l' Oriente and Istituto Universitario Orientale, 2002, pp. 55-76

Lal, B. B., "Excavations at Hastinapura and Other Explorations in the Upper Ganga and Sutlej Basins," *Ancient India* 11 (1955), 5-151.

Leonardi, Giovanni, *Interim Reports*, Rome: Forschungsprojekt "Mohenjo-Daro", 1988, Vol. iii.

Marshall, John H., *A Guide to Taxila*, Delhi: Government of India Publications, 1936.

_____. *Taxila*, 3 vols., Delhi: Motilal Banarsidas, 1951.

Meadow, Richard H., and Jonathan M. Kenoyer, "Excavations at Harappa 2000-2001: New Insights on Chronology and City Organization," in Catherine Jarrige and Vincent Lefèvre (eds.), *South Asian Archaeology 2001: Proceedings of the Sixteenth International Conference of the European Association of South Asian Archaeologists, Held in Collège de France, Paris, 2-6 July 2001*, Paris: CNRS, 2005, pp. 207-24.

_____. "Harappa Excavations 1998-1999: New Evidence for the Development and Manifestation of the Harappan Phenomenon," in Ellen M. Raven (ed.), *South Asian Archaeology 1999: Proceedings of the Fifteenth International Conference of the European Association of South Asian Archaeologists, Held at the Universiteit Leiden, 5-9 July*, 1999, Groningen: Egbert Forsten, 2008, pp. 85-110.

Mughal, M. Rafique, "The Geographical Extent of the Indus Civilization During the Early, Mature, and Late Harappan Times," in Gregory L. Possehl (ed.), *South Asian Archaeological Studies*, Delhi: Oxford University Press, 1992, pp. 123-43.

_____. "The Harappan Settlement Systems and Patterns in the Greater Indus Valley (circa 3500-1500 BC)," *Pakistan Archaeology* 25 (1990), 1-72.

Narain, Awadh Kishore, and T. N. Roy (eds.), *Excavations at Rajghat*, Varanasi: Banaras Hindu University, 1977.

Possehl, Gregory L., "The Date of Indus Urbanization: A Proposed Chronology for the Pre-urban and Urban Harappan Phases," in Catherine Jarrige (ed.), *South Asian Archaeology 1989: Papers from the Tenth International Conference* of South Asian Archaeologists in Western Europe, Musée National des Arts Asiatiques-Guimet, Paris, France, 3-7 July 1989, Madison, WI: Prehistory Press, 1993, pp. 237-44.

_____, Indus Age: The Beginnings, Philadelphia: University of Pennsylvania Press, 1999.

Ratnagar, Shereen, Enquiries into the Political Organization of Harappan Society, Pune: Ravish Publishers, 1991.

Shaffer, J. G., "The Indus Valley, Baluchistan, and Helmand Traditions: Neolithic through Bronze Age," in Robert W. Ehlrich (ed.), Chronologies in Old World Archaeology, Chicago: The University of Chicago Press, 1992, Vols. i and ii.

Sharma, Govardhan Raj, The Excavations at Kausambi (1957-59), Allahabad: University of Allahabad, 1960.

Shinde, Vasant, Shweta Sinha Deshpande, Toshiki Osada, and Takao Uno, "Basic Issues in Harappan Archaeology: Some Thoughts," Ancient Asia 1 (2006), 63-72.

Sinha, Bindeshwari Prasad, and Lala Aditya Narain, Patilaputra Excavation 1955-56, Patna: Bihar Directorate of Archaeology and Museums, 1970.

Sinopoli, Carla M., "On the Edge of Empire: Form and Substance in the Satavahana Dynasty," in Susan E. Alcock, Terence N. D'Altroy, Kathleen D. Morrison, and Carla M. Sinopoli (eds.), Empires: Perspectives from Archaeology and History, Cambridge: Cambridge University Press, 2001, pp. 155-78.

Smith, Monica L., "The Archaeology of South Asian Cities," Journal of Archaeological Research 14 (2006), 97-142.

Spooner, David B., Excavation at Shaji-ki-dheri: Annual Reports of the Archaeological Survey of India 1908-09, Calcutta: Government Press, 1909.

Thapar, Romila, Early India: From the Origins to AD 1300, New Delhi: Penguin, 2002.

Tosi, Maurizio, Luca Bondioli, and Massimo Vidale, "Craft Activity Areas and Surface Survey at Moenjodaro: Complementary Procedures for the Reevaluation of a Restricted Site," in Michael Jansen and Günter Urban (eds.), Interim Reports, Aachen: Forschungsprojekt "Mohenjo-Daro," 1984, Vol. i, pp. 9-38.

Trautmann, Thomas R., and Carla M., Sinopoli, "In the Beginning was the Word: Excavating the Relations between History and Archaeology in South Asia," Journal of the Economic and Social History of the Orient 45 (2002), 492-523.

Verardi, G., "Preliminary Reports on the Stupa and Monastery of Mohenjo-daro," in Michael Jansen and Günter Urban (eds.), Interim Reports, Aachen:

Forschungsprojekt "Mohenjo-Daro", 1984, Vol. ii.

Vidale,Massimo, "Specialized Producers and Urban Elites: On the Role of Craft Production in Mature Indus Urban Contexts," in Jonathan M. Kenoyer (ed.), *Old Problems, New Perspectives in the Archaeology of South Asia*, Madison: University of Wisconsin, 1989, pp. 145-56.

Waddell, Austine L., *Report on the Excavations at Pataliputra (Patna)*, Calcutta: Bengal Secretariat Press, 1996.

Wright, Rita P., M. Afzal Khan, and Joe Schuldenrein, "The Emergence of Satellite Communities along the Beas Drainage: Preliminary Results from Lahoma Lal Tibba and Chak Purbane Syal," in Catherine Jarrige and Vincent Lefèvre (eds.), *South Asian Archaeology 2001: Proceedings of the Sixteenth International Conference of the European Association of South Asian Archaeologists, Held in Collège de France, Paris, 2-6 July 2001*, Paris: CNRS, 2005.

Wright, Rita P., Joe Schuldenrein, M. Afzal Khan, and S. Malin-Boyce, "The Beas River Landscape and Settlement Survey: Preliminary Results from the Site of Vainiwal," in Ute Frank-Vogt and H. J. Weisshaar (eds.), *South Asian Archaeology 2003: Proceedings of the Seventeenth International Conference of the European Association of South Asian Archaeologists, 7-11 July 2003*, Bonn, Aachen: Linden Soft, 2005, pp. 101-11.

CHAPTER 16

기원전 제1천년기 그리스의 도시들

이언 모리스Ian Morris
알렉스 노델Alex R. Knodell

기원전 제1천년기 그리스의 도시들은, 어느 측면에서 보더라도 도시 역사상 가장 성공적인 사례에 속한다. 기원전 1000년경 그리스의 인구는 약 50만 명이었고, 가장 큰 도시의 주민은 5000명 정도였다. 그로부터 1000년이 지난 후 그리스의 인구는 10배로 불어났고, 인구 10만 혹은 그 이상 되는 대도시가 몇 군데나 있었다. 1000년의 시간을 거치는 동안 1인당 소비량은 평균 50퍼센트 이상 증가했으며, 그리스 도시 문화는 지중해 연안뿐만 아니라 머나먼 인도에까지 전파되었다.

　이번 장에서는 그리스 도시와 관련하여 역사적 특징과 고고학적 증거를 개관해보고자 한다. 그리고 그들이 위치한 자연환경 및 농업의 맥락에서 이를 검토해보고자 한다. 먼저 그리스 도시의 통시적 발전 과정을 살펴보도록 하겠다. 시간 범위는 초기 철기 시대부터 헬레니즘 및 로마 제국의 시작까지다. 논의의 중점은 인구, 거주지의 규모, 도시의 형태뿐만 아니라 정치 시스템과 권력의 분배까지 아우를 것이다.

　기원전 제1천년기 동안 그리스의 정착지와 정치적 위계 구조는 갈수록 변화의 폭이 커졌다. 거의 기원전 300년까지는 (전근대의 전형적인

이 글은 이언 모리스(Ian Morris)가 2011년 3월에 개최된 학회 "도시의 세계(A World of Cities)"에서 발표한 원고를 기반으로 했다. 이후 2012년 5월에 알렉스 노델(Alex R. Knodell)이 편집 및 추가 작업을 진행하여 글을 완성했다.

복합 사회 유형이 지속되며) 그리 큰 변화가 없었다. 그러나 그리스가 마케도니아와 로마 제국에 편입된 이후, 그리하여 서남아시아 도시의 유산을 접수하게 되면서 상황은 급변했다. 우리는 먼저 이와 같은 주장을 뒷받침할 만한 고고학적 자료와 최근의 새로운 문헌 해석 결과를 제시할 것이다. 그리고 나서 그리스 도시 발달의 입지적 여건에 대한 의견을 밝히고자 한다. 즉 당시 그리스는 팽창하는 제국의 변두리에 위치했으며 동부 지중해 경제권에 속해 있었다. 그들의 성공은 어떤 식으로든 "그리스의 기적"이라기보다, 당시 기온이 상승하고 인구가 증가하던 시기적 영향이 컸다. 이러한 시대적 상황을 이용하기에 그리스는 다른 어느 지역보다 유리한 위치에 있었다. 그러므로 그리스 문화의 발전에서 지리와 환경, 그리고 동부 지중해라고 하는 폭넓은 범위의 역사적 맥락이 모두 중요한 역할을 했다. 따라서 우리는 이 모두를 함께 고려하지 않을 수 없다. 그래야만 기원전 제1천년기 그리스 도시의 기원과 팽창을 제대로 이해할 수 있을 것이다.

역사적 및 고고학적 근거

고대 그리스는 무엇보다 그들의 놀라운 문헌 기록으로 유명하다. 오늘날까지 전해지는 (대개 기원전 750~700년경 알파벳 문자의 등장 직후에 기록이 시작된) 자료에서는 고대 그리스 도시의 생생한 생활상이 고스란히 담겨 있는 경우가 적잖이 발견된다. 남아 있는 문헌 기록은 수천 페이지에 달하는데, 대부분 그리스의 도시 아테네(Athenai)에서 기록된 것이며, 시기적으로는 특히 기원전 4세기의 기록이 많다(그중 가장 유명한 내용은 플라톤과 아리스토텔레스의 정치철학이다). 또한 기원전 3~2세기 헬레니즘 시대 왕국의 대도시(특히 알렉산드리아)에서 기록된 것들도 있다.

기원전 5세기 말엽 이후로 돌에 새겨진 공공 기록 유물이 점차 많아지는 경향이 있다. 문헌 기록 자료는 지리적으로나 계급적으로 편향된 측면이 있지만, 돌에 새겨진 기록 덕분에 약간의 균형을 기대할 수 있다. 기원전 330년경 이후로는 이집트 프톨레마이오스 왕조에서 생산된 파피루스 문헌 자료나 개인적 편지 유물이 방대한 양으로 남아 있다.

에게해 지역은 세계적으로 보더라도 고고학적 조사가 가장 밀집된 곳에 해당한다. 18세기 서유럽의 골동품상은 막대한 양의 고미술 자료를 사들였다. 어설프지만 근대적 발굴의 시작이라고 할 수 있는 슐리만(Schliemann)의 트로이 발굴도 1870년에 시작되었다(지도 16-1). 그때 이후로 오래도록 그리스는 고대 세계의 유산 가운데 가장 오래 발굴이 진행된 현장이었다. 예컨대 미국고전학연구소(American School of Classical Studies)의 고대 코린토스(Korinthos) 발굴은 1896년부터 현재까지, 아테네의 아고라(Agora) 발굴은 1931년부터 현재까지 지속되고 있다. 그런데 20세기 중후반에 이르러 세계 다른 지역에서는 새로운 고고학적 방법론이 도입되었지만, 그리스에서는 미술품에 집중된 관심 때문에 새로운 방법론의 도입이 늦어지는 경향도 있었다. 그러나 20세기 말에 이르러 그리스 유적은 세계 어느 유적과 비교하더라도 가장 앞선 발굴 현장이 되었다. 마찬가지로 그리스 고고학자들도 기술적 시스템이나 집중 발굴 방식을 꺼리는 경향이 있었지만, 1970년대 이후로는 그리스의 현지 조사도 극단적 세부 작업에 몰두하며 자연과학 전 분야의 기술적 성과를 전면적으로 도입하고 있다. 오늘날에는 그리스 고고학 발굴을 통해 놀라우리만치 풍부한 성과들이 제출되고 있다.[1]

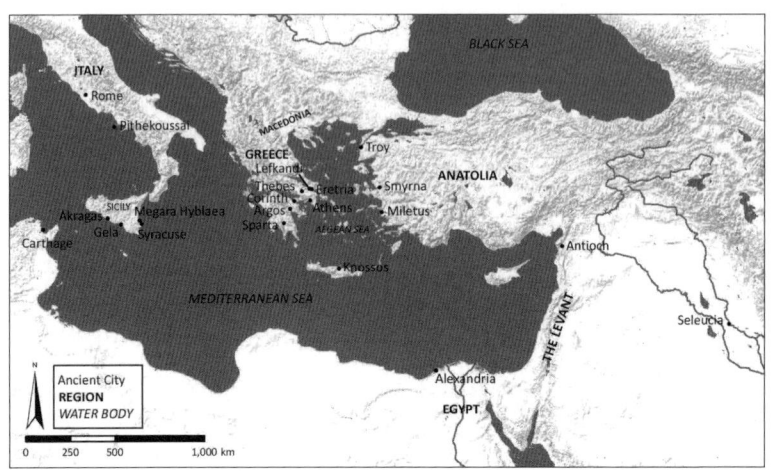

[지도 16-1] 그리스와 주변 지역

자연환경과 농업

지중해성 기후를 정리하자면 다음과 같다. (a) 건조 농업에 필요한 만큼의 비는 정기적으로 내리지만, 우거진 숲이 조성될 정도는 아니다. (b) 겨울은 춥고 습하며, 여름은 덥고 건조하다. (c) 세부 지역별로 변동성이 매우 다양하다. 그리스의 기후도 여기서 크게 벗어나지 않는데, 다만 북서부의 고고도 지대로 올라가면 발칸반도와 비슷해진다. 강우량은 해마다 편차가 상당히 크고, 그래서 흉년이 드는 경우가 비교적 많아 재

---

1 Anthony M. Snodgrass, *An Archaeology of Greece: The Present State and Future Scope of a Discipline* (Berkeley: University of California Press, 1987). 보다 최근의 자료와 역사 분야 연구 개괄은 다음을 참조. James Whitley, *The Archaeology of Ancient Greece* (Cambridge: Cambridge University Press, 2002).

배 작물의 다양화가 필수적이다.² 고대 그리스의 식물학자 테오프라스토스(Theophrastos)는 "그해의 풍년은 땅이 아니라 곡물에 달렸다"라고 했다(*History of Plants* 8.7.6).

지리적 환경 또한 지중해 주변의 다른 지역과 비슷하다. 바다에서 몇 킬로미터만 육지로 들어가면 평야나 언덕 혹은 거친 산을 만날 수 있다. 농지에서 고고도 목초지까지도 걸어서 하루면 당도할 수 있다. 그리스 사람들이 에게해를 벗어나 모험한 이유 중에는 이러한 환경 요인도 있었다. 생태 환경이 고향과 비슷하면서도 좀 더 기후가 좋은, 즉 비가 좀 더 규칙적으로 내리고 평야도 더 넓은 이탈리아나 시칠리아로 진출하고자 했던 것이다.³

농사는 대개 건조곡물 농업(dry-grain farming)이었다. 관개 시설은 별로 없었지만, 농장을 유지하기 위해서 거름은 필수적이었다. 방대한 지역을 조사한 결과, 고밀도 "유적지" 주변을 드물게 흩어져 있는 토기 파편들이 "달무리"처럼 둘러싸고 있었다. 일부 학자들은 이를 직접적 근거로 이해해서, 당시 농지가 확대되었고 생활 쓰레기를 거름으로 사용했다는 결론에 이르기도 했다.⁴ 그리스 농촌의 가족 영농으로는 도시에 내

---

2 L. Jeftic, John D. Millman, and G. Sestini, "The Mediterranean Sea and Climate Change - An Overview," in L. Jeftic, John D. Millman, and G. Sestini (eds.), *Climatic Change and the Mediterranean* (London: Edward Arnold, 1992), pp. 1-14; and Peter Garnsey, *Famine and Food Supply in the Graeco-Roman World: Responses to Risk and Crisis* (Cambridge: Cambridge University Press, 1988), pp. 8-16.
3 Walter Scheidel, "The Greek Demographic Expansion: Models and Comparisons," *Journal of Hellenic Studies* 123 (2003), 120-40; and Franco de Angelis, "Estimating the Agricultural Base of Greek Sicily," *Papers of the British School at Rome* 68 (2000), 111-48.

다 팔 잉여 생산물이 그리 많지 않았다. 보통은 5~6헥타르를 경작했으며, 가족 이외에 외부인을 고용하는 경우는 거의 없었다. 추론하자면 흉년을 대비하여 가능한 많은 양의 곡물을 저장했던 것 같다.[5]

인구 집중의 비용을 양적으로 평가하기란 쉽지 않다. 일부 도시 거주자는 자신의 농지에서 직접 노동을 했지만, 농사를 짓지 않는 인구도 약 2만 명이 있었다. 도시의 시장에는 약 20만 명의 농부가 생산한 잉여 생산물이 유통되었다. 시골의 인구 밀도, 운송 기술, 도시의 시골 생산 통제 방식, 농부가 곡물을 시장으로 내다 팔았을 때 얻게 되는 이익 등이 모두 중요한 고려 요소라 하겠다.

문헌 자료나 고고학적 근거는 당시 도시 생활에 대한 강한 선호도를 나타내는데, 다만 도시 인구가 증가하면서 도시 거주 비용도 증가했을 것이다. 그러나 우리가 확보한 근거 자료는 언제나 도시로 편향되어 있다. 고고학 발굴이나 문헌 기록이 모두 도시 중심으로 형성되었기 때

4 On irrigation, see Victor D. Hanson, *The Other Greeks: The Family Farm and the Agrarian Roots of Western Civilization* (New York: Free Press, 1995), pp. 60-3; on manuring, see Anthony M. Snodgrass, "Survey Archaeology and the Rural Landscape of the Greek City," in Oswyn Murray and Simon Price (eds.), *The Greek City from Homer to Alexander* (Oxford: Clarendon Press, 1990), pp. 113-36; for an alternative view, see Susan E. Alcock, John F. Cherry, and Jack L. Davis, "Intensive Survey, Agricultural Practice and the Classical Landscape of Greece," in Ian Morris (ed.), *Classical Greece: Ancient Histories and Modern Archaeologies* (Cambridge: Cambridge University Press, 1994), pp. 137-70.
5 Peter Garnsey, "The Yield of the Land in Ancient Greece,' in Berit Wells (ed.), *Agriculture in Ancient Greece* (Stockholm: The Institute, 1992), p. 148; Robert Sallares, *The Ecology of the Ancient Greek World* (Ithaca, NY: Cornell University Press, 1991), p. 79; and Thomas W. Gallant, *Risk and Survival in Ancient Greece: Reconstructing the Rural Domestic Economy* (Stanford, CA: Stanford University Press, 1991), pp. 60-112.

문이다. 도시 생활이 남긴 문헌 기록이나 건물 같은 유적은 시골 생활이 남긴, 일시적 흔적들보다 더 오래 남기 마련이다. 그러나 그리스 도시의 사람들과 관습이 유지될 수 있었던 것은, 또한 존재 자체가 가능할 수 있었던 것은 시골 덕분이다. 다른 지역에서는 산업 규모에 가까운 관개 시설을 갖춘 농업이 초기 도시 형성에 중요한 역할을 하기도 했지만, 그리스의 자연환경과 문화는 소규모 영농에 더 알맞았다. 이는 아마도 정치적·사회적 조직에도 반영되었을 것이다.

그리스의 도시들: 초기 철기 시대, 기원전 1050~750년경

기원전 제1천년기 동안 그리스의 도시 규모는 대체로 상당히 작았다. 기원전 1000년경 이른바 "암흑 시대(Dark Age)"가 찾아왔을 때, 가장 큰 도시라야 인구는 고작 1000~5000명에 불과했다. 그러나 구체적 수치와 관련해서는 상당한 논란이 있다. 당시 주택은 매우 약한 건물이었기에 거의 남아 있지 않다. 초기 철기 시대 정착지 가운데 가장 중요한 도시는 고대 그리스 시기(Greek antiquity)에도 여전히 중요한 곳이었기 때문에 기존의 흔적은 더 깊은 땅속에 묻히거나 파괴되었다. 더욱이 다른 시기와 비교했을 때 초기 철기 시대 정착지에 관해서는 고고학자들의 관심이 비교적 적었다.

초기 철기 시대의 유물은 상당히 넓은 지역에 걸쳐 산재한 경우가 많았다(아르고스Argos는 50헥타르, 크노소스Knossos는 100헥타르, 아테네는 200헥타르였다). 그러나 발굴된 흔적으로 보아 당시 작은 구역을 차지하는 오두막들이 최소한 100미터 이상의 간격을 두고 흩어져 있었다. 인구 밀도는 헥타르당 12.5~25명을 넘는 경우가 거의 없었다. 그렇다면

시대	연대
후기 청동기 시대	c. 1600-1050 BCE(미케네 시대라고도 함)
초기 철기 시대	c. 1050-750 BCE(암흑기라고도 함)
아르카익기	c. 750-480 BCE
고전기	480-323 BCE
헬레니즘기	323-30 BCE

(표 16-1) 로마 이전 시기 그리스의 표준 연표

아르고스의 인구는 600~1200명, 크노소스는 1250~2500명, 아테네는 2500~5000명 정도였을 것이다. 레프칸디(Lefkandi)의 규모는 아테네와 비슷했을 것으로 추정되는데, 현재 정착지 신규 발굴 작업이 진행 중이며, 아직 결론을 내리기는 어렵다. 암흑 시대에 아마도 대부분의 그리스 사람들은 인구 수십 명 규모의 조그만 마을에서 모여 살았을 테지만, 마을의 규모나 정착지의 유형은 상당히 다양했던 것으로 보인다.[6]

그리스의 도시들: 아르카익기, 기원전 750~480년경

그리스 정착지의 역사에서 기원전 8세기 중엽 뚜렷한 전환점이 확인된다. 이때를 "르네상스" 시기 혹은 "혁명"의 시기라고 한다. 발굴이 가장 많이 진행된 유적 중 하나인 에레트리아(Eretria)에서 기원전 850년경으로 추정되는 오두막의 흔적들이 산재한 유적이 발견되었다. 기원전

---

6 James Whitley, *Style and Society in Dark Age Greece* (Cambridge: Cambridge University Press, 1991), pp. 84-90; and A. Mazarakis Ainian, *From Rulers' Dwellings to Temples: Architecture, Religion and Society in Early Iron Age Greece (1100-700 B.C.)* (Jonsered: P. Å ströms Förlag, 1997).

700년경에 이르면 이들의 마을이 서로 연결되었다. 전체적으로는 100 헥타르의 지역을 이들이 차지하고 있었고, 인구는 5000명 정도였을 것으로 추정된다. 당시에는 코린토스(Korinthos), 크노소스(Knossos), 아르고스(Argos) 등지에도 분명 에레트리아 못지않은 정착지가 형성되어 있었다. 이외에도 스미르나(Smyrna), 테베(Thebes), 밀레토스(Miletos) 등을 비롯하여 주민 1000명 이상의 공동체가 수십 곳은 존재했을 것이다.[7]

기원전 8~7세기를 거치면서 그리스의 정착지는 서부 지중해와 흑해 연안까지 확장되었다. 이주민의 수는 다 합쳐도 (아마 3만~5만 명으로) 그리 많지 않았으나, 그들은 상당히 큰 규모의 정착지를 건설했다. 그리스인이 진출하여 건설한 최초의 정착지는 피테코우사이(Pithekoussai)였다(c. 775~750 BCE 성립). 기원전 8세기 말 그곳의 주민은 아마도 4000~5000명 정도였을 것이다. 물론 그들이 모두 그리스인은 아니었다. 기원전 728년에 건설된 메가라 히블라이아(Megara Hyblaea)는 240~320명의 정착민으로 시작했으나, 기원전 625년에 이르러 주민의 수가 약 2000명으로 늘어났다.[8]

그리스 세계의 마을들 가운데 도시가 등장하기 시작한 시기는 기원전 8세기였다. 전체적으로 인구가 급증했고(아마도 기원전 800년에서 기

---

7 Alexander Mazarakis Ainian, "Geometric Eretria," *Antike Kunst* 30 (1987), 3-24; and Ian Morris, "The Growth of Greek Cities in the First Millennium BCE ," in Glenn Storey (ed.), *Urbanism in the Preindustrial World: Cross-cultural Approaches* (Tuscaloosa: University of Alabama Press, 2006), pp. 27-51.
8 Scheidel, "The Greek Demographic Expansion'; on Pithekoussai, see Ian Morris, "The Absolute Chronology of the Greek Colonies in Sicily," *Acta Archaeologica* 67 (1996), 57; and on Megara Hyblaea, see Franco de Angelis, *Megara Hyblaea and Selinous* (Oxford: Oxbow, 2003), pp. 40-71.

원전 700년 사이에 2배로 늘어났던 것 같다), 오늘날 널리 알려진 고대 그리스의 정치도 이때부터 발달하기 시작했다. 당시에 존재한 소규모 도시국가가 수백 곳이었으며, 각각이 차지한 영역(코라Chora)은 수십 제곱킬로미터에서 2500제곱킬로미터까지 매우 다양했다. 이들 도시국가의 중심에는 조그만 도시(아스티asty 혹은 폴리스polis)가 있었는데, 주민의 수는 수백 명에서 1만 명 정도였다. 기원전 6세기를 기준으로 보면 이와 같은 폴리스가 적어도 500개 이상 형성되어 있었다.[9]

이론적으로 각각의 폴리스는 독립된 정치 단위였다. 그러나 현실적으로는 주변의 강한 폴리스가 약한 폴리스를 통제했다. 기원전 550년 이후 스파르타(Sparta)를 중심으로 펠로폰네소스 동맹(Peloponnesian League, 근대 학자가 붙인 명칭이다)이 형성되었다. 이들은 주변 폴리스들을 느슨한 동맹으로 끌어들였다. 동맹에 편입된 도시에서는 스파르타가 전쟁을 할 때 병력을 보내주었고, 스파르타는 개별 폴리스의 과두제(oligarchy, 독재 정치)를 지원해서 다른 폴리스나 내부 쿠데타의 위협을 막아주었다(헤로도토스, 《역사》 1.65-68). 이로써 스파르타는 그리스에서 가장 강한 군사력을 보유하게 되었다(헤로도토스, 《역사》 1.69, 141, 152; 5.49).

역사사회학자 찰스 틸리(Charles Tilly)는 상당히 유용한 이론 틀을

---

9 Ian Morris, "Early Iron Age Greece," in Walter Scheidel, Ian Morris, and Richard P. Saller (eds.), *The Cambridge Economic History of the Greco-Roman World* (Cambridge: Cambridge University Press, 2007), pp. 218-19; and Mogens Herman Hansen and Thomas Heine Nielsen (eds.), *An Inventory of Archaic and Classical Poleis* (Oxford: Oxford University Press, 2004).

개발했는데, 기원후 1000년 이후 유럽 국가 형성 과정을 조직 원리로써 분류했다. 즉 그는 국가 체제를 강제력-중심(coercion-intensive) 국가와 자본력-중심(capital-intensive) 국가로 분류했다. 예컨대 영토국가가 강제력-중심 국가에 해당한다면, 도시국가는 자본력-중심 국가에 속했다.[10] 이런 관점에서 스파르타는 매우 독특한 구조였다. 스파르타의 권력은 주변 메세니아(Messenia) 지역을 압도하는 군사력에서 나왔다. 주변 지역의 주민은 스파르타의 헬로트(helot, 예속인)로서 식량을 제공했고, 스파르타의 주민은 전업 군인으로서 군대에 전념했다.[11]

이와 달리 다른 대부분의 폴리스들은 도시국가가 형성될 때 자본력-중심 체제를 지향했던 것으로 보인다. 그리스 지역의 상업은 급속도로 발달했다. 그리스의 상품들(특히 와인)은 지중해 전역에 걸쳐 폭넓게 유통되었다. 기원전 7세기 말에서 기원전 6세기 초 리디아인(Lydians)이 동전을 개발한 직후에 그리스인도 동전을 주조하기 시작했다. 기원전 500년에 이르면 이미 잔돈을 거슬러주는 것이 보편화된 관행이었다. 이러한 상업 발달의 정확한 원인이 무엇인지를 두고 학계에서는 많은 논쟁이 이어져왔다. 그리고 초기 그리스 동전이 경제적 도구라기보다는 정치적 선언에 가깝다는 주장도 제기되었다. 동전 주조와 관련된 이데

---

10 Charles Tilly, *Coercion, Capital, and European States, AD 990-1990* (Malden: Blackwell, 1992).
11 적어도 이것이 전통적인 해석이다. 예컨대 다음을 참조. Stephen Hodkinson, *Property and Wealth in Classical Sparta* (London: The Classical Press of Wales, 2000); 다만 스파르타의 노동 관습이 그토록 특이하지는 않았다는 새로운 주장들도 제기되고 있다. 예를 들면 Nino Luraghi and Susan E. Alcock (eds.), *Helots and Their Masters in Laconia and Messenia: Histories, Ideologies, Structures* (Cambridge, MA: Center for Hellenic Studies, 2003).

올로기 투쟁의 이야기가 흥미롭기는 하지만, 오늘날 분명히 밝혀졌듯이 거래에 동전이 도입된 뒤 유통 비용이 급격히 낮아졌다.[12]

기원전 8세기에서 기원전 6세기를 거치는 동안 그리스의 도시들은 어떤 기준에 부합하는 "고전적" 형태를 지니게 되었다. 일부 마을에서는 격자 모양 구조가 이르면 기원전 850년경부터 등장하기도 했다. 기원전 8세기 말에 이르러 예컨대 시칠리아와 남부 이탈리아 지역 등 새로 개척되는 식민지에는 기본적으로 격자 모양 직각 구조 도시가 건설되었다. 기원전 500년경에 이르자 오래된 에게해 중심 지역의 도시들도 이러한 구조로 재편되었다. 도시 구조 설계는 전통적으로 (비록 연대가 잘 들어맞지 않지만) 밀레토스의 히포다모스(Hippodamos of Miletos, c. 498~408 BCE)가 고안한 것이라고 전해진다. 히포다모스는 아테네의 항구 도시 페이라이에우스(Peiraieús), 그리고 페르시아인이 파괴한 그 자신의 고향 밀레토스의 재건에서 설계를 맡았던 인물이다. 격자 구조의 도로에 따라 그리스의 도시 내부는 블록이 나뉘었다(그림 16-1). 그리고 각각의 블록에는 몇몇 주택이 자리했는데, 전형적으로 가운데 마당을 중심으로 집들이 배치되는 구조였으며, 주변으로는 담장을 두르고 한두 개의 작은 문을 냈다.[13] 마당을 중심으로 주택들이 배치되는 공

---

12 Henry S. Kim, "Archaic Coinage as Evidence for the Use of Money," in Andrew Meadows and Kirsty Shipton (eds.), *Money and Its Uses in the Ancient Greek World* (Oxford: Oxford University Press, 2001), pp. 7-21; and Leslie Kurke, *Coins, Bodies, Games, and Gold: The Politics of Meaning in Archaic Greece* (Princeton, NJ: Princeton University Press, 1999).
13 Lisa C. Nevett, *House and Society in the Ancient Greek World* (Cambridge: Cambridge University Press, 1999).

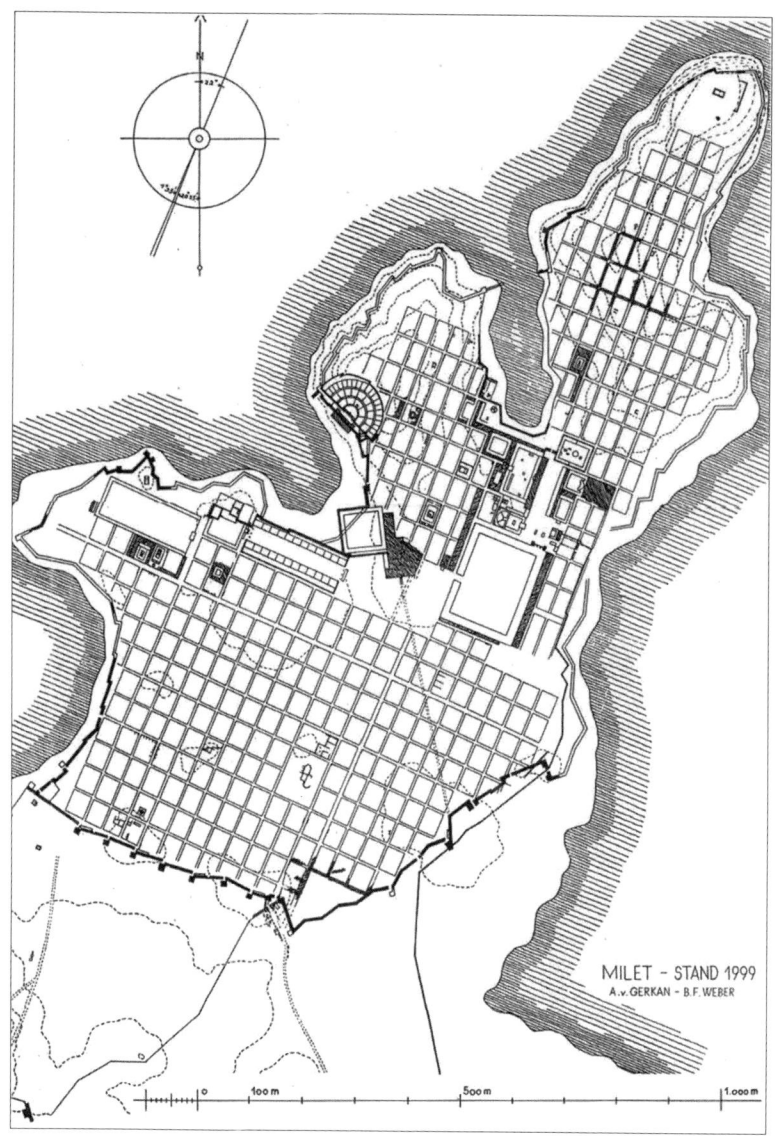

[그림 16-1] 밀레토스 평면도
히포다모스가 설계한 전형적인 격자 모양 길거리 구조와 중심의 공공 건축물 자리가 보인다.

간 구성은 그리스 문학에서 생물학적 가정의 형태를 의미하는 중심 상징으로 등장하곤 한다.

기원전 700년경에 이르면 하나 혹은 그 이상의 거대 사원이 도시를 장식하고 있었다. 그곳에서는 누구나 신에게 희생물이나 공물을 자유롭게 바칠 수 있었다. 도리스(Doris)의 건축과 이오니아(Ionia)의 건축은 그리스 건축의 표준이 되었다. 기원전 7~6세기를 거치면서 그리스 전역에서 이러한 양식의 건물들이 건축되었다. 지중해 중부 지역에서도 전반적으로는 그리스 문화의 시각 언어를 모방하기 시작했다. 사원 건축은 기원전 6세기 절정에 이르렀다. 이 무렵 부유한 그리스 도시들에는 목욕탕과 학당이 건설되었고 대중을 위한 조각상이 건립되었다. 이와 같은 기념비적 건축물들은 도시의 공적·종교적 중심지에 집중되었다. 아르카익기와 고전기의 이런 공간들은 어느 개인보다 폴리스 그 자체와 연관되어 있었다(개인을 중심으로 하는 관습은 헬레니즘 시기 및 로마 시대 이전까지 그리 널리 퍼진 문화가 아니었다).

또한 기원전 700년경 이후로는 도시를 둘러싸고 요새를 건설하는 경우가 많았다. (당시 그리스인이 오늘날 터키의 서부 연안을 따라 거주한) 이오니아에서는 기원전 600년경 이후로 요새를 건설했던 흔적이 나타난다. 이와 같은 방어 시설만으로 근처 동방에서 쳐들어오는 대규모 적들의 공격 의지를 단념시킬 수는 없었지만, 공격 인원에 비해 훨씬 적은 수의 그리스인만으로도 도시를 적절히 방어할 수 있게 되었다. 기원전 6세기 말경에는 해군이 훨씬 더 강화되었다. 그리스 도시국가의 세금 수입으로 3단 갤리선을 보유한 소규모 함대를 충분히 유지할 수 있었다. 이런 형태의 전함은 머지않아 이 지역의 대표적 군용 기계로 자

리 잡게 된다.[14]

그리스의 도시들: 고전기, 기원전 480~323년

인구 성장은 기원전 5세기에 더욱 가속화되었다. 기원전 430년대를 기준으로 흑해부터 스페인 동부 지역 사이에 500~600만 명의 그리스인이 살았다. 가장 큰 도시는 아테네(Athenai)와 시라쿠사(Siracusa)였는데, 인구는 5만 명 정도까지 성장했던 것으로 추정된다. 도시와 배후지의 주민을 합산하면 아테네는 약 35만, 시라쿠사는 약 25만 명이었다. 인구 밀도 또한 기원전 5세기에 극도로 높아졌다. 아테네의 경우 제곱킬로미터당 인구수가 139명에 이르렀다. 이 지역의 생산력으로 보아 부양할 수 있는 인구는 제곱킬로미터당 35~42명에 불과했다. 시라쿠사의 인구 밀도는 제곱킬로미터당 53~75명으로 아테네의 3분의 1 혹은 2분의 1 정도였지만, 이 정도만 해도 산업화 이전 사회의 기준으로는 매우 높은 편이었다.[15]

이처럼 인구가 급속도로 성장했기 때문에 그리스의 도시들은 식량을 수입에 의존할 수밖에 없었다. 매년 강우량의 편차가 컸다는 사실로부터 유추하자면, 그리스의 농부들은 흉년에 대비하여 외부에서 식량을 조달할 방도를 가지고 있어야 했다. 그러나 기원전 5세기에 이르자 아

---

14 Rune Frederiksen, *Greek City Walls of the Archaic Period, 900-480 BCE* (Oxford: Oxford University Press, 2011); and H. T. Wallinga, *Ships and Sea-Power before the Great Persian War: The Ancestry of the Ancient Trireme* (Brussels: Brill, 1993).
15 Garnsey, *Famine and Food Supply*, p. 90; Sallares, *Ecology of the Greek World*, p. 72; and De Angelis, "Agricultural Base of Sicily."

테네, 코린토스, 애기나(Aegina)를 비롯해서 수십 개 혹은 그 이상의 도시들은 매년 식량을 수입해야 했다. 기원전 5~4세기 지중해 지역은 대부분 그리스로 식량을 공급하기 위한 시장 네트워크에 편입되었다.

그리스의 도시들은 그리 크지 않았다. 최전성기인 기원전 4세기 초를 기준으로 시라쿠사의 주민은 10만 정도였고, 아테네의 주민도 결코 5만을 넘지 않았다. 그러나 대부분의 그리스인은 인구 5000명 규모 이상의 도시에서 살았다.[16] 결과적으로 문화적 단일성이 강했고, 정착지의 차등은 별로 크지 않았다. 그리스의 인구 성장은 그리스의 상업적 성공 덕분이었다. 그리스인은 지중해 지역의 식량 시장을 만들고 또한 개척하는 데 성공했다. 그 중심에 아테네의 거대 항구 도시 페이라이에우스가 있었다. 항구의 중요성은 성벽의 건축으로 더욱 높아졌다. 기원전 462~456년 아테네와 항구 페이라이에우스 사이 약 7킬로미터 거리에 "긴 성벽(long walls)"이 건설되었고, 육로를 통한 도시 공격은 거의 불가능해졌다.

기원전 550년에서 기원전 350년 사이 그리스는 인구가 (약 300만에서 600만으로) 2배로 성장했을 뿐만 아니라 생활 수준(standards of living)도 급격히 향상되었다. 기원전 300년경에 이르러 평균적인 그리스인은 500년 전 선조들에 비해 50퍼센트 더 많은 양을 소비했다. 고고학 데이터와 실질 임금 자료를 종합적으로 검토해본 결과, 고전기 그리스(Classical Greece)는 전근대 시기를 통틀어 매우 높은 생활 수준을 유지

---

16 Mogens H. Hansen, *The Shotgun Method: The Demography of the Ancient Greek City-State Culture* (Columbia: University of Missouri, 2006).

했다.[17]

특히 이런 측면을 고려할 때 당시 그리스는 맬서스(Malthus)의 정통 인구 이론을 벗어나는 사례로 보인다. 인구가 성장하면 한계 수익이 감소하고 적극적 인구 억제(positive check, 기근·전쟁·전염병 등 - 옮긴이)가 촉발된다는 것이 맬서스의 입장이었다. 최근 경제사학 분야에서 전근대 시기 "번영"했던 비슷한 사례들을 조사했는데, 샤이델(Scheidel)의 연구에 따르면, 기원전 800년에서 기원전 300년까지 긴 시간 범위에서 생활 수준을 조사하자 맬서스의 이론에 부합하는 결과가 나왔다고 한다.[18]

고전기는 표준화된 폴리스의 구조 및 사회 조직이 절정에 달한 시기로, 남성 시민 평등주의에 중점을 두고 있었다. 대부분의 고대 도시와 비교했을 때 그리스의 도시에서는 계급적 차별을 완강히 거부하는 자유민 집단이 유지되었는데, 바로 현지 태생의 남성 시민 집단이었다. 남성 평등주의는 기원전 800~400년에 서서히 발달했고, 남성 중심 민주주의의 토대가 되었다.[19] 최초의 민주정은 기원전 6세기 말에 등장했다(아테네

---

17 Ian Morris, "Economic Growth in Ancient Greece," *Journal of Institutional and Theoretical Economics* 160 (2004), 709-42; and Walter Scheidel, "Real Wages in Early Economies: Evidence for Living Standards from 1800 BCE to 1300 CE," *Journal of the Economic and Social History of the Orient* 53 (2010), 425-62.
18 Jack A. Goldstone, "Efflorescences and Economic Growth in World History: Rethinking the 'Rise of the West' and the Industrial Revolution," *Journal of World History* 13 (2002), 323-89; and Walter Scheidel, "Demographic and Economic Development in the Ancient Mediterranean World," *Journal of Institutional and Theoretical Economics* 160 (2004), 743-57.
19 Ian Morris, "The Strong Principle of Equality and the Archaic Origins of Greek Democracy," in Josiah Ober and Charles Hedrick (eds.), *Dêmokratia: A Historical and Theoretical Conversation on Ancient Greek Democracy and Its Contemporary Significance* (Princeton, NJ: Princeton University Press, 1996),

에서는 대개 기원전 508/507년에 시작된 것으로 본다). 기원전 4세기에 이르면 민주정을 채택한 도시가 수백 곳에 달했다.

그리스의 도시에는 왕이나 강력한 성직자가 거의 없었다. 엘리트 계층의 그리스인은 일반인을 상대로 스스로를 신격화하기가 쉽지 않았다(다른 고대 사회의 경우와 달리 그리스 엘리트의 경제력과 군사력이 비교적 허약했기 때문이다). 이언 모리스(Ian Morris)는 어느 글에서 그리스의 성공 비결을 "그리스의 수수께끼(the Greek Question)"라고 표현했는데, 아마도 그 해답은 대체로 민주정에 있었던 것 같다. 공동체는 수준 높은 삶의 질을 추구했고, 어느 개인을 통해 신의 뜻을 묻지 않고도 적절히 의사 결정을 할 수 있었다.[20]

수많은 폴리스가 중요한 종교 및 정치적 지위에서 일할 사람을 선출할 때는 남성 시민을 대상으로 제비뽑기를 실시했다. 그들 사이에서 특별히 자격 요건 등을 가려 제한을 두지 않았다. 그러나 일부 그리스 도시에서는 현실적으로 노예 소유 제도가 있었으며, 특히 아나톨리아와 우크라이나 지역에서 노예를 수입해 오는 경우가 많았다. 일부 역사학자들은 노예 소유제가 남성 시민의 자유를 보장하는 비결이었다고 보지만, 다른 입장에서는 노예 소유제의 기본은 자유노동 임금 대비 노예 가격의 비율이었다는 점을 강조하기도 한다.[21]

---

pp. 19-48.
20 Ian Morris and Barry B. Powell, *The Greeks: History, Culture, and Society* (Upper Saddle River, NJ: Prentice Hall, 2009).
21 Moses I. Finley, *Ancient Slavery and Modern Ideology* (New York: Penguin, 1980); and Scheidel, "Real Wages in Early Economies."

그리스식 민주주의는 언제나 작은 정부를 지향했다. 아테네의 경우 이에 관한 기록이 가장 잘 남아 있을뿐더러 작은 정부의 극단적 사례가 되기도 한다. 성인 남성의 약 3분의 2가 시민권을 가지고 있었고, 그 나머지는 노예거나 이방인이었다. 우리가 아는 한 여성에게 정치적으로 완전한 시민권을 허용한 폴리스는 하나도 없었다. 결과적으로 가장 발달한 민주정에서조차 단지 성인의 3분의 1(전체 인구로는 6분의 1)만 참정권을 가졌던 셈이다. 그러나 그리스 이외 고대의 다른 국가들과 비교했을 때는 정치적 참정권의 비율이 굉장히 높은 편에 속했다. 가난한 아테네 시민도 상당히 놀라울 만큼 권한을 행사했다. 개방적 민주정은 고전기 그리스 도시가 집단 행동의 문제를 결정해야 할 때 성공을 거둘 수 있는 비결이었다.22

기원전 5세기 그리스에서는 문화적 응집력이 대단히 높았다. 전체 인구의 75퍼센트가 인구 5000명 이상 규모의 도시에서 살았다. 이들 도시의 내부 구조는 엄격히 짜여 있는 경우가 많았다. 도시 내부는 같은 크기의 단일 가정 주택(Typenhäuser)들로 구성되었는데, 이는 당시 히포다모스(Hippodamos)가 주장한 평등주의 생활 이론을 충실히 반영한 결과였을 것이다.23

그러나 기원전 4세기에 이르러 응집된 정착지의 공간 구조에 변화

---

22 Josiah Ober, "The Original Meaning of 'Democracy': Capacity to do Things, Not Majority Rule," *Constellations* 15 (2008), 3-9.
23 Hansen, *The Shotgun Method*; and Wolfram Hoepfner and Ernst Ludwig Schwandner, *Haus und Stadt im klassischen Griechenland: Wohnen in der klassischen Polis* (Munich: Deutscher Kunstverlag, 1994).

가 생기기 시작했다. 방대한 지역의 지표 조사를 통해 이와 관련된 자료가 보고되었는데, 주민 가운데 소수(전체 인구의 약 10퍼센트)가 도시의 핵심 구역을 떠나 주변 시골의 정착지로 이주를 했던 것이다. 이러한 변화의 의미를 두고 많은 논쟁이 펼쳐졌지만, 농업의 집약화와 시장 판매를 목표로 하는 농업 생산의 변화 때문이었을 수도 있다. 또 다른 계급화의 증거는 도시 지역을 벗어나 산발적으로 발견된 토기 유물이었다. 이는 농장이 운영되었다는 증거가 되는데, 기원전 4~3세기에 최고조에 달했던 것으로 보인다.[24]

전반적으로 볼 때 기원전 350년경 그리스의 도시들은 전례 없이 부유했고 규모도 컸다. 예전보다 더 폭넓은, 더 밀집된, 더 다양한 교환 시스템을 가지고 있었고, 전근대 시기 어느 도시도 따라올 수 없을 정도로 발달한 상업 수준에 도달했다. 아테네에서 농업에 종사한 인구는 절반도 안 되었던 것 같다.

그러나 고전기 그리스가 경제와 문화적 통합을 성취한 데 비해 정치적 상황은 그렇지 못했다. 페르시아 제국은 기원전 522년부터 다리우스 1세(Darius Ⅰ) 치하에서 에게해 지역에 압박을 가하기 시작했고, 결국 그리스의 도시들은 이를 방어하기 위해 협력 체제를 구축하지 않을 수 없었다. 기원전 499년 이오니아에 살던 그리스인은 페르시아에 저항하여 봉기를 일으켰다. 아테네와 에레트리아는 그들을 돕기로 결정했고, 그래서 페르시아는 아테네와 에레트리아를 처벌하기로 결심했다. 기원

---

24 Compare Alcock, Cherry, and Davis, "Intensive Survey," and Anthony M. Snodgrass, "Response: The Archaeological Aspect," in Morris (ed.), *Classical Greece*, pp. 197-200.

전 490년 페르시아 군대가 에레트리아를 약탈했지만, 아테네는 마라톤(Marathon) 전투에서 방어하는 데 성공했다(그 결과로 기원전 480년에는 더 큰 규모의 페르시아 육군과 해군이 아테네를 공격하게 되었다).

파국을 면하기 위해 아테네와 스파르타는 힘을 합쳐 페르시아를 막아냈다. 그러나 승리는 또 다른 문제를 낳았다. 이후 페르시아가 에게해에 접근하지 못하도록 어떻게 방어할 것인가의 문제였다. 아테네와 스파르타 사이에 상당한 힘겨루기가 진행되었고, 결국 아테네는 기원전 477년 델로스 동맹(Delian League)을 결성하여 페르시아에 맞서기로 했다. 이후 곧바로 거대 국가 아테네로 그 성격이 변화되어갔다. 도시 아테네는 거대 국가 아테네의 수도인 셈이었다. 독립국이었던 도시국가 수십 곳이 이제 아테네에 세금을 바치기 시작했고, 아테네의 도량형을 사용했으며, 소송 사건을 아테네 법정으로 보냈고, 아테네 방식의 의례를 거행했다. 외교 사절도 아테네로 보냈고, 물리력 사용에 대한 아테네의 독점을 인정했다. 또한 아테네 시민이 다른 도시국가에서 토지를 소유할 수 있게 되었다.[25] 아테네는 거두어들인 세금으로 에게해에서 막강한 해군을 건설했다. 그리고 도시 아테네와 그 주변에서 다양한 건설 프로젝트를 진행하여 도시를 장식했는데, 페리클레스(Pericles) 치하의 건축 공사가 가장 유명했다. 기념비적 건축물인 아테네의 아크로폴리스(Acropolis)도 이때 건설되었다.

이와 같은 아테네의 발전에 스파르타는 위기를 느꼈다. 스파르타는

---

25 Ian Morris, "The Greater Athenian State," in Ian Morris and Walter Scheidel (eds.), *The Dynamics of Ancient Empires* (Oxford: Oxford University Press, 2009), pp. 99-177.

기나긴 전쟁(460~446 BCE, 431~404 BCE)에 돌입하여 아테네의 길을 가로막고자 했다. 두 번째 전쟁에서 스파르타는 완벽한 승리를 거두었는데, 페르시아의 막대한 자금 및 해군 지원 덕분이었다. 이로써 아테네가 추구한 자본력-중심의 국가 건설은 막을 내렸다. 그러나 스파르타는 아테네가 통치하던 도시들을 유지할 능력이 부족했다. 기원전 371년과 기원전 362년 두 차례에 걸쳐 치명적인 패배를 맛본 후 결국 에게해 패권을 상실했다.

그리스 서부 세계는 이와 같은 여정에 포함되지 않았으나 정치적 결실을 맺지 못하기는 마찬가지였다. 그 이유는 명확하지 않지만, 기원전 490년대에 시칠리아섬의 도시 겔라(Gela)는 섬 동쪽에 있는 대부분의 경쟁자들을 물리쳤으나, 국가 건설에서는 가산국가(家産國家, patrimonial state)의 길을 추구했다. 기원전 485년 독재자 겔론(Gelon)은 겔라에서 훨씬 더 큰 도시 시라쿠사로 근거지를 옮겼다. 그리고 기원전 480년 카르타고의 침략을 막아낸 뒤, 시칠리아섬은 겔론의 가문과 아크라가스의 테론(Theron of Akragas) 가문이 나누어 통치하게 되었다.

그리스 서부 지역의 재정 구조는 아테네와 비교할 때 훨씬 더 취약했던 것 같다. 기원전 460년대에 민중 봉기가 일어나 도시의 독재 가문들이 모두 무너졌고, 여러 도시들의 연합 체제도 붕괴되었다. 그리고 머지않아 기원전 440년대에 이미 시라쿠사의 인구와 경제는 다시 팽창하기 시작했다. 기원전 420년대에 이르러 시칠리아섬 동부는 친-시라쿠사와 반-시라쿠사 동맹으로 분열되었다. 이 틈을 비집고 아테네가 기원전 427~424년 시라쿠사에 개입하기 시작했는데, 이는 시칠리아 사람들이 위협을 느끼기에 충분한 조치였다. 그래서 그들은 다시 독립 도시

국가 연합 체제로 되돌아가기로 결정했다.

기원전 415~413년 아테네가 시라쿠사를 공격하면서 그들의 균형도 깨져버렸고, 기원전 409~405년 카르타고의 침략으로 시칠리아섬에 있던 대부분의 그리스인 도시들이 파괴되었다. 그 결과 새로운 독재 군주가 시라쿠사의 권력을 장악했는데, 그가 바로 디오니시우스 1세(Dionysius Ⅰ)였다. 마침내 그는 시칠리아섬의 대부분을 장악하는 데 성공했다. 그러나 카르타고 및 다른 그리스인과 험난한 전쟁을 치러야 했고 시칠리아섬은 혼돈에 빠졌다. 기원전 350년대에 이르면, 에게해 지역과 마찬가지로 시칠리아섬에서도 여러 도시의 연맹 체제는 더 이상 성립될 수 없게 되었다.

그리스의 도시들: 헬레니즘 시기, 기원전 323~30년

그리스 경제 네트워크의 성장과 끊임없는 전쟁을 통한 팽창은 기원전 5~4세기 내내 지속되었다. 그 과정에서 그리스는 근처의 많은 도시국가들을 흡수했다. 그중 특히 마케도니아가 주목할 만했다. 규모가 크고 느슨한 왕국인 마케도니아는 목재와 은의 주요 공급처가 되었다. 그리스의 도시들은 마케도니아의 정치에 깊숙이 관여했고, 파벌 간 투쟁에 중요한 역할을 했다. 그 과정에서 과감한 모험가들이 출현하여 그리스의 금융, 군사, 정치 제도를 마케도니아에 이식하기 시작했다. 기원전 359년에서 기원전 338년 사이 수많은 모험가들 중에서도 가장 과감한 위인은 필리포스 2세(Philippos Ⅱ)였다.[26]

---

26 Nicholas Geoffrey Lemprière Hammond and Guy Thompson Griffith, *A*

필리포스 2세는 단지 그리스에서 현찰을 조금 더 벌어들일 생각이었다. 그리고 페르시아를 약탈하기 위한 전주곡으로 그리스의 남쪽 변경을 조금 약탈했을 뿐이다. 기원전 336년 그가 살해당한 뒤 그의 아들 알렉산드로스는 아시아에 관심을 집중했다. 기원전 334~323년 알렉산드로스는 페르시아 제국을 휩쓸었고, 그 과정에서 그리스 문명은 전례 없이 폭넓게 타문화와 접촉하는 경험을 하게 되었다. 또한 알렉산드로스는 새로 정복한 지역 곳곳에 도시를 건설했다. 이미 에게해의 패권을 장악한 마케도니아가 페르시아마저 압도하게 되자 그리스 세계의 정치 지형은 완전히 바뀌게 되었다.[27]

기원전 323년 알렉산드로스가 사망한 이후 기원전 301년까지, 과거 알렉산드로스 밑에서 활동한 장군들은 알렉산드로스의 제국을 나누어 각자의 왕국을 수립했다. 마케도니아인과 그리스인 수만 명이 새로 개척한 국경 지역으로 이주했다(지도 16-2). 이들은 새로운 도시를 건설했을 뿐만 아니라 과거 그리스 세계의 어느 도시보다 더 크고 오래된 도시들도 개혁했다. 바빌론(Babylon)도 예외가 아니었다. 기원전 4세기경 바빌론의 인구 규모는 약 15만에 이르렀다. 알렉산드리아(Alexandria), 안티오케이아(Antiokheia), 셀루키아(Seleucia) 등은 모두 새로 건설한 도시였다. 이들을 통해 근동 지역에서 거두어들이는 세금 수입은 더욱더 커졌다. 기원전 100년경 알렉산드리아의 주민은 30만~40만 정도였는데,

---

History of Macedonia II (Oxford: Clarendon Press, 1979).
27 John F. Cherry, "The Personal and the Political: The Greek World," in Susan E. Alcock and Robin Osborne (eds.), *Classical Archaeology* (Cambridge: Cambridge University Press, 2007), pp. 288–306.

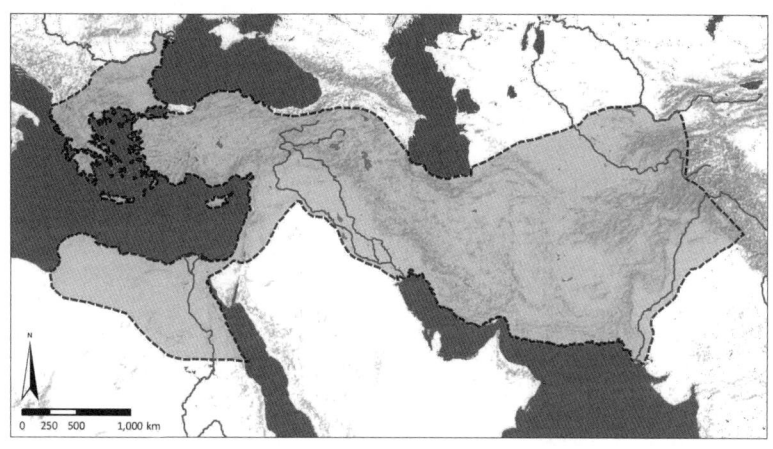

[지도 16-2] 헬레니즘 시기의 팽창(알렉산드로스 정복 전쟁의 범위)

여기에 비하면 아테네나 시라쿠사 같은 과거 그리스의 오래된 도시들은 보잘것없었다.[28] 기원전 334년 이후 그리스의 정치 범위는 급속히 팽창했고, 이와 함께 여러 정착지의 격차도 급격히 벌어졌다.

기원전 250년경에 이르러 그리스인과 마케도니아인의 근동 지역 대규모 이주는 다소 주춤해졌다. 그러나 이미 그리스 도시의 상황은 예전과 같을 수 없었다. 과거에 중심이었던 에게해와 시칠리아섬은 변방이 되어버렸다. 그곳의 인구는 줄어들고, 무역로의 무게 중심은 동방으로 이동했다.[29] 기원전 264년 시라쿠사는 로마의 속주가 되었다. 아테네는

---

28 On Babylon, see Tom Boiy, *Late Achaemenid and Hellenistic Babylon* (Leuven: Peeters, 2004); and on Alexandria, see Walter Scheidel, "Creating a Metropolis: A Comparative Demographic Perspective," in William V. Harris and Giovanni Ruffini (eds.), *Ancient Alexandria between Egypt and Greece* (Leiden: Brill, 2004), pp. 1–31.

기원전 262년 처절한 패배를 맛본 뒤 일종의 테마파크처럼 변해버렸다. 즉 문화적 중심지로서의 역할만 남게 되었다. 기원전 240년대의 스파르타는 보수파의 혁명에 무릎을 꿇었다.

19세기 역사학자들이 "헬레니즘(Hellenism, Hellenistic)"이라는 용어를 사용했을 때, 그 이면에는 쇠락의 장면을 함축하려는 의도가 숨어 있었다. 즉 한때 번성한 그리스의 문화가 오리엔트 문화와 뒤섞인 시대라는 의미였다. 그러나 관점을 달리하면 기원전 3세기가 그리스 문명의 황금기라고도 볼 수 있다. 그리스어 사용 인구와 스스로 그리스인을 자처하는 사람들은 과거 그 어느 시대보다 이때에 더 많았다. 그리스의 탐험가들이 대서양과 중앙아시아로 모험을 떠났으며, 그리스의 과학과 기술은 새삼 최고조에 달했고, 그리스의 도시는 세계 최고의 도시였다. 당시 알렉산드리아의 박물관에는 아마도 지구상에서 가장 수준 높은 문화유물이 소장되어 있었을 것이다. 기원전 300년 이후 과거 그리스 지역 범위에서 생활 수준(standards of living)이 계속 상승했는지는 확실하지 않다. 그러나 이집트와 근동 지역에 새로 건설된 그리스 세계에서는 생활 수준의 상승이 분명하게 나타났다.

기원전 200년 이후 헬레니즘 시기의 그리스 도시들은 점차 로마의 군사적 개입을 허용할 수밖에 없었다. 당시의 정치적 이야기는 대단히 복잡하고 깔끔하지 않다. 그러나 기원전 160년대에 이르러 분명했던 사

---

29 Susan E. Alcock, *Graecia Capta: The Landscapes of Roman Greece* (Cambridge: Cambridge University Press, 1993); and Susan E. Alcock, "Breaking up the Hellenistic World: Survey and Society," in Morris (ed.), *Classical Greece*, pp. 171–237.

실은, 헬레니즘 왕국들은 더 이상 로마의 전쟁을 멈출 능력이 없었다는 것이다. 로마의 장군들은 그리스 세계 안에서 수많은 경쟁자들과 싸웠고, 때로 그 결과는 참혹했다. 기원전 167년 로마인은 에피루스(Epirus)에서 단 하루 만에 15만 명의 노예를 잡아들였다. 기원전 146년에는 당시 그리스 본토에서 가장 큰 도시인 코린토스를 파괴했다. 치안은 더 이상 존재하지 않았다. 해적이 가장 큰 문젯거리로 대두되었고, 인구는 급격히 감소했다. 과거 셀레우코스 왕국은 로마의 공격으로 힘을 잃어가다가 파르티아 이민자의 손에 대부분의 영토를 잃고 말았다.

기원전 88년 미트리다테스(Mithridates)의 지휘 아래 반-로마 봉기가 일어나 그리스 세계의 상당 지역이 황폐화되었고, 아테네는 기원전 83년 처절하게 약탈당했다. 기원전 40~30년대 로마 내전 당시 서로 싸우던 로마의 장군들은 그리스인을 물주로 간주했다. 옥타비아누스(Octavianus)는 안토니우스(Antonius)와의 내전을 로마와 프톨레마이오스 왕조의 전쟁으로 포장했다. 프톨레마이오스는 헬레니즘 왕국들 가운데 마지막으로 남은 왕국이었다. 기원전 30년 안토니우스와 클레오파트라 7세(Cleopatra Ⅻ)가 자살한 뒤 정치적 독립을 유지했던 최후의 그리스 국가마저 로마 제국에 흡수되었다.

기원전 시기의 마지막 두 세기는 군사적으로나 정치 및 경제적으로, 그리고 인구 규모 면에서도 재앙의 시기였다. 그러나 문화적 측면에서는 새로운 부흥의 시대를 맞이했다. 당시 이탈리아 대부분의 지역이 그러했듯이, 로마 또한 그리스 문화의 막대한 영향을 받고 있었다. 기원전 8세기 식민지 팽창 이후 문화적 영향이 지속되어왔다. 기원전 3~2세기 로마가 정복에 성공하자 그리스 세계로부터 막대한 전리품을 거두어들였다. 그중에는 예술 작품뿐만 아니라 그리스 문학을 배운 노예도 있었다. 로마의 엘리트들은 스스로 그리스의 오래된 고급문화에 적응해야 할지를 두고 심각한 논쟁을 벌였다. 한편 그 과정에서 로마의 엘리트들은 그리스 동방에 있는 도시의 문화 활동을 지원하는 후원자를 자처했다(물론 동시에 압제자였다). 이와 같은 경향은 이후 세대의 로마 황제들에게서도 그대로 지속되었다. 기원전 100년경 로마인은 헬레니즘 문화를 재해석하기 시작했다. 서부 지중해 지역에 건설한 로마의 도시들은 대개 헬레니즘 문화의 형태를 띠게 되었다. 기원전 제1천년기가 끝나갈 무렵, 그리스의 도시 모델은 말하자면 지중해 연안 대부분을 장악했고, 멀리 떨어진 다뉴브(Danube), 라인(Rhine), 잉글랜드(England) 지역까지도 그 영향을 미쳤다.

결론

기원전 제1천년기의 그리스 도시들은 대단히 성공적이었다. 기원전 1000년경에는 그리스 도시라고 할 만한 것이 전혀 없었는데, 가장 큰 정착지의 유적이라도 주민 수는 5000명 미만이었다. 기원전 3세기에 이르러 알렉산드리아는 인구 30만 규모였고, 기원전 1세기 헬레니즘 문화를 받아들인 로마 도시의 인구는 100만에 이르렀다. 로마 제국은 그리스의 전형적 도시들이 전파되는 통로였다. 이후 우리는 잉글랜드에서부터 아프가니스탄에 이르기까지 도처에서 그리스 형식의 도시를 볼 수 있게 되었다.

이런 일이 일어나게 된 근본적 원인은 그리스인이 기원전 제1천년기 동안 더 확대된 사회적·물질적 변화와 자연환경 개척에 잘 대처한 덕분이었다. 기후가 "서브-보리얼(Sub-Boreal)" 단계에서 "서브-애틀랜틱(Sub-Atlantic)" 단계로 넘어가는 변화는 기원전 9세기부터 시작되었는데, 이러한 변화는 그리스 도시 문제에서 특히 중요한 요소였다(기후의 역사 시기 구분에서 현대가 포함되는 시기를 크게 보아 홀로세라 하는데, 홀로세는 다시 5개의 시기로 나누어 프리보리얼-보리얼-애틀랜틱-서브보리얼-서브애틀랜틱이라 한다. 여기서 말하는 세부 시기는 마지막 두 단계, 즉 서브보리얼과 서브애틀랜틱이다. - 옮긴이). 기후 변화에 따라 대서양에서 더 강한 편서풍이 생기면서 겨울은 더 길고 더 추워졌으며 강수량도 더 많아졌다. 지중해 연안에서는 겨울비가 풍년을 좌우하는 가장 큰 문제였다. "서브-애틀랜틱" 시기는 경제적 축복이었다. 전근대 시기 지중해 지역에서 사망 원인은 주로 장(腸)과 관련된 질병이었다. 그래서 사망률이 여름에 집중되었다. 더 춥고 비가 더 많이 내리는 겨울 날씨는 인구의 폭발적 성장을 가져왔다. 구체적으로 증거 자료를 수집한 사람은 없겠지만, 기원전 800~500년 이베리아반도에서 서부 이란 지역까지 거의 어디서나 인구가 성장했던 것은 분명한 사실이다. 기원전 제1천년기 말엽에 이르러 지중해 연안의 인구는 거의 2배로 늘어났다.[30]

알프스산맥 너머 북쪽은 정반대였다. 그곳에서 농사의 문제는 젖어서 습도가 높은 토양과 짧은 생육 기간이었다. 그리고 주요 사망 원인은

---

30 On climate change, see Arie S. Issar, *Climate Changes During the Holocene and their Impact on Hydrological Systems* (Cambridge: Cambridge University Press, 2003); on seasonal mortality, see Walter Scheidel, *Death on the Nile: Disease and the Demography of Roman Egypt* (Leiden: Brill, 2001); and on population, see Walter Scheidel, "Demography," in Scheidel, Morris, and Saller (eds.), *Cambridge Economic History of the Greco-Roman World*, pp. 38-86.

폐 관련 질환이어서 사망률도 겨울에 집중되었다. 이곳에서 더 춥고 습한 서브-애틀랜틱 기후는 재앙이었다. 유럽 온대 지방의 인구는 기원전 700년경부터 500년 이후에 "로마 온난기(Roman Warm Period)"가 시작될 때까지 대체로 줄어드는 경향을 보였다.[31]

인구는 특히 에게해 연안에서 급속도로 성장했다. 기원전 1200년 이후 이 지역에서 인구가 지나치게 줄어든 상황도 부분적 이유일 테지만, 그리스가 새로운 경제적 허브를 워낙 잘 구축한 점도 무시할 수 없는 이유일 것이다. 그리스는 동부 지중해의 제국에서 경기가 살아날 때 서부로부터 원재료를 공급하는 무역을 연결하는 지점에 위치했다.[32]

기원전 8~7세기를 거치면서 아시리아 제국의 변방, 즉 오늘날의 레바논 지역에 살던 페니키아인은 그리스인보다 더 큰 무역의 이익을 차지했었다. 그러나 기원전 600년경에 이르러 서부 지중해 지역에서 그리스인이 페니키아인의 수를 훨씬 넘어섰다. 또한 그리스 도시의 형태는 서부 지중해 주민에게 훨씬 큰 영향을 미쳤다. 이러한 변화가 단지 인구수의 변화 때문인지, 아니면 페니키아가 보유하지 못한 그리스 도시 문화 덕분인지는 아직 분명히 해결되지 않은 의문으로 남아 있다.

아르카익기 그리스는 근동의 핵심 지역에 비하면 한참 동떨어진 변방에 불과했다. 기원전 1200년경 히타이트 제국이 무너진 뒤부터 기원

---

31 Jan Bouzek, "Climatic Changes and Central European Prehistory," in Anthony F. Harding (ed.), *Climatic Change in Later Prehistory* (Edinburgh: Edinburgh University Press, 1982), pp. 179-91.
32 Morris, "Economic Growth in Ancient Greece"; "Early Iron Age Greece"; and Andrew Sherratt and Susan Sherratt, "The Growth of the Mediterranean Economy in the Early First Millennium BCE ," *World Archaeology* 24 (1993), 361-78.

전 600년 이후 리디아 왕국이 확장할 때까지 권력의 공백기가 발생했고, 그리스가 번성하기 시작한 것은 바로 이때였다. 이 시기를 틈타 그리스인은 응집력이 낮은 자본력-중심의 국가 건설을 추구했다. 기원전 522년부터 페르시아가 본격적으로 에게해 지역을 제국에 편입시키고자 했을 때 그리스의 도시들은 자본력 중심 체제에서 군사력 중심 체제로 급히 입장을 바꾸었다. 기원전 480~479년 수차례에 걸친 페르시아 전쟁에서 승리한 뒤 에게해 지역과 시칠리아섬에서는 나름대로 권력의 중심을 형성하고자 했다. 기원전 330~320년대 마케도니아는 에게해에 형성된 권력의 중심을 이용하여 페르시아 제국을 넘어뜨렸다.

이와 같은 역사적·지정학적 맥락 가운데 그리스 세계에서 발달했던 도시화의 과정은 물질문화의 중요한 변화를 나타낸다. 대중 공간의 형태와 기능, 기념비적 건축물, 도시 평면 계획 등의 변화는 비교적 짧은 시간 안에 이루어졌다. 그 사이 멀리 떨어져 있는 도시들까지도 확연히 통일된 형태를 갖추었다. 초기 철기 시대부터 로마 시대까지 일반적 패턴은 그리스 도시 형태가 헤게모니를 장악하고 정치적 통합이 강화되는 과정이었다.

매우 이른 시기부터 그리스 도시의 공공 건축물들은 다른 초기 도시의 경우와 전혀 다른 기능을 가지고 있었다. 국가 주도로 건설된 다른 도시의 건축물들과 달리 그리스에서는 특정 통치자와 관련된 건축물이 없었다. 이와 같은 특성은 민주정 아테네에서 특히 분명했다. 아테네는 기념비적 건축물과 대중 공간의 관계를 가장 잘 보여주는 사례였다. 초기 철기 시대의 아테네 도시 형태는 거의 알려진 바가 없지만, 아르카익기의 아고라(그림 16-2)는 다양한 종교적·경제적·정치적 행사가 거행

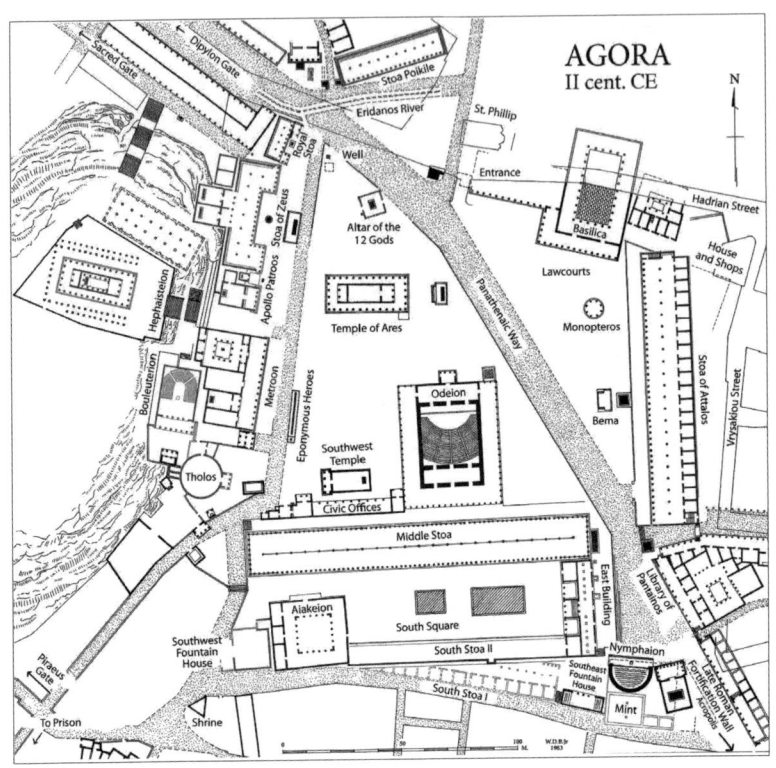

[그림 16-2] 아테네 아고라 평면도
아르카익기에서 로마 시대까지의 건물 배치.

된, 도시 내에서 분명하게 차별화된 공간이었다. 그럼에도 불구하고 그곳에는 기본적 종교 및 행정 기관이 별로 없었다. 고전기에 이르러 이와 같은 변화는 더욱 두드러졌다. 민주정의 행정 관리와 관련된 몇몇 건물이 추가되기는 했다(말하자면 톨로스tholos, 불레우테리온bouleuterion, 민트mint 등). 궁전이나 사원에서 국가를 관리하는 경우와 달리 그리스에서

104　　　　　　　　　　　　　　　　고대의 도시들 2: 권력과 제국주의

는 대중이 정부에 관여했고, 배제보다는 접근성을 강조했다. 헬레니즘 시기에 아테네 출신이 아닌 특정 통치자들이 공공 건축물에 자신의 이름을 부여하기도 했지만, 그조차 선물로 간주될 뿐이었다. 즉 헬레니즘 시기의 왕이 문화적 품위를 나타내기 위해 아테네에 선물로 주었을 뿐, 정치적 권위를 주장하려는 의도는 아니었다.

이번 장에서는 기원전 제1천년기 지중해 지역의 대강을 지리와 사회 발전의 상관관계 측면에서 살펴보았다.[33] 특히 그리스 도시의 특별했던 성공은 이러한 관점에서 이해해야 할 것이다. 그러나 최근 지리 및 사회의 상관관계는 별로 관심이 집중되는 주제가 아니다.

19세기 및 20세기 역사학에서는 그리스의 성공 원인을 문화적 우월성에서 찾는 경향이 있었다. 1980년대 이후 후기식민주의 사상의 영향을 받은 많은 학자들이 이러한 경향을 재검토하려는 노력을 기울였다. 그들은 현지인의 역할을 강조하고자 했지만, 결과적으로 그들의 연구 성과는 그리스 도시 문화의 대대적 성공이라는 역사적 사실에 그렇게 잘 들어맞지 않았다.[34] 이번 장에서 우리가 보여주고자 한 것은, 그리스의 도시가 전근대 시기 명실상부한 최고의 성공 스토리라는 사실이었

---

33 Ian Morris, *Why the West Rules - For Now* (New York: Farrar, Straus and Giroux, 2010), pp. 227-79.
34 그리스의 우월성과 관련한 유력한 연구 성과는 다음을 참조. John Boardman, *Greeks Overseas* (London: Pelican, 1964); 한편 이와 미묘한 차이를 보이는 후기식민주의 관점의 연구는 다음을 참조. Robin Osborne, "Early Greek Colonization? The Nature of Greek Settlement in the West," in Nick Fisher and Hans van Wees (eds.), *Archaic Greece: New Approaches and New Evidence* (London: Duckworth, 1998), pp. 251-69; and Tamar Hodos, *Local Responses to Colonization in the Iron Age Mediterranean* (London: Routledge, 2006).

다. 그러나 그리스 문명이 발달하는 과정에서 그리스인은 새로운 지리, 역사, 문화적 전통을 수없이 맞닥뜨렸고, 시간이 지나면서 그리스 문명 또한 변화를 겪었다. 그리스의 성공은 이처럼 복합적인 상호 관계의 망 속에서 이루어진 것이었다.

더 읽어보기

Braudel, Fernand, *The Mediterranean and the Mediterranean World in the Age of Philip II*, London: Harper & Row, 1972.
Cahill, Nicholas, *Household and City Organization at Olynthus*, New Haven, CT: Yale University Press, 2002.
De Polignac, François, *Cults, Territory, and the Origins of the Greek City-State*, Janet Lloyd (trans.), Chicago: The University of Chicago Press, 1995.
Hansen, Mogens H., *Polis: An Introduction to the Ancient Greek City State*, Oxford: Oxford University Press, 2006.
Hölscher, T., "Urban Spaces and Central Places: The Greek World," in Susan E. Alcock and Robin Osborne (eds.), *Classical Archaeology*, Malden, MA: Blackwell, 2007, pp. 164-81.
Horden, Peregrine, and Nicholas Purcell, *The Corrupting Sea: A Study of Mediterranean History*, Malden, MA: Blackwell, 2000.
Morris, Ian (ed.), *Classical Greece: Ancient Histories and Modern Archaeologies*, Cambridge: Cambridge University Press, 1994.
Murray, Oswyn, and Simon Price (eds.), *The Greek City: From Homer to Alexander*, Oxford: Oxford University Press, 1990.
Osborne, Robin, *Classical Landscape with Figures: The Ancient Greek City and Its Countryside*, London: George Philip, 1987.
Osborne, Robin, and Barry Cunliffe (eds.), *Mediterranean Urbanization, 800-600 BCE*, Oxford: Oxford University Press, 2005.
Snodgrass, Anthony M., *Archaeology and the Emergence of Greece*, Ithaca, NY: Cornell University Press, 2006.

CHAPTER 17

다양한 도시들: 제니-제노와 아프리카의 도시화

로드릭 매킨토시
Roderick J. Mcintosh

아프리카 도시를 연구하는 이유

대개 식민지 시기가 도래하기 전까지 아프리카는 소유권 제한이 없는 풍부한 농토, 부족한 노동력, 낮은 인구 밀도가 특징이었고, 20세기 중엽 이후부터 점차 도시 생활이 일반화된 것으로 알려져 있다. 그러나 사실은 그렇지 않다. 사하라 이남 아프리카에도 유서 깊은 도시의 역사가 있었다. 그 역사가 얼마나 오래되었는지는 최근에 와서야 고고학을 통해 밝혀지기 시작했다. 또한 아프리카에서는 다양한 형태의 도시 경험이 있었다. 식민지 이전 시기의 문헌 자료와 구술 자료를 재검토함으로써 이 또한 이제 막 알려지기 시작했다.

대부분의 세계 도시사 연구자들에게 아프리카는 여분의 관심사에 불과했다. 낯설게 들릴지 모르겠지만, 사하라 이남 지역의 도시 형태는 워낙 다양하고 특이했다. 그래서 처음 그곳에 도착한 유럽인의 눈에는 거대한 광역 도시조차 단순한 "오두막집들이 모인 덩어리(a heap of huts)"로 보일 따름이었다. "농지나 목초지에 드문드문 흩어진 정착지들이 구역을 이루고 있었는데, 낯선 방문객의 눈에는 어떤 질서나 고유한 형태라고 할 만한 것이 전혀 보이지 않았다."[1]

1 David M. Anderson and Richard Rathbone, "Urban Africa: Histories in the

아프리카의 다양성은 왜 이해되지 못한 채 과소평가되고 말았을까? (그랬던 과거를 우리는 어떻게 돌이켜보아야 할까? 어딘가 낯선 지역에서 "예외적" 도시가 등장했을 때, 우리는 과연 어떻게 이해했던가?) 왜 우리는 그렇게 오랫동안 사하라 이남 아프리카에는 도시가 없었다고, 그래서 큰 틀에서 지역 비교의 대상이 못 된다고 생각했을까? 이 문제가 중요한 것은, 아프리카 도시의 다양성이 향후 도시 진화 이론의 발달에 영향을 미칠 수도 있기 때문이다. 질문에 답하자면, 첫 번째 이유는 전공 영역의 구분 때문이었다. 아프리카의 도시 연구는 전통적으로 지리학, 사회학, 정치학의 영역이었다.[2] 최근까지도 도시사회사나 고고학 분야에서는 아프리카를 다루지 않았다. (물론 세계의 다른 어느 지역보다 아프리카 현지에 고고학자가 태부족한 현실도 문제의 원인이 될 것이다.) 기존의 여러 분과 학문의 연구에서 아프리카 현대 도시들은 주로 이주민의 유입, 가족의 단절, 현금 소득 창출의 공간으로 연구되었고, "탈-부족화 (detribalization)" 과정이 만연한 곳으로 알려져 있었다. 그래서 아프리카의 도시는 반(反)역사적인 곳, 즉 그들만의 역사가 없는 곳으로 알려져 있었다.

오늘날의 우리는 이와 같은 기존의 관점이 너무 얄팍하고 잘못되었다는 사실을 알고 있다. 이러한 관점은 식민지 시기의 잔재일 뿐이었다. 당시에는 아프리카인의 능동적 역할을 전혀 인정하지 않았다. 아프리카

Making," in David M. Anderson and Richard Rathbone (eds.), *Africa's Urban Past* (Oxford: James Currey, 2000), Note 4. The original is from Richard F. Burton, *The Lakes Regions of Central Africa* (New York: Harper & Brothers, 1961).

2 Anderson and Rathbone, "Urban Africa," p. 10.

의 도시는 이방인이 몰려와서 형성한 무질서한 곳이며, 아프리카 사람들은 "고유의" 과거를 전혀 의식하지 못한 채 그저 도시로 몰려들 뿐이라고 생각했던 것이다. 그래서 아프리카인은 역사가 없는 사람들이 되었고, 외부의 정치적·경제적 영향에 의해 움직이는 사람들로 간주되었다. 그 결과로 아프리카는 심층적 시간 범위에서 도시의 역사를 연구할 때면 거의 고려 대상이 되지 못했다.

두 번째 이유는 아프리카 도시의 역사를 처음 접한 학자들(그리고 19세기의 탐험가들)이 도시는 어떠해야 한다는 고정 관점에 사로잡혀 있었기 때문이다. 아프리카의 도시들은 결코 "오두막집 덩어리"가 아니었다. 심층적 및 표층적 시간 구조에서 전 세계적으로 공동체와 도시화의 과정을 살펴볼 때, 아프리카의 도시는 당연히 같은 맥락에 속하는 사례였다. 다만 새로운 방식의 설명이 필요할 뿐이었다.

역사적으로 외부의 방문객은 꾸준히 고대 아프리카의 도시 혹은 그 유적을 방문했었다. 아랍 상인이나 유럽 제국주의자 및 중상주의자 등이었다. 그들이 누구였든 아프리카의 도시는 그들이 경험한 곳과 전혀 달랐고, 그들의 예상을 완전히 벗어났다. 심지어 그들은 자신이 도시를 방문했다는 사실조차 인식하지 못했다. 1950년대 말의 전형적 사례를 하나 살펴보기로 하자. 프랑스의 뛰어난 역사학자이자 고고학자인 레몽 모니(Raymond Mauny)가 제니-제노(Jenne-jeno)를 방문한 적이 있었다. 그곳은 오늘날 말리(Mali)에 속하는 거대한 도시 유적 언덕이었다. 현장은 토기 파편으로 뒤덮여 있었다. 그는 현장에서 느낀 혼란스러운 기분을 이렇게 기록했다. "고고학자로서 나는 어찌할 바를 몰랐다. … 우리는 움직이는 모래 더미(en terrain mouvant) 위에 서 있었다. 그래서 아마도 우리가 고고학의 어떤 새로운 지평 앞에 서 있는 것인지도 모르겠다는 느낌을 받았다."[3] 그는 아랍 문헌에서도 그런 도시가 있다는 기록을 본 적이 없었고, 현장에서 도시의 특징적 흔적이나 기념비적 건축물 같은 것도 전혀 발견할 수 없었다. 그는 (자신의 표현에 따르면[4]) 떠내려가는 듯한, 거대한 유적이 자신을 삼키는 듯한 느낌을 받았다고 한다. 초기 도시는 어떠해야 한다는 그의 기대는 자신의 무지를 드러내 보일 뿐이었다(그는 자신의 무식함을 알고 있었다).

학자들은 초기 아프리카 도시의 존재를 확인하는 것만으로도 분명 인식의 문제와 이해의 문제에 빠져들게 될 것이다. 식민지 이전 시기 사하라 이남 지역의 도시 형태는 도시들끼리도 전혀 달랐을 뿐만 아니라 학자들이 예상하는 고대 도시의 형태나 기능과도 완전히 달랐다. 아프리카 전공 역사학자들이나 고고학자들은 대체로 아프리카의 도시들은 어떤 식으로든 유형 분류가 불가능하다고 말한다. 다시 말해서 아프리카의 도시가 표준 도시 모델에 전혀 들어맞지 않는다는 의미다. 그러나 나의 주장은 좀 다르다. 다른 많은 이유가 있겠지만 그중 하나만 말하자면, 아프리카 도시들은 그 형태와 기능이 굉장히 다양하기 때문에 오히려 기존의 권력 구조 이론과 관련해서 "풍부한" 예외를 보여줄 수 있을 것이다. 도시 경관에는 권력과 권위가 다양한 방식으로 표현되어 있다. 아프리카의 다양한 사례들은 이를 연구하는 데 최선의 기여를 할 수 있

---

3 Raymond Mauny, *Tableau géographique de l'Ouest Africain au Moyen Age, d'après les sources écrites, la tradition, et l'archéologie* (Dakar: I.F.A.N., 1961), p. 95.
4 Roderick J. McIntosh, *Ancient Middle Niger: Urbanism and the Self-Organizing Landscape* (Cambridge: Cambridge University Press, 2005), pp. 9-10.

을 것이다. 세계의 초기 도시 비교를 통해 우리는 도시 내의 권력, 권력의 관계, 권력의 표현, 권력의 남용, 권력에 대한 저항 등을 연구한다. 여기에 아프리카 도시 연구가 포함된다면, 우리는 이 문제를 바라보는 훨씬 더 폭넓은 시야를 얻게 될 것이다.

아프리카 도시의 독특한 권력 구조

다음과 같은 질문으로 우리의 논의를 시작해보기로 하자. 사원이나 궁궐이 없는 도시를 도시로 인정할 수 있을까? 즉 도시의 출현과 권력 기관의 대규모 공간적 표현 사이에 필연적 인과 관계를 기대하는 고정 관념은 워낙 뿌리가 깊은 것이어서, 폭력을 기반으로 소수가 다수에게 영향력을 행사하는 권력, 정치적 권력의 집중 말고 다른 식의 도시를 생각하는 것은 불가능할까? 도시 고고학이 세계적으로 진보함에 따라 정치권력과 도시의 단순한 방정식은 분명히 재검토되었고 새로운 결론에 도달했다. 그러나 솔직히 말해서 아직도 대부분의 도시 사회 이론에서는 새로 발견된 선사 시대 및 초기 역사 시대 자료를 제대로 인정하지 않는 분위기다. 사원과 궁궐(권력의 본산이자 의심할 나위 없이 명백한 힘의 표현)이 없는 도시는 여전히 상궤를 벗어난 것, 혹은 "규칙을 벗어나는 예외"로 간주되고 있다(아니면 발굴되지 않았지만 틀림없이 어딘가에는 그런 것들이 있을 것이기 때문에 고고학자의 전문성이 떨어진다는 증거로 간주된다). 물론 발굴 현장에서는 끊임없이 되풀이되는 추론의 과정이 존재한다. 사원(혹은 엘리트 계층과 그들의 사회적 지위를 나타내줄 다른 건축물과 기념비)은 도시화 과정의 핵심 요소로 간주되었기 때문에 고고학자들은 그러한 건축물에 대단히 관심을 집중하는 경향이 있었고, 대규모 정착지라도 기념비 혹은 거대한 건축물이 없는 경우는 대개 무시하거나 도시로 간주하지 않았다. 그러나 사하라 이남 아프리카의 경우, 권력과 도시의 관계는 결코 그렇게 단순하지 않았다.

초기 아프리카 도시 연구가 진행되면서, 그리고 현장 발굴 성과가 축적되면서 그들의 공동체에 숨어 있는 극도로 섬세한 권력과 권위의 관계가 파악되기 시작했다. 그에 따라 권력과 도시의 관계가 계속해서 논란의 중심에 놓였다. 이는 아프리카의 모든 도시에 사원이 없었다는 말은 아니다. 뒤에서 살펴보겠지만, 그레이트 짐바브웨(Great Zimbabwe)나[5] 악숨(Aksum)에는[6] 석재(石材)로 건축한 권력의 상징물이 존재했다. 메로에(Meroe)에는[7] 기념비적 건축물로 200개 이상의 피라미드가 건설되기도 했다. 그래서 이론화 단계는 아니지만 아프리카 전공 고고학자들이 대개 실무적으로 인정하기로(즉 발굴 작업과 그 해석에서 실무적으로 사용되는 기준에) 도시의 실체를 파악할 때는 반드시, 도시에서 무엇을 했는지, 그리고 도시가 발달한 주변 환경에서 도시의 역할이 무엇이었는지를 살펴보고 있다. 아프리카의 특징이라 할 수 있는 권력 구조의 몇몇 예외적 경우를 조사할 때는 더 넓은 지역 범위에서 도시의 기능을 파악하는 것, 그리고 (항상 변화를 거듭하는) 정착지들 사이의 상호 교류를 파악하는 것이 결정적 요소가 되기 때문이다. 그래서 발굴 현장에서는

---

5 Innocent Pikirayi, *The Zimbabwe Culture: Origins and Decline of Southern Zambezian States* (Walnut Creek, CA: Altamira Press, 2001).
6 David W. Phillipson, *Ancient Ethiopia: Aksum, Its Antecedents and Successors* (London: British Museum Press, 2000).
7 Peter L. Shinnie, *Ancient Nubia* (London: Kegan Paul, 1996).

실무적으로 어떤 곳을 도시 유적으로 간주한다는 여러 기준이 있다. 예컨대 "대규모 정착지에 서로 다른 여러 단위가 포함되어 있고, 그곳으로부터 주변의 광범위한 배후지를 대상으로 다양한 물품과 서비스를 공급한다면" 도시 유적으로 간주한다.[8]

 이와 같은 실무적 기준을 사용함으로써 고고학자로서는 그들의 권력 관계(혹은 위계질서 체계와는 다른 방식의 권력 관계)를 파악할 수 있다. 그들에게도 도시 주민과 그들의 배후지인 시골 정착지 주민을 결속하는 권력 관계가 존재했다. 권력 관계란 막대한 부의 축적이나 비대칭적 지위 등으로 표현될 수 있겠지만, 다른 방식으로 표현되는 경우도 얼마든지 있다. 앞으로 보게 되겠지만, 설득력의 권위를 엄청 크게 갖는 것도 권력 관계의 사례 중 하나가 될 것이다. 시간의 변화에 따라 도시 경관은 강력한 위계질서의 표현(즉 수직적 중앙 집중식 의사 결정)과 평등한 권력 관계(즉 권위는 여러 형태를 띠고 개인의 역할은 각각의 위계질서에 따라 달라지는, 수평적 사회 분화[9]) 사이를 반복했다. 사원이나 궁궐이 없는 도시… 그게 무슨 문제일까? 사실은 전혀 문제가 되지 않는다. 앞에서 언급한 것처럼 도시에 관한 발굴 현장의 실무적 기준에 입각하여 우리는 아프리카의 도시를 제대로 이해할 수 있으며, 이를 통해 위계질서에 따른 도시의 권력 구조와는 전혀 다른 사례를 목격하게 될 것이다.

---

8 Modified slightly from Bruce Trigger, "Determinants of Growth in Pre-industrial Societies," in Peter Ucko, Ruth Tringham, and G. W. Dimbleby (eds.), *Man, Settlement and Urbanism* (London: Duckworth, 1972), p. 577.
9 Carole Crumley, "Three Locational Models: An Epistemological Assessment of Anthropology and Archaeology," in Michael B. Schiffer (ed.), *Advances in Archaeological Method and Theory* (New York: Academic Press, 1979), Vol. ii, p. 144.

구역별 분업 도시: 제니-제노

말리(Mali)의 니제르강 중류 충적 평야에는 습지, 구불구불한 물줄기, 볏논이 어지럽게 펼쳐진 가운데 메소포타미아의 그것과 전혀 다르지 않은 텔(tell, 언덕 정착지 유적)이 군데군데 우뚝 솟아 있다(지도 17-1). 그곳이 제니-제노(Jenne-jeno)[10] 유적이다. 오늘날의 도시 젠네(Jenne)도 과거의 도시 제니-제노로부터 유래하는데, 제니-제노의 유적은 젠네에서 약 3킬로미터 떨어진 거리에 위치해 있다. 언덕 유적에는 세월에 따라 지층이 쌓였다. 오늘날 주민은 고대 도시 유적으로부터 9미터 위에서 생활하는 셈이다. 주변 4킬로미터 안에 70개의 텔이 존재하는데, 모두가 제니-제노 당시에 사람이 거주한 곳으로 확인되었다. 텔이 방치된 시기도 기원후 1400년경으로 모두가 비슷하다. 주기적으로 홍수에 잠기는 니제르강 충적 평야의 면적은 5만 5000제곱킬로미터에 달하며, 여기에 비슷한 언덕 수백 개가 산재한다. 과거 4000년 전에서 5000년 전 사이 매년 홍수에 잠겼던 면적은 17만 제곱킬로미터에 달하는데(지금은 대부분 사하라 사막 지대에 깊숙이 들어가 있다), 여기에 수백 개의 텔이 더 있다. 그러나 1970년대 중반까지도 학자들은 그곳이 도시의 흔적이라는 사실을 전혀 알아보지 못했다.

1950년대 말에 레이몽 모니가 제니-제노를 거닐었을 때, 식민지 시대 말기의 시선으로 도자기 파편과 흙벽돌 주택과 무너지다 만 무덤이 뒤범벅되어 있는 현장을 목격했을 때, 그는 자신의 눈앞에 펼쳐진 것이

---

10 Roderick J. McIntosh, *The Peoples of the Middle Niger* (Oxford: Blackwell, 1998); and McIntosh, *Ancient Middle Niger*.

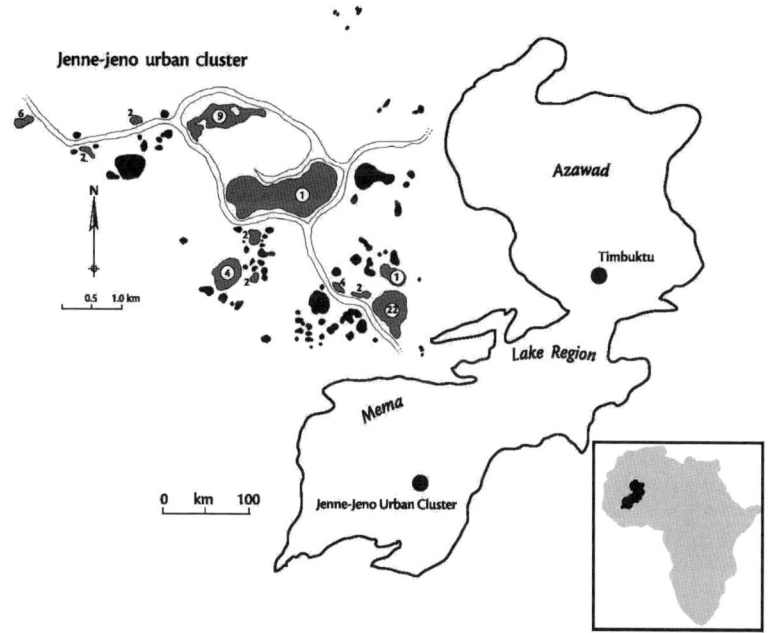

〔지도 17-1〕 제니-제노와 니제르강 중류의 도시 및 주변 지역
발굴 현장의 개수는 언덕의 개수로 표현한다.

무엇인지 도무지 알 수가 없었다. 무려 20여 년이 지난 뒤 고고학자들은 새로운 이론과 최신의 발굴 및 조사 방법론으로 무장하고 현장을 다시 찾았으며, 그제야 비로소 도시를 감지하고 본격적인 도시의 진화 조사에 착수할 수 있었다. 그 결과로 단지 도시 제니-제노뿐만 아니라 우리가 오늘날 "제니-제노 도시 복합체(Jenne-jeno Urban Complex)"라고 부르는 실체가 드러나게 되었다. 중심 유적은 규모가 크고 독특했지만, 어디까지나 70개 구역 가운데 한 부분에 불과했다. 이들 70개 구역의 유적은 모두 수천 제곱킬로미터에 달하는 배후지까지 도시의 서비스와 물품을 공급하던 특화 구역이었다(공급망은 니제르강 하류로 400킬로미터 떨어진 사하라 주변의 자매 도시 팀북투Timbuktu까지 이어졌다). 매우 힘겨운 작업 끝에 비로소 고고학자들은 제니-제노의 도시적 면모를 확인할 수 있었다. 이런 유적에서는 일반적으로 고대 도시를 조사하는 고고학의 방법론을 적용하기도 어려웠고 별로 소용이 없었다.

사원이나 궁전 유적을 통해 도시가 확인될 때 고고학자로서는 필연적으로 궁전 지역과 인접한 엘리트 계층의 거주지 발굴에 주력할 수밖에 없다. 또한 왕권과 신격이 연결되는 화려한 사원도 집중 조명을 받게 된다. 그러고 나서 성벽(반드시 찾아야 할 유적)으로 둘러싸인 지역 전체를 대충 훑어본다. 여기까지 작업을 마치면 도시가 대개 모습을 드러냈다고 봐야 한다. 제니-제노의 경우에도 성벽은 있었다(이상하게도 그곳에 사람이 거주했던 1500년 동안 전쟁의 흔적은 없었다. 아마도 홍수 방지용 성벽이었던 것 같다). 그러나 엘리트 거주 구역이 없었고, 공공 건물이나 기념비적 건축물 같은 것도 없었으며, 왕궁은 더더욱 없었다. 유적지에서는 다양한 주거의 흔적, 다양한 물품 제조의 흔적, 그리고 다양한 "신분 집단"의 흔적이 풍부하게 발견되었다. 동일한 시기에 굉장히 다양하게 나타나는 매장 풍습을 통해 이와 같은 흔적들을 파악할 수 있었다. 약 35년 동안 발굴층위를 확인하는 작업을 거쳤는데, 서로 구별되는 단위로 확인된 구역이 약 22곳에 달했고, 이들이 산재하는 유적지의 전체 면적은 33헥타르 이상이었다. 발굴 작업을 통해 우리는 직업과 신분이 다양한 사람들이 기원전 3세기에 성립된 비교적 단순한 (하지만 이미 20헥타르에 달하는 상당한 면적을 차지한) 공동체 단계에서부터 번성하는 도시로 발전하는 과정의 줄거리를 파악할 수 있게 되었다. 발굴 현장이 대체로 매우 깊었다는 점에 주목할 필요가 있다. 10×6미터의 면적을 6미터(때로 그 이상) 깊이로 파 내려가려면 엄청난 시간이 소모되었지만, 이는 반드시 필요한 작업이었다. 결국 발굴 조사를 통해 복합 사회(complex society)의 출현과 진화를 확인할 수 있었다. 다양한 집단(스스로 정체성을 가진 수많은 집단이 대체로 실질적 혹은 상징적 재산을 보유했다)의 협력과 교류가 서로 얽히면서 형성된 사회였다.

    인접 정착지들끼리 너무 가깝게 붙어 있을 경우 고고학자들의 임무는 특히 어려워졌다. 주요 유적지에서 멀어질수록 정착지 간의 거리도 멀어졌다. 그렇다면 구역이란 어떻게 구별하는 것일까? 가능한 한 가지 방법은, 지표면에서 수집한 유물과 지표면 형태(매장지, 주택의 기초 등)를 살펴보는 것이다. 모든 유적지를 대상으로 조사해보면 특정 유물 혹은 특이한 지표면 형태가 집중된 곳이 있는데, 이를 제니-제노와 비교해 해당 유적에서 펼쳐졌던 특별한 활동과 집중도 등을 파악할 수 있다. 금속 제련을 예로 들어보자. 이는 지저분하고, 뜨겁고, 시끄러운 작업이었다. 만데족 사회(Mande society)에서는 오늘날에도 금속 제련을 매우 위험한 초자연적 힘과 연관 짓고 있다. 누구라도 이런 작업장이 이웃에 있기를 원치 않는다. 제니-제노 발굴을 통해 우리는 제련 작업이 중심 구역에서 여러 주변 구역으로 이동했음을 파악할 수 있었다. 고고학자들은 주요 유적지에서 주로 무슨 활동을 했는지 파악해야 하지만, 또한 빼놓을 수 없는 것은 주요 유적지와 연결된 위성 유적지의 활동이다. 우리는 제니-제노 지표면 연구에 중점을 두었던 최초의 발굴 조사 단계에서 이미 중심지와 위성 지역의 상호 독점적인(혹은 거의 독점적인) 교류

활동을 확인했다.

　제니-제노의 발굴은 이렇게 시작되었다. 1100제곱킬로미터 범위에서 유적지를 임의로 선택하여, 유물과 토기의 분포가 제니-제노와 비교해 어떻게 다른지 살펴보았다. 한 시즌 동안 조사한 결과 반경 약 4킬로미터를 넘어가면 구역의 밀집도가 급격히 떨어진다는 사실을 확인할 수 있었다. 일부 유적에서는 구역 내 특정 형태 혹은 유물의 흔적이 "지나치게 풍부하다"는 사실이 밝혀졌다. 그다음 단계는 (제니-제노에서 발굴 현장의 범위를 확대하는 동시에) 주변의 위성 유적 가운데 50퍼센트를 대상으로 표층 유물을 조사하는 것이었고, 궁극적으로 100퍼센트까지 조사 범위를 확대했다. 마지막 단계에서는 위성 유적 가운데 몇 군데 샘플을 지정하여 발굴에 들어갔다. 어떤 활동(특히 제철, 다양한 형식의 어로, 수생 포유류나 뱀 사냥 등)이 상당히 집중되었다고 판단되는 곳을 위주로 발굴한 결과, 제니-제노 도시 복합체에서 각 구역들은 결코 단일한 형태가 아니었지만, 그렇다고 표층이나 심층의 유물 분포가 임의적이지도 않았다는 사실이 다시 한 번 확인되었다. 이와 같은 구역별 분업이 의미하는 바는, 그리고 이와 같은 발굴 현장을 통해 우리가 알 수 있는 바는 (아직 잠정적이긴 하지만) 더 큰 범위의 공동체 안에서 권력과 권위의 구조가 존재했다는 사실이 아닐까?

　오늘날의 도시 젠네 주변 지역을 약 35년 동안 조사한 결과, 우리는 사회 구조에 관하여 적어도 두 가지 사실을 분명히 말할 수 있게 되었다. 첫째, 서로 다른 전문가의 협력과 서로 다른 정체성의 공존 문제를 해결하기 위한 대책이 바로 구역별 분업이었다. 필요한 물품과 서비스는 곧바로 이용하는 동시에 공급자 또한 수요자에게 곧바로 접근할 수 있었다. 그렇다면 다 좋은데, 물품의 교환과 제조는 누가 감시하고 통제하는가 하는 의문이 바로 생겨날 것이다. 옛날 도시 이론의 해답은 이랬다. "왕과 행정 관료들, 그리고 물론 그 뒤에는 무력(武力)이 존재했다." 그러나 제니-제노의 도시 구역으로 볼 때, 협력 집단 사이에 동시적 관계를 통해 조직적으로 교환 체계가 작동했던 것 같다. 만약 서로 협력하는 집단들끼리 기대하는 바와 교환 규칙이 여지없이 분명하게 규정되어 있었다면, 심지어 규칙을 벗어났을 때의 결과까지 규정되어 있었다면 굳이 수직적 통제 구조가 필요치 않았을 수도 있다. 다만 우리는 실제로 그런 도시의 사례를 본 적이 없을 뿐이다. 그런데 제니-제노에서는 개별 언덕(텔)의 소유권이 직업·친족 집단의 구성원에게 주어져 있었다는 사실이 고고학적 발굴을 통해 확인되었다. 각각의 위성 유적에서 출토된 유물이 대부분 특정 직업에 한정된 것이었기 때문이다.

둘째, 제니-제노에서는 국가와 유사한 체제를 확인할 수 있는 분명한 흔적을 찾아볼 수 없었다. 도시가 형성되고 시간이 지난 뒤에도 상명하복과 엘리트 주도의 정치 행위가 도시를 지배한 흔적은 전혀 없었다. 왕, 사원, 궁궐 등을 볼 수 없었으며, 엘리트 계층조차 분명히 확인되지 않았다. 니제르강 중류 지역에서 기원전 제1천년기 말엽 및 그 이후 시기 도시의 정치·경제 조직은 수평 연결(heterarchical) 구조였다. 즉 집단별 정체성은 구분되었지만, 때로 서로 중첩되기도 했지만, 권위의 영역은 전적으로 상호 작용의 과정에 놓여 있었고, 왕과 백성의 수직적 위계질서나 일방적 정보의 유통 과정이 존재하지 않았다.

니제르강 중류 지역 도시의 출현

최근 연구에 따르면, 심지어 제니-제노보다 먼저 출현한 도시들이 있었다. 특히 "도시 이전 단계"가 암묵적으로 수천 년 동안 형성되고 있었던 것으로 밝혀졌다. "도시 이전 단계"란 지역 경제(복합 시스템의 환경에서 스스로 만들어진 구조)에서 작동하는, 전문 분야에 특화된 장소와 활동이 등장했음을 의미한다. 도시 이전 단계는 자연환경이 극도로 악화되는 과정에서 강력한 균형추 역할을 했다. 기원전 제4천년기까지도 사하라 지역은 원래 물 공급이 원활한 사바나 초원 지대(광대한 호수 포함)였는데, 기원전 제3천년기 말에서 기원전 제2천년기 초에 오늘날과 같은 사막 환경으로 변했다.

우리의 연구는 제니-제노보다 앞선 시기의 정착지들과 도시 출현의 인과 관계를 타진하고자 하는데, 출발점은 물 공급이 원활했던 사하라 지역이다. 시기는 제니-제노가 성립되던 시점보다 약 10세기 이상 앞선다. 모리타니 중부의 황무지 지대는 아치 모양으로 수백 킬로미터가 뻗어 있는데, 그곳에 수많은 후기 석기 시대(Late Stone Age) 석재(石材) 건축물의 잔해가 군데군데 남아 있다. 그런데 그것이 어째서 도시란 말인가? 조사가 제대로 이루어지지 않았기 때문에 이 질문에 대답하기란 쉽지 않다. 모리타니 지역의 다르 티치트(Dhar Tichitt)에서 유적이 발견된 뒤 10여 년 동안 수백 곳의 석조 유물 흔적과 연대를 체계적으로 조사한 적이 있었다. 그러나 이후로 후속 조사가 전혀 이루어지지 못했다. 그래서 우리는 지금까지도 그것을 전반적으로 "정주적 목축 문화"의 흔적으로 추정하고 있을 뿐이다(그림 17-1). 그러나 위성 등 원격 탐사를 통해 다세포 구조처럼 생긴 후기 석기 시대 유적 수백 곳이 추가로 확인되

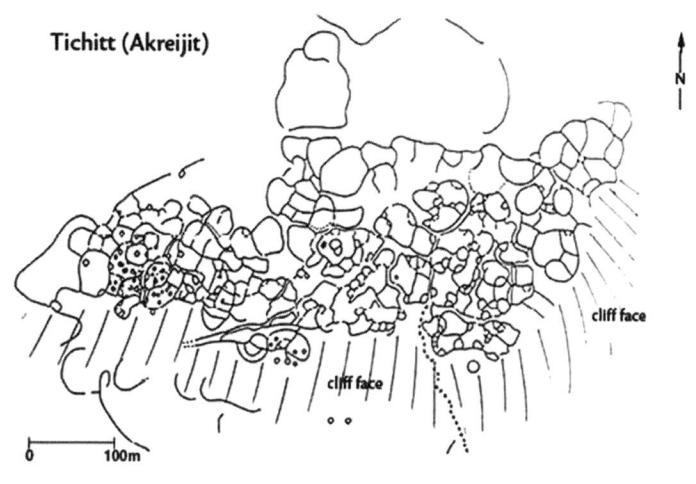

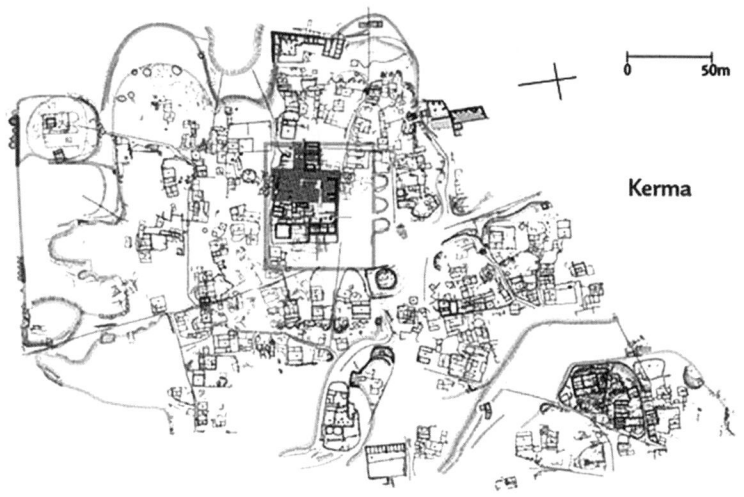

[그림 17-1] 후기 석기 시대 유적
위: 모리타니 중부의 다르 티치트 지역에 있는 아크레이지트(Akreijit) 유적. 아래: 수단 공화국 케르마(Kerma) 지도.

었다. (구체적으로 말하자면 주위에 크랄kraal이라고 하는 가축우리를 두른 형태의 유적인데, 기본적으로 형태가 대체로 비슷했다. 실제로 가축우리였던 것으로 추정되며, 인간의 거주지도 우리 안에 포함되어 있었다.) 그러나 불행하게도 1960년대에 체계적인 조사와 시험 발굴이 실시된 이후 두 번 다시 현장 발굴 조사가 진행되지 못했다. 따라서 우리는 원격 탐사로 발견된 유적들의 정확한 조성 시기를 파악하지 못했고, 모두가 같은 시기의 유적인지 여부도 분명히 알 수 없었다. 그리고 최초의 조사에서 확인되었듯 어쩌면 규모가 더 작고 이질적인 정착지들도 있을 수 있지만, 이 또한 확인이 되지 못했다. 이후에 보게 되겠지만, 같은 방식으로 돌을 쌓아 만든 거대한 울타리가 그보다 조금 늦은 시기의 다른 유적에서도 확인되었다. 여기서부터는 도시의 출현이라고 말할 수 있겠는데, 구역별 분업이 이전보다 훨씬 더 분명히 확인되기 때문이다.

    사하라 지역을 벗어나는 사람들의 이동은 매우 오랜 기간에 걸쳐 진행되었다. 그 기간을 기준으로 볼 때 다르 티치트 유적은 이동 시기 후반에 속한다. 이동이 시작된 때는 기원전 4500년경 건조 기후가 고조되었을 무렵으로, 사하라의 제2차 홀로세 습윤 기후(Holocene wet period)가 갈수록 무너지고 있었다. 기원전 2300년경 기후 불안정은 더욱 심화되었고, 건조 기후도 계속 강화되는 경향을 보였다. (팀북투 북쪽으로 수백 킬로미터가 이어지는) 아자와드 평원(Azawad Basin)은 고대의 니제르강 중류가 범람하면서 형성되었는데, 그곳에 살던 사람들은 수 세기 이후 니제르강 중류의 남쪽에서 아직 물이 공급되는 피난처를 발견했다. 연구자 맥도널드(MacDonald)의 가설에 따르면, 새로 등장한 식량 자원을 가진 사람들과 아마도 전문 기술을 가진 수공업자들이 한꺼번에

남쪽의 피난처로 몰려들었을 가능성이 높다.[11]

상상해보건대 처음에는 서로 간단한 접촉과 교환이 이루어졌을 것이다. 그들은 다양한 집단들, 선호하는 식량이나 거주하는 지역이 약간 다른 사람들로 구성되어 있었다. 그 상황이 점차 주기적으로, 지역별 예상 가능한 전문화의 단계로 나아갔을 것이다. 이와 같은 복합 사회가 처음 형성된 모델이, 몇몇 원시적 전문 집단 공동체들 사이에서 "규칙"으로 통용되면서 지속적으로 발달하게 되었던 것 같다(공동체들 중 일부는 어로를, 일부는 목축을 선호했을 것이며, 현지에서 나는 다양한 곡물을 채집하는 집단도 있었을 것이다). 지역별 교환 네트워크가 성공적으로 구축된 이후로는 전문화가 강화되는 방향으로 나아갔을 것이다.

아마도 이르면 기원전 2000년경부터 티치트 지역의 목축민과, 크게 보아서 호수 물이 줄어들면서 형성된 거대 저지대에 살던, 물가에서 사냥과 채집과 어로를 하던 사람들이 남쪽으로 이동하기 시작했던 것 같다. 이들은 지금까지도 호수와 물길이 살아 있는 팀북투의 배후지와 더 남쪽의 호수 지대(Lake Region)로 이동했다. 오늘날 확인된 바로 이들은 와디 엘-아흐마르(Wadi El-Ahmar) 같은 고대의 물길을 따라 이동했다(팀북투 동쪽 바로 옆에서만 그 흔적을 확인할 수 있다). 위성 사진으로 보면 모리타니 남동부에서도 암석이 노출된 산록 지대에 돌을 쌓아 만든 익숙한 형태의 유적을 확인할 수 있다. 이곳에 있는 티치트 양식의 유적은 거의 "텔(언덕)"에 위치한다. 규모는 다양하고, 일부는 돌을 쌓아 만

---

11 Kevin C. MacDonald, "Dhar Néma: From Early Agriculture to Metallurgy in Southeastern Mauritania," *Azania* 46 (2011), 1 and 49–69.

들었지만 나뭇가지와 진흙을 섞어서 만들거나 흙벽으로 만든 곳도 있었다. 이들의 규모는 아직 도시라 할 만한 정도가 아니었다. 그러나 명백히 같은 시기의 정착지들이 구역별로 나뉘어 있었고, 서로의 스타일도 전혀 달랐다. 이는 곧 전혀 다른 민족들이 일정한 공간에 모여 살았음을 의미한다. 제니-제노에서 확인된 협력 관계의 공동체들은 여기서부터 비롯된 유산을 직접적으로 이어받은 사람들이었다.

여기서 확인되는 유적들이 같은 시기의 것들이 맞는다면, 그들은 협력 관계 속에서 함께 진화했다고 볼 수 있다. 관계망에 참여하는 사람들은 수적으로 점차 늘어났고 전문 분야도 갈수록 증가했으며, 매년 근처에서 머무는 기간도 늘어났을 것이다(기원전 제1천년기 초중반). 호수 지대에서는 아직 이와 같은 상황을 확인하지 못했다. 그러나 우리는 메마(Mema)에서 몇몇 언덕을 심층 발굴하여 최초로 이와 같은 종류의 유적을 발견했는데, 아쿰부(Akumbu) 도시 구역에 포함되는 언덕 유적이었다. 이 지역에서는 물줄기와 얕은 호수가 제1천년기까지 유지되었고, (이르면 기원전 2000년부터 흔적이 나타나는) 물을 가까이하는 사냥·어로 전문 집단과 목축에 어느 정도 전문성이 있는 집단이 호숫가 및 언덕 지역을 공유하며 함께 살아갔다. 그로부터 400~500년이 지난 뒤 원시 농경민이 인근에 한 구역을 차지하고서 이들의 협력 관계망으로 들어왔다. 이와 같은 패턴은 이미 익숙한 집단들에게는 평화로운 교류를 위한 "규칙"이었다. 또한 상호 협력 네트워크가 보장하는 일종의 안전망은 특정 공동체가 전문성을 더욱 강화하도록 권장하는 요인이 되기도 했다(아마도 토기 제작 등 전문 기술 집단도 관계망에 참여했을 것이다).

여기서 다음 단계로 나아간 가장 확실한 증거는 메마 지역의 크고 작은 텔(언덕) 발굴 조사와, 특히 팀북투 지역 조사를 통해 확인되었다. 유적의 시기는 후기 석기 시대에서 철기 시대로 넘어가는 전환기(혹은 기원전 2500년경)였다.[12] 메마의 분업 구조에 소속된 구역들은 장소 이동 없이 그 자리에서 철기 시대로 넘어갔다(나중에는 몇몇 새로운 위성 구역들이 주로 금속 제련을 담당하게 되었다). 여기서 사회적 전환이 성공적으로 이행되었다면, 이제 도시가 출현할 모든 준비가 갖추어진 셈이었다. 팀북투 지역에서는 같은 시기에 유적지의 규모가 폭발적으로 확대되었다. 기원전 제1천년기 중엽에 이르러 텔(언덕)은 도시의 규모(50~100헥타르)로 성장했다.

이야기를 마무리하자면, 도시가 확대됨에 따라 사람들은 기존에 개척되지 않은 니제르강 중류의 남쪽 평원 지역으로 흘러 들어갔다. 기원전 시기의 마지막 몇 세기 동안 제니-제노가 혜성처럼 등장했다. 당시의 제니-제노는 이미 거대한 기반(20헥타르 이상)을 가지고 있었다. 그러나 니제르강 북부의 도시들과 달리 제니-제노의 중심 텔(언덕)은 기원전 제1천년기 중후반 최전성기에도 "고작" 33헥타르 규모였다. 도시의 사람들은 제니-제노의 도시 구역에 포함되는 여러 전문화된 위성 구역으로 분산되었다.

이 지역에서는 도시가 진화하는 동안 왕이나 엘리트 계층이 등장하지 않았지만, 아프리카의 다른 지역 도시에서는 상황이 완전히 달랐다(지도 17-2).

12 Téréba Togola, "Iron Age Occupation in the Méma Region," *African Archaeological Review* 13 (1996), 91-110; and Douglas P. Park, "Prehistoric Timbuktu and its Hinterland," *Antiquity* 84 (2010), 1-13.

〔지도 17-2〕 아프리카의 도시와 국가

초기 아프리카 도시들의 스펙트럼(이집트 제외)

고고학 연구 성과가 축적됨에 따라 도시의 진화와 특성에 대한 이해는 제니-제노뿐만 아니라 동아프리카 지역 전체적으로 상당히 큰 폭의 변화를 겪었다.[13] 예컨대 케르마(Kerma) 지역의 초기 누비아 도시는

---

13 이번 장에서 간략하게 소개된 도시들에 관한 상세한 논의는 다음을 참조. David W.

과거 이집트 중왕국 시기(c. 2000~1600 BCE)에 나일강의 동골라 구간(Dongola Reach)에서 이집트와 교역을 했고, 그 덕분에 도시가 번성한 것으로 알려져 있었다(그림 17-1). 또한 도시의 형태도 이집트 도시를 닮아 있었다. 기념비적 건축물들(종교적 건축물로 거대한 벽돌 "피라미드"가 있는데, 현지에서는 데푸파defuffa라 한다)을 비롯해 이집트의 도시를 모방한 것이 분명한 요소들이 누비아의 도시에서 확인되었다.

그러나 스위스의 수단 고고 발굴팀(Swiss Archaeological Mission to the Sudan, 뇌샤텔대학교)이 30년에 걸쳐 방대한 발굴 작업을 진행한 결과, 케르마에 대한 우리의 상식은 상당히 큰 변화를 겪게 되었다. 나일강 하류 지역과의 교역과 문화적 접촉이 비록 중요한 요소였다 해도 정치 및 의례의 수도로서 도시의 역할은 현지의 발전에 뿌리를 두고 있었다. 공예품과 기술의 수준은 특히 뛰어난 토기의 제작을 통해 알 수 있는데, 당시에 유약 바른 도기를 제작하는 수준에까지 이르렀던 것이 거의 확실하다. 또한 아주 이른 시기부터 소 이목(移牧)을 통해 인구가 주기적으로 증가했다. 소의 상징적 중요성은 왕과 엘리트 계층의 무덤과 부장품을 통해서도 분명히 확인되는데, 이런 무덤이 근처에 광범위하게 분포하고 있다. 케르마는 결코 이집트의 부산물이 아니었다. 기원전 3000년경에 이미 도시가 성립했고, 소를 숭배하는 현지 문화는 적어도 도시가 성립하기 4000년 전부터 그 흔적을 확인할 수 있었다.

기원전 제4천년기 말에 형성된 "원시-도시들"의 분포로 보자면, 케르마는 전체 분포 지역의 남쪽 끄트머리에 해당한다. 각각의 도시들은

Phillipson, *African Archaeology* (Cambridge: Cambridge University Press, 2005).

종교적 의미를 가지고 있었고, 교역을 지향했으며, 이미 널리 확산된 닐로트 문화(Nilotic culture)에 속해 있었다. 닐로트 문화는 나중에 다양한 형태로 분화되었는데, 고대 이집트의 엘리트 문화도 닐로트 문화에서 비롯된 것으로, 이런 특성은 이집트 도시 발달 과정에서도 분명하게 확인이 된다(05권 제2장 참조). 케르마의 유산은 기원전 800~350년경 쿠시 왕조의 남부 수도인 메로에(Meroe)로 전해졌다. 메로에 또한 한때 이집트의 영향을 받은 부산물로 간주되었는데, 주로는 근처에서 발견된 수백 기의 누비아식 피라미드 때문이었다. 그러나 오늘날에는 당시 보석, 금, 철기 제작이 현지에서 이루어졌고, (나일강 줄기를 이용한 남북 교역과 대립한) 홍해 무역에서도 중요한 역할을 했던 사실이 드러났다(그림 17-2).

이외의 다른 아프리카 도시들도 과거에는 고대 세계의 선진 지역에서 영향을 받은 부수적 발전의 결과물로 인식되었다. 악숨(Aksum)의 경우도 마찬가지였다. 처음에는 사바 왕국의 아라비아 전진 기지로 알려져 오래도록 그렇게 믿어왔지만, 이제는 아프리카 뿔 지역의 잠재력을 바탕으로 한 순수 아프리카 자생 왕국이었다는 사실이 밝혀졌다. 뿐만 아니라 악숨이 참여한 교역 관계망은 멀리 인도까지 이어졌다. 악숨 왕국은 오래도록, 기원후 1세기부터 제1천년기 후반까지 홍해 남부와 페르시아만 저지대를 장악했다. 주요 항구는 인도양 무역에서 중요한 역할을 담당한 아둘리스(Adulis)였다. 동남아시아, 인도, 페르시아만, 동아프리카의 스와힐리 해안까지 모두 이 무역망에 속해 있었다. 최근 고고학을 통해 인도양 무역망이 역사적으로 결코 실크로드에 못지않은 주요 교역망이었다는 사실이 드러나고 있다.

악숨 왕국의 기원과 동부 아프리카 뿔 지역의 도시화는 비교적 잘

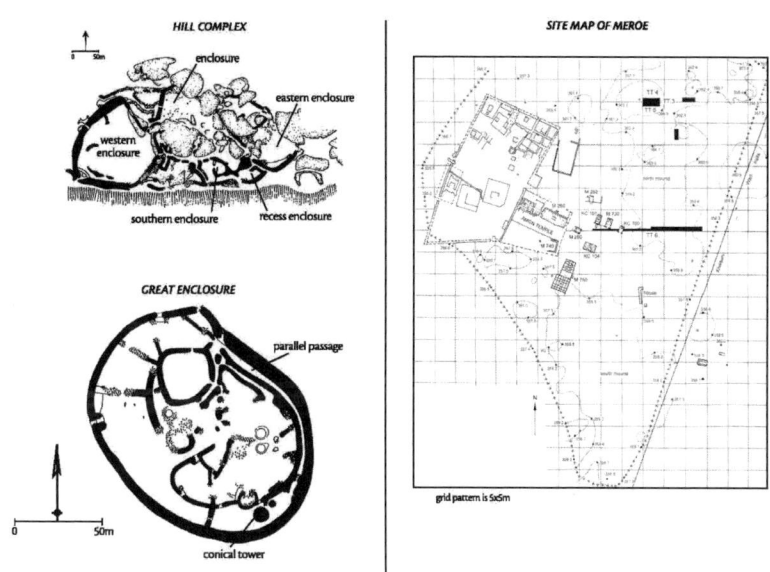

〔그림 17-2〕 오른쪽: 메로에 지도. 왼쪽: 그레이트 짐바브웨(위: 언덕 위 복합 시설, 아래: 대규모 성벽)

알려져 있지 않다(물론 도시가 수입된 것이라고 해버리면 어려울 것이 없다). 고고학 발굴은 당연히 유명한 왕과 귀족의 무덤 유적 및 (몇몇은 높이가 30미터 이상인) 거대한 기념비에 집중되었다. 엘리트 계층의 거주 구역에 관해서는 고고학의 관심이 비교적 적었다. 국제적 도시이자 외부로 시선을 향했던 악숨 왕국은 아라비아, 로마, 이집트, 인도, 누비아에서 온 무역상을 환영했고, 아프리카 내륙 지역에서 가져온 상품(상아와 코뿔소 뿔, 살아 있는 야생 동물, 노예, 곡물 등)을 시장에 내놓았다. 왕국의 수도 악숨 또한 고전적인 고대의 도시였다. 다른 항구나 내륙의 도시보다 훨씬 더 크고 사회 계층도 훨씬 더 복잡했다.

CHAPTER 17 - 다양한 도시들: 제니-제노와 아프리카의 도시화　　　　　133

그 밖에 아프리카 왕국의 주요 수도들은 우리가 논의하는 시간 범위보다 더 뒤에 등장했다. 예컨대 카넴-보르누(Kanem-Bornu) 왕국(차드 및 나이지리아 북동부)의 수도 은지미(Njimi)는 11~15세기, 하우사(Hausa) 왕국(나이지리아 중부)의 수도 중 하나였던 카노(Kano)는 빨라야 10세기 초였다. 이러한 도시들은 고고학보다 민속학 조사를 통해 알려졌으며, 그들의 기원 또한 상당히 모호한 편이다. 아프리카 고고학자들의 새로운 발굴 성과가 이와 같이 부족한 지식을 메워줄 수 있는 대안이 되길 기대한다.

아프리카 동부 해안 수백 킬로미터를 따라 중요한 도시국가들이 점점이 분포했다는 사실 또한 확인되었다. 스와힐리 해안의 무역 도시들이었다.[14] 공통의 언어(기본은 반투어)와 이슬람 신앙, 그리고 오래도록 이어져온 상업의 정체성을 바탕으로 많은 도시들이 일시적 동맹에 참여했었다. 그러나 결국 어느 한 도시가 다른 도시들을 압도하는 단계로는 나아가지 못했다. 예를 들어 킬와(Kilwa), 소팔라(Sofala), 라무(Lamu), 만다(Manda), 잔지바르(Zanzibar), 말린디(Malindi) 같은 도시들은 규모 면에서 다양했을 뿐만 아니라 도시의 사원이나 엘리트 계층의 주거지 수준도 천차만별이었는데, 이는 항구의 발달 정도나 동맹을 맺고 있는 내륙 마을들과의 관계에 따라서 달라졌다. 교역 품목은 노예, 금, 상아, 백단, 향신료 등이었다. 역사학과 고고학이 서로 잘못 만나는 경우는 꽤나 이상한 결과를 가져오지만, 그리 드문 일도 아니다. 이 지역 도시의 기원

---

14 Mark C. Horton and John Middleton, *The Swahili: The Social Landscape of a Mercantile Society* (Oxford: Blackwell, 2000).

에 대한 상식 또한 그러한 결과물로서, 과거에는 10세기 이후 페르시아의 시라지족(Shirazi)이 이주해서 이곳을 식민지화한 시점을 도시의 기원으로 잡았다. 그래서 고고학자들은 킬와를 발굴하다가 "시라지 이전 층위"가 나타나면 발굴을 중단하는 경향이 있었다.

최근에 와서야 상가(Sanga), 펨바섬(Pemba Island), 코모로 제도(Comoro Islands)를 비롯해 문헌 자료에 등장하지 않는 해안 다른 지역의 도시와 마을에 대한 발굴이 이루어졌다. 그 결과 스와힐리 해안 도시의 전혀 다른 기원이 드러나기 시작했다. 발굴된 도시들은 과거 중국, 동남아시아, 남아시아와 교역하던 무역의 중심지들 위에 층층이 새로 건설되어 있었다. 이들 도시의 기원에 관한 재조명은 이제 막 시작되는 단계에 있다.

아프리카 내륙에서 대양으로 이어지는 원거리 교역망이 아프리카 내륙 지역에 국가 및 도시가 형성된 배경이었다. 가장 유명한 도시는 그레이트 짐바브웨(Great Zimbabwe)였다(그림 17-2).[15] 내륙과 해안의 상아 무역을 주도하고 근처의 중요한 금광을 장악했던 그레이트 짐바브웨는 인상적인 건축 유물(워낙 걸작이라 초기 유럽 식민주의자들은 아프리카 현지인의 유적으로 인정하지 않았다)과 고도로 발달한 상징 유물을 남겼다. 유럽의 광산업자들이 황금 유물과 문화재를 탈취해 가는 바람에, 1920년대에 최초로 정식 발굴이 시작되었을 때는 온전한 유적이 남아 있지 않았다. 그래서 주로 쇼나족(Shona peoples)의 후손들로부터 구

---

15 Pikirayi, *Zimbabwe Culture*; and Peter S. Garlake, *Great Zimbabwe* (London: Thames & Hudson, Ltd., 1973).

두 전승을 통해 정보를 입수할 수밖에 없었다. 하지만 다른 유적지 발굴 성과가 점차 축적되고 있고, 더 이전의 정착지들(예컨대 마푼구브웨 Mapungubwe, 이후 다시 논의한다)에 대한 조사가 진행됨에 따라 그레이트 짐바브웨의 무역, 의례, 정치적 중요성이 새롭게 이해되고 있다.

결론

요컨대 일부 아프리카 도시들은 국제 교역의 맥락에서 발달했으며, 현지 지역 내 정치적 주도권을 바탕으로 발달한 경우도 있었다. 그리고 또 다른 경우로 "구역별 분업 도시"에서는 정치적·경제적 위계가 거의 드러나지 않았다. 아프리카의 도시화에는 다양한 종류의 도시와 다양한 종류의 권력 관계가 포함되어 있었다. 아프리카 도시를 이해하기 위해서 분명 많은 연구가 진행되어왔지만, 그럼에도 불구하고 아프리카 도시에 관한 몇몇 의문점이 남아 있다. 우리 논의를 마무리하면서 향후 연구를 전망하기 위해 이를 구체적으로 검토해보고자 한다.

먼저 14세기 이전 콩고 제국 최초의 수도에 관한 의문이 있다. 도시의 근거는 오직 콩고 사람들의 전설뿐이다. 말리 남부와 기니 북부에서 고고학자들은 아직도 말리 제국의 수도를 찾고 있다(구전에 의하면 다카잘란Dakajalan이라는 도시가 있었다고 한다). 현지의 만데족 전통에서 그곳은 가면 안 되는 금지 구역이었다. 몇몇 도시들은 엿보는 것만으로도 매우 위험하다고 한다. 그리고 에티오피아 고원 지대에는 움직이는 왕국의 수도가 있었다는 구전이 전해 내려오는데, 아무런 흔적을 남기지 않았다고 한다. 물론 이와 같은 사례들이 밝혀질수록 아프리카의 도시화가 현지에 뿌리를 두고 있었다는 사실을 열정적으로 뒷받침해줄 것이다.

　방대한 규모의 고고학 발굴 조사에도 불구하고 남아프리카의 림포포(Limpopo) 강변에 있었던 마푼구브웨(Mapungubwe)의 분명한 흔적은 찾지 못했다. 같은 이름의 11세기 유적에서 인상적인 엘리트 계층의 무덤과 황금 유물 및 인도양 교역으로 수입된 유리구슬이 발견되기도 했다(마푼구브웨가 장악했던 교역의 주도권은 13세기 중엽에 그레이트 짐바브웨로 넘어갔다). 그런데 그 유적은 도시로 판명되지 않았다. 하지만 당시 주변의 광대한 지역을 포괄하는 정치와 의례의 중심지 역할은 하고 있었다. 이런 식의 권력은 도대체 무엇인가? 대륙의 반대편에 있는 세네갈강 중류의 사례는 더욱 의아하다. 아랍의 문헌에 등장하는 서아프리카 최초의 왕국은 타크루르(Takrur)였다. 서아프리카의 대서양 연안에서부터 북쪽으로 한참 올라가서 사하라 사막의 서부에까지 이르는 거대한 국가였다고 한다. 그곳에서 만들어진 금이 고대 후기와 중세 지중해 지역에서 화폐로 사용되었다. 그러나 지금까지도 세네갈강 중류 지역 조사는 구전이나 아랍 문헌에 의존할 뿐이고, 발굴 성과는 조그만 마을이나 언덕으로 구성된 구역들뿐이며 그 시기도 기원후 초기에 해당할 따름이다. 이런 구역들은 어떤 의미로든 도시라고 하기 어렵다.

　초기 아프리카 도시들과 권력 구조는 통상적 패턴과 전혀 다를 뿐만 아니라 어느 한 가지 원인으로 형성된 것도 아니었다. 모든 도시가 반드시 국가를 필요로 하는 것은 아니었고, 또한 모든 국가가 반드시 도시를 필요로 하지도 않았다.

더 읽어보기

Bonnet, Charles, *The Nubian Pharaohs*, New York: The American University in Cairo Press, 2003.

Connah, Graham, *African Civilizations*, Cambridge: Cambridge University Press, 1981.

Garlake, Peter, *Early Art and Architecture of Africa*, Oxford: Oxford University Press, 2002.

_____. *Great Zimbabwe*, London: Thames & Hudson, Ltd., 1973.

Insoll, Timothy, *The Archaeology of Islam in Sub-Saharan Africa*, Cambridge: Cambridge University Press, 2003.

Kusimba, Chapurukha M., "The Collapse of Coastal City-states of East Africa," in Akinwumi Ogundiran and Toyin Falola (eds.), *Archaeology of Atlantic Africa and the African Diaspora*, Bloomington: Indiana University Press, 2007, pp. 160-84.

_____. "Early African Cities: Their Role in the Shaping of Urban and Rural Interaction Spheres," in Joyce Marcus and Jeremy A. Sabloff (eds.), *The Ancient City: New Perspectives on Urbanism in the Old and NewWorld*, Santa Fe, NM: School of Advanced Research Press, 2008, pp. 229-46.

McIntosh, Susan Keech, ed., *Beyond Chiefdoms: Pathways to Complexity in Africa*, Cambridge: Cambridge University Press, 1999.

Shaw, Thurstan T., *Nigeria: Its Archaeology and Early History*, London: Thames & Hudson, Ltd., 1978.

CHAPTER 18

도시의 권력 구조:
위계질서와 그 불만

칼라 시노폴리 Carla M. Sinopoli
로드릭 매킨토시 Roderick J. Mcintosh
이언 모리스 Ian Morris
알렉스 노델 Alex R. Knodell

최근 수십 년 동안 고고학과 세계의 수많은 지역사 연구는 강력한 도전에 직면했다. 고대 국가와 도시의 특성이나 조직 구성에 관한 오랜 상식이 흔들리기 시작했기 때문이다. 고대의 모든 도시와 국가 체제가 위계질서에 입각한 것은 아니었다는 사실이 학술적 연구를 통해 알려지게 되었다. 연구자들의 보고에 따르면 고대 도시 사회는 규모, 물리적 형태, 사회적 구성, 통치 체제 등 여러 가지 측면에서 매우 다양했다. 이와 같은 연구 성과들은 특히 고대 도시의 통치 체제가 반드시 수직적 질서, 즉 소수의 엘리트 집단이 다수의 백성을 거느리고 다스리는 방식에 의거했다는 기존 상식에 도전장을 내밀었다. 또한 특정 형태의 건축물(예컨대 궁궐, 중앙 사원, 성벽 등)이 과연 도시 구성에 필수적인가 하는 의문도 제기되었다.[1] 아프리카, 동남아시아, 이외 기타 지역에서 고대 공동체

---

1 비슷한 의문이 이전 세대 마야 연구자들 사이에서도 제기된 바 있다. 마야의 여러 도시에서 분산 주거 패턴 또한 도시화의 징후로 파악되었기 때문이다. 다음을 참조. Richard E. W. Adams and T. Patrick Culbert, "The Origins of Civilization in the Maya Lowlands," in Richard E. W. Adams (ed.), *The Origins of Maya Civilization* (Albuquerque: University of New Mexico Press, 1977), pp. 3-24; Richard E. W. Adams and Richard C. Jones, "Spatial Patterns and Regional Growth Among Classic Maya Cities," *American Antiquity* 46 (1981), 301-22; and Joyce Marcus, "On the Nature of the Mesoamerican City," in Evon Z. Vogt and Richard M. Leventhal (eds.), *Prehistoric Settlement Patterns: Essays in Honor of Gordon R.*

들이 전혀 다른 형태의 도시를 형성했었다는 사실이 확인되자, 심지어 고대 도시의 원형이라 여겨지던 메소포타미아 초기 도시에 대한 연구에도 의문이 제기되었다. 기존 연구가 너무 궁궐과 사원에만 편중되었다는 문제의식이었다. 그리하여 지역 연구의 경향도 궁궐이나 사원이 아니라 의회나 원로 회의의 권위와 형태, 혹은 다양한 경제 집단, 친족 집단, 기타 사회 집단을 검토하는 쪽으로 확장되었다(05권 제14장 참조). 요컨대 새로운 연구 성과에 따라 고대 도시 연구의 관점이 더욱 넓어졌고, 위계질서 체제론의 한계가 확인되었다.

이 책의 제4부(제15~17장)에서는 선사 및 초기 역사 시대 남아시아의 도시, 그리스의 도시국가, 서아프리카의 도시 등을 검토했는데, 이유는 다양했지만 이들 도시 모두가 "전형적인" 고대 도시(예를 들면 메소포타미아의 도시) 구조에서 벗어나는 도시로 간주되었다.

기원전 제1천년기 그리스 도시국가를 검토한 제16장에 따르면, 그리스를 예외적으로 보는 관점에는 일정한 선입견이 개입되어 있었다. 즉 그리스를 서구 민주주의 정치사상의 기원으로 간주하면서, 그리스 도시민이 독재를 의도적으로, 또한 창의적으로 거부했다고 본 것이다. 그러나 제16장에서 지적했듯이, 거기에는 수많은 다른 요인이 있었다. (단순히 정치사상보다는) 지리, 환경, 그리스를 포함하는 지중해 동부 지역 전체의 경제적·지정학적 맥락 등이 아마도 고전기 그리스 도시국가의 독특한 형태와 오래도록 이어진 성공적 팽창을 더 잘 설명할 수

Willey (Albuquerque: University of New Mexico Press, 1983), pp. 195-242.

있을 것이다. 또한 권력 구조와 관련된 기존의 선입견에는 아테네 중심주의(Athenocentrism)도 일부 영향이 없지 않았다. 고대 그리스의 도시들은 저마다 다양한 권력 구조를 채택하고 있었다. 민주주의 체제와 (궁정 중심) 중앙 집권 체제의 대비는 초기 도시국가 형성기의 그리스 혹은 같은 시기의 도시들(에트루리아나 페니키아)보다는 고전기 그리스, 아니면 아주 옛날 청동기 문명 시대에 적용되는 편이 오히려 나을 것이다. 이런 요인들과 더불어 고전학과 인류학 및 고고학 등 서로 다른 분과 학문에서 그리스 도시들을 연구하게 되면서 타문화 간 비교 연구가 이루어졌고, 그 과정에서 비교적 희귀한 도시들의 사례 연구도 포함되었다.

제17장에서 검토한 서아프리카의 도시들이나 제15장에서 검토한 초기 남아시아의 인더스 문명 혹은 하라파 문명에 속하는 도시들은 그리스의 도시들과 전혀 다른 방향이었는데, "예상했던" 도시의 형태가 모호하거나 아예 없었다. 그래서 이곳 도시들은 "전혀 다른 존재(타자)", 혹은 메소포타미아의 우르(Ur) 같은 이상적 고대 도시에 미치지 못하는 열등한 도시로 간주되어왔다. 궁궐이나 지구라트(ziggurat) 혹은 정교한 왕실 무덤 같은 기념비적 건축물이 없었기 때문이다. 인도의 도시들, 그리고 제니-제노(Jenne-jeno) 같은 서아프리카의 도시들은 이러한 건축 구조물이 없다는 이유로 제대로 된 도시 혹은 국가가 아니라고 해석되는 경우조차 많았다. 구세대 학자들은 도시 비슷한 것을 건설하고 거주한 아프리카 사람들과 남아시아 사람들이 그리스 사람들과 달랐다고 생각했다. 즉 그들에게는 분명하고 독창적인 도시를 건설할 만한 창조적 능력이 없었으리라고 추정했던 것이다. 그래서 과거 학계에서는 그들의

정착지를 이해하거나 설명할 수 있는 모델을 설정하지 않았다.

이번 장에서는 다양한 사례 연구와 최근의 연구 성과를 바탕으로 도시를 이해하는 새로운 방식, 수직적 구조와 수평적 구조를 포함하여 다양한 조직 구성을 포착할 수 있는 새로운 도시 모델을 제시하려 한다. 이를 통해 초기 도시들의 권력 구조가 보다 분명하게 드러날 것이다. 논의에 앞서 먼저 살펴보아야 할 것이 있다. 즉 우리가 검토하고자 하는 도시들에 대해 기존에는 왜 "전형적인" 도시의 기준에서 벗어났다거나 열등하다고 생각했을까? 기존 고고학에서 말하는 도시의 기준은 (그리스 도시들만 예외로 하고) 다음과 같았다. (1) 화려한 궁전에 거주하고 제한된 세습 엘리트에 속한 왕에 의해 통치되어야 한다. (2) 중앙 통치 기구 혹은 강력한 종교 기관(즉 국가 종교)이 존재해야 한다. (3) 엄격한 위계질서에 입각한 행정 체제에 따라 통치되어야 한다. 물론 이와 같은 특성을 지닌 고대 도시가 적지 않았으나, 그렇지 않은 도시도 많았다. 이번 장에서 우리가 검토하는 도시들은 바로 후자의 범주에 속한다. 보다 큰 목표를 말하자면, 왜 그리고 어떻게 다양한 도시 형태가 발달하고 유지되었는지를 이해해보고자 한다.

고대 문명과 관련한 여러 가지 선입관이 형성된 첫 번째 이유는, 동양은 전제 군주의 횡포 아래 놓여 있었다는 오리엔탈리즘(Orientalism)의 오랜 유산 때문이었다. 오리엔탈리스트에게 동양(East)은 강력하고 폭압적인 전제 군주나 성직자에 의해 통치된 "타자(other)"였던 것이다. 그들이 이해한 정치와 역사의 내용은 고전기 그리스의 문헌에 바탕을 두고 있었다. 헤로도토스나 아리스토텔레스 같은 역사가와 정치철학자가 페르시아에 관해 쓴 글이 바로 그들의 참고 문헌이었다. 이런 문헌이 작성될 당시는 페르시아가 에게해 지역에 강력한 위협을 가하던 시기였다. 그러므로 당시의 문헌에는 저자들이 느낀 적국 페르시아에 대한 감정과, 독립적인 그리스 도시국가들이 대(對)페르시아 전선에 기꺼이 참가하여 군사 및 경제적 자원을 제공하기를 촉구하고자 하는 의도가 담겨 있었다.

동양이 폭군의 압제 아래 놓여 있다고 하는 고전기 그리스의 관점은 오래고도 복잡한 계보를 지니고 있는데,[2] 그것이 그대로 로마와 중세 유럽에 전해졌고, 18~19세기 유럽이 아시아, 아프리카, 아메리카의 고대 정치 구조나 민족을 이해할 때에도 그 기조가 그대로 계승되었다. 몽테스키외(Montesquieu)의 환경결정론이나[3] 헤겔(Hegel)과 밀(Mill)의 목적론적 역사학에서[4] 이와 같은 관점이 분명하게 드러나고 있으며, 갈래가 다르기는 하지만 베버(Weber)가 언급한 가산국가(patrimonial state)의 형성에도[5] 같은 관점이 스며들어 있다. 고고학에서는 마르크스(Marx)와 엥겔스(Engels)의 저서에 등장한 이른바 "아시아적 생산 양식"이[6] 후

---

2 Michael Curtis, *Orientalism and Islam: European Thinkers on Oriental Despotism in the Middle East and India* (Cambridge: Cambridge University Press, 2009); and M. Sawer, *Marxism and the Question of the Asiatic Mode of Production* (The Hague: Martinus Nijhoff, 1977).
3 Charles de Secondat, Baron de Montesquieu, *The Spirit of the Laws*, Anne M. Cohler, Basia C. Miller, and Harold S. Stone (trans. and eds.) (Cambridge: Cambridge University Press, 1989).
4 Georg W. F. Hegel, *The Philosophy of History*, John Sibree (trans.) (New York: Dover Publications, 1856); and James Mill, *The History of British India* (Chicago: The University of Chicago Press, 1975).
5 Max Weber, *Economy and Society*, Guenther Roth and Claus Wittich (eds.) (Berkeley: University of California Press, 1978).
6 See discussion in Carla M. Sinopoli, *The Political Economy of Craft Production:*

대에 특히 카를 비트포겔(Karl Wittfogel)을[7] 비롯한 여러 연구자에게 영향을 미쳤으며, 그 밖의 유명한 고고학 저작들에도 거의 틀림없이 이러한 사상이 깔려 있다. 경제력이 고도로 집중화된 사회에서 발전 없이 정체된 마을 공동체를 다스리는 동양의 전제 군주라는 상상이 유럽 이외의 타 지역, 세계 최초로 도시가 형성된 지역을 이해할 때도 기본 틀로 자리 잡았다. 초기에 고고 발굴을 실행했던 사람들은 19세기 및 20세기 초 메소포타미아 도시를 연구할 때도 이와 같은 "상투적 이론"을 그대로 대입해서, 이른바 "문명의 요람" 안에 오리엔탈 왕국의 유적이 자리를 잡게 되었다. 이후 이들 도시는 (조사에 문제가 많았음에도 불구하고) 새로운 전형이 되어 고대 도시에 대한 선입관을 더욱 강화하는 역할을 맡게 되었다.

두 번째 이유도 첫 번째 이유와 관련이 없지 않은데, 초기 도시와 관련된 오랜 선입관이 형성된 것은 고고학의 역사 때문이었다. 고고학은 한때 식민지 경영의 일환으로 투입되었다. 수많은 학자들이 식민지 개척의 맥락에서 고고학의 성과를 저술했고, 19~20세기 고고학의 발달은 식민지 및 후기식민지 정치 당국에 힘입어 추진되었다.[8] 남아시아와 아

Crafting Empire in South India, c. 1350-1650 (Cambridge: Cambridge University Press, 2003), pp. 41-8; and Curtis, *Orientalism and Islam*.

7 Karl Wittfogel, *Oriental Despotism: A Comparative Study of Total Power* (New Haven, CT: Yale University Press, 1967).

8 See, for example Dipesh K. Chakrabarti, *Colonial Indology: Sociopolitics of the Ancient Indian Past* (New Delhi: Munshiram Manoharlal Publishers, 1997); Dipesh K. Chakrabarti, *A History of Indian Archaeology from the Beginning to 1947* (New Delhi: Munshiram Manoharlal Publishers, 2001); Jane Lydon and Uzma Rizvi (eds.), *Handbook of Postcolonial Archaeology* (Walnut Creek, CA: Left Coast Press, 2010); Claire L. Lyons and John K. Papadopoulos (eds.), *The*

프리카의 도시, 특히 초기 문명과 관련된 내용에 식민지 담론이 개입되었다. 그리하여 역사적 변화나 사회적 형태를 해석할 때 식민지 담론이 구체화되었다. 이를 통해 변화가 없는, 심지어 퇴보하는 역사를 가진 지역을 대상으로 식민 지배의 정당성을 공공연히, 때로는 암묵적으로 주장했다. 그렇다고 해서 식민지 시기에 시행되었던 엄청난 규모의 가치 있는 고고학적 발굴 성과를 무시하자는 말이 아니다. 또한 초기 고고학자들이 모두 그런 관점을 견지했다는 의미도 아니다. 단지 해석의 틀에 문제가 있었다는 점을 지적하고자 할 따름이다. 수많은 초기 고고학자들이 그 틀에서 벗어나지 못했고, 그들의 학문적 유산은 후대의 학자들에게 그대로 전해졌으며, 지금까지도 대중적 이해에 그러한 유산이 강력히 남아 있고, 그보다는 덜하지만 학술적 논문에서도 여전히 그 흔적이 엿보인다.[9]

초기 도시 고고학에 한정해서 보자면, 마르크스주의 고고학자 고든 차일드(V. Gordon Childe)는 이견의 여지 없이 가장 강력한 영향을 미친 학자였다. 그는 20세기 중엽의 고대 도시 연구 방법론을 만든 주역이었

Archaeology of Colonialism (Los Angeles: Getty Research Institute, 2002); Himanshu P. Ray, Colonial Archaeology in South Asia: The Legacy of Sir Mortimer Wheeler (New Delhi: Oxford University Press, 2008); and Peter van Dommelen (ed.), Postcolonial Archaeologies (Abingdon: Routledge, 2011).

9 See Stephen L. Dyson, In Pursuit of Ancient Pasts: A History of Classical Archaeology in the Nineteenth and Twentieth Centuries (New Haven, CT: Yale University Press, 2006); Nayanjot Lahiri, Finding Forgotten Cities: How the Indus Civilization was Discovered (New Delhi: Permanent Black, 2005); Ian Morris (ed.), Classical Greece: Ancient Histories and Modern Archaeologies (Cambridge: Cambridge University Press, 1994); Upinder Singh, The Discovery of Ancient India: Early Archaeologists and the Beginnings of Archaeology (New Delhi: Permanent Black, 2005).

다. 이른바 "도시 혁명(urban revolution)"과 관련된 그의 저서가 특히 널리 알려졌는데, 저서에서 그가 채택한 관점 또한 메소포타미아의 초기 왕조 및 그 이후의 도시를 기준으로 고대 도시를 보는 것이었다. 그 또한 2000년 전통에 빛나는 "오리엔탈리즘"의 상속자였다. 그의 저술(의미가 직접적으로 드러나지 않고 숨어 있는 경우가 많지만), 그리고 특히 자주 인용되는 "도시의 10가지 기준(ten criteria of urbanism)"은 초기 도시를 연구하는 후배 연구자들에게 긍정적으로든 부정적으로든 강한 영향을 미쳤다. 고든 차일드의 "기준 목록"에 입각한 연구를 비판적으로 거부했던 헨리 라이트(Henry Wright)나 그레고리 존슨(Gregory Johnson)을 비롯한 여러 고고학자들은[10] 1960~1970년대에 고고학의 초점을 도시에서 국가로 바꾸기도 했다. 그들은 국가를 특정 기준 목록의 종합으로 보지는 않았지만, 그럼에도 불구하고 그들 또한 위계질서에 입각한 행정과 의사 결정 구조를 국가로 규정했다.

결국 제4부(제15~17장)에서 의도하는 바는, 우리 책의 다른 장에서도 그렇듯이 과거의 논쟁을 새삼 다시 거론하자는 것이 아니라, 초기 도시에 관한 우리의 관점을 새로운 맥락에서 재검토하여 더욱 넓은 시야를 확보하려는 것이다. 우리가 위계질서 체제의 한계와 그 바깥의 도시, 확실히 오래도록 성공적으로 유지된 사례, 그러한 도시들이 형성된 방식(그 시기, 장소, 규모, 형태), 그에 따른 도시의 출현과 유지 및 쇠락의 과

---

10 Henry T. Wright and Gregory A. Johnson, "Population, Exchange and Early State Formation in Southwestern Iran," *American Anthropologists* 77 (1975), 267-89; and Henry T. Wright, "Recent Research on the Origins of the State," *Annual Review of Anthropology* 6 (1977), 379-97.

정을 살펴보고자 하는 이유가 바로 그것이다.

도시 형성의 다른 방식들: 초기 도시의 권력 구조

제4부에서 검토된 많은 도시들은 권력 구조가 특이했는데, 권위나 행정 통제가 단선적 위계질서를 벗어나거나 약화시키는 방식이었다.[11] 그렇다고 해서 여기에서 논의한 그리스의 도시국가, 인더스 문명의 도시, 아프리카의 구역별 분업 도시 등에서 위계질서가 확인되지 않았다는 말은 아니다. 다양한 사회적·경제적·이데올로기적 위계와 불평등이 검토한 모든 지역에서 분명히 작동하고 있었다. 의심의 여지 없이 다양한 부류의 도시 주민(즉 시민권이 없는(남성이 아닌) 사람들, 노예화된 개인과 공동체, 젠더 집단과 다른 사회적·경제적 집단 등)은 각 도시의 구조에서 다양한 방식의 위계질서를 충분히 경험하고 있었다. 그래서 우리가 검토한 도시들의 특징은 위계질서 구조가 없는 것이 아니라 다른 방식의 독특한 메커니즘이었다. 오히려 위계질서의 구축을 금지하거나 완화하는 방식이었고, 권력 구조의 다양성이 유일한 혹은 주도적인 경향이었다.[12]

예컨대 기원전 제1천년기의 그리스를 검토한 제16장의 논의에 따르면, 고전기 그리스의 성공 비결은 두 가지였다. 하나는 당시 그리스 사

---

11 제15장에서 논의된바 인더스 지역의 도시들과 달리 남아시아 역사 시대 초기의 도시들은 고대 도시의 전통적 모델에 좀 더 부합하는 면이 있었다. 마찬가지로 제17장에서 논의된 아프리카 도시들도 조직 체계가 모두 같지는 않았다. 그리스 지역의 도시들도 그리스 안에서 지역별 및 시기별로 큰 차이가 있었다.
12 *Sensu* M. Mann, *The Sources of Social Power* (Cambridge: Cambridge University Press, 1986).

람들이 광대한 해상 네트워크를 통한 시장에 참여해 원거리에서 경제적 자원을 동원할 능력이 되었다는 점이고, 다른 하나는 시민들이 남성 평등주의라는 철학적 입장을 견지하고 있었다는 점이다. 후자의 영향으로 남성 시민이라는 (비교적) 폭넓은 후보군에서 돌아가며 능력 있는 지도부를 선출할 수 있었다. 고전기 그리스의 도시국가들 중에는 구조 및 제도가 고도로 발달한 경우가 많았다. 정치나 종교 기관의 지도부는 성인 남성 시민이 돌아가며 맡았다. 게다가 제16장의 논의에 따르면, 이러한 탈중심화된 정치 시스템과 고도로 발달한 내·외부 문화적 네트워크의 결속력 덕분에, 고전기 그리스 도시국가들은 도시나 지역 문제에서 다방면으로 인상적인 성공을 거둘 수 있었다. 이러한 요인들은 개별 도시의 발달에 기여했지만, 이후 아테네와 마케도니아 및 로마 제국의 팽창에도 부분적으로 기여하게 되었다.

　아프리카의 도시들이 어떻게 통합되고 통치되었는지, 그들의 정치적·사회적 메커니즘은 우리가 잘 알지 못한다. 제17장의 논의에 따르면, 제니-제노의 경우 다양하고 경제적으로 특화된 전문 집단들 사이의 수평적 관계망이 곧 도시 시스템이었다. 널리 통용되는 "사회적 계약"에 의해 만들어진 기본은 동시적인 여러 가닥의 복잡한 관계들이었다. 결과적으로 복잡하게 얽힌 관계의 줄기들이 한 덩어리가 되어서 지리적으로 흩어져 있는 "구역별 분업 도시"가 만들어지게 되었다. 여기에는 수많은 구역들이 포함되는데, 저마다 직업적 전문성을 가진 주민이 함께 거주하는 특화된 구역이었다. 이와 같은 구역별 분업 도시 체제에서는 뚜렷하게 드러나는 중앙 행정 기구가 존재하지 않았다. 중앙 집권 방식의 도시 형태와는 겉모습이나 운영 방식도 전혀 달랐다. 그럼에도 불구하고 제니-제노에는 거대한 성벽 유적이 남아 있는데, 느슨한 형태의 도시에서도 상당한 규모의 노동력 동원이 있었음을 알 수 있다. 이 또한 중앙 집중식 권위에 의존하지 않고도 다양한 방식으로 가능한 일이었다. 이처럼 구역들 사이의 연결망이 한 덩어리로 묶인 구조를 통해 도시 전체적으로는 상당한 유연성을 가질 수 있었다. 즉 부분적으로 어떤 구역이 떨어져 나가거나 변화가 있을 수 있어도 전체는 꾸준히 지속될 수 있었다.

남아시아 청동기 시대 도시를 통치했던 고유의 메커니즘이나 행정 구조에 대해서 우리가 아는 바는 거의 없지만, 이곳에서도 상인, 수공업자, 기타 도시 주민의 다양한 분업 구조만큼은 분명히 형성되어 있었다. 인더스 지역의 도시들, 특히 잘 알려진 모헨조 다로(Mohenjo Daro)의 경우 주거지의 건물 유적으로 보아 주거 밀도가 높았고, 정교한 도시 인프라가 구축되어 있었으며, 거대한 플랫폼과 성벽의 유적이 남아 있었다. 이런 점들은 제17장에서 검토한 서아프리카 초기 도시의 분산된 형태보다 기존에 예상했던 고대 도시의 모습에 더 가깝다. 정교하고 밀집된 건축 구조물과 이동로, 복잡한 관개 시설 인프라 구조 등이 인더스 도시의 특징이었다면, 이와 같은 시설의 공사와 유지 및 관리를 조율할 중요한 통치 구조가 틀림없이 존재했을 것이다. 그럼에도 불구하고 수많은 학자들은[13] 인더스 지역의 도시에서 절대로 나타나지 않는 요소들이 있

---

13 Stuart Piggot, *Prehistoric India* (London: Penguin Books, 1950); and Gregory Possehl, "Sociocultural Complexity Without the State," in Gary M. Feinman and Joyce Marcus (eds.), *The Archaic State* (Santa Fe, NM: School of American Research Press, 1998), pp. 261–91; Mortimer Wheeler, *The Indus Civilization* (Cambridge: Cambridge University Press, 1968).

음을 강조해왔다. 가장 흔히 지적된 요소는 궁궐과 사원의 흔적이 불분명하다는 점이었다.[14] 또한 왕실이나 엘리트 계층의 정교한 무덤 건축물이나 왕권의 증거, 전쟁의 흔적도 발견할 수 없었다. 이처럼 드러나지 않는 요소들이 오히려 인더스 도시와 국가의 특징이라면, 인더스 전통에서는 그런 것이 아예 존재하지 않았으리라고 추정하는 학자들도 있다. 그러나 인더스 지역의 다양한 도시들이 가졌던 저마다의 독특한 면모(제도적 혹은 신체적으로 엘리트 계층을 나타내는 정교한 유물이 없다)는 정치와 도시의 운영 방식이 전혀 달랐음을 의미하는 근거일 수 있다는 견해도 있다. 특히 오늘날의 해석에 따르면, 인더스 지역 도시 시스템에서 권력 구조는 단일 왕조의 집중식 구조가 아니라 유동적인 사회·경제 집단의 경쟁 관계 속에서 다양한 형태를 띠고 있었다.[15]

이러한 모든 사례는 고대 사회에서 도시를 건설하고 이용한 여러 가지 방식을 가리키고 있다. 그러므로 고고학적·역사학적 연구 성과를 바탕으로 이러한 도시들 간의 비교가 가능하며, 이를 통해 세계의 여러 지

14 흔적의 부재가 과연 실제로 없는 것인지, 아니면 있어도 알아보지 못하는 고고학자들의 상상력 부족인지 의문스러울 수도 있다. 후대의 남아시아 도시들, 예컨대 제15장의 저자가 조사한 비자야나가라(Vijayanagara) 유적에서는 궁궐 건축물이 단 하나도 발견되지 않았다. 그보다는 "왕실의 중심지"라고 할 만한 유적이 있었는데, 몇 제곱킬로미터에 달하는 꽤 넓은 면적에 성벽을 둘렀고, 그 안에 대규모 주거지, 행정 기관, 사원, 사당 및 여러 가지 다양한 기능의 건물이 들어서 있었다. 궁궐에서 일어날 법한 생활의 대부분이 이 공간에서 해결되었다. 이러한 설명은 인더스 지역의 도시들이 다른 지역과 구조적으로 비슷했다고 주장하기 위함이 아니라, 심지어 왕권이 확고히 확인되었다고 해서 반드시 "궁궐"을 찾을 수 있다고 생각한다면, 그것은 문제가 있다는 점을 지적하기 위함이었다.
15 See especially, Jonathan M. Kenoyer, "Indus Urbanism: New Perspectives on its Origin and Character," in Joyce Marcus and Jeremy A. Sabloff (eds.), *The Ancient City: New Perspectives on Urbanism in the Old and New World* (Santa Fe, NM: School for Advanced Research Press, 2008), pp. 183-208.

역에서 공동체들이 대규모의 복잡하고 경제적·사회적·기능적으로 다양화된 주거의 중심지, 즉 도시의 건설로 나아갔던 다양한 경로와 핵심 요인들을 밝혀낼 수 있을 것이다. 제4부(제15~17장)의 각 장에서는 경제적·정치적·이념적·군사적 측면에서 다양하게 형성된 권력 구조를 살펴보았다. 여기서 살펴본 사례들에서는 단일한 친족 집단이나 사회 집단이 자신이 속한 개별 도시를, 혹은 그 도시가 속한 정치 조직을 주도하지 않았다. 그리스, 서아프리카, 인더스 지역에서 친족 집단을 비롯한 여러 공동체는 저마다 교역, 농업과 수공업, 외교, 합법적 폭력, 지역 안팎의 교류에 참여했으며, 그 과정에서 분명 긴장과 경쟁 관계가 존재했었다. 이러한 도시에서는 경쟁을 완화하고 부와 자원의 축적을 제한하는 다양한 사회적·이념적 메커니즘이 작동하고 있었다. 그렇지 않으면 갈수록 하나의 집단이 다른 집단을 압도하거나 복속시키는 결과를 가져올 위험이 있었다. 이와 같은 구조를 전제로 인더스 지역의 도시들을 보자면, 엘리트 계층의 무덤이 확인되지 않고 부와 사회적 신분의 차이를 강조하는 유물이 (아예 의미가 없다고 볼 수는 없지만) 대단히 제한적으로 발견된 것은, 정치적 제도가 없었다는 증거라기보다 위계질서의 물질적 표현을 꺼리는 정치적·종교적 이념의 결과물이었다. 즉 위계적이지 않은 사회 구조를 유지하기 위한 능동적이고 의도적인 정치 전략의 일환(혹은 더 엄밀히 말하자면, 위계가 잘 드러나 보이지 않도록 숨기려 한 정치 이념)이었다.[16]

---

16 왕의 무덤이 메소포타미아 지역 최초의 도시 사회, 즉 우루크 시기의 특징이 아니라 최초의 도시가 등장한 이후 1000여 년이 지난 뒤부터 유행했다는 사실을 주목할 필요가 있다. 다시

또 한 가지 지적해야 할 중요한 사항은, 권력의 중심이 동시에 다원적으로 존재한다고 해서 반드시 도시의 대규모 협력과 조정이 필요한 활동에 방해가 되는 것은 아니라는 사실이다. 앞에서 언급한 제니-제노의 성벽이 바로 그러한 사례였다. 그리스의 몇몇 도시에서는 시민이 협력해 정부를 구성하고 그 정부의 주도 아래 도시의 대규모 기념비적 건축물을 건설했고, 소송과 재판 기구를 만들었으며, 주요 해외 탐험 프로젝트를 출범시켰고, 전쟁에도 참여했다. 인더스 지역에서 도시를 형성한 사람들은 수백 년 동안 거대한 공공 시설을 건설하고 유지하기 위해서 막대한 노동력을 조율해야 했다. 그래서 방대한 규모의 도량형 표준 체제(경제적 가치 포함)를 발달시켰다. 이를 통해 인더스 지역의 정착지들 사이에 경제적 교류가 가능해졌다. 엄청나게 멀리 떨어진 거리에도 불구하고 수많은 상품이 같은 범주에 포함될 수 있었다.

종합적으로 말하자면 이와 같은 도시 공간은 성공적이었고, 도시의 주민은 조직 구조와 화해 조정 시스템을 만들어서 수백 년 동안 도시가 유지될 수 있었다. 그들의 성공과 회복력은 오히려 경직된 조직과 관계의 구조가 없었기 때문에 가능했을 수도 있다. 그 덕분에 개별 가구, 이웃 집단, 혹은 협력 단위나 도시 전체가 새로운 상황이나 기회가 등장했

말해 메소포타미아에서 초기 도시의 원형이 되었던 도시는 초기 왕조 시기의 도시였으며, 도시가 처음 등장했던 우루크 시기의 도시가 아니었다. 우리의 논의와 비슷한 취지의 주장을 1980년대에 Daniel Miller가 제기한 바 있었다. 그는 인더스 지역에서 왕의 무덤이 발견되지 않는 이유가 화려한 매장을 거부하는 이데올로기와 관련이 있을 것으로 추정했다. 예를 들면 그로부터 2000여 년 뒤의 일이긴 하지만 불교의 이데올로기가 그와 비슷했다. Daniel Miller, "Ideology and the Harappan Civlization," *Journal of Anthropological Archaeology* 4 (1985), 34-71.

을 때 고도의 행정 관료 조직보다 훨씬 더 기민하게 대응할 수 있었을 것이다.

그러나 그와 반대되는 견해도 없지 않았다. 초기 로마의 황제들은 위기 때마다 공화정 체제를 해소하기 위해 노력을 기울였다. 로마의 원로원(senate, 의회) 같은 민주적 제도로는 생사의 위기에 신속히 대응하기가 어렵다는 이유에서였다. 정치적·경제적 위기가 닥쳤을 때는 느린 합의 과정, 자문 의견을 참조해야 하는 민주적 과정이 국가로서의 로마와 그 수도를 위험에 빠뜨릴 수 있다는 주장이었다. 이후 수천 년 동안 비슷한 주장들이 반복되었다. 로마 이외에도 수많은 강력한 통치자들이 권력을 집중화하고 의사 결정 기구를 해산하고자 할 때 같은 논리를 들이밀었다. 이와 같은 주장이 팽창 정책과 맞물렸을 때, 권력 분산 구조에 대하여 심각한 문제 제기를 하게 된다. 그때는 진지한 숙고가 장점인 분산 구조의 한계가 드러나게 된다. 이어지는 논의에서 우리는 권력 분산 체제의 도시가 내·외부의 도전에 직면했을 때 체제의 지속성과 성공 여부를 검토해보고자 한다. 이를 통하여 권력 분산 구조의 단점과 한계를 다시 논의하게 될 것이다.

권력 분산 구조는 지속될 수 있을까?

우리의 전제는 사회적, 정치적, 경제적 조직 등을 막론하고 초기 도시의 모든 조직이 어느 정도 분산 권력의 성격을 포함한다는 점이다. 위계가 가장 엄격한 독재 정치 체제에서조차 통치자가 생활의 모든 면을 통제할 수는 없다(시도했던 사례가 없지는 않다). 그래서 일정 정도의 자율성을 다양한 집단 혹은 기관에 인정해줄 수밖에 없다. 도시의 주민은 필연적으로 행정적·경제적·종교적 위계에 저항할 길을 찾을 것이다(세금을 회피하거나, 음식이나 토기 같은 잉여 생산물을 이웃끼리 교환하거나, 국가 사원 대신 가족 혹은 가정 차원에서 신을 섬기는 등). 도시에서 권력의 집중과 분산은 양자택일의 문제가 아니라, 보다 집중적인 경우와 보다 분산적인 경우의 상대적 개념으로 이해해야 할 것이다. 도시 성격의 차이는 공간의 차이로 나타날 수도 있다. 즉 도시 경계의 군사적 방어를 위해서라면 심지어 시장이 없는 곳에도 도시가 만들어질 수 있다. 그리고 도시의 위상은 장·단기적 시간 범위에 따라, 또한 대응해야 할 내·외부의 문제에 따라 달라질 수 있다.

우리의 두 번째 전제는, 위계질서를 만들지 않고 오래도록 권력 분산 관계를 유지하려면 참여 이데올로기와 참여를 통한 이득이 동시에 둘 다 필요하다는 점이다. 고전기 그리스의 도시국가, 인더스 지역의 도시, 서아프리카의 구역별 분업 도시는 모두 수 세기 동안 번성했다. 앞에서도 언급했듯이, 쇠락하기 전까지는 어느 측면에서 보더라도 크고 성공적인 도시였다. 이제 우리는 도시에서 권력 분산 시스템의 지속에 영향을 미치는 요인과 조건을 검토해보고자 한다. 주안점은 규모, 자원 분배, 생산과 소비 및 교역의 장·단기 변동 문제 등이다. 이런 요인들이 지역 정치사나 정치적 행위자의 배경이었기 때문이다. 먼저 도시 생활 자체가 위계질서에 입각하지 않은 주민과 그들의 활동을 억압하는 방식으로, 위계의 형식화를 강화하는 조건을 만들어낸다는 점에서부터 논의를 시작하고자 한다.

도시 생활은 주민에게 많은 기회를 제공했다. 그래서 고대의 도시들은 흔히 더 나은 삶을 원하는 주변의 시골 사람들, 가족과 개인을 끌어들이는 자석과도 같았다. 도시에는 수공예품이나 사치품 생산자가 있었고, 축적과 상거래의 중심도 도시였다. 그래서 도시 사람들은 시골 사람들보다 더 다양한 물품에 접근할 수 있었다. 도시는 (전부는 아니지만 적어도 일부) 주민에게 사회적·경제적 신분의 이동 기회를 제공했고, 새로운 유형의 사회적 연대나 친족 집단이 만들어지는 현장이었다. 또한 도시는 엘리트 문화를 (동시에 평민 문화를) 구축하고 실행했으며, 종교적 숭배의 중심지였다. 이와 동시에 초기 도시들은 범죄와 폭력, 결핍과 빈곤, 사회적 소외의 현장이기도 했다. 앞에서도 언급했듯 비교적 위계질서가 없는 사회에서조차 도시 생활은 각자에게 전혀 다른 경험이었다는 점을 잊어서는 안 된다. 시민과 노예, 여성과 남성, 지주와 무소유자, 부유한 자와 가난한 자의 경험이 서로 달랐다.

초기 도시의 여정을 고려할 때 도시화의 과정에서 과연 불평등과 위계질서가 형성되고 또한 강화되었는지를 살펴보아야 한다. 1990년대에 시노폴리(Sinopoli)가 참석한 아시아 도시 관련 학회에서 리타 라이트(Rita Wright, 메소포타미아와 인더스 고고학의 권위자)가 발표한 바에 따르면, 한때 고도의 밀집 생활을 했던 인더스 지역 도시에서는 실내 화장실을 개발해 사용했으며, 도시의 길거리 아래로 하수구가 지나가도록 했다. 그 뒤 도시를 유지하려면 하수구를 청소할 사람이 꼭 필요했다. 하수구 청소부, 쓰레기 청소부, 동물 가죽을 손질할 사람 등 인구가 밀집된 도시를 유지하기 위해서 필요한, 그러나 달갑지 않은 수많은 직업의 종류를 우리는 금세 떠올릴 수 있다(물론 서아프리카의 도시처럼 구역이 다소 분산된 곳에서는 이런 일이 좀 더 적었을지도 모른다). 이처럼 도시 생활은 필연적으로 사회적 위계를 만들게 되고, 이러한 현실은 반드시 새로운 조직적·이념적 반응을 일으키게 된다. 민주주의 이데올로기에서는 이와 같은 위계질서가 잘 드러나 보이지 않는 측면이 있다. 노예, 이방인, 여성이 원천적으로 배제되었기 때문이다. 이들을 제외한 대신 도시 인구의 상당수가 민주주의 체제에 참여했다(전체 인구가 모두 참여하는 방식은 결코 아니었다). 이들은 위계질서와는 다른 방식, 혹은 중심이 없는 자율적 조직에 의해 운영되었다. 이런 측면으로 볼 때 남아시아의 초기 도시에서는 조합이나 종교적 차원의 계급이 발달했으리라고 추정해 볼 수 있다. 남아시아의 초기 도시는 굉장히 오래 유지된 것으로 확인되었다. 도시 내부의 행위뿐만 아니라 지역 내 및 지역 간 정치적·경제적 교류도 오래도록 통제가 지속되었다. 서아프리카 구역별 분업 도시의 경우에는 친족 집단이자 전문 직업 집단의 사람들이 도시의 구성원으로서 협력했는데, 이들 도시도 남아시아와 비슷한 방식으로 운영되었다. 혹은 고대 도시에서 "승리자"라면 기존의 권력 분산 조직 모델을 지워버리고 새롭게 중앙 집중성이 강화된 보다 엄격한 위계적 행정 관리 구조를 시행함으로써 새로운 하층민 계급을 만들어낼 수도 있었다. 아마도 그렇게 하면 도시는 쇠락했을 것이다. 주민은 각자 다양한 이유에 따라 "발로 하는 투표"를 할 수 있었다. 즉 도시를 벗어나 달아날 수 있었다. 아니면 예컨대 인더스 지역의 경우처럼 도시적 생활 방식을 완전히 버릴 수도 있었다.

우리가 앞에서 주장했던 것처럼 권력 분산형 도시는 어떤 위기가 닥쳤을 때 위계질서에 입각한 도시보다 회복력이 뛰어났다. 그러나 물론 경우에 따라서는 반대로 훨씬 취약했을 수도 있다는 점을 간과해서는 안 된다.[17] 역사적으로 장·단기 기간을 설정하여 초기 도시들의 조직 형태와 다양한 위험 요인을 비교해보면, 아마도 개별 도시의 여정과 큰 틀에서의 도시들 간 유사성 및 차이를 더 잘 이해할 수 있을지도 모른다. 그러면 우리가 집중해야 할 몇 가지 중요한 주제가 드러날 수 있을 것이다.

그중 가장 중요한 주제는 규모와 지속성의 문제다. 식량 생산에서부터 도시 내 다양한 공동체의 사회적·경제적·정치적 관계에 이르기까지 도시의 다양한 영역에 영향을 미친 일시적 혼란의 빈도와 강도가 모두 포함된다. 내부적으로 권력 구조에 대한 도전이 생겼을 때는 (인구가 성장하거나 감소하거나 분산되는 등의) 급격한 인구 변화가 나타날 테고, 이는 기존 조직의 안정성에 문제를 초래할 것이다. "급속한" 변화란 것이 서로 다른 역사적 맥락과 서로 다른 환경에서 다른 의미를 가지는 것은 분명한 사실이다. 또한 도시의 다양한 구조에 따라 그러한 변화에 더 유리하게 (혹은 더 불리하게) 작용할 수도 있을 것이다. 이와 같은 문제들이 사례 비교 연구를 통해 검토해야 할 주제다.

수많은 외부 요인들도 분산형 권력 구조의 지속성에 영향을 미칠 수 있다. 모든 초기 도시는 다른 도시(혹은 비도시) 지역과의 네트워크에 속해 있었다. 그리고 그 네트워크는 더 넓은 세계에서 수많은 다른 문화 및 사회와 서로 교류했다. 초기 도시는 상업의 중심지 역할을 했기 때문에 큰 범위의 지역적 혹은 "세계적" 네트워크에 의해 영향을 받았고, 예

---

17 이러한 점은 네트워크의 관점에서도 충분히 이해할 수 있다. 중앙 집중 시스템은 탈중심 혹은 다원적 네트워크보다 훨씬 더 취약한 구조다. 다음을 참조. Alex Knodell, "Small-World Networks and Mediterranean Dynamics in the Euboean Gulf: An Archaeology of Complexity in Late Bronze Age and Early Iron Age Greece," unpublished Ph.D. dissertation, Joukowsky Institute for Archaeology and the Ancient World, Brown University, 2013.

컨대 해상 무역 같은 네트워크를 통해 물품이 이동했으며, 제16장에서 논의했듯 고전기 그리스 도시들도 이를 통해 성장하고 번성하면서 지중해 전역으로부터 백성을 먹여 살릴 식량을 공급할 수 있었다. 앞에서도 언급했던 것처럼 페르시아 제국은 기원전 5세기 그리스의 여러 도시에 공통의 문제로 대두되었고, 기원전 4세기에는 알렉산드로스 대왕이 정복 전쟁에 나서야 할 이유가 되었다. 그래서 제16장에 따르면 "그리스 세계의 정치 지형은 완전히 바뀌게 되었다."

대규모 위협과 위기는 중앙 집중식 권력 구조를 가졌든 분산식 권력 구조를 가졌든 모든 초기 도시가 겪어야 했던 도전이다. 이 문제를 모두 검토하는 것은 이 글의 논의 범위를 넘어서는 일이다. 여기서는 다만 우리가 물려받은 (그 자체로 문제가 많은) 기준 모델과 다른 방식의 초기 도시들을 비교할 때 반드시 고려해야 할 사항을 지적하는 정도로 그치고자 한다. 구체적으로 말하자면 중심지가 따로 없이 흩어진 언덕마다 분산되어 있는 주거지로 구성된 도시, 왕과 궁궐과 국가 종교가 없는 도시, 도시 주민에 의해 단선적 통치 체제보다는 서로 얽힌 다양한 집단들끼리 통치와 행정 관리와 국제 관계의 문제를 나누어 담당하는 구조의 도시가 바로 그러한 사례다. 나아가 흔히 "그리스", "남아시아", "아프리카" 등으로 분류되는 도시들도 그 내부에서는 규모와 조직 구성의 방식이 굉장히 달랐다는 사실을 간과하면 안 될 것이다. 이러한 다양성(고대 도시 내부의 다양성과 도시와 도시 사이 관계의 다양성 모두)을 검토하는 이유는, 서로 관련되는 고대 도시들을 비교하고자 할 때 무엇을 비교해야 할 것인가를 보여주기 위해서다. 이는 결과적으로 모든 고대 도시 연구에 도움이 될 것이다.

PART 5

초기 도시, 창조의 공간

CHAPTER 19

바그다드, 제국의 기반
(762~836 CE)

프랑수아즈 미쇼
Françoise Micheau

기원후 410년 서고트족 군대가 로마를 정복한 뒤로, 세계적 도시라 하면 세 곳이 있었다. 330년 콘스탄티누스 황제가 건립한 비잔틴 제국의 수도 콘스탄티노폴리스(Constantinopolis), 그로부터 멀리 떨어진 당(唐) 제국(618~907)의 수도 서안(西安), 그리고 아바스 칼리파국의 수도 바그다드(Baghdad)였다. 이들 제국의 수도는 거대한 상업 네트워크의 중심에 있었고, 주민 수십만 명을 수용할 수 있었으며, 명실공히 "세계적 도시"로 알려져 있었다. 정치적 현실에서 차지하는 비중은 물론 당시 사람들의 상상력 속에서도 제국의 수도는 세계의 중심이었다. 중세 아랍 지리학자들도 바그다드를 세계의 중심으로 간주했다. 고대 무슬림 전통에 따르면, 바그다드에 가보지 않은 사람은 아직 세상을 보지 못한 사람이었다.

바그다드의 역사는 세 단계로 나뉜다. 첫 번째는 아바스 칼리파국의 고귀한 수도 단계로, 762년 알-만수르(al-Mansûr)가 도시를 건설한 때로부터 1258년 몽골의 정복 이전까지 이어졌다. 두 번째 단계는 그다음 수 세기 동안이다. 이때의 바그다드는 단지 주변 지역을 아우르는 중심지에 불과했다. 마지막 세 번째 단계는 1921년부터 지금까지이며, 이제는 이라크의 수도가 되어 있다. 세계 다른 지역 사람들에게 바그다드는 걸프전의 맹렬한 공습 장면으로 기억되고 있을 것이다. 이번 장에서는 이 중 첫 번째 단계의 초반만을 논의할 것이다. 즉 도시의 건립부터 시작해서 833년 칼리파 알-마으문(al-Ma'mûn)의 사망으로 도시를 폐쇄하고 836년 사마라(Sâmarrâ')에 새로운 수도를 건립한 때까지다.

왜 새로운 수도가 필요했을까?

기원후 746~750년 우마이야 왕조는 극심한 반란에 휩싸였고, 그 여파로 아바스 칼리파국이 정권을 잡았다. 632년 무함마드 사후 이슬람 팽창 시기에 탄생한 칼리파는 거대한 제국의 정점에 위치했다. 우마이야 칼리파국의 마지막 칼리파 시기에 일련의 정복 전쟁이 잇달아 중단되었고, 제국의 국경이 확정되면서 더 이상의 팽창보다는 기존 범위에서 제국의 안정을 도모하게 되었다. 당시 제국의 영토는 인더스강 유역에서 대서양 연안까지, 그리고 사하라 사막에서 캅카스산맥까지 이르렀다(지도 19-1). 우마이야 칼리파국이 무너진 이유는 여러 가지가 있지만, 가장 중요한 이유를 꼽자면 다음과 같다. 첫째, 정복 전쟁이 중단되면서 전리품 수입이 급격히 감소했다. 둘째, 거대한 제국을 관리하는 데 어려움이 있었다. 셋째, 다양한 인구 통합 능력이 부족했는데, 특히 새로 이슬람으로 개종한 비-아랍 계통 인구를 포용하지 못했다. 그리고 마지막으로 정통성 문제가 있었는데, 이슬람의 창시자 무함마드 가문 출신이 아니었다. 우마이야 칼리파들은 수도를 시리아의 다마스쿠스(Damascus)로 정했으나, 그곳에서 오래 머물지는 않았다. 그보다는 스텝 지역과 유프라테스강 유역 등 여러 곳에 궁궐을 건설하여 권력을 과시하고자 했다. 그중 가장 중요한 곳이 루사파(Rusâfa)였다. 그때부터 제국의 중심지가 서서히 메소포타미아 지역으로 이동하기 시작했다.

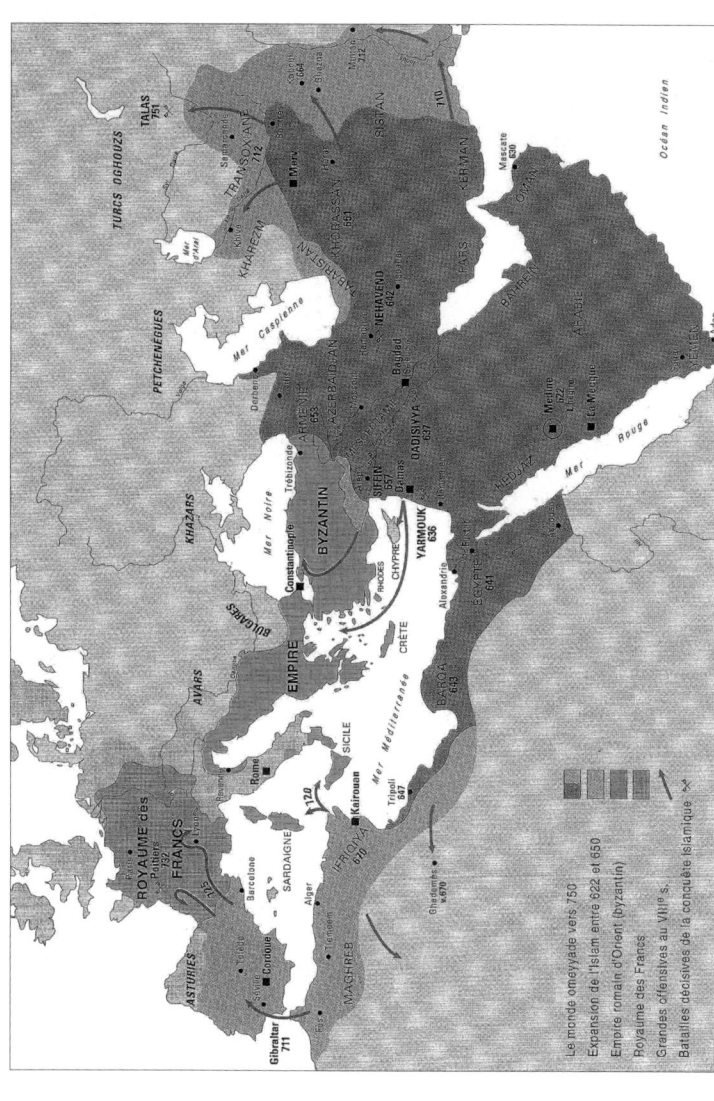

[지도 19-1] 기원후 750년 이슬람 제국 지도

우마이야 칼리파국을 뒤엎고 아바스 칼리파국을 수립하게 된 반란을 흔히 "아바스 혁명(Abbasid Revolution)"이라 한다. 반란의 시작은 이란 동부의 호라산(Khorâsân)이었고, 쿠파(Kûfa)를 비롯한 이라크의 도시들이 동조했다. 흥미롭게도 749년에 알-사파(al-Saffâh)가 스스로를 칼리파로 선포한 곳이 바로 쿠파였다. 왕조의 정통성은 하심(Hâshim) 가문으로부터 나왔다. 무함마드가 하심 가문이었기 때문이다. 하심은 무함마드의 증조부였고, 알-아바스(al-'Abbâs)의 조부였다. 그리고 알-사파(al-Saffâh)는 알-아바스의 직계 후손이었다. 아바스 세력이 군사적으로 지지부진하던 우마이야 세력을 꺾어버린 이상, 뿐만 아니라 연회를 개최하여 우마이야 가문의 사람들을 모두 살해한 이상, 알-사파와 그의 후계자인 알-만수르(al-Mansûr)는 마땅히 다마스쿠스나 우마이야 칼리파국의 주요 도시에 거처를 정해야 했다. 그러나 그들은 그렇게 하지 않았다. 그들은 우마이야 시기의 모든 것을 불법 찬탈에 정의롭지 못하고 신앙심에 어긋나는 것으로 간주하기 위하여 온갖 노력을 했다.

그러므로 수도 또한 새로 정해야 마땅했다. 그렇다면 어디로 할 것인가? 750년에서 762년 사이, 알-사파와 알-만수르는 망설였던 것 같다. 처음에 알-사파는 쿠파에 거처를 마련했다. 그곳이 바로 반란군이 그를 칼리파로 추대한 도시였다. 그들은 신속히 유프라테스강 주변에 새 궁전을 지었다. 과거 페르시아의 도시 안바르(Anbâr) 근처였다. 궁전은 하시미야(Hâshimiyya)라고 불렀는데, 그들의 조상 하심(Hâshim)의 이름을 딴 명칭이었다. 아바스 왕조 초대 칼리파는 754년 이 궁전에서 사망했다. 그의 동생 알-만수르는 곧바로 왕권을 인수한 뒤 새로운 궁전을 지었는데, 그 또한 명칭을 하시미야(Hâshimiyya)라 했다. 위치는 기존 궁전

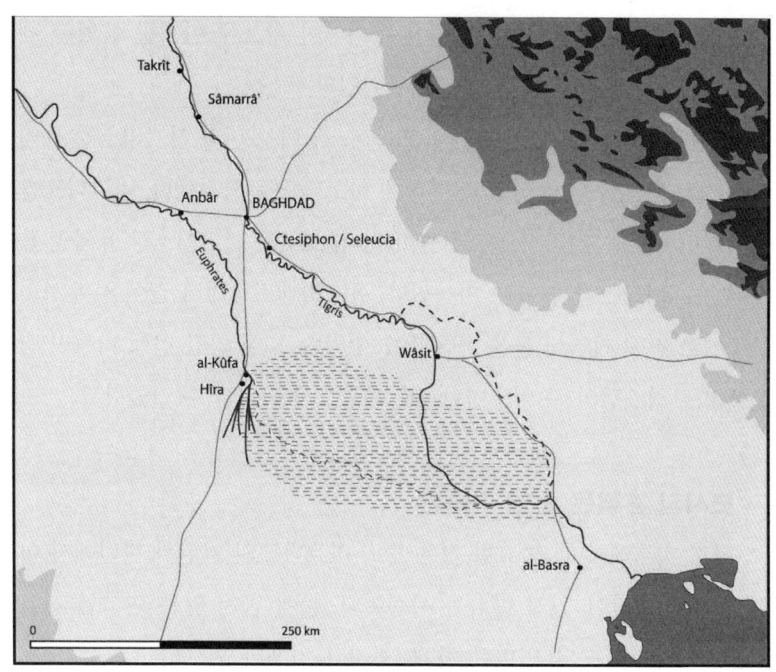

[지도 19-2] 이라크 남부(빗금 친 부분이 늪지대)

보다 남쪽으로, 쿠파 근처였다(지도 19-2).

아바스 칼리파들이 메소포타미아 지역에 거주하기로 한 이유는 몇 가지가 있었다. 첫째, 그곳은 유프라테스강과 티그리스강 사이의 비옥한 지대였다. 둘째, 두 개의 강을 이용하면 통신에 유리한 면이 있었다. 셋째, 이란, 시리아, 이집트로부터 가운데 지점이 그곳이었다. 당시는 제국의 서부(마그레브Maghreb와 알-안달루스al-Andalus)가 칼리파의 직접 통치로부터 벗어나려는 움직임을 보일 때였다. 넷째, 이란과 이라크의 백성이 접근하기 용이했는데, 그들은 우마이야 왕조에 반기를 들었던 세력으로서 새로운 제국을 지탱할 기반이었다.

기원후 757년 알-만수르는 유프라테스강이 아니라 티그리스강 유역에서 새로운 장소를 물색했고, 마침내 바그다드로 확정했다. 바그다드를 선택했던 이유는 지리적으로 설명이 된다. 그곳은 티그리스강 유역인 동시에 유프라테스강과 매우 가까웠다. 유프라테스강에서 끌어온 운하의 물줄기로 전체 지역에 물을 공급할 수 있었다. 또한 약간 언덕 지형인 덕분에 티그리스강의 주기적 범람으로부터 도시를 지킬 수 있었다.

도시의 흔적은 문헌 기록만

먼저 지적해야 할 중요한 점은 도시 바그다드의 기원과 관련해서 어떠한 유물도 남아 있지 않다는 사실이다. 불에 굽지 않은 연약한 진흙벽돌, 반복된 홍수와 빈번한 화재, 그리고 전쟁과 외부의 침략(1258년 훌레구Hülegü, 1401년 티무르Timur) 등이 파괴의 원인이었다. 1258년 아바스 칼리파국의 멸망 이후 도시 바그다드 또한 급속한 쇠락의 길을 걸었고, 칼리파국 당시 건물의 흔적은 깨끗이 지워져버렸다.[1] 15세기부터 20세기 중엽까지 바그다드는 그저 조그만 도시에 지나지 않았다. 예전으로 따지면 칼리파의 거주 구역 정도만 남아 있었다. 이 구역이 건설된 시기는 9세기 말이었다. 위치는 도시의 남쪽과 티그리스강 동안에 걸쳐 있었고, 그 외에 강 서안에도 작은 면적을 차지하고 있었다. 초기 도시가

---

1 남아 있는 가장 오래된 기념비적 건축물은 12~13세기의 것으로, 사례가 극히 드물다. 가장 중요한 무스탄시리야(Mustansiriya) 마드라사는 1232년에 건축되었다. 이후 17세기에 폐허가 되었고, 1945년과 1960년에 매우 조잡하게 복원되었다.

건설될 때부터 이 구역이 포함되어 있었다. 도시는 아바스 왕조 시기를 거치면서 강둑을 따라 북쪽과 서쪽으로 확장되었다. 칼리파 거주 구역에서는 10세기 이래로 아바스 왕실이 거주했다. 궁궐 주변으로는 성벽이 둘러져 있었는데, 1095년 칼리파 알-무스타지르(al-Mustazhir)가 건설한 것이었다. 이 거대한 성벽은 1870년에 무너졌지만 지금도 그 흔적을 눈으로 확인할 수 있다. 현재 지형만으로 도시 바그다드의 초기 평면 구성을 파악할 수는 없다. 극히 드물게 몇몇 조사가 시행되었지만, 본격적인 고고학 발굴 조사는 아직 시행되지 않았다.

그러므로 아바스 왕조 시기의 바그다드에 관해서 우리가 알고 있는 지식은 모두 문헌 자료에 근거한 것뿐이다. 초기 도시가 건립될 시기 동시대의 기록은 없지만, 이후 시기에 속하는 체계적 기록이 남아 있다. 특히 아바스 왕조의 왕실 관료였던 야쿠비(Ya'qûbi)의 저서 《키탑 알-불단(Kitâb al-buldân)》, 즉 "여러 나라에 관한 책"이 남아 있다.[2] 알-만수르가 도시 바그다드를 건설한 이야기가 이 책에 길게 서술되어 있다. 야쿠비의 책이 참고 자료로 자주 등장하기는 하지만 간과해서는 안 될 점이 있다. 즉 아바스 왕조의 수도에 관한 기록을 남긴 다른 모든 저자와 마찬가지로[3] 야쿠비도 칼리파국이 사회적·문화적으로 번성하던 시기에 글

---

2 Yâ'qûbî, *Kitâb al-Buldân*, M. J. de Goeje (ed.) (Leiden: Brill, 1892), and *Les pays*, Gaston Wiet (trans.) (Cairo: Institut Français d'Archéologie Orientale, 1937).

3 가장 중요한 저자들을 꼽자면 다음과 같다. 이븐 사라비윤(Ibn Sarâbiyûn)은 10세기 초 바그다드의 운하에 관한 상세한 설명을 제공했다. 알-타바리(al-Tabarî, d. 923)가 저술한 연표에 바그다드에서 발생한 사건들이 상세히 적혀 있고, 도시의 지형과 주민에 대한 정보도 포함되어 있다. 일 카팁 알-바그다디(al Khatîb al-Baghdâdî, d. 1071)는 도시 설명과 함께 무슬림 엘리트 계층 인물 사전을 소개했다.

을 썼다는 점이다. 따라서 그의 관점은 당연히 이슬람과 제국주의 이데올로기의 영향을 받았고, 그래서 그는 바그다드를 "세계적인 도시(city-world)"라고 생각했다. 바그다드는 아바스 제국의 기반이었다. 아랍의 문헌 기록은 물론 아랍인과 이슬람 신자의 상상 속에도 이러한 관점이 반영되어 있다. 그러므로 텍스트의 내용을 곧이곧대로 믿어서는 곤란하다. 그보다는 역사적 맥락에서 텍스트의 내용을 재해석하는 것이 중요할 것이다.

아랍의 문헌 기록에 근거하여 아바스 왕조의 수도 구성을 파악하기란 쉽지 않다. 고대 아랍 문헌 자료에 근거하여 학술적으로 도시의 평면이 재구성된 적이 있었다. 가장 선구적인 작업은 르 스트레인지(Le Strange)의 업적이었다. 그는 야쿠비와 이븐 사라비윤(Ibn Sarâbiyûn)의 기록에 의지하여 시대별·구역별로 도시 평면을 재구성했으며, 자신의 작업이 가설에 근거한 것임을 밝혀두었다. "내가 작성한 중세 바그다드의 평면도는 일정 부분 실험적인 시도에 불과하다."[4] 그럼에도 불구하고 그의 업적은 자주 인용이 되었다. 그 후 1908년 현지 조사가 진행된 뒤 루이 마시뇽(Louis Massignon)은 르 스트레인지가 특정했던 구역을 비판적으로 재검토했다.[5] 1950년대 이후로 이라크의 학자들에 의해 중대한 연구가 이루어졌다. 수사(Sûsa), 자와드(Jawad), 두리(Duri) 같은 지역이 연구 대상에 포함되었다. 이들의 성과로 르 스트레인지 연구의 오류

---

4 Guy Le Strange, *Baghdad during the Abbasid Caliphate* (New York: Barnes & Noble, 1972; first edition 1900), p. xi.
5 Louis Massignon, *Mission en Mésopotamie (1907-1908)*, 2 vols. (Cairo: Institut Français d'archéologie Orientale, 1910-1912).

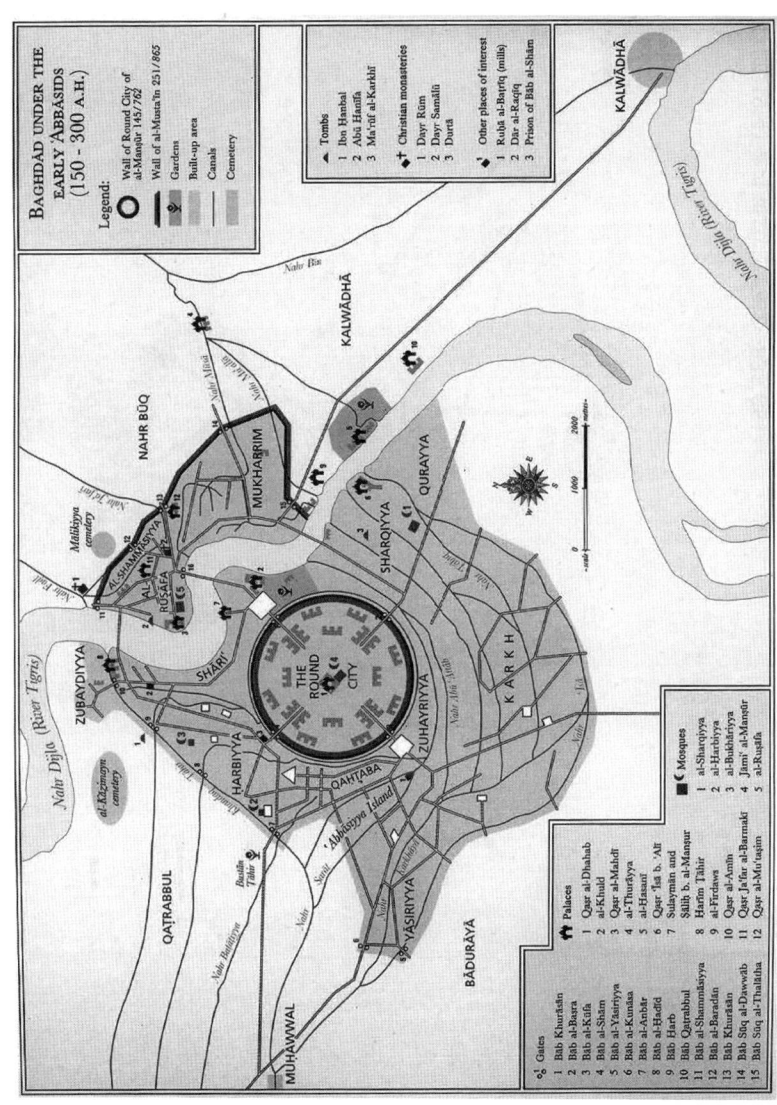

(지도 19-3) 르 스트레인지(Le Strange)가 그린 초기 바그다드 예상도

CHAPTER 19 - 바그다드, 제국의 기반(762~836 CE)

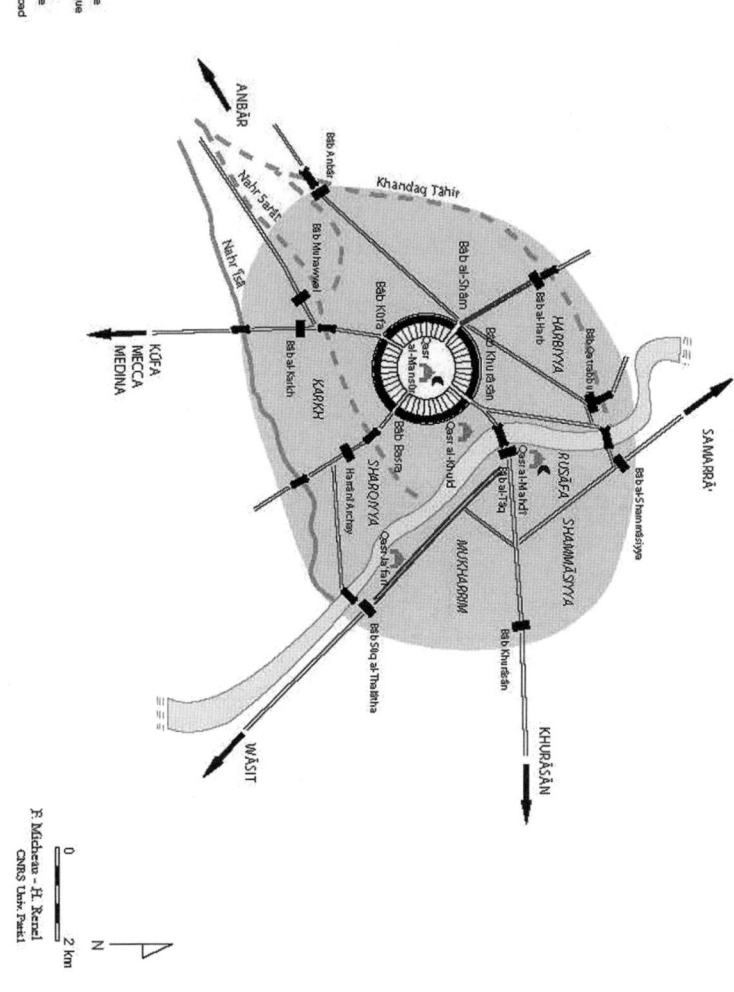

(지도 19-4) 초기 바그다드(762~836 CE)

174　고대의 도시들 2: 권력과 제국주의

가 상당 부분 밝혀졌다.[6] 따라서 르 스트레인지가 그렸던, 알-만수르가 건설한 도시 평면도(지도 19-3)는 여러 방면에서 수정이 불가피했다. 먼저 르 스트레인지는 원형 도시(Round City)의 비중을 과대평가하는 한편 도시의 다른 여러 구역은 과소평가했다. 또한 그는 티그리스강 물줄기의 위치가 오늘날과 다르다는 사실을 알지 못했다. 그리고 운하를 도시의 주변을 두르는 원형으로 그렸다. 내가 그린 지도(지도 19-4)는 새로운 연구 성과에 근거한 것이다. 그러나 문헌 기록과 관개 시설 및 지형의 흔적을 비교하는 연구가 진행될수록 나의 지도 또한 앞으로 수정이 계속될 것이다.

기원 설화

기원 설화가 늘 그러하듯이 야쿠비 또한 장소 선정의 이유를 지정학적, 전략적, 혹은 경제적 유불리보다는 운명으로 설명했다. 그의 이야기에 따르면, 어느 날 알-만수르가 어느 장소를 지나가다가 멈추어 서서 이곳의 지명이 무엇이냐고 물었다. "바그다드입니다"라고 누군가가 대답했다. 당시 바그다드는 네스토리우스교 사원이 있는 조그만 도시에 불과했고, 화요일 시장(Tuesday Market)으로 알려진 매주 열리는 시장이 있었다. 그럼에도 불구하고 칼리파는 도시의 지명을 듣고 깜짝 놀라 이렇게 말했다.

---

6 'Abd al-'Azîz al-Dûrî, "Baghdād," in *Encyclopedia of Islam*, 2nd edn., Vol. i; Mustafa Jawâd and Ahmad Sûsah, *Dalîl mufassal li-kharîtat Baghdâd* (Baghdad: Iraqi Scientific Academy Press, 1958, in Arabic); Ahmad Sûsa, *Atlâs Baghdâd* (Baghdad 1952; in Arabic).

이곳이 바로 신께서 예비하신, 나의 아버지 무함마드 이븐 알리와 내가 찾아야 할 도시였구나. 나는 여기서 살아야 하며, 나의 후손들이 이곳에서 통치를 해야 한다. 이슬람 이전에 어느 왕공도 이 도시를 알아보지 못했다. 이로써 나는 예언과 신의 명령을 충족할 수 있게 되었노라. … 나를 위하여 왕국의 수도를 예비하시고, 나 이전에 어느 누구도 알아보지 못하게 하신 신께 경배를 드리노라.[7]

역사가 알-타바리(al-Tabarî, d. 923)에 따르면, 기독교 수도사가 남긴 옛날 서적에 예언이 있었다고 한다. 예언인즉 거대 도시가 미클라스(Miqlâs)라는 이름을 가진 사나이에 의해 사라트(Sarât) 운하와 티그리스 강 사이에 건설되리라는 것이었다. 칼리파 알-만수르는 이 예언을 듣고, 유모가 어린 시절 자신을 미클라스라 부르던 사실을 기억해냈다.[8]

바그다드 건설 이야기는 제국의 수도 건설과 관련된 수많은 이야기들과 같은 내용을 담고 있다. 즉 이미 신께서 지정하신 장소를 선택함으로써 통치자가 신성한 계획을 완성한다는 줄거리였다. 바그다드라는 도시의 이름 또한 같은 관점으로 볼 수 있는데, 몇몇 아랍 문헌에 따르면 고대 페르시아어 바그(Bagh, "신")와 다드(Dâdh, "건설")에서 나온 것이라 한다. 그러므로 바그다드란 곧 "신께서 건설하신 도시"라는 의미다.[9]

계속해서 야쿠비의 기록에 따르면, 칼리파는 장소를 선정한 뒤 기술

---

7 Ya'qûbî, *Kitâb al-Buldân*, p. 237, and *Les pays*, p. 10.
8 Al-Tabarî, *The History of al-Tabarî*, Jane D. McAuliffe (trans.) (New York: State University of New York Press, 1995), Vol. xxviii, p. 244.
9 바그다드라는 도시 명칭의 기원은 틀림없이 페르시아어에 있지만 어원은 알 수 없다. 그래서 이 글에서는 상징적 의미 차원에서 가장 흥미로운 해석을 인용했을 뿐이다.

자, 건축가, 능숙한 조사원을 불러 모아 수도의 평면 구성을 그려보라고 명했다. 이들뿐만 아니라 석공, 목수, 대장장이 등 온갖 종류의 기술자도 왕명을 받았다. 당연히 도시를 건설하려면 수많은 건축가와 기술자와 노동자가 필요했을 것이다. 야쿠비의 기록에 따르면 이들 노동자는 모두 칼리파의 부름을 받았으며, 제국의 전역에서 조달된 인력으로 모두 임금을 받고 일했다고 한다. 그들의 수가 10만이었다고 하는데, 이는 분명 상징적 숫자겠지만, 칼리파가 제국 전역에서 불러 모은 기술자가 새로운 수도를 건설했다는 것은 사실이다.

몇몇 다른 설명에 따르면, 바그다드는 과거 제국의 유산을 이어받았다. 알-타바리(al-Tabarî, d. 923)와 알-카팁 알-바그다디(al-Khatîb al-Baghdâdî, d. 1071)의 기록에 따르면, 알-만수르는 크테시폰(Ctesiphon)에 있던 호스로 가문의 궁전(Palace of Chosroes)을 허물어 건축 자재를 가져오게 했다. 크테시폰은 사산 제국의 찬란한 수도였다. 페르시아인이 세운 거대한 사산 제국은 기원후 224년에 성립되어, 7세기에 아랍에 정복되기까지 유지되었다. 알-만수르의 명에 따라 옛날 궁전을 뜯어 오는 일은 비용이 너무 많이 들었기 때문에 금세 중단되었다.[10] 이러한 기록은 상징적인 이야기로 봐야 할 것이다. 아랍 세력은 사산 왕조를 정복한 뒤 그들의 수도를 파괴하고 그 흔적을 지워야 했으므로, 새로 건설하는 아바스 왕조의 수도에 정복당한 문명이 이룩했던 자재와 문화적 성취를

---

10 Al-Tabarî, *History of al-Tabarî*, Hugh Kennedy (trans.) (New York: State University of New York Press, 1990), Vol. xxix, pp. 4-5. For further details in this regard, see Jacob Lassner, *The Topography of Baghdad in the Early Middle Ages* (Detroit, MI: Wayne State University Press, 1970), pp. 128-31.

가져오는 것이 좋았다. 다시 말해서 알-만수르의 업적에는 위대했던 호스로 가문의 유산이 반영되어 있는 셈이었다.

알-타바리가 기록해둔 또 다른 전설에 따르면, 알-만수르는 와시트 (Wâsit)에서 다섯 개의 철제 성문을 가져오라고 명했다. 와시트는 이라크 남부에 있었던 도시로, 알-하자즈(al-Hajjâj)라는 총독이 8세기에 오늘날의 도시 쿠트 알-아마라(Kut al-Amara) 남쪽에 건설했다고 한다. 그는 애초에 이 철문을 하부 메소포타미아(Lower Mesopotamia)에 있었던 잔다라와르드(Zandaraward)라는 도시에서 가져왔는데, 그곳은 원래 솔로몬(Solomon) 대왕이 세웠던 도시로서 당시에는 이미 폐허가 되어 있었다고 한다. 다섯 개의 철문 중에서 네 개는 원형 도시(Round City)의 성벽 출입문으로, 다섯 번째 철문은 알-만수르의 궁전 문으로 사용되었다.[11] 이와 같은 전설의 의미는 명확하다. 즉 아바스 왕조가 사산조 페르시아의 유산만 이어받은 것이 아니라, 예컨대 솔로몬의 성문 같은 권력의 상징을 차지함으로써 성서에 등장하는 왕들의 후계자를 자처했던 것이다.

천궁도(天宮圖, horoscope) 제작은 새로운 도시 건설이 최고의 길운에 의거했음을 보증하는 의미가 있었다. 이 또한 도시 기원 설화에 빠지지 않고 등장하는 상투적인 이야기였다. 야쿠비에 따르면, 도시 건축은 이슬람력으로 라비 알아우왈(Rabī' al-Awwal)의 달(141 BCE/July-August 758 CE)에 시작되었다. 시점을 선택한 사람은 나우바흐트(Nawbakht)와 마샤알라(Mâshâ'allâh)였다. 나우바흐트는 페르시아인 점성술사, 마샤알

---

11 Lassner, *Topography of Baghdad*, pp. 128-31.

라는 후대인 중세에 아랍어 및 라틴어 권역에서도 유명했던 유대인 과학자다. 바그다드의 기반을 만드는 데 기여했던 천궁도는 다행스럽게도 11세기 알-비루니(al-Bîrûnî)의 책에 남아 있다. 나의 동료 장-파트리스 부데(Jean-Patrice Boudet)가 그 천궁도를 분석한 적이 있었다.[12] 천궁도에서 가리키는 시점은 정확히 서기 762년 7월 30일 오후 2시였다고 한다. 행성의 배열(conjunction of the stars)이 특히 상서로운 날은 아니었지만 시공식을 하기에는 그래도 적당한 날이었다.

원형 도시: 궁전 구역

알-만수르가 건설한 궁전 도시는 그 형태에 따라 흔히 "원형 도시(Round City)"라는 이름으로 불렸다. 야쿠비는 그것이 세계에서 유일한 원형 도시라고 기록했다. 메소포타미아 지역에서 타원형 모양의 도시가 그 선례로 없지는 않았지만[13] 칼리파가 건설한 도시는 특별한, 세계에서

---

12 Muḥammad ibn Aḥmad Bīrūnī, *The Chronology of Ancient Nations: An English Version of the Arabic Text of the Athâr-ul-Bâkiya of Albîrûnî, Or "Vestiges of the Past,"* Eduard Sachau (ed.) (London: W. H. Allen and Co., 1879), pp. 270-1, trans., pp. 262-3. Jean-Patrice Boudet's analysis, "From Baghdad to *Civitas Solis:* Horoscopes of Foundations of Cities," in *From Masha 'Allah to Kepler: The Theory and Practice of Astrology in the Middle Ages and the Renaissance, 13-15 November 2008* (London: Warburg Institute, forthcoming, see www.univ-orleans.fr/sites/default/files/CESFiMAdocuments/publications_jeanpatrice_boudetmars2014.pdf).

13 원형 성벽에 관해서는 다음을 참조. Keppel Archibald Cameron Creswell, *Early Muslim Architecture* (New York: Hacker Art Books,1979), Vol. ii, pp. 18-22. 몇 년 뒤 원형 도시를 모방하여 두 개의 도시가 건설되었다. 모방 도시의 묘사를 통해 역으로 바그다드의 모습을 짐작해볼 수 있다. 하나는 알-라피카(al-Râfiqa)로, 알-만수르가 라카(Raqqa) 인근에서 발견했다는 요새다. 또 하나는 알-카디시야(al-Qâdisiyya)인데, 도시의 형태는 8각형이지만 이는 기하학적으로 원형과 관련성이 있다.

도 유일한 도시로 인정되었다. 위대한 모스크(Great Mosque, 이슬람 사원)와 칼리파의 궁전이 중앙에 배치된 원형 건축의 상징성은 매우 강했다. 페르시아 지리학 전통에서는 땅이 둥글고 그 중심에 메소포타미아가 위치한다고 했다. 그래서 야쿠비는 자신의 저서 《키탑 알-불단》의 서두를 이렇게 시작했다.

> 나의 논의를 이라크에서 시작하는 이유는 단지 그곳이 세계의 중심, 지상의 핵심이기 때문이다. 그중에서도 제1의 장소는 바그다드라 하겠는데, 왜냐하면 그곳이 이라크의 중심이고, 가장 중요한 도시이며, 동양과 서양을 막론하고 땅 위에서 견줄 만한 곳이 전혀 없기 때문이다.[14]

다른 문명, 특히 중국과 아스테카의 경우 정치적 중심지에 관한 같은 방식의 개념을 볼 수 있는데, 우주론을 적용하여 통치자가 거처하는 곳이 세상에서 가장 중심이며 가장 중요한 곳이라는 개념이다. 이처럼 세상의 공간을 동심원적으로 파악하는 것은 인류학적으로 기본적인 공간 이해에 해당한다. 필리프 데스콜라(Philippe Descola)는 이를 "아날로기즘(analogism)"이라 했는데, 전근대 시기 수많은 인간 사회에서 그와 같은 유형의 사고방식을 확인할 수 있다.[15]

원형 도시는 티그리스강의 우측 기슭 가까운 곳에 위치해 있었다. 그

---

14 Al-Yaʿqûbî, *Kitâb al-buldân*, p. 233, and *Les pays*, p. 4.
15 Philippe Descola, *Par-delà nature et culture* (Paris: Gallimard, 2005).

러나 고고학적 발굴 증거가 전혀 없기 때문에 정확한 위치는 알 수 없다. 게다가 티그리스강 물줄기의 위치도 수 세기를 거치는 동안 변화가 있었다. 도시의 규모는 아랍 지리학자의 기록에 큐빗(cubit) 단위로 적혀 있는데, 도시의 지름이 1650미터에서 2900미터 사이였던 것으로 추정된다. 다만 이 수치는 고대 아랍의 큐빗 단위를 어떻게 해석하느냐에 따라, 그리고 서술의 목적에 따라 달리 추산될 수 있다. 도시 평면의 재구성과 관련해서 역사학자들은 대체로 현재의 재구성에 동의하지만, 몇 가지 특수 지점에 대해서는 의견이 분분하다. 문헌 기록만으로는 해석하기 어려운 부분들이 남아 있기 때문이다.

도시는 2중 성벽으로 둘러싸이고 그 바깥으로 다시 깊은 해자가 있었다. 성벽 윗부분에는 총안(銃眼)이 뚫려 있었고, 일정한 간격으로 수많은 탑들이 우뚝 솟아 있었다. 성벽에는 네 개의 성문이 등거리로 배치되어 있었다. 남서쪽 성문은 쿠파(Kûfa), 남동쪽 성문은 바스라(Basra), 북동쪽 성문은 호라산(Khorâsân), 북서쪽 성문은 시리아(Syria)를 향했다. 성문의 방향은 아바스 왕조가 통치하는 네 개의 주요 지역을 가리켰다. 네 개의 성문에는 각각 궁륭형 문루(門樓)가 설치되고, 성문은 철로 만들어져 있었다.[16] 성문으로부터 연결된 긴 회랑이 이어졌다. 내성의 성문도 철로 만든 것이었고, 마찬가지로 궁륭형 문루가 설치되어 있어 도시 전체를 조망할 수 있었다. 도시의 핵심 지역은 또다시 세 번째 성벽이 둘러싸고 있었는데, 그 안에 칼리파의 궁전과 위대한 모스크가 위치했다. 9세기의 어느 전통주의자가 남긴 말에 따르면,[17] 칼리파는 원형

---

16 전하는 이야기에 따르면 와시트(Wâsit)에서 가져온 것이라 한다.

도시의 중심에 거주했는데, 이는 곧 세계의 중심에 위치하는 것이며 세상의 모든 나라 모든 백성으로부터 같은 거리에 위치하는 것이었다. 여기서 우리는 그리스의 이소노미아(isonomia), 즉 법 앞의 평등 원칙의 영향을 엿볼 수 있다. 이소노미아 원칙에 따르면 권력자는 반드시 시민 공간의 중심에 위치해야 하며, 이는 도시를 구성하는 모든 요소 사이의 균형을 유지하기 위함이다.[18]

도시의 핵심에 자리하는 그 궁전이 바로 황금문 궁전(Palace of the Golden Gate) 혹은 녹색 돔 궁전(Palace of the Green Dome)이었다. 궁전 꼭대기에 거대한 녹색 돔이 얹혀 있어서 이와 같은 이름이 붙었다고 한다. 지상 35미터 높이의 돔은 바그다드 시내 어디에서나 볼 수 있었다. 돔 위에는 말을 탄 기사의 동상이 서 있었는데, 그 기사는 마법의 힘을 부여받아서 만약 칼리파의 적들이 쳐들어온다면 기사의 창끝이 먼저 그 방향을 가리키게 된다고 전한다. 그 근처에 다른 건물들도 들어섰다. 위대한 모스크, 경비병 주둔 건물, 칼리파의 어린 자녀들을 위한 궁전, 하인 거처, (토지세 관리, 인장 관리, 군대 관리 등) 주요 공적 사무를 처리할 기관 등이었다. 궁전 도시에 포함된 주택들은 대부분 내성과 외성 사이에 위치했다. 크고 작은 도로가 펼쳐지고, 그 길가에 주택들이 들어섰다. 도로는 네 개 성문에서 이어지는 아치형 통로와 연결되어 있었고, 성문을 거치지 않고 내부와 외부가 바로 연결될 수는 없었다. 주택들은 모두 전적으로 칼리파의 통제 아래 있었다. 야쿠비가 명백히 기록해두었듯

---

17 Al-Wakî', a traditionalist of the ninth century, cited in *al-Khatîb al-Baghdâdî;* and Lassner, *Topography of Baghdad,* p. 52.
18 See Jean-Pierre Vernant, *Entre mythe et politique* (Paris: Le Seuil, 1996), p. 260.

이, 그곳 주택에 거주하는 주민은 관리(아마도 그들의 수하 군인 포함)와 칼리파의 수행원이었다. 그 외에 칼리파가 호출할 가능성이 있는 칼리파의 총애를 받는 사람들도 있었다. 다시 말해 알-만수르는 본인의 입장에서 중요하다고 생각되는 국가의 모든 구성원을 원형 도시 안에 거주하게 했고, 그 구성원의 공간은 도시의 대중적 공간과 분리하고 요새화했다.

763년 바그다드 건설은 알-만수르와 그의 관료들이 원형 도시에 정착할 만큼 충분히 진척되었고, 766년 마침내 공사가 마무리되었다. 원형 도시는 칼리파의 거처와 정부의 행정 기관을 결합한 거대한 궁전이었다. 라스너(Lassner)가 말했듯이, 그곳은 "칼리파의 거처와 정부 기관 등 칼리파를 위한 공간이 전부를 차지하고 있었다."[19] 해자와 성벽과 요새화된 성문을 갖춘 기념비적 복합 공간은 바깥에서 볼 때 두려움과 존경의 대상이었다. 최고 권력자는 백성으로부터 멀리 떨어져서 살았고, 성벽 안 요새로 접근하려면 시선을 압도하는 성문을 통과해야 했다. 황제의 권위는 멀리 떨어진 거리, 어려운 접근성, 사람들의 눈에 보이지 않는 불가시성에서 비롯되었다. 롤랑 바르트(Roland Barthes)의 유명한 표현을 빌리자면 "텅 빈 중심(empty centre)"이[20] 바로 최고 권력자의 공간이었다. 아시아 제국의 도시에서도 같은 사례를 많이 볼 수 있는데, 중국의 유명한 자금성(紫禁城, 금지된 보라색 도시)만 하더라도 같은 개념이었다.

---

19 Lassner, *Topography of Baghdad*, p. 144.
20 Roland Barthes, *L'empire des signes* (Paris: Flammarion, 1950), p. 50.

서측 강변의 도시

새로 건설한 수도의 주민은 칼리파와 친밀한 사람들을 제외하고는 원형 도시 안에서 거주하지 않았다. 알-만수르가 건설한 전체 도시의 면모는 명확하게 기록이 남아 있는데, 그 내용에는 원형 도시 주변에 건설된 여러 구역과 각 구역별 활동도 포함되어 있다. 이와 관련하여 특히 흥미로운 점이 있다. 바그다드 도시 건설을 연구한 많은 기록들은 원형 도시에 너무 눈길을 빼앗긴 나머지 이른바 "주변부" 거주 구역에 관해 제대로 관심을 기울이지 못했고,[21] 심지어 그 내용을 완전히 누락한 경우도 없지 않았다.

알-만수르와 그의 명을 받은 건축가들은 원형 도시 주변으로 네 개의 주요 구역을 설계했다. 각 구역의 관리는 해당 구역의 수장에게 맡겼다. 수장은 구역 내 공공 시설을 관리했는데, 각 구역별로 가게나 시장을 위해 마련된 시설이 있었다. 약 50미터 간격을 두고 도로가 건설되었고, 도로 폭은 약 8미터였으며, 이외에도 작은 골목길들이 있었다. 각 구역별로 모스크도 건설되었다. 이런 요소들을 다 합치면 개별 구역에서 건축 면적이 상당히 컸다.

이외에도 알-만수르는 토지 임대 제도를 시행했다. 이는 새로운 정책이 아니었는데, 아랍의 정복자들이 처음 건설한 도시 바스라(Basra)와 쿠파(Kûfa)에서 이미 같은 제도가 시행된 적이 있었다. 바스라와 쿠파 모두 638년 이라크 남부(lower Iraq) 지역에 건설된 도시였다. 이외

---

21 아랍어 자료에서 도시의 해당 위치를 언급할 때 등장하는 단어가 "라바드(rabad)"였다. 해당 구역이 원형 도시의 성벽 바깥에 펼쳐져 있었기 때문이다. 그러나 이를 "교외/성 밖" 등으로 번역하면 오해의 소지가 있는 것이, 해당 구역 또한 도시의 핵심 구역에 속했기 때문이다.

에도 642년 이집트에 건설된 도시 푸스타트(Fustât)에서도 같은 제도가 시행되었다. 이들 도시에서 토지는 군대를 이끌고 정복 전쟁에 참가했던 부족 지도자들에게 할당되었다. 야쿠비의 기록에 따르면, 바그다드는 계획 도시였다. 건설 공사는 칼리파의 군사 및 행정을 관리하는 귀족들의 손에 넘어갔다. 그들은 자신이 맡은 구역에서 자신의 거처뿐만 아니라 친척의 주택과 집단 주택, 그리고 모스크, 시장, 기타 서비스 제공 시설도 건설했고, 때로는 정원을 조성하기도 했다. 각각의 구역은 이와 같은 방식으로 건설되었고, 전체 혹은 부분적으로 건설의 책임을 맡았던 칼리파의 군사 및 행정 담당 관료의 이름을 따서 구역의 명칭을 정했다. 야쿠비가 관료들의 이름 목록을 몇 페이지에 걸쳐서 상세히 기록해둔 이유가 바로 여기에 있다. 수백 명에 이르는 개별 인명에 관한 상세 연구는 앞으로 수행해야 할 과제로 남아 있다. 이러한 연구를 처음 시도한 이라크의 역사학자 알-알리(S. al-Alî)에 따르면, 각각의 구역은 시민과 군인으로 채워졌고 대부분의 구역에서 아랍인과 페르시아인이 함께 거주했다.[22] 바그다드 인구의 대다수는 현지인이 아니라 자발적 이민자로, 아랍인과 페르시아인이 많았다. 같은 시기 주변의 마을이나 시골 지역에서 도시로 이주해 온 경우는 그렇게 뚜렷이 확인되지 않았다. 이후 수 세기 동안 자발적 이주와 강제적 이주가 계속되었다. 학자, 관료, 무역상, 팔려 오거나 포로로 잡혀 온 용병, 노예, 다양한 출신의 사람들(흑인, 슬라브인, 터키인, 베르베르인 등)이 바그다드의 코즈모폴리턴적 인구

---

22 S. al-'Alî, "The Foundation of Baghdad," in A. H. Hourani and S. M. Stern (eds.), *The Islamic City* (Oxford: Cassirer and University of Pennsylvania Press, 1970), pp. 87-103.

구성과 다양한 직업적 특성을 더욱 강화했다. 그 결과 역사학자들은 바그다드의 인구를 수십만에서 200만 명까지 추정했다.

알-카르흐(al-Karkh)라고 하는 방대한 구역은 도시 남부의 중요한 시장이 있는 곳이었다. 유프라테스강과 이어지는, 배가 다닐 수 있는 거대한 두 개의 운하가 이 구역을 지나갔다. 운하의 이름은 나르 이사(Nahr 'īsā)와 사라트(Sarât)였다. 야쿠비가 확인해준 바에 따르면, 인구 밀집 지역의 면적이 길이 2파르사흐(farsakh, 약 10킬로미터) 너비 1파르사흐(약 5킬로미터)에 달했다고 한다. 역사가 알-타바리의 슬픈 역사서에서도 이 구역이 중요한 장소로 등장하는데, 883년 홍수로 주택 7000채가 파괴되었다고 한다. 북쪽에 또 하나의 주요 구역 하르비야(Harbiyya)가 있었다. 구역의 명칭은 하르브(Harb)라고 하는 인물의 이름을 딴 것인데, 그는 아프가니스탄 북부의 도시 발흐(Balkh) 출신으로 바그다드의 치안 책임자였다.

도시에는 성벽이 따로 없었다. 굳이 방어가 필요치 않았기 때문이다. 그러나 원형 도시의 네 개 성문에서 시작되는 주요 도로를 따라 개선문처럼 생긴 많은 궁륭형 문루가 설치되어 있었다. 쿠파(Kûfa) 성문 앞에서 시작되는 주도로를 따라 내려오면 사라트 운하를 건너게 된다. 운하를 건너는 다리는 구운 벽돌을 사용해서 만들었는데, 그 다리를 "옛날 다리"라고 했다. 다리를 건너자마자 두 갈래로 길이 갈라진다. 왼편 도로는 남쪽으로 내려가 바브 알-카르흐(Bâb al-Karkh)를 지나는데, 이는 성지 메카와 메디나로 이어지는 순례 길이었다. 오른편 도로는 바브 무하왈(Bâb Muhawwal, 남서쪽으로 몇 킬로미터 떨어진 곳의 지명이지만 정확한 위치는 확인되지 않는다)을 거쳐 유프라테스강변의 도시 안바르(Anbâr)

로 이어진다. 바스라(Basra) 성문에서 시작되는 도로도 사라트 운하를 건너는데, "새로 만든 다리"라는 돌로 만든 다리가 놓여 있었다. 이 다리를 건너 남쪽으로 내려가면 아치 형태의 하라니 도로(Harrânî Archway)가 나온다. 하라니 도로를 따라가면 티그리스강이 나오고, "아래쪽 다리"를 통해 강을 건너면 바로 앞에 화요일 시장(Sûq al-Thalâtha)이 있었다.[23] 시리아(Syria) 성문에서 시작되는 도로는 서부 바그다드의 윗부분을 지나는 세 개의 도로와 이어진다. 오른편 도로는 하르비야 구역을 대각선으로 관통하여 "위쪽 다리"로 이어졌고, 왼편 도로는 안바르 문으로 이어져 도시 무하왈을 지나서 어느 지점에선가 쿠파 성문에서 시작된 도로와 합쳐졌다. 오른편과 왼편 사이 정면으로 뻗어나간 도로는 하르비야 구역으로 들어가 하르브(Harb) 문으로 이어졌다. 이 성문을 지나면 무덤 구역이 있었는데, 후대에는 그곳을 카지마인(Kâzimayn)이라 했다. 마지막으로 호라산(Khurâsân) 성문에서 시작되는 도로는 티그리스강을 건너 다시 세 개의 도로와 이어졌다. 북쪽 도로는 바브 알-샤마시야(Bâb al-Shammâsiyya)를 지나 사마라(Sâmarrâ)와 모술(Mosul)로 향했다. 그 아래, 바브 호라산(Bâb Khurâsân)을 지나 이란 지역으로 곧장 이어지는 도로도 야쿠비의 저서에서 언급되는데, 그곳에는 바그다드 동부에서 가장 큰 시장이 있어서 온갖 종류의 상품과 공예품이 모여들었다고 한다. 그리고 세 번째 도로는 "큰 도로"라고 했는데, 아래쪽 다리 쪽으로 내려가 화요일 시장의 문(Bâb Sûq al-Thalâtha)으로 이어졌다. 이상과 같이 문헌

---

23 바그다드에는 티그리스강을 건너는 세 개의 다리가 있다. 강의 상류에 있는 첫 번째 다리는 "위쪽 다리", 원형 도시의 맞은편에 있는 가운데 다리는 "중심 다리", 그리고 강 하류에 있는 세 번째 다리는 "아래쪽 다리"였다. 세 개의 다리 모두 배다리(船橋)였다.

에 기록된, 알-만수르가 건설한 도시 바그다드의 모습을 정리해보건대 도시의 범위는 원형 도시를 훨씬 넘어서는 데까지 뻗어 있었다. 수많은 구역이 주요 도로를 따라 성장했고, 또한 그에 따라 시장들이 많이 설치되었다.

동측 강변 도시의 성장

알-만수르가 건설한 도시는 칼리파가 거주하는 궁전을 이전하거나 추가하면서 금세 변화를 겪었다. 알-만수르 또한 호라산 성문 밖 티그리스강변에 새로운 궁전을 건설했다. 이 궁전은 영원의 궁전이라는 뜻의 알-쿨드 궁전(Palace of al-Khuld)으로 불렸으며, 궁전 정원은 낙원을 방불케 했다. 775년 알-만수르가 거처를 그곳으로 옮겼음에도 불구하고 황금문 궁전은 여전히 왕의 공식 거처로 남아 있었다.

알-만수르는 자신의 아들 알-마흐디(Al-Mahdī)를 위해 티그리스강 동쪽에 또 하나의 궁전을 세우고, 그 가까이에 모스크도 건설했다. 알-마흐디의 궁전은 776년에 완성되었다. 원형 도시만큼 중요하지는 않았지만, 이 궁전 역시 성벽과 해자로 둘러싸여 있었다. 연대기에 따르면 768년 알-만수르가 측근들을 거느리고 원형 도시를 떠나 티그리스강 동안까지 나가서, 호라산에서 승리를 거두고 돌아오는 알-마흐디를 맞이했다고 한다. 알-마흐디는 자신의 궁전 주변 땅을 측근들에게 임대했는데, 이는 티그리스강 서안의 원형 도시 주변에서 시행된 정책과 정확히 일치하는 체제였다. 야쿠비는 이곳에서 땅을 하사받은 신하들의 명단도 기록해두었다. 루사파(Rusâfa)라는 대규모 구역도 이때부터 개발이 시작되었다. 그에 인접한 구역 알-샤마시야(al-Shammâsiyya)와 무카림

(Mukharrim)도 마찬가지였다. 그리하여 티그리스강 동쪽의 도시도 금세 서쪽의 도시 못지않은 중요한 도시로 성장했다.

다르 알-룸(Dâr al-Rûm)이라는 바그다드의 기독교 구역은 샤마시야(Shammâsiyya) 구역과 이웃해 있었다. 그곳에는 대형 기독교 수도원인 다이르 알-룸(Dayr al-Rûm)이 있었고, 네스토리우스파 기독교를 신봉하는 부족이 거주했다. 아바스 왕조 시기 기독교도는 칼리파가 통치하는 바그다드에서 완벽한 종교의 자유를 누렸던 것 같다. 다르 알-룸 구역의 대형 수도원 말고도 도시 안 여러 구역에 크고 작은 기독교 수도원이 산재했다.

알-마흐디는 대체로 자신의 궁전에서 거처했지만 때로 알-쿨드 궁전을 이용하기도 했다. 그의 아들이자 후계자인 하룬 알-라시드(Hârûn al-Rashîd)는 알-쿨드 궁전을 더 좋아했는데, 그곳의 정원이 워낙 아름답고 교통도 더 좋았기 때문이다. 하지만 그는 바그다드에서 사는 것을 좋아하지 않았다. 그래서 유프라테스강을 북쪽으로 거슬러 올라가 라피카(Râfiqa, 혹은 라카Raqqa)라는 곳으로 옮겨 갔다. 최근 독일 발굴팀이 하룬 알-라시드가 건설한 거대 도시 유적을 발견했다. 하룬 알-라시드는 생애를 마칠 때까지 그곳에서 살았다. 809년 그가 사망한 뒤, 그의 두 아들이 서로 갈라져 내전이 몇 년 동안 이어졌다. 둘 중 형인 알-아민(al-Amîn)은 아버지 하룬 알-라시드로부터 제1순위 후계자로 지정되어 바그다드에서 살았다. 동생인 알-마문(al-Ma'mûn)은 아버지로부터 부유한 호라산 지역의 총독으로 지명을 받았고, 제2순위 후계자로 지정되었다. 그런데 알-아민이 자신의 아들을 왕세자로 지정하고 동생 알-마문의 후계자 지위를 박탈하자 알-마문이 반란을 일으켰던 것이다. 몇 년에 걸친 분쟁 끝에 알-마문은 강력한 군대를 바그다드로 보내 승리를 거두었다. 813년 알-아민은 처형되었고, 알-마문이 칼리파의 자리에 올랐다. 이들의 분쟁으로 바그다드의 광범위한 지역이 파괴되었고, 하르비야 구역은 완전히 황무지로 변했다. 알-아민은 마지막에 황금문 궁전으로 피신했지만 그곳 또한 포격을 피하지 못했고 크게 훼손되었다. 파괴된 건물들이 재건되었다고 하지만 원형 도시는 결코 이전의 모습을 회복하지 못했다. 게다가 새로운 건축으로 원형은 더욱 훼손되었다. 이후로 어느 칼리파도 그곳을 거처로 삼으려 하지 않았다. 893년 주변의 모스크를 확장하는 과정에서 황금문 궁전의 중요한 부분이 철거되었다. 녹색 돔은 그때까지도 훼손되지 않고 그대로 서 있었지만, 941년 폭풍이 몰아쳐 무너지고 말았다.

　이렇게 해서 알-만수르의 원형 도시는 원래의 모습을 영원히 잃어버렸다. 오직 당시의 모스크만이 중세 후기까지 남아 있었다고 하는데, 그 또한 이후로는 폐허가 되었다. 19세기의 여행객이 한때 원형 도시가 있었던 곳에서 볼 수 있는 것이라곤 황폐한 들판과 과수원뿐이었다. 실제로 도시 바그다드는 규모가 줄고 위치도 바뀌었다.

　알-마문이 보낸 군대가 바그다드에서 승리를 거둔 뒤 알-마문도 바그다드로 돌아왔다. 새로운 칼리파를 위해 티그리스강 동쪽 무카림 구역 아래에 화려한 궁전이 건설되었다. 건설 책임자는 바르마크(Barmakj) 가문 출신의 재상 자파르(wazir Ja'far)였고, 그래서 그 궁전을 카스르 자파리(Qasr Ja'fari)라고 했다. 833년 알-마문의 뒤를 이은 칼리파 알-무타심(al-Mu'tasim)은 중앙아시아의 투르크족을 용병으로 불러들였다. 그러나 투르크 용병들은 바그다드에 도착하자 곧바로 적대적 태도를 취하고 반란을 일으켰다. 836년에 알-무타심은 수도 바그다드를 떠나 북쪽으로 125킬로미터 떨어진 사마라(Sâmarrâ)에 새로운 도시를 건설하기로 했다.

바그다드에 아바스 왕조의 흔적이 전혀 남아 있지 않기 때문에, 오히려 사마라는 특히 주목할 필요가 있는 곳이다. 그곳에는 58제곱킬로미터에 달하는 거대한 면적에 궁전과 모스크를 비롯한 주요 건축물들의 흔적이 남아 있다. 고고학자 에른스트 헤르츠펠트(Ernst Herzfeld)가 20세기 초 그곳에서 중요한 발굴 작업을 진행했다.[24] 최근에는 고고학자 알라스테르 노르테쥬(Alastair Northedge)가 사마라 전역을 추가로 조사했는데, 주로 항공 사진과 문헌 자료를 기반으로 한 작업이었다.[25] 사마라의 지형, 궁전 유적, 그리고 기타 유물(스투코, 프레스코, 도자기 등)을 통해 아바스 왕조 초기의 화려했던 바그다드에 관해서도 유추해볼 수 있다. 예를 들어 사마라의 알-카르흐 군영(cantonment of al-Karkh) 유적은 바그다드의 그것과 매우 흡사했을 것이다. 836년 알-무타심이 사마라에 정착했을 때 500헥타르에 달하는 방대한 구역을 아나스 알-투르키(Ahnâs al-Turkî)에게 할당해 주었다. 그곳에 모스크와 그의 거처, 그리고 투르크 용병의 군영이 건설되었다. 바그다드의 알-하르비야 구역 또한 이와 매우 비슷한 모습이었을 것이다.

---

24 Ernst Herzfeld, *Die Ausgrabungen von Samarra*, Vols. i-v (Berlin: Dietrich Reimer, 1923-1930), and *Geschichte der Stadt Samarra*, Vol. vi (Hamburg: Verlag von Eckardt & Messtorff, 1948).
25 Alastair Northedge, *The Historical Topogaphy of Samarra* (London: British School of Archaeology in Iraq - Fondation Max von Berchem, 2005).

833년에 알-마문이 사망하고 836년에 도시 사마라 건설이 완료되자, 바그다드 형성기는 종말을 고했다. 이후 수많은 군사적 반란을 겪은 뒤 아바스 왕조의 칼리파들은 9세기 말에 바그다드로 되돌아왔으며, 잠시 티그리스강 동쪽에 자리를 잡기도 했지만 주로는 남쪽에서 거처했다. 처음에는 카스르 자파리를 거처로 삼았다. 그런데 얼마 지나지 않아 티그리스강 동안에서 남쪽으로 더 내려온 곳에 카스르 피르다우(Qasr Firdaws)나 카스르 알-타지(Qasr al-Taj) 같은 새로운 궁전을 건설했다. 새로운 궁전만 건설한 것이 아니었다. 칼리파 거주 구역에는 수많은 궁전 건물, 화려한 정원, 폴로 경기장, 승마장이 건설되었다. 알-무스타지르(al-Mustazhir)의 명령에 따라 1095년 구역 전체를 성벽으로 둘렀다. 10세기에 이르렀을 때 티그리스강 동쪽과 서쪽의 차이는 확연해졌다. 동쪽 편에는 궁전들이 위치했고 고관대작들과 그 수하들을 위한 호화로운 거처들이 들어섰다. 그러나 강 서쪽은 대중적이고 번잡한 지역으로, 주로 시아파 신자들이 거주했다. 오늘날 바그다드의 중심지도 티그리스강 동쪽 후기 칼리파의 거주 구역 주변에 위치해 있다.

결론

10세기까지 바그다드에서는 최고 권력이 승계되는 칼리파의 권좌가 고정되어 있지 않았다. 아바스 왕조의 연속성은 하나의 장소에서 이어진 것이 아니라, 각 가문의 구성원들이 자신의 거처를 장식함으로써 권위를 과시하는 방식이었다. 궁전은 왕조의 권력과 연속성을 상징하는 공간이 아니라, 그곳에 거처하는 개별 권력자와 그를 둘러싼 친위대의 힘을 과시하는 곳이었다. 그래서 바그다드에서는 몇 세기의 시간을 거치는 동안 도시 내의 여러 곳에서 중심지가 만들어졌다.

바그다드 건설이 순전히 정치적 논리에 따른 것이었다 해도 도시의 번영은 경제적 부, 엘리트 계층의 중요성, 문화적 활력으로 설명될 수 있을 것이다. 칼리파가 사마라에 거처했던 9세기 도시의 성장에서 확인되듯이, 도시를 만들어간 주체는 결코 칼리파 혼자만이 아니었다. 바그다드는 무엇보다 풍성했던 배후지(사와드Sawad의 흑색 토양)로부터 필요한 자원을 조달했다. 소비에 필요한 농산물, 원재료, 수공업품 제조나 수출에서 비롯되는 수입, 세금 등이 모두 그곳에서 나왔다. 야쿠비에 따르면, 바그다드를 건설할 땅을 발견했을 때 알-만수르는 이렇게 예언했다고 한다. "이 도시는 세계에서 가장 번성할 것이다." 왜냐하면 제국이 다스리는 모든 지역에서 사람과 상품과 배와 카라반이 바그다드를 향해 흘러 들어올 것이기 때문이라고 말이다. 과연 그러한 예언을 실제로 했는지는 상당히 미심쩍은 일이지만, 그 이야기가 아바스 왕조의 수도가 갖는 권위와 번영을 반영했던 것은 분명하다. 중앙아시아와 연결되는 길(유명한 실크로드), 그리고 인도양, 비잔틴 제국, 지중해 연안을 연결하는 길들이 모두 바그다드로 수렴되었다. 고대와 중세 사람들의 생각에 도시의 권위는 단지 그곳의 생산성보다는 제국의 부를 끌어들이는 중심지로서의 기능에서 나오는 것이었다.

바그다드는 물질뿐만 아니라 문화적으로도 번영의 면모를 보여주었다. 과학자를 비롯한 수많은 학자가 도처에서 몰려들었다. 칼리파와 귀족이 뒷받침하는 물질적·지적 조건에 이끌렸던 것이다. 학생은 명성 높은 대가의 수업을 듣고자 멀리서도 찾아왔고, 나중에는 기꺼이 도시에 정착했다. 번역가, 특히 기독교인은 그리스의 지식을 전해주었다. 기본적으로 바그다드는 아랍 문화사에서 독특한 위치를 점하고 있다. 온 세계의 사람들이 뒤섞인 결과 새로운 형태의 사상과 예술이 출현했다.

토호와 군주에 의해 칼리파의 권력이 약화됨에 따라, 그리고 정치적 혼란과 민중의 반란이 거듭되면서 이 고귀한 도시 또한 서서히 쇠락의 길을 걸었다. 셀주크 시기(1055~1194)에 새로운 건축물이 더해져 도시 경관에 보태지긴 했지만, 그리고 경제적 활동 또한 지속되었지만, 특히 카르흐(Karkh) 구역의 경우, 1193년 여행가 이븐 주바이르(Ibn Jubayr)의 증언에 따르면 당시 이미 폐허가 되어 있었다고 한다. 10세기 말 이후로는 카이로(Cairo)가 바그다드의 경쟁 상대로 부상했고, 마침내 바그다드를 능가했다. 카이로는 파티마 왕조가 969년에 건설한 또 다른 제국의 도시였다. 시아파를 자처한 파티마 왕조는 수니파를 증오해 무너뜨리고자 한 시아파 칼리파들의 경쟁자였다. 1258년 훌레구(Hülegü)의 침략, 그리고 1401년 티무르(Timur)의 침략은 도시의 마지막 숨통을 끊어놓았다. 바그다드는 다시 조그만 시골 마을이 되었고, 20세기까지도 그 모습 그대로였다. 그럼에도 불구하고 바그다드는, 특히 사람들의 집단적 상상력 속에서, 화려했던 이슬람 문명의 상징으로 남아 있다.

더 읽어보기

Arabica 9 (1962), special issue published on the occasion of the 1,200th anniversary of the foundation of Baghdad.

Archibald Cameron Creswell Keppel, *Early Muslim Architecture*, New York: Hacker Art Books, 1979.

Ghalib al-Hakkak, "Essai d'interpétation des textes relatifs à la ville ronde de Bagdad," *Revue des Études Islamiques* 51 (1983), 149-60.

Dimitri Gutas, *Greek Thought, Arabic Culture. The Graeco-Arabic Translation Movement in Baghdad and Early 'Abbāsid Society, 2nd-4th/8th-10th Centuries*, London-New York: Routledge, 1998.

Al-Mawrid 8, 1979, special issue on Baghdad (in Arabic).

Françoise Micheau, "Bagdad in the Abbasid Era: A Cosmopolitan and Multi-Confessional Capital," S. K. Jayyusi, R. Holod, A. Petruccioli, and A. Raymond (eds.), *The City in the Islamic World*, Leiden-Boston: Brill, 2008, pp. 221-45.

CHAPTER 20

예루살렘: 반석 위의 도시, 상상 속의 도시

앤 킬러브루
Ann E. Killebrew

예루살렘은 반석 위에 건설된 도시이자 상상력을 쌓아 만든 도시로, 세계 3대 일신교(유대교, 기독교, 이슬람교)에서 모두 성지로 여기는 독특한 도시다. 후기 청동기 시대의 명칭이 〈아마르나 문서(Amarna Letters)〉에 (예컨대 우루 샬림URU šalim을 비롯한 여러 변이 형태로) 남아 있는데, (모두는 아니지만) 일부 학자들은 이 명칭이 샬림(Shalim)이라는 신과 관련이 있다고 본다. 샬림은 아마도 별과 관련된 어떤 신격이었던 것 같다. 도시의 명칭으로 보아 일신교가 탄생하기 훨씬 전부터 신성한 장소로 여겨졌던 것 같다. 또한 이를 통해 애초에 왜 예루살렘이 건설되었는지 그 이유를 짐작해볼 수 있다. 과거뿐 아니라 지금도 예루살렘에는 하나가 아니라 여러 도시(성)가 포함되어 있고, 다양한 층위의 건물, 사람, 이야기가 중첩되어 있다. 성서의 전통에 따르면, 다윗에 의해 이스라엘 민족이 통일되면서 예루살렘은 이스라엘 왕국의 수도이자 문화 중심지로 탄생했다. 위대한 전사 왕이었던 다윗은 여부스인(Jebusites)이 살던 언덕을 정복하여 예루살렘을 건설했다. 이후 다윗의 아들 솔로몬이 모리아산(Mt. Moriah)에 야훼(Yahweh)의 제1성전(first temple)을 건설했다. 그곳은 히브리어로 아케다(Akedah), 즉 아브라함이 그의 아들 이삭을 제물로 바쳤던 곳이기도 하다(창세기 22:1~24). 제1성전은 도시 예루살렘과 함께 기원전 586년 네부카드네자르(Nebuchadnezzar)의 침략으로 완전히 사라졌고, 이스라엘 사람들 대부분이 그곳에서 쫓겨났다. 수십 년이 지난 뒤 이슬라엘 사람들은 다시 승리를 거두어 예루살렘으로 돌아왔고, 이때를 기념하여 야훼의 제2성전(second temple)이 건설되었다. 이후 예루살렘은 점차 유대인의 정신적 중심지로 재탄생했다. 로마 제국 시기 제1차 유대인 반란(66~70 CE)이 일어나자, 로마의 티투스(Titus) 황제는 4개 군단을 보내 예루살렘을 쓸어버렸다. 황폐화된 예루살렘에서 제2성전이 재건된 때는 헤로데(Herode) 총독 시기였다. 이때 건설된 성전은 로마 제국의 건축 불가사의 가운데 하나로 손꼽힌다. 로마 제국 후기 초기 기독교인에게도 예루살렘은 성소로서 공경의 대상이 되었다. 예수가 십자가형을 받고 또한 부활한 곳이었기 때문이다. 기원후 326년 로마 제국의 왕비 헬레나(Empress Helena, 콘스탄티누스 황제의 어머니)가 예루살렘을 방문하고 동방의 비잔틴 제국에서 기독교가 부흥하자, 도시 예루살렘도 재건되었다. 이 무렵 예루살렘은 기독교 세계의 정신적 수도이자 순례의 중심지였다. 도시 예루살렘의 세 번째 축성은 무함마드와 관련이 있었다. 무함마드가 밤하늘을 여행했다고 하는 마스지드 알-아크사(Masjid al-Aqsa) 사원을 지상의 예루살렘과 결부시켰던 것이다(쿠란, 알이스라 17:1). 초기 이슬람 우마이야 왕조 시기 건축가들은 비잔틴 제국의 예루살렘과 그 건축 유산을 이어받아 예루살렘에서 가장 오래도록 지속될 아이콘을 건설했다. 오늘날까지도 예루살렘의 스카이라인을 장식하고 있는 그것은 바로 바위의 돔(Dome of the Rock)이다. 과거에도 그랬지만 현재까지 예루살렘은 많은 사람들에게 미래의 영원한 유토피아로 여겨지고 있다. 민족의 해방, 정의의 통치, 평화, 종교적 충만을 아우르는 비전이었다. 동시에 예루살렘은 역사적으로 끊임없이 반복된 논란의 현장으로, 정치적·사회적·종교적으로 격렬한 분쟁의 중심지였다.

예술과 문학 작품에서 흔히 "세상의 중심"으로 등장하지만, 역사상 대부분의 시기 동안 예루살렘은 포괄하는 지역이나 인구의 측면에서 규모가 상당히 작은 도시였다(그림 20-1). 예루살렘으로 일컬어졌던 오랜 기간 동안, 오늘날과 같은 "인구 기준"을 적용한다면 도시로 규정되지 못할 때가 많았을 것이다. 예루살렘의 추정 인구 규모는 시기에 따라 크게 달랐다. 일반적으로 텔(언덕) 지역 대부분이 그랬지만 특히 예루살렘의 언덕 지역이 제대로 발굴되지 못했던 현실적인 이유도 있고, 또한 헤로데 총독 시기의 건축 행위 등으로 기존의 기반이 훼손되었기 때문이기도 하다. 후대에 건축을 하면서 심층의 기반석까지 파 내려가는 경우가 많아, 이전 시기 정착의 흔적들이 완전히 파괴되곤 했다. 뿐만 아니라 청동기 및 철기 시대 레반트 지역 도시들은 행정, 정치, 종교의 중심지로 기능하는 대신 거주 구역을 포함하지 않는 경우가 많았다. 대부분의 사람들은 주변의 시골에 거주했다. 마지막으로 통계학적 인구 계수(demographic coefficients, 헥타르당 인구수)로 고대의 인구를 계산하면 오차 범위가 워낙 커서 헥타르당 인구가 100명부터 1000명까지 큰 폭의 차이를 보인다. 이렇게 하면 도시 면적 가운데 몇 퍼센트 정도가 거주 구역이었는지를 파악하는 데 혼란을 더할 뿐이다.[1]

---

[1] 인구 계산에 사용된 다양한 계수(係數)에 관한 요약과 비평은 다음을 참조. Jeffrey R. Zorn, "Estimating the Population Size of Ancient Settlements: Methods, Problems, Solutions, and a Case Study," *Bulletin of the American Schools of Oriental Research* 295 (1994), 31-48. See Magen Broshi's estimates for Jerusalem (tenth century BCE : 2,000-5,000; seventh century BCE : 25,000; first century (pre-70

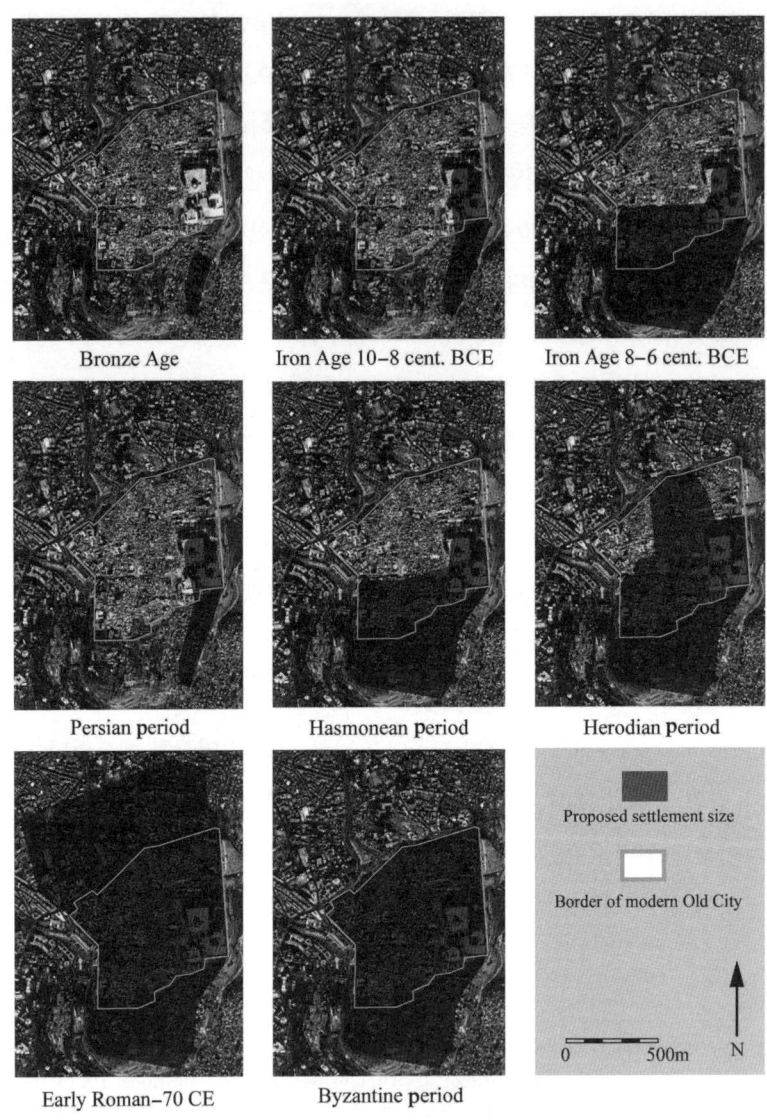

[그림 20-1] 청동기 이후 비잔틴 시기까지 예루살렘의 인구 규모 추정

일단 예루살렘의 위치를 보자면, 남부 레반트의 중심부 구릉 지대의 끄트머리에 자리하며, 전통적으로 도시가 발달했던 입지 조건과도 거리가 멀다. 주요 무역로상에 위치하지도 않았고, 제조나 생산의 중심지로 기능한 적도 전혀 없었다. 예루살렘 주변에 생산성이 풍부한 농경지나 천연자원이 있는 것도 아니다. 청동기 및 철기 시대 도시 예루살렘의 핵심 구역은 키드론(Kidron) 계곡, 힌놈(Hinnom) 계곡, 중앙의 티로포에온(Tyropoeon) 계곡 같은 산악 계곡으로 둘러싸여 있었다. 예루살렘의 물은 주로 기혼의 샘(Gihon Spring)에서 공급되는데, 도시의 위치는 이 샘에서 가깝다는 이유로 설명하는 것이 가장 적절할 것이다(그림 20-2).

남부 레반트 지역에 속하는 예루살렘은 이 지역의 지리적 운명, 즉 전근대 세계(Old World) 거대 제국의 변두리라는 위상을 공유했다. 이곳에서 완전히 독립적인 국가가 건설되거나, 대규모 혹은 고밀도 도심이 형성된 적은 한 번도 없었다. 이런 점에서 예루살렘은 근동 지역의 거대 제국들과 전혀 달랐다. 그러나 예루살렘은 수천 년 동안 의례의 중심지였다. 도시 예루살렘이 건설된 이유, 그리고 오늘날까지도 의미를 갖는 핵심적 기능은 의례에 있었다. 문화적·역사적·상징적 차원에서 예루살렘은 세계에서 가장 큰 공경을 받은, 가장 집중적인 관심을 모은 도시들

ce): 80,000; sixth century ce: 55,000-60,000): Magen Broshi, "Estimating the Population of Ancient Jerusalem," *Biblical Archaeology Review* 4/2 (June 1978), 10-15. 최근 연구로는 Avraham Faust, "The Settlement of Jerusalem's Western Hill and the City's Status in Iron Age II Revisited," *Zeitschrift des Deutschen Palästina-Vereins* 121 (2005), 97-118. 이에 대한 반론은 Hillel Geva, "The Settlement on the Southwestern Hill of Jerusalem at the End of the Iron Age: A Reconstruction Based on the Archaeological Evidence," *Zeitschrift des Deutschen Palästina-Vereins* 122 (2006), 140-50.

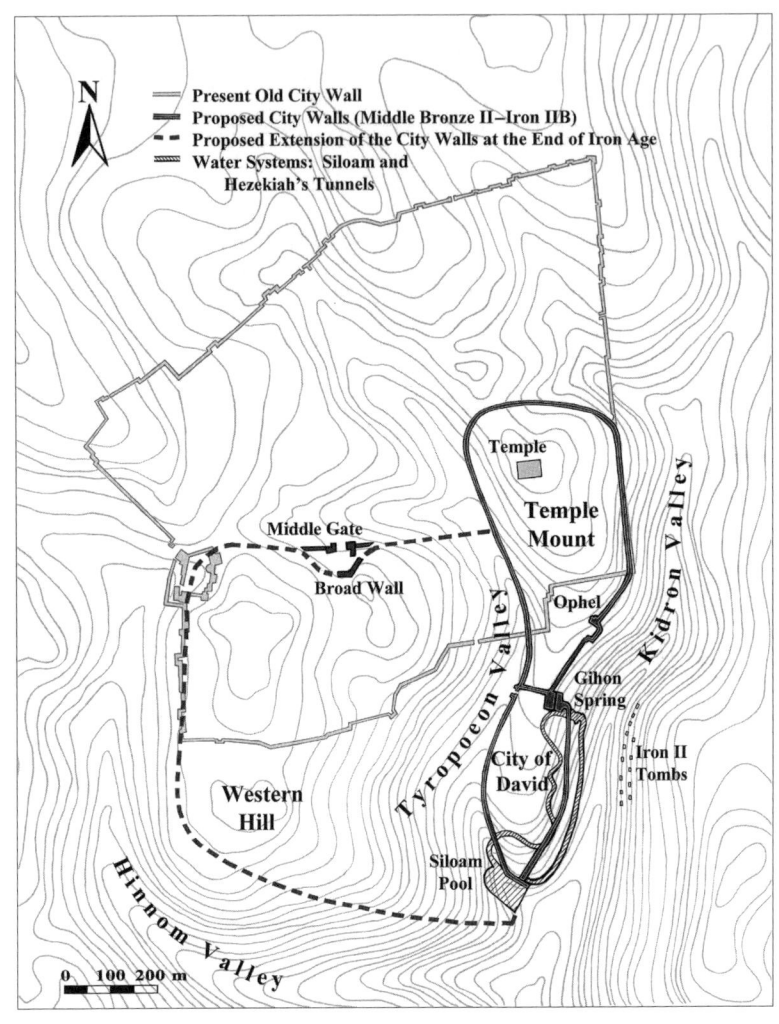

〔그림 20-2〕 청동기 및 철기 시대 예루살렘의 지형과 정착지 규모

중 하나였다.

예루살렘의 여러 도시

주요 근거 자료

지금부터 우리가 논의하게 될 도시 예루살렘의 물리적 모습과 관련된 주요 문헌 자료는 히브리 성경, 신약성경, 로마 및 고대 후기의 유대인 관련 자료(특히 요세푸스Josephus의 기록과 탈무드 약간), 기독교 문헌(특히 교부敎父, 수도사, 순례자의 글) 등이다. 기원후 6세기의 지도로 〈마다바 지도(Madaba Map)〉라고 하는, 예루살렘을 중심으로 하는 모자이크 지도 유물이 있는데, 이 지도는 비잔틴 시기 예루살렘의 도시 평면 구성이나 지리적 위치를 이해하는 데 전혀 쓸모가 없다. 물리적 현실을 기반으로 한 자료들도 있지만 "이상화된 예루살렘"을 묘사한 문헌 자료들도 있다. 예를 들면 사해 문서(Dead Sea Scrolls)에 속하는 "새 예루살렘 문서(New Jerusalem Scroll)"가 바로 그런 사례다.[2]

---

2 히브리어 성경에서 예루살렘이 640번 언급된다. 예컨대 Sara Japhet, "From the King's Sanctuary to the Chosen City," in Lee I. Levine (ed.), *Jerusalem: Its Sanctity and Centrality to Judaism, Christianity, and Islam* (New York: Continuum, 1999), pp. 3-15; and Avigdor Shinan, "The Many Names of Jerusalem," in Levine (ed.), *Jerusalem*, pp. 120-9. 신약 성경에서는 예루살렘이 140번 언급된다. 다음을 참조. Peter W. L. Walker, *Jesus and the Holy City: New Testament Perspectives on Jerusalem* (Grand Rapids, MI: Eerdmans, 1996). 기독교 자료 연구 성과는 다음을 참조. Yoram Tsafrir, "Byzantine Jerusalem: Configuration of a Christian City," in Levine (ed.), *Jerusalem*, pp. 133-50. 〈마다바 지도〉에 등장하는 예루살렘 관련 논의는 다음을 참조. Yoram Tsafrir, "The Holy City of Jerusalem in the Madaba Map," in Michele Piccirillo and Eugenio Alliata (eds.), *The Madaba Map Centenary, 1897-1997: Travelling through the Byzantine Umayyad Period. Proceedings of the International Conference Held in Amman, 7-9 April 1997* (Jerusalem: Studium Biblicum Franciscanum, 1999), pp. 155-63. 이상화된 도시로서의 예루살렘에 관해서는 다음을 참조. Michael Chyutin, "The New Jerusalem: Ideal City," *Dead Sea Discoveries* 1 (1994), 71-97.

예루살렘은 가장 많이 연구된 고대 도시 중 하나다. 고고학은 과거 예루살렘의 물리적 모습을 밝히는 데 필요한 1차적 자료를 제공한다. 예루살렘의 가장 오래된 유적은 구도시(Old City) 성벽의 남쪽에 있는데, 오늘날에는 실완(Silwan) 마을 아래에 묻혀 있다(고대 "다윗 성"; 그림 20-1, 그림 20-2). 철기 시대와 그 이후 예루살렘은 북쪽과 서쪽으로 확장되었다. 오늘날 예루살렘의 구도시 구역과 인접한 지역이다(그림 20-1, 그림 20-2).³

가나안(Canaan)의 예루살렘(중기 및 후기 청동기 시대)

기원전 제4~3천년기에도 예루살렘에 사람이 살았지만, 정착지의 요새화 흔적이 발견된 시기는 중기 청동기 II 시대(Middle Bronze II period)였다. 예루살렘은 이집트의 〈저주 문서(Execration Texts)〉에서 이집트의 적 중 하나로 언급될 만큼 중요했다. 중·후기 청동기 시대의 도시 사회는 기원전 제2천년기 대부분의 기간 동안 도시국가 체제를 유지했으며, 도시마다 통치자가 따로 있었다. 예루살렘 또한 예외가 아니었고, 오히려 기원전 제2천년기의 전형적인 도시였다. 즉 도시는 지역 내

---

3 예를 들어 예루살렘의 여러 구역에 관해서는 다음을 참조. Ephraim Stern (ed.), *New Encyclopedia of Archaeological Excavations in the Holy Land* (Jerusalem: Israel Exploration Society, 1993), Vol. ii, pp. 698-804, Vol. v, pp. 1,801-37, and bibliography there. 청동기 시대 및 철기 시대 예루살렘에 관해서는 다음을 참조. Jane M. Cahill, "Jerusalem at the Time of the United Monarchy: The Archaeological Evidence," in Andrew G. Vaughn and Ann E. Killebrew (eds.), *Jerusalem in Bible and Archaeology: The First Temple Period* (Atlanta: Society of Biblical Literature, 2003), pp. 13-80; and Ann E. Killebrew, "Biblical Jerusalem: An Archaeological Assessment," in Vaughn and Killebrew (eds.), *Jerusalem in Bible*, pp. 329-45; 또한 이 책에는 다양한 관점의 요약과 방대한 참고문헌이 수록되어 있다.

행정, 정치, 경제는 물론 문화의 중심지였으며, 대부분의 사람들은 도시의 배후지에 거주했다.

고고학적 발굴은 세 차례에 걸쳐 진행되었는데, 발굴 책임자는 캐슬린 케넌(Kathleen Kenyon), 이갈 실로(Yigal Shiloh), 그리고 로니 라이히(Ronny Reich)와 엘리 슈크론(Eli Shukron)이었다. 발굴을 통해 중기 청동기 ⅡB 시대 다윗 성(City of David)의 요새화 흔적이 발견되었는데, 다윗성은 기원전 18세기에 처음 건설된 것으로 확인되었다. 예루살렘의 도시들을 검토하는 데 있어 요새의 최초 건설 시기를 파악하는 것 못지않게 중요한 일은 언제부터 성벽이 쓸모없어졌는지를 이해하는 것이다. 발굴 결과 두 개의 성벽이 드러났는데, 하나의 성벽이 다른 성벽 위에 건설되어 있었다. 더 옛날의 성벽은 중기 청동기 ⅡB 시대, 나중에 건설된 성벽은 이와 단절되어 철기 ⅡC 시대(기원전 8세기 말~7세기)의 것이었다. 나중에 건설된 성벽 중에는 최초의 성벽을 재사용한 부분이 종종 포함되어 있었다. 발굴 보고서에 따르면, 기원전 8세기 말에 재건될 때까지 중기 청동기의 성벽이 그대로 사용되었다. 다른 연구에 따르면, 중기 청동기의 성벽이 후기 청동기에 무너져서 철기 시대에도 상당 기간(c. 1550~800 BCE) 무너진 채로 지속되었다. 이 경우에 예루살렘의 요새화 시기는 중기 청동기 ⅡB/C 시대로 보았으며, 기원전 8세기 이후 도시가 크게 팽창할 때에 가서야 비로소 성벽의 재건이 이루어졌고, 그때 남아 있던 기존의 중기 청동기 성벽은 단단한 기초로 사용되었다고 한다. 가장 최근의 발굴로 두 개의 기념비적 탑이 발견되었는데, 중기 청동기 ⅡB/C 시대의 인상적인 요새 시스템의 일부였다. 중기 청동기 시대 예루살렘의 중요성을 엿볼 수 있는 이들 두 탑은 기혼의 샘(Gihon

Spring)으로 가는 접근로를 감시하는 구조물이었으며, 복잡한 관개 시설도 건설되어 있었다.[4]

중기 청동기 ⅡB-C 시대 예루살렘의 발굴 성과는 상당히 인상적이고 명확한 반면, 후기 청동기로부터 철기 ⅡA 시대를 거치는 시기의 발굴 성과는 상당히 애매하며 서로 모순되는 당황스러운 결과를 보여주었다. 후기 청동기 Ⅱ 시대의 예루살렘과 관련해서 가장 중요한 근거 자료는 〈아마르나 문서〉로서, 이집트의 파라오와 압디-헤바(Abdi-heba) 사이에 오간 편지였다. 압디-헤바는 예루살렘 지역의 군주였고, 이로 보아 예루살렘이 이집트 신왕국(New Kingdom)의 입장에서 중요한 지역이었던 것 같다. 마그릿 슈타이너(Margreet Steiner)의 연구에 따르면 예루살렘이 상당히 작은 규모였으며 아마도 후기 청동기 시대 요새로 사용되었을 것으로 추정되었으나, 제인 케이힐(Jane Cahill)은 그와 달리 기원전 14~13세기의 예루살렘이 상당히 중요한 정착지였다고 주장했다. 어느 쪽 의견이든 후기 청동기 시대, 즉 기원전 14세기 〈아마르나 문서〉에서 여러 차례 언급된 압디-헤바 통치 시기의 예루살렘에 대한 물질적 증거는 거의 제시하지 못했다.[5]

---

4 최근 연구 성과 요약 및 참고문헌은 다음을 참조. Yigal Shiloh, "The Early Period of the First Temple Period," in Stern (ed.), *New Encyclopedia of Archaeological Excavations*, Vol. ii, pp. 701-2; and Ronny Reich and Eli Shukron, "The Gihon Spring and Eastern Slope of the City of David," in Stern (ed.), *New Encyclopedia of Archaeological Excavations*, Vol. v, pp. 1,801-5.
5 이와 대비되는 해석은 다음을 참조. Margreet L. Steiner, *Excavations by Kathleen M. Kenyon in Jerusalem 1961-1967* (London: Sheffield Academic Press, 2001), Vol. iii, pp. 24-41, and Cahill, "Jerusalem at the Time of the United Monarchy," pp. 27-33.

여부스인과 다윗의 예루살렘(철기 I 및 II A 시대)

기원전 12~9세기의 예루살렘에 관해서는 최근에 와서야 학계의 관심이 높아졌다. 기원전 12세기 전반에 남부 가나안(Canaan) 지역에서 이집트 신왕국의 영향력이 사라졌고, 동시에 후기 청동기 말엽의 국제 무역 네트워크가 붕괴되면서, 가나안 지역의 도시국가 시스템도 뚜렷한 쇠락의 길을 걸었다. 그리하여 철기 시대 초기 3세기 동안(c. 1200~900 BCE)을 파악할 수 있는 근거 자료는 성서 말고 거의 없으며, 이외에 토기 유형을 가지고 시기를 판단하는 것은 논란의 여지가 있을 수밖에 없다. 그러므로 해당 시기 연구에서 오늘날 고고학자들이 편년에 어려움을 겪는 지역은 비단 예루살렘에 국한된 문제가 아니었다.[6] 게다가 당시를 이해하기 위해 발굴의 필요성이 가장 크게 대두되는 지역이 있지만, 그곳은 오늘날 실완(Silwan) 마을의 건물 아래에 묻혀 있다. 뿐만 아니라 솔로몬왕이 건축했다고 전해지는 제1성전 자리는 이슬람 건축물 아래 묻혀 있다. 이슬람에서는 그 지역을 하람 알-샤리프(Haram al-Sharif)라고 한다. 최근 들어서야 예루살렘에서 광범위한 발굴 작업이 진행되었지만, 아직 최종 발굴 보고서가 출간된 경우는 거의 없다.

기원전 12~9세기 예루살렘을 둘러싼 논쟁의 핵심은 계단식 석조

---

6 자료 해석을 둘러싼 논쟁을 개괄한 연구 성과로 다음을 참조. Amihai Mazar and Israel Finkelstein, *The Quest for the Historical Israel: Debating Archaeology and the History of Early Israel. Invited Lectures Delivered at the Sixth Biennial Colloquium of the International Institute for Secular Humanistic Judaism, Detroit, October 2005* (Leiden: Brill, 2007), pp. 101-79 and bibliography there. 이어지는 논의에서는 기존 학설에 따라 기원전 12~9세기 설을 따르기로 한다. 다양한 해석의 관점에 대해서는 다음을 참조. Killebrew, "Biblical Jerusalem," pp. 339-43 and bibliography there.

[그림 20-3] 계단식 석조 구조물

구조물(Stepped Stone Structure)에 대한 해석이다. 대규모 공공 건축물의 일부인 이 구조물은 철기 시대 예루살렘의 대표적 유적이다(그림 20-3). 케년(Kenyon), 실로(Shiloh), 슈타이너(Steiner), 에일랏 마자르(Eilat Mazar)를 비롯해 다윗 성 발굴에 참여했던 학자들 대부분은, 이 석조 구조물의 건축 연대를 기원전 10세기(혹은 10~9세기)로 추정했다. 여기에 관한 상세하고도 유일한 최종 보고서는 케년의 발굴을 정리한 슈타이너의 보고서에 포함되어 있다. 슈타이너의 결론에 따르면 테라스 구조와 계단식 석조 구조물 꼭대기의 덮개돌은 석조 구조물보다 이른 시기, 추정컨대 후기 청동기 시대에 만들어진 것이었다. 슈타이너는 이를 근거로 예루살렘이 기원전 10~9세기에 지역 내 행정 중심지로 기능했을 것으로 추정했다. 제인 케이힐(Jane Cahill)은 실로가 발굴한 거대 성벽을 근거로 계단식 석조 구조물의 편년을 몇 세기 앞당겨, 기원전 12세기 혹은 "여부스인(Jebusite)"이 거주하던 시기(철기 I 시대)로 보았다. 케이힐의 결론에 따르면 테라스 구조와 덮개돌은 같은 시기에 만들어졌고, 이 성벽은 기원전 10세기에 이미 성벽으로 사용되지 않았다고 한다. 덮개 돌 위에 방이 네 개인 주택이 건축된 시기가 기원전 10세기였기 때문이다.[7] 주거용 건물의 흔적들을 근거로 케이힐은 기원전 10세기 예루살렘이 기존의 예상보다 규모가 더 컸을 것으로 추정했다. 공공 건축물이 없었다 해도, 이는 성서에 등장하는 통일 왕국 시기 예루살렘에 걸맞은 규모였다. 솔로몬의 제1성전을 포함해서 당시의 주요 건축물들은 고고학적으로 접근이 불가능하다. 이론적으로는 성전산(Temple Mount), 즉 하람 알-샤리프 언덕에 위치하기 때문이다. 성전산의 남쪽 성벽을 발굴한 결과 기원전 9~8세기 이전 층위가 나타나지 않았다. 따라서 그 이전 시기의 유적이 하람 알-샤리프 아래에 묻혀 있을 가능성은 더욱 커졌다. 그렇다면 기원전 10~9세기 예루살렘은 비교적 규모가 작은 행정 중심지에 불과했을 것으로 추정된다.

이 주제와 관련해서 가장 최근의 발굴 성과는 에일랏 마자르의 발굴(2005~2008)이었다. 발굴 지역은 계단식 석조 구조물 바로 뒤편과 윗부분이었다. 발굴 결과 대규모 공공 건축의 기초가 발견되었는데, 마자르는 이 유적을 "거대 석조 구조물(Large Stone Structure)"이라 했다. 마자르에 따르면 이 구조물은 기원전 10세기에 계단식 석조 구조물과 함께 건축되었으며, 다윗왕과 솔로몬왕의 통치 시기에 궁전 복합 건물의 일부였을 것으로 추정된다. 몇몇 주도적인 학자들이 마자르의 해석에 의문

---

7 See for example Steiner, *Excavations*, Vol. iii, pp. 42–53; Cahill, "Jerusalem at the Time of the United Monarchy," pp. 33–66, but see Yigal Shiloh, *Excavations at the City of David I, 1978-1982: Interim Report of the First Five Seasons* (Jerusalem: Institute of Archaeology, The Hebrew University of Jerusalem, 1984), p. 17.

을 제기하기는 했지만, 만약 마자르의 해석이 옳다면, 기원전 10세기 예루살렘이 비록 규모는 크지 않았지만 지역의 행정 중심지였다는 추정에 근거를 더해주는 것이다.[8]

남부 유대 왕국의 수도 예루살렘(철기 ⅡB-C 시대)
기원전 8세기 동안 예루살렘은 극적인 변화를 겪었다. 이 시기의 흔적은 고고학 자료나 문헌 기록에서도 풍부하게 발견되는데, 당시의 예루살렘은 중요한 문화적 중심 도시였고 거주 인구도 많았다. 아마도 도시 역사상 이런 적은 처음이었을 것이다. 이 시기 동안 예루살렘은 급속도로 성장했고 서쪽으로 팽창하여 오늘날 유대인 구역이 설치된 서부 언덕 지역까지 포괄하게 되었다(그림 20-1, 그림 20-2). 케년과 실로의 다윗 성 발굴 결과에 따르면, 기원전 8세기 말에서 기원전 7세기까지 성의 동쪽 산록은 주거 구역으로 부유한 계층과 가난한 계층이 섞여 살았다.[9]

"기원전 8세기 이전"부터 철기 시대 말엽까지 이어졌던 조잡한 주거

---

8 Eilat Mazar, *The Palace of King David: Excavations at the Summit of the City of David. Preliminary Report of Seasons 2005-2007*, Ben Gordon (trans.) (Jerusalem: Shoham Academic Research, Jerusalem, 2009), pp. 43-65. Contra Mazar, see for example Israel Finkelstein, Ze'ev Herzog, Lily Singer-Avitz, and David Ussishkin, "Has King David's Palace in Jerusalem Been Found?", *Tel Aviv* 34 (2007), 142-64.
9 See for example Hendricus J. Franken and Margreet L. Steiner, *Excavations by Kathleen M. Kenyon in Jerusalem 1961-1967*, Vol. ii (Oxford: Oxford University Press, 1990); Steiner, *Excavations*, Vol. iii, pp. 54-111; and for example Donald T. Ariel and Alon De Groot, "The Iron Age Extramural Occupation at the City of David and Additional Observations on the Siloam Channel," in Donald T. Ariel (ed.), *Excavations at the City of David Directed by Yigal Shiloh* (Jerusalem: Institute of Archaeology, The Hebrew University of Jerusalem, 2000), Vol. v, pp. 155-64.

용 구조물의 흔적이 마자르의 발굴 현장 서쪽 실완(Silwan) 마을 안 기바티 주차장(Giv'ati Parking Lot)에서 발견되었다. 라이히(Reich)와 슈크론(Shukron)은 다윗 성의 동쪽 산록에서 이에 못지않은 중요한 발굴을 수행했다. 발굴 결과 기존에 성 밖으로 알려졌던 곳에서 추가로 주거 구역이 발견되었다. 그러나 이 구역은 사실 기존에 알려지지 않았던, 기원전 8~7세기에 건설된 바깥 성벽의 안쪽이었다. 낮은 곳의 성벽, 즉 기존의 성벽보다 산록을 내려와서 낮은 고도에 건설된 성벽은 철기 II 시대의 예루살렘에서 일정한 도시의 팽창이 있었다는 증거가 된다. 또한 북쪽으로는 성전산 남쪽에서 발굴이 진행되었다. 여기서는 성서에 등장하는 오벨(Ophel)이라는 곳이 발견되었는데, 기원전 8~7세기 동안 번성했던 곳이다. 성전산 서쪽에서도 비슷한 양태가 발견되었다. 최근 서쪽 성벽 광장(Western Wall Plaza) 인접 지역을 발굴하는 동안 슐로미트 웩슬러-브돌라(Shlomit Weksler-Bdolah)와 알렉산더 온(Alexander Onn)에 의해 후기 철기 시대 유적이 발견되었다. 여기에는 구조물의 흔적도 포함되어 있었는데, 아마도 네 개의 방이 있는 주택 건물이었을 것으로 추정된다. 또한 평평한 자연석 위에 건설된 오솔길과 채석장의 흔적도 남아 있었다. 성전산 서쪽 편에서 구도시 유대인 구역 발굴이 진행되었는데, 기원전 8세기 말에 예루살렘이 급격히 성장했던 명확한 증거가 발견되었다. 여기서 발견된 주거용 구조물과 서부의 요새는 기원전 8세기 말에 건축된 것으로, 기념비적 성벽 구조물(이른바 "히스기야 성벽Broad Wall")과 탑도 포함되어 있었다. 이러한 발굴 성과들은 후기 철기 시대 예루살렘의 증거로서, 성서에 등장하는 예루살렘에 상당히 근접해 있다. 성서에서는 사마리아(Samaria)와 북부의 이스라엘 왕국이 아시리아에 의해 무너진 뒤 예

루살렘이 구심점이자 중요한 도시였던 것으로 묘사되어 있다.[10]

기원전 8~7세기에 바위를 뚫어 만든 가족 무덤의 수가 증가한 흔적이 보이는데, 이는 예루살렘의 중요성과 인구 성장 및 번영을 보여주는 또 하나의 근거가 된다.[11] 예루살렘 배후지를 조사한 고고학자들의 보고에 따르면, 소규모 정착지의 수도 증가했다고 한다. 텔(언덕), 요새, 마을, 건축 구조물, 농경지, 탑, 집중된 토기 파편 등이 그 증거였다. 이는 예루살렘이 철기 ⅡC 시대에도 중요한 도시였음을 알려준다. 이렇게 번성하던 예루살렘은 이후 기원전 586년 바빌로니아에 의해 파괴되기에 이른다.

---

10 예루살렘의 확장과 관련하여 상세한 추가 논의는 다음을 참조. Doron Ben-Ami and Yana Tchehanovetz, "Jerusalem, Giv'ati Parking Lot," *Hadashot Arkheologiyot: Excavations and Surveys in Israel* 120 (2008), accessed February 18, 2011, www. hadashot-esi.org.il/report_detail_eng.asp?id=873&mag_id=114; Ronny Reich and Eli Shukron, "The Urban Development of Jerusalem in the Late Eighth Century B.C.E.," in Vaughn and Killebrew (eds.), *Jerusalem in Bible*, pp. 209–18; Eliat Mazar and Benjamin Mazar, *Excavations in the South of the Temple Mount* (Jerusalem: Institute of Archaeology, The Hebrew University of Jerusalem, 1989); Shlomit Weksler-Bdolah, Alexander Onn, Briggite Ouahnouna, and Shua Kisilevitz, "Jerusalem, the Western Wall Plaza Excavations, 2005–2009: Preliminary Report," *Hadashot Arkheologiyot: Excavations and Surveys in Israel* 121 (2009), accessed February 11, 2012, www.hadashot- esi.org.il/report_detail_eng.asp?id=1219&mag_id=115; and Nahman Avigad, *Discovering Jerusalem* (Oxford: Blackwell, 1984), pp. 23–60.

11 David Ussishkin, *The Village of Silwan: The Necropolis from the Period of the Judean Kingdom*, Inna Pommerantz (trans.) (Jerusalem: Israel Exploration Society, 1993); Itzhak Eshel and Kay Prag (eds.), *Excavations by Kathleen M. Kenyon in Jerusalem 1961–1967*, Vol. iv (Oxford: Oxford University Press, 1995), pp. 209–20; and Ronny Reich, "The Ancient Burial Ground in the Mamilla Neighbourhood, Jerusalem," in Hillel Geva (ed.), *Ancient Jerusalem Revealed: Excavations, 1993-1999* (Jerusalem: Israel Exploration Society, 2000), pp. 111–18.

제2성전 초기의 예루살렘(페르시아 및 초기 헬레니즘 시대)

키루스(Cyrus, 고레스) 대왕은 바빌론(Babylon)의 정복자이자 아케메네스 제국을 건설한 인물이었다. 그의 통치와 함께 예루살렘 지역은 페르시아 지배기에 들어간다. 그는 칙령을 내려 유대인을 비롯해 바빌로니아에 의해 추방되었던 사람들이 모두 고향으로 돌아가도록 했다. 성서 곳곳에서 이때의 일을 칭송하고 있다(역대기하 36:22~23, 에스라서 1:1~8, 이사야서 44:28). 성서의 내용에 따르면, 제2성전은 기원전 515년에 건설되어 신에게 헌정되었다(에스라서 6:15~18). 기원전 5세기 중엽 느헤미야(Nehemiah)는 거대한 건축 공사를 실시했는데, 그중에는 예루살렘 성벽의 복원 공사도 포함되어 있었다(예를 들면 느헤미야서 2:3, 12:27~43). 성서에서는 페르시아 시기 예루살렘의 재건과 관련하여 상세한 내용이 서술되어 있지만, 이 시기에 속하는 고고학적 유물은 거의 발견된 것이 없다. 그래서 과연 성서의 내용을 믿을 수 있을지 의문이 제기되었다. 대부분의 학자들은 유물이 그토록 발견되지 않는 이유가 예루살렘의 규모가 워낙 작았기 때문이라고 이해하고 있지만, 최근 마자르는 느헤미야가 추진했던 건축 공사의 흔적을 발견했다고 발표했다. 다윗 성을 발굴하는 동안 마자르는 북부 탑(Northern Tower)과 W. 27 유적의 편년을 다시 해야 한다고 주장했다. 이전에는 헬레니즘 시대의 유적으로 알려져 있었지만, 탑 아래에서 발굴된 유물들로 볼 때 페르시아 시기의 유적으로 보아야 한다는 주장이었다. 마자르에 따르면 수정된 시기는 기원전 6세기 말에서 기원전 5세기 초로 느헤미야의 통치 시기와 겹친다.[12]

헤로데 총독의 예루살렘(후기 헬레니즘 및 초기 로마 시대)

헬레니즘 시기에도 예루살렘은 서서히 팽창을 지속하고 있었다. 그러다가 팔레스타인 지역이 로마 제국의 영향권에 들면서 예루살렘 또한 급속히 주요 도시로 성장하게 되었다. 헤로데 총독의 통치 시기(37 BCE~4 CE)에 예루살렘은 거대한 건축 공사를 실시하며 크게 확장되었다. 기원후 1세기의 예루살렘은 근대 이전 시기를 통틀어 가장 거대한 규모로 성장했다(그림 20-1, 그림 20-4 하단). 헤로데 총독의 기념비적 건축물들은 예루살렘의 도시 경관과 지형에 뚜렷한 흔적을 남겼고, 심지어 오늘날까지도 그 흔적을 볼 수 있다. 헤로데의 업적 가운데 가장 주목할 만한 공사가 바로 제2성전의 개조였다. 로마 세계의 "불가사의" 중 하나로 평가되는 그 업적을 통해 예루살렘은 종교적·행정적·경제적 측면에서 왕국의 중심지라는 위상에 걸맞게 되었으며, 유대인의 예배와 제사의 중심 순례지가 되었다. 고고학적 발굴과 기원후 1세기에 요세푸스(Josephus)가 남긴 글을 통해, 헤로데가 건설한 예루살렘에 관해서 우리는 상세한 내용을 파악할 수 있다(그림 20-4 상단).

12 페르시아 시기 예루살렘을 최소한으로 보는 관점은 다음을 참조. Israel Finkelstein, "Jerusalem in the Persian (and Early Hellenistic) Period and the Wall of Nehemiah," *Journal for the Study of the Old Testament* 32 (2008), 501-20. 이에 대한 반론은 다음을 참조. Oded Lipschits, "Persian Period Finds from Jerusalem: Facts and Interpretations," *Journal of Hebrew Scriptures* 9 (2009), accessed February 18, 2011, www.jhsonline.org/ Articles/article_122.pdf. See also Finkelstein's rebuttal: Israel Finkelstein, "A Persian Period Jerusalem and Yehud: A Rejoinder," *Journal of Hebrew Scriptures* 9 (2009), accessed February 18, 2011, www.jhsonline.org/Articles/article_126.pdf. Mazar의 최근 발굴 성과에 관해서는 다음을 참조. Mazar, *The Palace of King David*, pp. 72-9. 다른 시각 및 비판은 다음을 참조. Finkelstein, "Jerusalem in the Persian (and Early Hellenistic) Period," pp. 501-20.

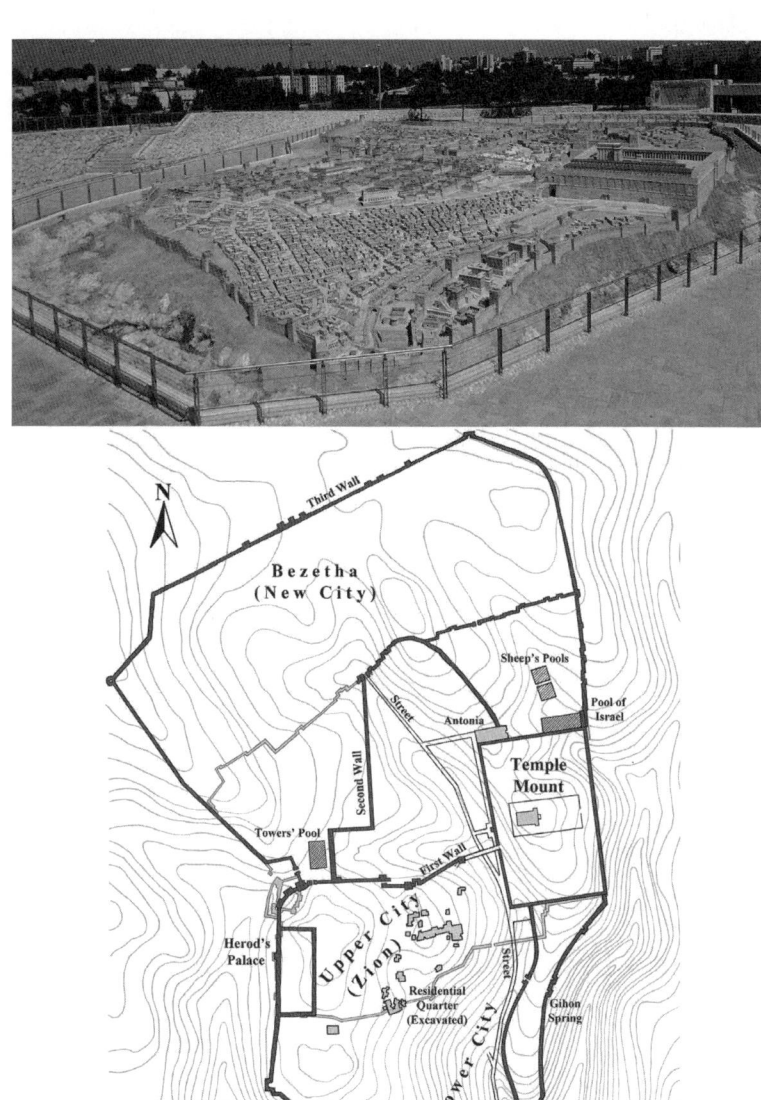

〔그림 20-4〕 제2성전 시기의 예루살렘 추정도
위: 이스라엘 박물관에 있는 예루살렘 모형. 아래: 예루살렘 평면도.

1967년 이래로 대규모 발굴 프로젝트가 진행되었다. 특히 남쪽 성벽과 서쪽 성벽 및 유대인 구역 발굴은 몇 년에 걸쳐 지속되었으며, 이외에도 예루살렘 지역과 그 인근의 곳곳에서 소규모 발굴 작업이 시행되었다. 이를 통해 헤로데 총독 시기 예루살렘에 관한 우리의 이해는 획기적으로 변화되었다. 아주 최근에는 구제 발굴(salvage excavation)이 진행되어 제2성전 시기 말엽에 해당하는 인상적인 유물들이 추가로 발견되었다. 앞에서 언급한 기바티 주차장 유적에서는 거대한 복합 구조 건축물의 흔적이 발견되었는데, 두 개의 주요 부분으로 구성되어 저장실, 주거 구역, 미크바(mikvah, 유대교의 정결 의식에서 물에 몸을 담그는 장소) 등이 포함되어 있었다. 다윗 성 안에서 이 구역은 상당히 인상적인 주거 구역이었는데, 아마도 아디아베네(Adiabene) 왕국의 왕비 헬레나(Queen Helena) 가문의 주거지도 있었을 것으로 추정된다. 이외에 주목할 만한 발굴로는 실로암 샘(Siloam Pool)의 저수지와 헤로데 총독 시기의 길거리, 성전산과 실로암 샘을 연결하는 도수로 등이 있었다(그림 20-5). 여기서 발견된 배수로 유형의 유적 혹은 실제 배수로는, 요세푸스가 남긴 글에 따르면, 기원후 70년 로마가 예루살렘을 정복하고 파괴할 당시 유대인 주민의 탈출구로 사용되었다고 한다(《유대전쟁사》 7.215).[13]

13 제2성전 시기 예루살렘 개괄은 다음을 참조. Lee I. Levine, *Jerusalem: in the Second Temple Period* (538 B.C.E.-70 C.E.) (Philadelphia: Jewish Publication Society in cooperation with the Jewish Theological Seminary of America, 2002) and detailed bibliography. 제2성전 시기 예루살렘에 인구 규모가 컸다는 사실은 대규모 묘지 구역을 통해서도 알 수 있다. 발굴 성과는 다음을 참조. Amos Kloner and Boaz Zissu, *The Necropolis of Jerusalem in the Second Temple Period* (Leuven: Peeters, 2007). 최근의 기바티 주차 구역 발굴 성과 소개는 다음을 참조. Doron Ben-Ami and Yana Tchehanovetz, "The Lower City of Jerusalem on the Eve of Its

〔그림 20-5〕 헤로데 시기의 도수로

아엘리아 카피톨리나(후기 로마 시대)

티투스 황제의 명에 따른 군대의 공격으로 예루살렘은 깡그리 파괴되었다. 요세푸스의 기록에 따르면 "방문객의 눈에는 이곳이 한때 사람들이 살았던 곳이라고 믿을 만한 흔적이 하나도 남지 않았다"(《유대전쟁사》 7.1.1). 반세기가 지난 후 기원후 130년이 되어서야 하드리아누스(Hadrianus) 황제는 예루살렘에 로마의 식민 도시를 재건하라는 명을 내렸다. 이제 예루살렘의 이름은 아엘리아 카피톨리나(Aelia Capitolina)가 되었다. 위치는 유대인의 예루살렘에서 제2성전의 폐허가 있는 곳이었다. 그러나 실질적인 공사에 착수한 시기는, 기원후 135년에 있었던 두 번째 유대인 반란을 가혹하게 진압한 뒤 모든 유대인을 유다(Judah) 지역(팔레스타인 남부)에서 추방한 뒤였다. 도시의 평면 구성은 당시 로마 도시의 전형을 따랐다. 도시의 한가운데를 남북으로 가로지르는 도로(카르도cardo)와, 동서로 가로지르는 도로(데쿠마누스decumanus)가 도시 구성의 중심이었다. 삼중 아치로 만든 문은 오늘날 다마스쿠스 문(Damascus Gate)에서 볼 수 있는 것과 같은 양식인데, 도시의 북쪽에 설치되어 있었다. 그러나 도시 자체가 요새화되지는 않았다. 도시 계획에는 유피테르(Jupiter)와 베누스(Venus, 아프로디테)를 모신 사원 건설이 포함되었다. 이외에도 도시의 중심 도로인 카르도와 데쿠마누스가 교차하

Destruction, 70 C.E.: A View from Hanyon Givati," *Bulletin of the American Schools of Oriental Research* 364 (2011), 61-85. 실로암 샘물에 관해서는 다음을 참조. Ronny Reich and Eli Shukron, "The Pool of Siloam in Jerusalem of the Late Second Temple Period and Its Surroundings," in Katharina Galor and Gideon Avni (eds.), *Unearthing Jerusalem: 150 Years of Archaeological Research in the Holy City* (Winona Lake, IN: Eisenbrauns, 2011), pp. 241-55.

는 지점에 포룸(forum) 광장이 설치되었다. 로마군 제10군단이 서부 언덕 상위 도시(Upper City)에 주둔했는데, 도시의 남서부 사분면을 차지했다. 최근에 오늘날의 유대인 구역에서 목욕탕 건물 유적이 발견되었는데, 로마 군단이 사용했던 시설로 추정된다. 그러나 이 시기의 고고학적 흔적은 거의 없는 편이다. 아엘리아 카피톨리나가 전형적인 로마의 도시 계획을 따랐고, 그 기본 구조는 이후 수 세기 동안 예루살렘의 기본 틀로 유지되었으며, 그 대강은 지금도 예루살렘의 구도시(Old City)에 그대로 남아 있다.[14]

기독교의 순례지가 된 예루살렘(비잔틴 제국 시기)

기원후 4세기 초 로마 제국의 왕비 헬레나(Empress Helena)가 방문한 뒤로 예루살렘은 다시 기독교 성지(聖地)로서의 위상을 되찾았다(비잔틴 제국 시기에도 도시 이름은 계속 아엘리아Aelia로 불렸다). 당시의 문헌 기록이나 고고학 자료를 통해서도 확인되듯이, 비잔틴 제국 시기 예루살렘의 도시 평면 구성은 이전의 아엘리아 카피톨리나 시기의 건축적 기본 구조를 그대로 따랐다(그림 20-6 하단). 기원후 4세기 도시의 모습이 기록된 가장 오래된 문헌은 《보르도인의 순례기(Bordeaux Pilgrim)》

---

14 See for example Yaron Z. Eliav, "The Urban Layout of Aelia Capitolina: A New View from the Perspective of the Temple Mount," in Peter Schäfer (ed.), *The Bar Kokhba War Reconsidered: New Perspectives on the Second Jewish Revolt against Rome* (Tübingen: Mohr, 2003), pp. 241-78; and Klaus Bieberstein, "Aelia Capitolina," in Zeidan Kafafi and Robert Schick (eds.), *Jerusalem before Islam* (Oxford: Archaeopress, 2007), pp. 134-68, and bibliography there. See most recently Jodi Magness, "Aelia Capitolina: A Review of Some Current Debates about Hadrianic Jerusalem," in Galor and Avni (eds.), *Unearthing Jerusalem*, pp. 313-24.

로, 기원후 333년경 예루살렘을 방문한 기록이다. 기록에 따르면 기독교의 수많은 기념비적 건축물들이 있었고, "성묘 교회(Church of the Holy Sepulchre, 혹은 basilica of the Lord)"도 그때 이미 존재했었다. 콘스탄티누스 황제가 베누스(아프로디테)의 신전 자리에 건축한 교회였다. 예루살렘에 기독교의 물결이 덮쳐오기 전 로마 제10군단은 예루살렘 외부로 이전했다. 그래서 상당히 넓은 부지가 제공되었고, 그곳에 교회, 수도원, 숙박 시설, 기타 종교 건물을 지을 수 있었다. 예루살렘에 관한 비잔틴 시기의 기록이 풍부하게 남아 있지만, 대부분은 도시에 기독교적 특성을 더하는 데 기여한 위인의 업적을 기리는 내용이다. 그러한 기록에서 예루살렘 주민의 일상생활은 관심을 둘 바가 아니었다. 그동안 예루살렘에서 비잔틴 시기의 유적으로 확인되거나 발굴된 현장은 250곳이 넘는다. 그러나 대부분은 발굴 보고서가 출간되지 않았고, 따라서 비잔틴 제국 시기 예루살렘의 일상생활을 이해하고자 한다면 아직 상당히 제한적일 수밖에 없는 현실이다.[15]

비잔틴 제국 시기 예루살렘에 관한 자료로 빼놓을 수 없는 것은 〈마다바 지도(Madaba Map)〉다. 기원후 6세기의 이 지도는 요르단 마다바에 있는 성 게오르기우스 교회(Church of St. Georgius)에 모자이크로 묘사되어 있다(그림 20-6 상단). 성지의 기독교 유적이 자세히 표시된 모자이크 지도는 실제로 순례 길 안내 자료로 사용되었을 것이다. 지도의 중심에

---

15 간략한 요약은 다음을 참조. Robert Schick, "Jerusalem in the Byzantine Period," in Kafafi and Schick, (eds.), *Jerusalem before Islam*, pp. 169–88, and bibliography there. See most recently Oren Gutfeld, "The Urban Layout of Byzantine-Period Jerusalem," in Galor and Avni (eds.), *Unearthing Jerusalem*, pp. 327–50.

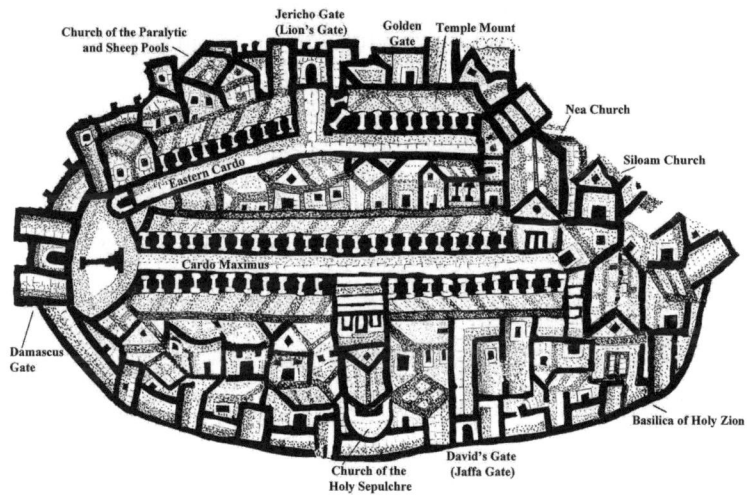

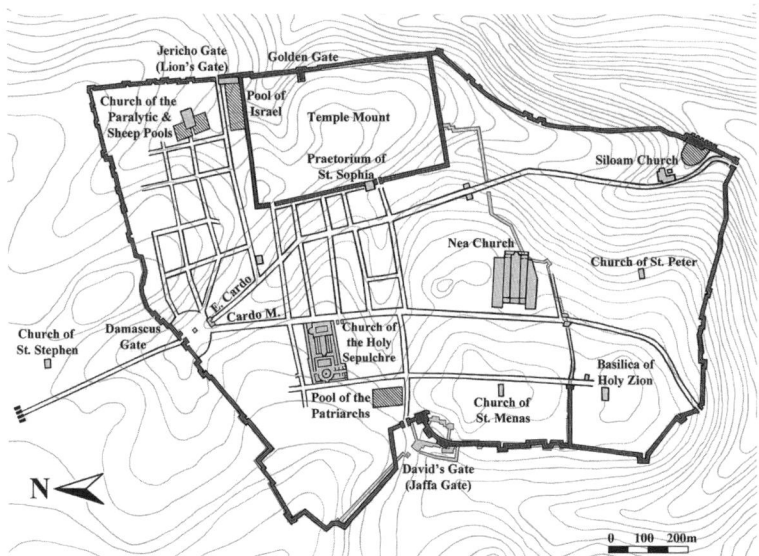

〔그림 20-6〕 비잔틴 시기 예루살렘 재건축 추정도
위: 마다바 지도에 그려진 예루살렘. 아래: 예루살렘 평면도.

CHAPTER 20 - 예루살렘: 반석 위의 도시, 상상 속의 도시 예루살렘이 위치하는데, 이는 예루살렘이 세상의 "옴파로스(omphalos, 배꼽)"이며 가장 중요한 성지임을 의미한다. 지도에 따르면 예루살렘의 성벽에는 20개의 탑, 네 개의 성문(스테파노 문과 다마스쿠스 문 포함), 카르도(cardo)를 비롯해 회랑이 설치된 도로, 40개의 건물이 있었다. 지도에 표시된 많은 구조물이 같은 시기의 문헌 자료나 후대의 고고학 발굴로 확인되었다. 또한 주목할 만한 점은 지도에 묘사되지 않은 것, 바로 성전산(Temple Mount)이다. 당시에 성전산은 아직 폐허로 남아 있었다. 학자들의 의견이 대체로 일치하듯이, 이 지도는 비잔틴 제국 시기 예루살렘의 물리적 현실을 표현한 것이 아니다(그림 20-6).

비잔틴 시기의 예루살렘은 무엇보다도 순례지였다. 주요 기능은 "성지 순례" 문화에 기여하는 것이었다. 기독교 세계(Christendom)의 중심으로서 예루살렘은 매우 국제적인 성격을 띠게 되었다. 부유한 자와 가난한 자를 막론하고 세계의 모든 지역으로부터 순례자들이 모여들었고, 예루살렘에 도착한 이들은 상당히 오랜 기간 동안 도시에 머물렀다. 교회와 수도원, 종교 체험을 원하는 수많은 순례자들이 묵을 숙박 시설이 도시를 압도했다. 기원후 614년 페르시아의 침공으로 도시의 상당 부분이 훼손되었지만, 628년 페르시아가 물러난 뒤 다시 회복되었다. 이슬람 정복 직전의 예루살렘은 〈마다바 지도〉에 그려진 모습 거의 그대로였다.

바이트 알-마크디스/알-쿠드스(초기 이슬람 시대)

팔레스타인 지역을 무슬림이 점령함에 따라 638년 이후 예루살렘의 행정권도 우마이야 왕조의 칼리파에게 넘어갔다. 이후 예루살렘은 기독교의 수도에서 이슬람의 성지로 큰 변화를 맞게 되었고, 도시 이름도 바이트 알-마크디스(Bayt al-Maqdis, 성스러운 집)로 바뀌었다가 나중에는 대개 알-쿠드스(al-Quds)라는 이름으로 불렸다. 칼리파 압드 알-말릭(Abd al-Malik)과 그의 아들 알-왈리드(al-Walid)가 수 세기 동안 폐허로 남아 있던 성전산에 건축을 추진했다. 공사 계획에는 오늘날 세계에서 가장 오래된 이슬람 건축물로 알려진 바위의 돔(Dome of the Rock), 그리고 알-아크사 모스크(al-Aqsa Mosque)도 포함되어 있었다. 바위의 돔은 하람 알-샤리프(Haram al-Sharif, 이슬람의 지극히 성스러운 장소)의 핵심으로 바위(Sakhra) 위에 건축되었다. 나중에는 무함마드가 그곳에서 천사장 가브리엘을 데리고 하늘로 올라갔다는 전설이 생겨났다. 많은 사람들은 그곳의 기반석이 있던 자리가 바로 성지 중의 성지로서 제1성전과 제2성전이 위치했던 곳이라고 믿고 있다. 바위의 돔의 기능을 둘러싸고 오래도록 논란이 이어졌다. 팔각형 평면과 원형 건물의 모습은 비잔틴 제국 시기의 교회당, 특히 성묘 교회와 매우 흡사하다는 점을 주목할 필요가 있다. 이로 보아 바위의 돔은 기념식을 거행하기 위한 장소였을 수 있다. 그러나 올렉 그라바르(Oleg Grabar) 같은 학자들의 해석에 따르면, 그 건물이 처음에는 기독교 성서에 따른 의미가 있었고, 이후 유대인과 기독교의 성지였던 예루살렘에서 이슬람의 존재를 과시하기 위하여 비잔틴 시기 기독교의 흔적 위에 이슬람의 면모를 덧씌웠다는 것이다. 가장 최근에 제기된 또 다른 해석은, 바위의 돔 건축을 통해 칼리파 알-말릭이 자신을 다윗이나 솔로몬과 같은 반열의 최고 권위자로 세우고자 했다는 것이다. 다윗과 솔로몬은 모두 초기 이슬람에서 높이 받들던 위인이었다.[16]

    우마이야 왕조 시기의 유적으로 가장 중요한 고고학적 발견이라면,

하람 알-샤리프의 서쪽과 남쪽에 위치한 복합 건물들이다. 이 건물 중에는 거대한 행정 기관과 궁전이 포함되어 있는데, 파괴된 제2성전과 비잔틴 시기의 공공 건축물에서 거대한 크기의 마름돌을 가져다 지은 건물이었다(그림 20-7). 이런 기념비적 건축물들은 아마도 몇 층 높이는 되었을 테고, 복잡한 하수 시설이나 목욕탕 같은 여러 시설을 갖추고 있었을 것이다. 이러한 건물들, 우마이야 왕조 시기의 성전산 공사들, 그리고 이후 이슬람 지배 첫 세기를 서술한 문헌 자료 이외에는 아랍 지배 초기의 예루살렘에 관한 내용을 거의 찾아보기 어렵다.[17]

우마이야 왕조 치하에서 예루살렘의 기독교 성전은 여전히 번영을 구가했으며, 도시의 기본적 평면 구성이나 인구 구성도 대개 변화가 없었던 것 같다. 당시의 항복 문서에는 기독교 건물을 이슬람교의 목적으로 사용할 수 없다는 내용이 담겨 있었다.[18] 분명한 것은 과거 성전산에서 야심만만히 추진된 건축 공사와 인상적인 행정 기관 복합 건물에서

---

16 See for example Oleg Grabar, "The Meaning of the Dome of the Rock," in Marilyn J. Chiat and Kathryn L. Reyerson (eds.), *The Medieval Mediterranean: Cross-Cultural Contacts* (St. Cloud, MN: North Star Press of St. Cloud, 1988), pp. 1-10; Nasser Rabbat, "The Meaning of the Umayyad Dome of the Rock," *Muqarnas* 6 (1989), 12-21, and bibliography there; and Ofer Livne-Kafri, "On Muslim Jerusalem in the Period of Its Formation," *Liber Annuus* 55 (2005), 203-16.
17 구조물 발굴 성과는 아직 출간되지 않았다. 전체적인 개괄은 다음을 참조. Meir Ben-Dov, "Jerusalem," in Stern (ed.), *New Encyclopedia of Archaeological Excavations*, Vol. ii, pp. 793-4. See most recently Donald Whitcomb, "Jerusalem and the Beginnings of the Islamic City," in Galor and Avni (eds.), *Unearthing Jerusalem*, pp. 399-416.
18 See Gideon Avni, "From Hagia Polis to Al-Quds: The Byzantine-Islamic Transition in Jerusalem," in Galor and Avni (eds.), *Unearthing Jerusalem*, pp. 387-98.

[그림 20-7] 우마이야 왕조 시기 행정 기관 및 궁전 유적
예루살렘 고고학 공원.

는 이슬람의 전통을 예루살렘에 이식하고 우마이야 왕조의 정치적 권위를 드높이려는 의도가 충분히 반영되었다는 점이다. 우마이야 왕조의 통치는 예루살렘에 지울 수 없는 흔적을 남겼는데, 오늘날까지도 확연히 눈에 들어오는 바위의 돔은 예루살렘의 다층적이고 지속적인 신성함을 상징하는 유물이다.

결론

예루살렘 5000년의 역사는 치열한 경쟁의 현장이었지만, 동시에 지역의 중심지이자 다양한 인구와 문화의 교차로였다. 도시 역사가 시작될 때부터 예루살렘은 성서에 등장하는 성스러운 도시였고, 오늘날까지도 성지로 남게 되었다. 결과적으로 예루살렘은 반석 위의 도시였고, 상상력 속에서 끊임없이 재창조된 도시였다. 예루살렘에 건설되었던 도시들은 규모나 평면 구성, 정치적·경제적 구조, 인구 구성이 저마다 달랐다. 이처럼 서로 다른 도시들이 여러 차례에 걸쳐 중첩된 가장 극명한 사례가 바로 예루살렘일 것이다. 각각의 도시는 저마다 역사적 환경, 문화적 맥락, 이념적 틀을 달리했다. 도시를 어떻게 규정할지는 여러 가지 기준이 있을 수 있지만, 역사적으로 서로 다른 수많은 예루살렘을 하나로 묶을 수 있는 것은 바로 특정 지리적 위치를 성지로 생각하는 신앙이다. 예루살렘의 경우 축성(祝聖)과 이데올로기가 실용적 측면을 능가했으며, 도시의 건설과 기능 및 발전을 결정한 요인도 대개는 바로 거기에 있었다.

더 읽어보기

Bahat, Dan, *The Carta Jerusalem Atlas, Third Updated and Expanded Edition*, Jerusalem: Carta, 2011.

Barkay, Gabriel, and Amos Kloner, "Jerusalem Tombs from the Days of the First Temple," *Biblical Archaeology Review* 12/2 (March-April 1986), 22-39.

Benvenisti, Meron, *City of Stone: The Hidden History of Jerusalem*, Maxine Kaufman Nunn (trans.), Berkeley: University of California Press, 1996.

Cahill, Jane M., "Jerusalem in David and Solomon's Time: It Really Was a Major City in the Tenth Century BCE ," *Biblical Archaeology Review* 30/6 (November-December 2004), 20-31 and 62-3.

Galor, Katharina, and Gideon Avni (eds.), *Unearthing Jerusalem: 150 Years of Archaeological Research in the Holy City*, Winona Lake, IN: Eisenbrauns, 2011.

Geva, Hillel (ed.), *Jewish Quarter Excavations in the Old City of Jerusalem Conducted by Nahman Avigad, 1969-1982*, Jerusalem: Institute of Archaeology, The Hebrew University of Jerusalem, 2000, Vols. i-iv.

Gutfeld, Oren, *Jewish Quarter Excavation in the Old City of Jerusalem Conducted by Nahman Avigad, 1969-1982*, Jerusalem: Institute of Archaeology, The Hebrew University of Jerusalem, 2012, Vol. v.

Irshai, Oded, "The Christian Appropriation of Jerusalem in the Fourth Century: The Case of the Bordeaux Pilgrim," *Jewish Quarterly Review* 99 (2009), 465-86.

Kafafi, Zeidan, and Robert Schick (eds.), *Jerusalem Before Islam*, Oxford: Archaeopress, 2007.

Levine, Lee I. (ed.), *Jerusalem: Its Sanctity and Centrality to Judaism, Christianity, and Islam*, New York: Continuum, 1999.

Mayer, Tamar, and Suleiman Ali Mourad (eds.), *Jerusalem: Idea and Reality*, London: Routledge, 2008.

Mazar, Eilat, *Discovering the Solomonic City Wall in Jerusalem: A Remarkable Archaeological Adventure*, Jerusalem: Shoham Academic Research and Publication, 2011.

Reich, Ronny, *Excavating the City of David Where Jerusalem's History Begins*, Jerusalem: Israel Exploration Society, 2011.

Reich, Ronny, and Eli Shukron, "Light at the End of the Tunnel," *Biblical Archaeology Review* 25/1 (January-February 1999), 22-33 and 72.

Ritmeyer, Leen, *The Quest: Revealing the Temple Mount in Jerusalem*, Jerusalem: Carta, 2006.

Rosen-Ayalon, Miriam, *The Early Islamic Monuments of al-Haram al-Sharif: An Iconographic Study*, Jerusalem: Institute of Archaeology, The Hebrew University of Jerusalem, 1989.

Steiner, Margreet L., "The Evidence from Kenyon's Excavations in Jerusalem: A Response Essay," in Andrew G. Vaughn and Ann E. Killebrew (eds.), *Jerusalem in Bible and Archaeology: The First Temple Period*, Atlanta: Society of Biblical Literature, 2003, pp. 347-63.

_____. "The 'Palace of David' Reconsidered in the Light of Earlier Excavations: Did Eilat Mazar Find King David's Palace? I Would Say Not," *The Bible and Interpretation* (2009), accessed February 18, 2011, www.bibleinterp.com/articles/palace_2468.shtml.

Ussishkin, David, "Big City, Few People: Jerusalem in the Persian Period," *Biblical Archaeology Review* 31/4 (July-August 2005), 26-35.

Vaughn, Andrew G., and Ann E. Killebrew (eds.), *Jerusalem in Bible and Archaeology: The First Temple Period*, Atlanta: Society of Biblical Literature, 2003.

Wasserstein, Bernard, *Divided Jerusalem: The Struggle for the Holy City*, New Haven, CT: Yale University Press, 2002.

CHAPTER 21

흙과 나무로 만든 도시 뉴 카호키아: 물질성의 역사적 의미

티모시 파우케탓Timothy R. Pauketat
수전 알트Susan M. Alt
제프리 크루첸Jeffery D. Kruchten

프레리 초원과 거대한 온대림 사이로 드넓은 강이 흐르는, 탁 트인 광대한 대륙을 상상해보자. 또한 그곳에서 1만 5000년 동안 살아간 사람들을 상상해보자. 내륙의 강줄기를 따라 거주한 그들은 포레이저였다가 나중에는 원경(園耕, horticulture)을 했던 사람들이다. 그들은 전분과 기름을 함유한 곡물과 박을 길렀으며, 기원후 800년 이후로 옥수수를 재배했고, 야생 동물을 사냥하여 영양을 보충했다. 마침내 어느 날 어느 해, 혹은 약 10년 동안, 그러니까 무려 1만 5000년 만에 처음으로 그들 중 한 집단의 사람들이 도시를 설계하고 건설했다. 역사상 유일한 사례였다.

물론 여기까지 말하면 누구나 카호키아(Cahokia)를 떠올릴 것이다. 카호키아는 11세기 중엽 북아메리카 중부 지역에 건설된 도시로, 14세기까지 사람들이 살았지만 이후로는 아무도 살지 않는 황무지가 되었다. 그리고 이후에 들어온 유럽인에게 그들은 사실상 완전히 잊힌 존재였다(지도 21-1). 카호키아는 역사적으로 완전히 단절된 것처럼 보였다. 카호키아 이전이나 이후에 그곳에 살았던 사람들과의 연관성도 보이지 않았고, 지리적으로 주변 지역과 연결된 요소도 발견되지 않았다. 도시로서의 카호키아는 도시와 그 배후지의 관계, 그리고 그 후손과의 관계 면에서 매우 독특한 사례를 보여준다. 카호키아에 관한 우리의 지식은 대부분 도시 건설의 배경과 관련한 주제에 머물러 있다. 예를 들면 다양

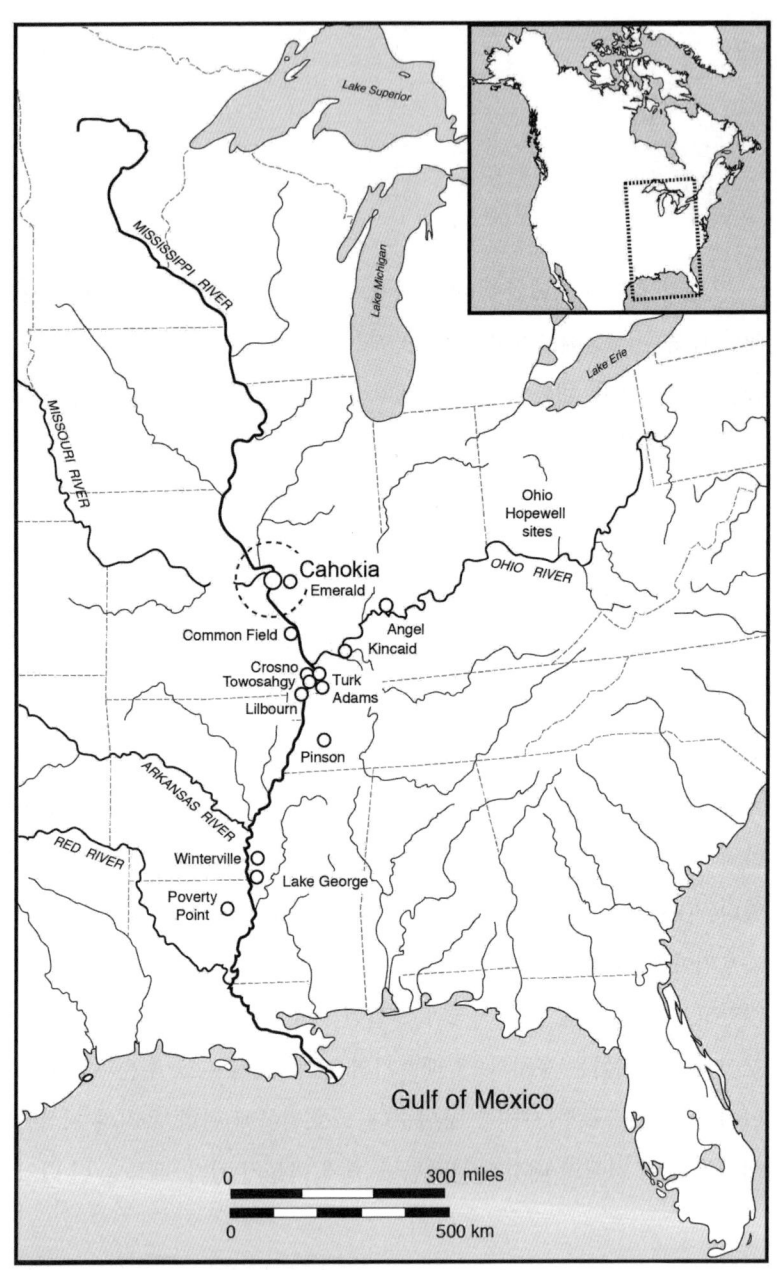

[지도 21-1] 카호키아 권역의 중심 구역

한 사람들의 통합, 종교 의례의 정형화, 시골 경관의 변화 등이다.

이번 장에서는 이와 같은 도시 건설의 배경을 살피면서 도시에 관한 일반적 문제들(혹은 카호키아의 특수한 문제들)에 주목해보고자 한다. 도시는 무엇을 하는 곳이었을까? 사회적·경제적 기능은 무엇이었을까? 종교 활동은 어떻게 도시와 배후지의 관계를 형성했을까? 사람들은 왜 도시를 버리고 떠났을까? 이와 같은 질문에 대답함으로써 우리는 도시의 물질적(material) 차원과 공간적(spatial) 차원에 관한 이해를 넓힐 수 있을 것이다. 물질과 공간은 사람들의 이동과 기타 경험에 의해 규정되는 것이지만, 거꾸로 물질과 공간이 사람들의 이동과 경험을 규정할 수도 있다. 처음에 카호키아의 공간 조성에 사용된 독특한 물질성은 사람들에게 특이한 일상의 경험을 선사했으나, 마지막에 가서는 그것이 분열과 망각의 이유가 되기도 했다. 이번 장에서는 도시의 등장과 몰락의 과정에서 보이는 특징과 물질적 측면을 집중적으로 살펴보고자 한다. 그러나 도시 건설의 배경을 검토하기 전에, 도시 건설과 관련된 의문들과 물질의 일반적 특성을 검토하기 전에 먼저 카호키아가 무엇이었는지를 이해해둘 필요가 있겠다.

카호키아란 무엇인가?

기원후 1100년경, 도시 건설이 시작된 지 불과 50년 만에 특징적 건축물들이 거의 20제곱킬로미터의 범위 안에 건설되었다. 오늘날의 지역으로 보자면 카호키아를 중심으로 이스트세인트루이스(East St. Louis)와 세인트루이스(St. Louis)까지도 관련 시설들이 불규칙하게 흩어져 있었다. 지리적으로는 미시시피강 중류 충적 평야와 인접한 미주리강 하안

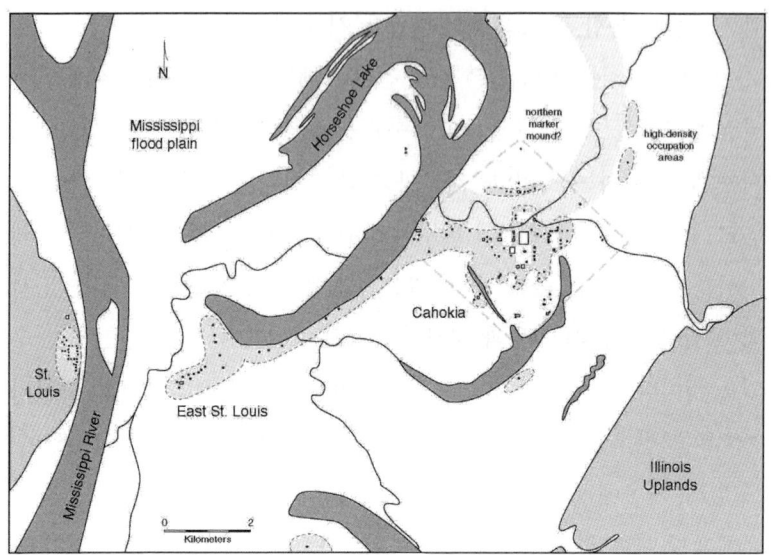

[지도 21-2] 카호키아 권역의 위치 및 미시시피강 연안의 마을들

절벽 사이였다. 이를 통해 결과적으로 "도시의 중심 구역(capital zone)"이 형성되었다(지도 21-2).[1] 유적지의 평면 구성과 발굴 결과를 종합해 볼 때 세 개의 구역이 나뉘어 있었다. 각 구역은 구조적으로 크게 차이가 났는데, 저마다 독자적인 행정 관리 체제 혹은 별도의 의례-주거 구역이 존재했을 것으로 추정된다. 구역 전체에서 흙을 다져 쌓은 피라미

---

1 Compare B. L. Stark, "Formal Architectural Complexes in South-Central Veracruz, Mexico: A Capital Zone?," *Journal of Field Archaeology* 26 (1999), 197-226; and Michael E. Smith, "The Archaeological Study of Neighborhoods and Districts in Ancient Cities," *Journal of Anthropological Archaeology* 29 (2010), 137-54.

드가 적어도 191개 확인되었다. 카호키아에서 120개, 이스트세인트루이스에서 45개, 세인트루이스에서 26개가 발견되었다. 또한 몇몇 거대 광장과 뚜렷한 주거지의 흔적들도 발견되었는데, 고대의 우각호와 미시시피강 사이에 열도처럼 점점이 늘어서 있었다.

발굴된 주거지의 수와 가구의 규모 및 (50년 단위로 재건축 횟수를 보정한) 건물의 존속 기간을 근거로 추정한 거주 인구의 최대치는 카호키아가 1만~1만 6000명, 이스트세인트루이스가 2000~3000명이었다.[2] 세인트루이스는 이스트세인트루이스와 비슷한 규모였던 것 같다. 이들 구역 전부에 농민이 거주한 카호키아 주변의 작은 농촌 마을들까지 합산해보면, 12세기 초 최전성기 카호키아 권역의 인구는 2만 5000명 내지 5만 명 정도였을 것으로 추정된다.

12세기 중엽까지 카호키아(그리고 이스트세인트루이스, 아마도 세인트루이스까지)에는 성벽이 단 하나도 존재하지 않았다. 도시 경관은 개방되어 있었고, 건축은 거의 정확히 남북의 축선에 맞추어져 있었다. 도시에는 마운드(mound, 피라미드형 언덕)와 그에 연결된 광장, 그리고 그 아래 공동체의 거주지가 한 세트로 구성되어 있었다. 이스트세인트루이스와 세인트루이스를 제외하더라도 이와 같은 세트가 최소 11곳 발견되었다. 세트 건축은 모두 기준이 되는 남북 축선에 맞추어져 있었다. 이

---

2 Jeffery D. Kruchten and Joseph M. Galloy, "Exploration of the Early Cahokian Residential Zone at East St. Louis," paper presented at the Midwest Archaeological Conference, Bloomington, Indiana (2010); and Timothy R. Pauketat and Neal H. Lopinot, "Cahokian Population Dynamics," in Timothy R. Pauketat and Thomas E. Emerson (eds.), *Cahokia: Domination and Ideology in the Mississippian World* (Lincoln: University of Nebraska Press, 1997), pp. 103–23.

른바 카호키안 그리드(Cahokian grid, 북동쪽으로 5도 기울어진 축)라는 이 축선은 기원후 1050년에 처음 만들어졌다. 이후 도시가 유지되는 동안 축선을 어긴 사례는 발견되지 않았다. 카호키아와 세인트루이스 지역에 있는 대부분의 마운드(mound)는 흙을 다져 쌓은 피라미드로, 상단이 평평했다. 형태는 사각형이었는데, 물론 이 또한 카호키안 그리드에 맞추어져 있었다. 이외에도 16개가량의 피라미드는 마찬가지로 사각형 모양이었지만 꼭대기가 평평하지 않고 "뾰족한 모양(ridge-top)"이었는데, 아마도 꼭대기에 매장지가 설치되었기 때문인 것 같다.[3] 형태가 둥근 피라미드도 수십 개가 발견되었는데, 꼭대기는 일부 혹은 전부가 평평했다.

카호키안 그리드의 남북 축선은 오늘날에도 확인이 가능하다. 가장 큰 피라미드(몽크스 마운드Monks Mound)에서 시작해 남쪽의 중심 광장(혹은 "Grand" Plaza)으로 이어지는 포장도로가 있는데, 도로를 따라 1킬로미터를 내려가면 꼭대기가 뾰족한 피라미드까지 연결된다. 아마도 남북 방향뿐만 아니라 동서 방향 기본 축도 존재했을 가능성이 있다. 초기의 역사 기록에 따르면, 도시의 중심을 지나 동쪽으로 4킬로미터를 가면 직각 구조의 플랫폼이 있는데, 그 길이 다시 20킬로미터를 더 가서 멀리 떨어진 "에메랄드(Emerald)" 마운드까지 이어졌다고 한다. 도시의 경계는 [지도 21-2]에서 점선으로 표시되어 있다.

카호키아의 중심축은 광장 아래 공동체의 주거지 혹은 주변의 주거지에서 약간의 변형을 거친 것 같다. 다섯 곳의 마운드-광장 세트 주변

---

3 Melvin L. Fowler, *The Cahokia Atlas: A Historical Atlas of Cahokia Archaeology* (Urbana: Illinois Transportation Archaeological Research Program, University of Illinois, 1997).

을 발굴한 결과, 발견된 유물의 종류와 밀도가 서로 달랐다. 이로 보아 주민의 구성에 차이가 있었을 것으로 해석되었다. 카호키아에 거주한 사람들은 저마다 역사와 의례에서 수행해야 할 의무가 달랐고, 친족 관계나 민족 정체성도 서로 달랐던 것 같다. 카호키아의 전체 13제곱킬로미터 가운데 약 2.5제곱킬로미터 안에 인구 밀도가 매우 높은 주거지가 있었다. 아마도 그들이 가장 표준적인 집단이었을 것이다. 사각형의 건물 내부에는 때로 T자 모양과 L자 모양의 방이 있었다. 또한 소규모의 공동체가 공유하는 광장 주변에서 움막 혹은 원형 건물의 유적이 발견되었는데, 다른 주거용 건물과 구별되는 양식이었다. 이와 같은 패턴이 뚜렷이 구별되는 카호키아의 건축 양식이었으며, 시골 지역에서도 특정 위치에서 이러한 패턴이 확인되었다(그림 21-1).[4]

모든 배열 구성 원칙은 약 300년의 세월이 지나는 동안 완전히 바뀌었다. 가운데 중심 기둥을 박고 풀을 엮어 만들었던 움막 구조물 유적을 통해 배열 흔적을 검토한 결과, 변화는 명확하게 드러났다. 일부 건물들의 방향은 별자리와 관련된 것으로 보였다. 아마도 별자리를 관측하다가 어떤 천문 사건을 목격했고, 그를 기념하여 특정 구역의 주민(또는 별을 관측하는 성직자)이 그 사건 혹은 그 사건과 관련된 사람들을 기념하기 위하여 건물의 배열을 바꾸었을 가능성이 있다.[5] 12세기의 카호

---

4 Susan M. Alt, "Cultural Pluralism and Complexity: Analyzing a Cahokian Ritual Outpost," unpublished Ph.D. dissertation, Department of Anthropology, University of Illinois, 2006; and Thomas E. Emerson, *Cahokia and the Archaeology of Power* (Tuscaloosa: University of Alabama Press, 1997).

5 Timothy R. Pauketat, *An Archaeology of the Cosmos: Rethinking Agency and Religion in Ancient America* (London: Routledge, 2013).

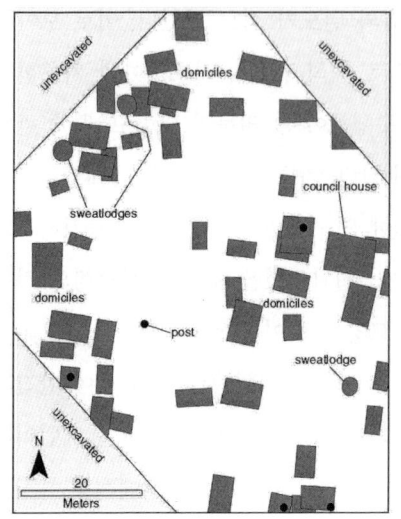 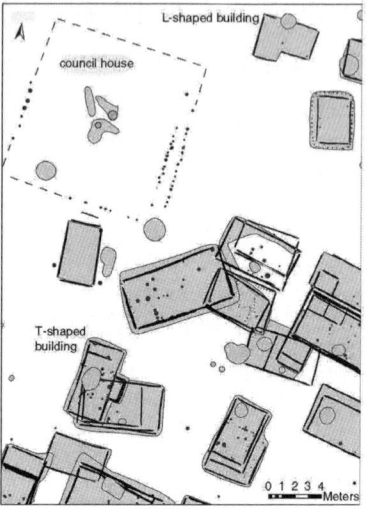

[그림 21-1] 카호키아 건축 구성 평면도
이스트세인트루이스(왼쪽)와 그로스만(Grossmann, 오른쪽) 유적, 기원후 1100년경.

키아에서 가장 거대한, 즉 여러 개의 커다란 내부 기둥이 설치된 500제곱미터 면적의 회합용 공공 건축물 혹은 거대 사원은 정확한 남북 방향으로 조성되었다. 같은 시기 이스트세인트루이스의 주요 방향 축은 카호키아와 달리 북서쪽으로 약 10도가 기울어져 있었다. 카호키아에서도 이스트세인트루이스와 같은 축의 방향을 따른 피라미드(뾰족한 꼭대기)가 (특정 움막 구조물을 포함해) 적어도 다섯 개 확인되었는데, 이 축선은 18.6년을 주기로 달이 뜨고 지는 위치와 정확히 일치하는 방향이었다.

도시 건설의 기초 환경

불규칙하게 뻗어 있는 카호키아의 중심 구역은 시기적으로 미시시피 문화(Mississippian culture) 이전에는 "후기 우드랜드 문화 시기 말엽(Terminal Late Woodland period)"(대략 기원후 1000년 이전)이었다. 그 당시 이스트세인트루이스에는 조그만 마을이 있었고, 카호키아에는 그보다 조금 더 큰 마을이 있었다. 주민은 1000여 명 남짓이었다(표 21-1). 카호키아와 주변 지역의 작은 마을들을 발굴한 결과, 미시시피 문화 이전에 있었던 마을(들)에서 공공 행사를 위한 공간의 흔적이 발견되었다. 우리 논의에서는 그 시기를 올드 카호키아(Old Cahokia)라 칭하기로 한다. 올드 카호키아 유적은 아주 조그만 규모의 회합 혹은 집단을 위해 만들어진 공간의 흔적이었다. 올드 카호키아에서 만들어진 토기를 근거로, 현지인이 아닌, 멀게는 300킬로미터나 떨어진 곳 출신의 사람들이 올드 카호키아로 이동한 사실도 확인되었다. 아마도 토기 제작 전문가들이 올드 카호키아의 유력 가문과 결혼했거나, 아니면 가족 전체가 올드 카호키아의 평화로운 생활 조건에 이끌려 아예 이주했을 수도 있다.[6]

이주민의 흔적과 올드 카호키아의 평화는 분명하게 확인된 사실이지만, 이외에도 기원후 1050년경 카호키아를 둘러싼 "빅뱅", 즉 폭발적 팽창이 이루어졌던 환경 요인이 두 가지 더 있다. 첫째, 1050년 전후로 수십 년 동안 평소보다 더 따뜻하고 습한 기후가 지속되어서 곡물 생산량 급증에 적합한 환경이 조성되었다.[7] 둘째, 11세기 초·중반은 천

---

6 Susan M. Alt, "Complexity in Action(s): Retelling the Cahokia Story," in Susan M. Alt (ed.), *Ancient Complexities: New Perspectives in Precolumbian North America* (Salt Lake City: University of Utah Press, 2010), pp. 119-37.
7 Larry Benson, Timothy R. Pauketat, and Edward Cook, "Cahokia's Boom and Bust in the Context of Climate Change," *American Antiquity* 74 (2009), 467-83.

연도(CE/BCE)	시대	세부 시기	분문에 등장하는 의례 중심지	주요 사건
1350 CE	미시시피 문화(Mississippian)	후기 미시시피 문화	southeast Missouri towns	카호키아 인구 소멸
1250 CE			Angel, Kincaid New Cahokia	카호키아에 방벽(목책) 건설
1050 CE		초기 미시시피 문화	Old Cahokia	카호키아 "빅뱅"
950 CE	미시시피 문화 이전	후기 우드랜드 문화 말엽		카호키아 지역으로 대거 인구 이동
850 CE		후기 우드랜드 문화	none	
750 CE				
650 CE				
550 CE				
450 CE		중기 우드랜드 문화 (aka Hopewell)	Hopewell (Ohio), Pinson (Tennessee) Great Hopewell enclosures in Ohio	
350 CE				
250 CE				
150 CE				
50 CE				
50 BCE				
150 BCE				

[표 21-1] 콜럼버스 이전 아메리카 중서부 연표

문 관측상 대단한 사건들이 발생한 때였다. 혜성과 유성우가 두드러졌고, 초신성의 폭발이 목격되었다. 1054년의 초신성은 특히 정치-종교적 회합과 조직화를 불러일으켰고, 기타 여러 가지 추념의 활동을 촉진했다. 이들 중 어떤 조건들이 서로 결합되었는지는 알 수 없지만, 어쨌든 1050년경 올드 카호키아에서는 극적이고도 급격한 구조 재편 현상이 나타났다. 이 무렵 새로운 공적 구역(이른바 "카호키아 도심지Downtown Cahokia")이 만들어졌고, 그 중앙에 20헥타르에 달하는 중심 광장 그랜드 플라자(Grand Plaza)가 조성되었다. 또한 주변으로는 꼭대기에 기둥과 풀을 엮어 만든 움막 건물이 세워진 커다란 피라미드가 건설되었으며, 이와 연결된 주거 지역들이 조성되었다(그림 21-2). 최근 광장의 3분의 1에 해당하는 면적에 대해 바닥 높이를 올려 맞추는 작업을 실시해 본 결과, 한 사람의 하루 노동량을 1단위로 했을 때 보수적으로 계산해도 1만 단위 이상의 노동이 소요되었을 것으로 확인되었다.[8] 광장 옆 마운드 51번(Mound 51) 아래에 거대한 저장고가 묻혀 있었는데, 이를 통해 11세기 말의 정치-종교적 거대 축제의 존재를 확인할 수 있었다. 그곳에서 매년 가을에 성대한 행사가 거행되었던 흔적이 여러 가지로 발견되었다. 수백 내지 수천 마리의 흰꼬리사슴(white-tailed deer)이 도살되었으며, 수천 개의 항아리에 호박 수프와 견과류로 만든 죽이 가득 채워졌고, 많은 양의 담배를 소비했으며, 거대한 사이프러스 목재를 절단하여 기둥을 만들었고, 이외에도 여러 가지 소비재와 의례용 물품이 만

---

8 Susan M. Alt, Jeffery D. Kruchten, and Timothy R. Pauketat, "The Construction and Use of Cahokia's Grand Plaza," *Journal of Field Archaeology* 35 (2010), 131-46.

〔그림 21-2〕 주요 피라미드와 광장이 위치하는 카호키아 도심지(점선 안쪽)

들여지고 사용되고 또한 버려졌다.[9] 카호키아 유적의 공간적 범위는 크게 확장되었고, 그곳의 인구는 금세 1만을 넘어섰던 것 같다.

도시는 무엇을 하는 곳이었을까?

결과적으로 우리가 "뉴 카호키아(New Cahokia)"라 일컫는 새로운 도시가 형성되었다. 이와 비슷한 도시가 1050년 멕시코 북부에 건설된 적

---

9 Timothy R. Pauketat, Lucretia S. Kelly, Gayle J. Fritz, Neal H. Lopinot, Scott Elias, and Eve Hargrave, "The Residues of Feasting and Public Ritual at Early Cahokia," *American Antiquity* 67 (2002), 257–79.

이 있지만, 그 이전에는 어디에서도 찾아볼 수 없었다. 그리고 그 뒤에도 1785년 뉴욕과 필라델피아가 번성하기 전까지 이런 도시가 다시 출현한 적이 없었다. 그러나 의례 중심지에 소규모 인구가 집중된 전통은 1000년 동안 지속되었고, 카호키아는 이러한 전통의 상속자였다. 과거 의례 중심지 가운데 일부는 규모도 꽤 컸다. 예컨대 포버티 포인트(Poverty Point)의 아르카익기 거대 유적의 중심지는 이미 기원전 1500년에 100헥타르가 넘었고, 수백 명의 사람들이 모여 살았을 것으로 추정된다. 그보다 시기는 늦지만 호프웰(Hopewell) 유적에서는 2000년 전의 거대한 원형 울타리들이 발견되었는데, 전체적으로 49헥타르의 면적을 차지하고 있었다. 비슷한 시기에 속하는 중기 우드랜드 문화의 복합유적(Middle Woodland complex, c. 100 BCE~400 CE)이 테네시주의 핀슨(Pinson)에서 발견되었는데, 전체적으로 차지하는 면적이 160헥타르에 달했다. 그러나 그곳에서는 사람들이 그리 오래도록 거주했던 것 같지 않다. 이외에도 오하이오주에서는 중기 우드랜드 시기의 호프웰 문화 유적에서 둑을 쌓아 만든 거대한 울타리가 발견되었다. 유적지는 전체적으로 8~20헥타르를 차지했으며, 때로는 여러 구역들이 결합되어 있었다.[10]

    수천 년의 세월이 흐르는 동안 북아메리카 동부에서 이런 식으로 형성된 유적은 수백 곳이 넘는다. 이들 모든 유적에서는 종교적 행위가 발달한 것으로 추정할 수 있다. 오래된 종교적 관습이 예언자 혹은 어떤

---

10 Ephraim G. Squier and Edwin G. Davis, *Ancient Monuments of the Mississippi Valley* (Washington, D.C.: Smithsonian Institution Contributions to Knowledge, 1848), Vol. i.

사건을 중심으로 단기적으로 새롭게 부각되는 방식이었다. 카호키아 또한 이와 같은 전통의 유산을 이어받았다. 그러므로 처음 카호키아가 건설될 당시의 환경을 이해하고자 한다면 종교적 이유에 주목할 필요가 있다. 그러나 카호키아는 기존의 다른 유적들과 다른 점들도 있었다. 그 정도로 인구가 밀집한 중심지는 카호키아 이전에는 없었다. 공공 의례 복합 구조물을 중심으로 볼 때 카호키아는 세 부분으로 나뉘어 뻗어 나갔다. 처음에는 남북 정방향의 중심축을 따라 건축물들이 배치되었고, 여기에 정형화된 주택들이 결합되어 있었다. 기본적인 구성 요소는 네 가지였다. 즉 흙을 다져 쌓은 피라미드, 중심 도로, 광장, 표지용 기둥이다. 그리고 카호키아의 배후지에도 같은 디자인이 적용되어 있는데, 중심지와 배후지의 디자인이 동일한 패턴으로 적용된 사례로는 아마도 카호키아가 최초였을 것이다.

뉴 카호키아의 역사적 특징은 오히려 배후지에서 제대로 드러났다. 뉴 카호키아를 둘러싼 시골 지역은, 도시가 건설되기 이전에는 사람들이 거의 살지 않는 곳이었고, 1050~1200년 카호키아의 전성기가 지난 뒤에도 거주하는 사람이 거의 없었다. 그래서 지표층 가까이 얕게 묻혀 있는 흔적들을 통해 패턴을 파악할 수 있었다. 뉴 카호키아의 배후지는 네 가지 유형이 있었다. (1) 뉴 카호키아 남북으로 20킬로미터까지, 방치되어 있던 충적 평야의 농경지가 다시 개간되었다. (2) 뉴 카호키아 동쪽의 고고도 숲 지대와 프레리 초원 변두리의 사바나 지역이 이주민 내지 강제 이주 인원에 의해 개척되었다(서쪽에서도 비슷한 상황이 있었을 것으로 추정된다). (3) 종교 시설의 흔적이 최소 두 군데에서 분명히 확인되었고, 이외에도 뉴 카호키아로부터 반경 50킬로미터 이내에 수많은 소도시 혹은 의례 중심지가 형성되었다. (4) 카호키아의 종교적 관습이 (거점 농가 혹은 거점 마을의) 종교 시설 건축물, 종교 시설에서 거행되는 의례와 의례용 물품의 생산, 특히 극적인 장례 의식을 통해 권역 전체로 확산되었다. 이와 같은 방식으로 카호키아 주변의 배후지가 형성되었다. 그곳에서 천문 관측과 관련된 의례가 거행되었고, 행렬이나 순례도 거행되었을 것이며, 결국 경제적 집중화 현상도 나타났을 것이다.

　이상에서 열거한 네 가지 유형 가운데 처음 두 경우는 다른 글에서 상세히 논한 바 있다. 그러므로 여기서는 간단한 사실 하나만 지적해두고자 한다. 카호키아 도시 건설의 시점이 1050년경으로 확인될 수 있었던 것은, 미시시피 문화 이전 단계에 속하는 버려진 작은 마을의 흔적들을 통해서였다. 1050년경을 전후로 방치된 농촌 마을이 단일 가족 농장으로 대체되기 시작했다.[11] 같은 시기 카호키아 동쪽의 고고도 지역에서는 마을, 농장, 특정 종교 시설 등이 건설되었는데, 1050년 이전에는 사람들이 전혀 살지 않았던 곳에 새로 개척된 사례들도 있었다. 그곳으로 거주지를 옮긴 이주민은 카호키아에서 신분이 높은 사람들이었고, 그들을 위한 의례용 건축물도 건설되었다.[12] 아마도 카호키아의 성직자들이 그곳에 와 있었고, 이들이 건설을 주도한 사례가 많았다. 세 번째 유형의 배후지가 이런 경우에 속한다. 달의 사원으로 추정되는 복합 시설 유적이 카호키아의 동쪽 20~25킬로미터 거리에 위치해 있다. 세 곳의 복합 시설 유적 가운데 두 곳은 1050년 직전에 건설되었다. 세 곳의 유적

11　Emerson, *Cahokia*.
12　Susan M. Alt, "Identities, Traditions, and Diversity in Cahokia's Uplands," *Midcontinental Journal of Archaeology* 27 (2002), 217-36.

은 특징적 면모를 공유하는데, 유적에서 남서쪽으로 8~12킬로미터 지점에 "의례 관리용" 전진 기지가 설치되어 있었다.[13] 이러한 전진 기지의 사례는 그로스만(Grossmann) 유적에서 확인할 수 있다. 이는 위에서 언급한 네 번째 유형을 극명하게 보여주는 사례다. 카호키아 주변의 배후지 전역에 이와 같은 시설이 퍼져 있었으며, 거꾸로 뉴 카호키아 중심지에도 이런 시설이 존재했다. 카호키아의 종교 건축 혹은 정치-종교적 관리 시설들이 언덕 유적에 몰려 있었다. 이를테면 일반 주택보다 큰 건물, 의료용 움막, 회합용 건물, 조상을 모시는 사원, 시체 안치소, 창고, 처형 장소(추정), 표지용 기둥 등이었다. 이외에도 T자형 건물, L자형 건물, 원형의 기도용 움막(sweatlodges) 들도 발견되었지만, 카호키아 권역을 통틀어 건축 시기는 모두 1050~1200년이었다. 이와 같은 유적들 중에서 복합 시설 유적에는 의례용 물품의 저장고가 포함되어 있었다. 여기에는 여러 행사에 사용되는 서로 다른 의례용 물품들이 한꺼번에 저장되어 있었다. 아마도 카호키아에서 벌어진 축제 같은 행사들이 그곳에서도 거행되었을 것이다. 카호키아에서도 마찬가지지만 배후지 유적에서 발견된 것과 같은 유물들이 하나의 저장고에 정연히 묻혀 있었다. 그러므로 아마도 생산 활동 자체가 정기적 종교 행사의 일부였을 수 있다.

카호키아의 중심지에서 멀리 떨어져 있는 복합 시설 유적은 독특한 구조적 특징을 보여주는데, 서로 인접해 있고 주기적 행진과 장소 이용 및 물품 제작의 흔적이 포함되어 있다. 이로 보아 그곳이 단순히 작은 도시 혹은 부도심은 아니었던 것 같고, 평범한 행정 관리 기능(국가 형성

---

13 Susan M. Alt, "Cultural Pluralism and Complexity."

이전 단계의 정치적-경제적 기관)으로 보기도 어렵다. 그보다는 카호키아 중심 지역에서도 그러했듯, 전진 기지 구역은 체계적 조직 구성에 맞지 않는다. 앞에서 설명했던 것처럼, 질서는 있지만 다양한 이와 같은 시설들은 1050년 이전과 1200년 이후에는 존재하지 않았다. 그러므로 이러한 구성이 곧 지역 전체의 특징이 되는 것이다.

이와 같은 지역 질서는 크게 보아 연례행사를 위해 이용되었던 것 같다. 수천 명의 사람들이 그랜드 플라자에서 개최되는 의례에 참석하기 위해 모여들었을 것이다. 그러나 종교적으로 가장 중요한 의례는 매년 단위가 아니라 몇 년에 한 번씩 거행되었을 것이다. 행사 중에는 극적인 장례 의식도 포함되어 있었다. 여러 명의 청소년(대부분 여성)을 그 행사에서 희생 제물로 바쳤다. 이와 같은 의례에서는 산 자와 죽은 자의 육신과 물품을 이용하여 우주론적 전설을 재현했고, 아마도 풍요의 여신과 관련된 내용이 포함되었을 것이다. 유일하게 확실한 조사가 이루어진 사례(마운드 72번)로 보아, 희생 제물로 바쳐진 여성들은 이주민 가족의 일원이거나 잡혀 온 포로였다.[14] 무엇보다 장례 의례의 장소와 마운드의 꼭대기는 누구나 명확히 볼 수 있도록 개방되어 있었다. 그곳은 반복적으로 기념의 대상지가 되었을 것이며, 주변 지역에서 많은 사람들이 행사에 참여했을 것이다(그림 21-3).

---

14 Susan M. Alt, "Unwilling Immigrants: Culture, Change, and the 'Other' in Mississippian Societies," in Catherine M. Cameron (ed.), *Invisible Citizens: Slavery in Ancient Pre- State Societies* (Salt Lake City: University of Utah Press, 2008), pp. 205-22; and Melvin L. Fowler, Jerome Rose, Barbara van der Leest, and Steven R. Ahler, *The Mound 72 Area: Dedicated and Sacred Space in Early Cahokia* (Springfield: Illinois State Museum, 1999).

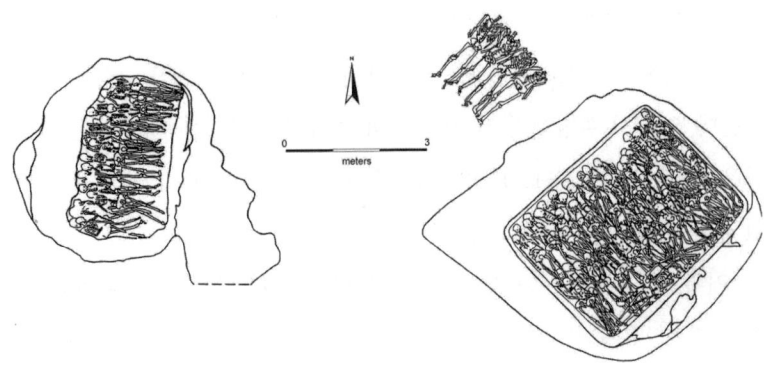

[그림 21-3] 마운드 72번의 장례 관련 부분
왼쪽: 구덩이에 여성 시신 22구가 묻혀 있었고, 그 꼭대기에는 한때 수직의 기둥이 서 있었다.
오른쪽: 여성 시신 53구가 묻힌 구덩이 옆에 머리와 손이 잘린 남성 시신 4구가 묻혀 있었다.

    이처럼 도시 뉴 카호키아는 (이후 미시시피 문화에 속하는 대부분의 도시가 그러했듯이) 근본적인 우주론적 관계의 "다이어그램"으로 설명될 수 있다.[15] 그 다이어그램은 정형화된 형태가 아니라 연속적인 의례와 살아 움직이는 관계에 의해서 지속적으로 유지되는 연속체였다. 그리고 그러한 관계가 배후지까지 확장되었다. 나아가 카호키아 지역 전체의 경관은 관계라는 측면에서 이해할 수 있다. 예컨대 지역 내에서 사람들이 이동하는 것을 통해 사회적 의미가 만들어졌다. 다시 말해 그것은 우주적 질서의 복합 구조 가운데 지상의 한 축을 만드는 일이었다. 의례와 이동이 전체의 유기적 결합을 의도한 행위였던 것은 분명하다(05권 제5

---

15 Spiro Kostof, *The City Shaped: Urban Patterns and Meanings through History* (Boston: Little, Brown, and Company, 1991).

장 참조). 마찬가지로 지역 질서를 위한 의례에는 반드시 경제적 차원이 포함되어 있었다. 뉴 카호키아는 기본적으로 주민과 이주자, 그리고 방문객에게 우주론을 내보이고자 했던 것이다. 그 우주론에 따라 신분, 신앙, 역사가 나뉘었지만, 이를 통해 사람들은 더 큰 공동체의 일원으로 편입되었다.

사람들은 왜 도시를 버리고 떠났을까?

1150년으로부터 얼마 지나지 않은 시기에 목책이 건설되었다. 이것이 어쩌면 문화적 변화의 조짐이었을 수도 있다. 목책 건설이 적어도 경제적 자원을 보호하기 위한 조치는 아니었던 것 같다. 목책의 흔적으로 보건대 1200년 무렵에 이르면 카호키아 중심 구역의 관계망이 뚜렷이 재편되고 그 규모도 축소되었다. 이후 수십 년 동안 카호키아 중심 구역의 인구는 1000~3500명으로 감소했다. 당시 카호키아 의례 생활의 중심은 이스트 플라자(East Plaza) 유적이었다.

규모의 축소 못지않게 중요했던 변화는 뉴 카호키아 전역에 걸쳐 의례용 건축물이 사라진 점이다. 1200년 이후 환자 치료를 위한 움막, 원형의 기도용 움막, 사각형의 회합용 건물, 주택보다 규모가 큰 공공 건물 등 12세기 뉴 카호키아의 특징이었던 건축물들이 더 이상 건설되지 않았다. 최후의 사례 중 하나로 멀리 떨어진 시골에서 "거점" 혹은 기도처로 사용된 기도용 움막이 불탄 흔적이 남아 있는데, 방사성탄소 연대측정법으로 조사해본 결과 1168년에 화재가 있었던 것으로 확인되었다.[16]

---

16 Douglas K. Jackson and Philip G. Millhouse, *The Vaughn Branch and*

이후로는 이러한 여러 가지 종류의 건물들을 대신해서 일반적 건물보다 규모가 큰 사각형 건물이 건설되었는데, 회합 장소 혹은 사원 용도로 사용되었던 것 같다. 이러한 공공 건물 혹은 종교 건물의 사례 중 가장 규모가 큰 것은 90제곱미터가 넘었는데, 시기는 1200년 이후 수십 년 이내였다.

이처럼 널리 확인되는 건축물의 변화는 아마도 이스트세인트루이스에서 발생했던 사건과 관련이 있는 듯하다. 방사성탄소 연대측정에 따르면, 1160년대까지 이스트세인트루이스는 엘리트 계층에 속하는 가문들의 거주지였다. 통상적 규모보다 큰 주거지들이 이스트세인트루이스에 몰려 있었는데, 그중에는 울타리를 두른 복합 건물 구역도 있었다. 이외에도 회합용 건물, 치료를 위한 움막, 개방된 대규모 회합 장소 혹은 거주지, 창고, 규모가 큰 표지용 기둥, 원형 건축물 등이 포함되어 있었다. 그러나 1160년대를 전후로 이스트세인트루이스 지역이 대부분 불에 타버렸다. 의도적으로 불을 일으킨 것 같지만, 아니면 의례를 거행하는 과정에서 그리 되었을 수도 있다. 어쨌든 12세기 말 대형 화재가 발생한 뒤로는 그 지역의 대부분이 빈 채로 남겨졌다. 우리가 아는 한 마운드는 두 개만 남았고, 마운드 주변을 벗어난 지역에서는 이후로 어떠한 건물도 세워지지 않았다.[17]

    Old Edwardsville Road Sites (Champaign-Urbana: Illinois Transportation Archaeological Research Program, 2003).
17 Timothy R. Pauketat, *The Archaeology of the East St. Louis Mound Center* (Urbana: Illinois Transportation Archaeological Research Program, University of Illinois, 2005-7), Part 1; and Andrew C. Fortier, *The Archaeology of the East St. Louis Mound Center*, Part 2.

결정적 변화의 시기에도 카호키아와 그 주변에서 사람들의 거주는 계속되었다. 그러나 지역 전체적으로 변화가 찾아왔고, 그 영향은 모든 차원의 사회적 삶에서 체감할 수 있었다. 예컨대 지역 전체적으로 거의 같은 시기에 일상적 요리와 생활 기술 부문이 단순화되었다. 이런 변화에 걸린 시간은 30~40년 혹은 그 이하였다. 변화의 시기가 끝나갈 무렵, 그러니까 1275년경에 이르면 카호키아는 점점 작아져서 미시시피 강변의 작은 도시가 되어버렸다. 후대의 역사가들에게는 그 의미가 크게 보였을지 몰라도 실제 카호키아의 규모는 보잘것없었다. 이로부터 머지않아 카호키아의 종말이 찾아왔다. 1350년이 되면 카호키아는 완전히 버려진 황무지가 되었고, 유럽인이 그곳에 진출했을 때는 완전히 잊힌 존재가 되어 있었다. 카호키아 몰락의 궁극적 원인은 밝히기가 어렵다. 그러나 신앙의 붕괴, 리더십의 실패, 파괴적 전쟁, 분파 간 분열, 가뭄, 장기간에 걸친 기후 변화 등이 원인일 수 있고, 이들 중 몇몇 원인이 결합되었을 수도 있다.

카호키아와 그 주변 지역이 왜 황무지가 되었는지 지금으로서는 그 해답을 찾을 수 없지만, 사람들이 살지 않게 된 이후의 상황이 어땠는지 정도는 확인이 된다. 주지하듯이, 이스트세인트루이스 지역 전체에 걸쳐 거대한 화재가 발생했고, 그 영향으로 카호키아는 회복 불능 상태에 빠져들었다. 중심 구역의 분열된 사회 구성으로부터 파괴 계획이 비롯되었을 수도 있다. 하위 공동체의 차별 구조는 카호키아의 역사 내내 지속되었다. 이와 같은 차별 때문에 사회적 혹은 정치적 한 분파가 카호키아를 벗어나 다른 곳으로 이주했을 가능성도 있다. 지역 내 인구 분포의 변화 경향은 이러한 가설과 일치하는 결과를 보여주고 있다. 1200년 이후 미시시피강 주변에 10여 곳의 새로운 도시들이 형성되었는데, 넓게 보아 남쪽으로 카호키아 권역 범위를 넘어서는 곳이었다. 여기서 우리는 의문을 해소할 실마리를 찾을 수 있었다. 미주리(Missouri) 남동부 및 켄터키(Kentucky) 서부에 형성된 이러한 마을들은 카호키아에서 건너온 이주민(Cahokian émigrés)의 손으로 건설되었던 것 같다. 1200~1400년경 하나의 마을에 수백 명 정도가 거주했고, 모두가 비슷한 풍습을 가지고 있었다. 즉 거대한 피라미드 마운드와 그 정면에 광장이 조성되었고, 그 주변을 둘러 작은 플랫폼들, 남북 정방향으로 배열된 주택들, 그리고 마을 주변을 둘러싼 울타리가 건설되었다.

강 하류 지역에 새로 만들어진 마을들 중 카호키아의 관습에 바탕을 둔 곳들이 일부 확인되었다. 카호키아 남쪽의 미시시피강 유역에서는 남북 정방향 축에 맞춰 사각형 건축물들이 배치되는 패턴이 모든 마을에 공통된 풍습이 아니었다. 게다가 남부 미시시피강 유역의 마을 규모도 굉장히 다양했다. 1100년경의 남부 지역 거대 중심지(카호키아와 같은 시기 오하이오강 주변의 마을)로 에인절(Angel)과 킨케이드(Kincaid)가 있는데, 각 마을의 면적이 40헥타르에 달했고, 또한 각각 두 개의 광장과 마을 주변으로 상당한 규모의 울타리를 갖추고 있었다. 미시시피강 하류 지역에서도 큰 축에 속하는 마을에는 두 개의 광장과 마을 둘레의 울타리가 설치되어 있었다. 마을 안에는 흙을 다져 쌓은 거대한 피라미드와 두 개의 광장과 주거지가 복합 구조를 형성하고 있었다. 그러나 미주리와 켄터키 서부에서 새로 생긴 마을들은 7~20헥타르의 면적이었다. 이는 카호키아 권역의 마운드-광장 구조를 포함하는 마을의 평균적인 크기와 비슷했다.

미주리 남동부의 마을, 예컨대 커먼 필드(Common Field) 유적과 릴본(Lilbourn) 유적의 경우에도 카호키아 권역의 특징인 천문 관측 방향 집착 현상이 나타나지 않는다. 명백하게 지형이나 물줄기의 방향에 따라 수정되었기 때문에 남북 축선의 정방향이 지켜지지 않았다. 애덤스(Adams), 터크(Turk), 타워사기(Towosahgy) 등의 유적들도 모두 같은 구조로 건설되었을 것이다. 특히 카호키아 스타일의 기도용 움막이 릴본 유적과 크로스노(Crosno) 유적에서 발견되었다. 시기는 카호키아 권역의 최종 시기 이후로 확인되었다. 이러한 유적들은 기도용 움막 건설에 관여한 성직자 혹은 종교 관련 인물들이 카호키아에서 미주리 남동부와 켄터키 서부로 이동해 왔다는 증거다.

또한 카호키아 중심 지역 혹은 권역 내 전진 기지 마을에서는 독립적으로 세워진 표지용 기둥들이 있었는데, 미주리 남동부와 켄터키 서부 지역에서 새로 만들어진 마을들을 기초 조사한 결과, 한 줄로 서 있는 경우든 울타리처럼 둥글게 늘어서 있는 경우든 그러한 기둥의 흔적이 발견되지 않았다. 마찬가지로 카호키아 권역을 벗어나면, 피라미드 꼭대기에 설치된 뾰족한 모양의 흙더미(ridge-top) 혹은 희생 의례의 흔적도 발견되지 않는다. 다만 상당히 먼 거리에 떨어져 있는 실로(Shiloh) 지역의 마운드 C 유적은 예외라고 할 수 있다(카호키아 양식의 담배 파이프 조각 유물도 발견되었다). 마지막으로 카호키아 양식의 치료용 움막이 남부 지역에서는 더 이상 발견되지 않았다. 다만 미시시피강 하류 유역의 미시시피 문화권에 속하는 지도자의 거주지 안에서 카호키아의 치료용 움막과 비슷한 벽감(alcove)이 발견되었다는 보고는 있었다.

불행히도 미시시피강 하류 지역에서 새로 만들어진, 카호키아 이민자의 마을로 추정되는 유적에서는 그들과 버려진 도시 카호키아와의 관계를 알려주는 결정적 단서를 찾기가 어려웠다. 다만 우리가 말할 수 있는 것은, 나중에 미주리와 켄터키 서부에 새로 만들어진 마을들에서 카호키아와의 일정한 역사적 연관 관계가 엿보인다는 점, 그리고 동시에 그들이 카호키아 중심 구역의 의례용 건축과 관습을 선택적으로 유지했다는 점이다. 아마도 후세의 공동체 사이에서 카호키아의 풍습이나 의례 거행 조직에 관한 모종의 기억이 남아 있어서 카호키아의 유산을 의도적으로 거부했을 수도 있고, 혹은 전통적인 풍습을 새로운 땅에 적용하려다 보니 의도하지는 않았지만 그저 잊어버렸을 수도 있다.

도시는 왜 잊혔을까?

카호키아의 몰락은 아마도 상당 부분 기억 작용(memory work)의 물질성(materiality)과 관련이 있었던 것 같다. 기억 작용의 물질성이란 물리적으로 표현된 문화의 근간을 말한다. 즉 모든 인류 문화(정치 제도, 정체성, 도시 구조 등등)는 기억 작용(사회적 기억을 드러내기 위한 물건의 생산, 공연, 의례, 혹은 기억의 제거)에 뿌리를 두고 있으며, 그 뿌리를 물질적으로 드러내는 것을 기억 작용의 물질성이라 한다. 그러나 이와 같은 물질성은 언제나 상황에 따라 달라지게 마련인데, 다른 평범한 물질들보다 시각적으로 보다 분명하게 드러날 수도 있고 더욱 모호하게 드러날 수도 있다. 청각적으로, 그리고 촉각적으로도 마찬가지다. 혹은 더 오래 지속될 수도 있고 그렇지 않을 수도 있다. 예나 지금이나 도시 혹은 마을에서 전해지는 전통이라고 하는 것의 핵심은 바로 이런 것들이다.

카호키아의 건축 자재는 대부분 다진 흙과 목재였기 때문에 일찍이 발달했던 원주민 도시의 거대한 건축물, 행정 기관이 사용하던 건물, 종교적 공간 등은 아마도 세월의 무게를 견디지 못했을 것이다. 만일 이런 유산을 다른 곳으로, 예컨대 미시시피강 하류에 새로 형성된 마을들로 옮기려 했더라도 대를 이어가면서 그 작업을 할 수 있는 방법이 과연 있었을지 의문이다. 혹 순례자들이 과거를 찾아 옛 도시를 방문했을 수도 있다. 그러나 시간이 갈수록 그들의 행위는 다른 사람들의 말로 전해 들은 기억에 의존했을 뿐, 이미 사람들이 떠난 도시를, 특히 1200년 이후로는 다시 다른 모습으로 상상하거나 공동체의 기억으로 되살릴 방법이 없었을 것이다. 도시의 대부분은 쓰러져 먼지 속으로 가라앉았고, 옛날의 피라미드는 무너져서 흙더미 위로 풀과 관목이 자랐을 것이다. 손쓸 방법이 없었던 후손들은 어쩔 수 없이 점차 그들의 유산으로부터 멀어질 수밖에 없었을 것이다 .

물론 이와 같은 소외와 망각이 독특한 도시화 경험에 대한 거부감에서 비롯된 의도적 행위였을 수도 있다. 미시시피 문화 이전 시기의 도시화 과정에서 아마도 인신 공양 같은 극단적 의례를, 권력층의 누군가가 과도한 권위를 앞세우며 주최하고, 계획하고, 실행했을 것이다. 아마도 이를 주최할 권위는 몇몇 사람들, 통치 집단, 혹은 엘리트 성직자에게 주어졌을 테고, 우주적 기운이 그러한 의례를 통해 카호키아 및 카호키아의 기념비적 건축물과 멀리 떨어진 전진 기지에, 그리고 카호키아 권역의 주민에게 내려온다고 믿었을 것이다. 이와 같은 과정이 (주관자가 정치적 엘리트였든, 힘 있는 가문이었든, 강력한 사제였든 상관없이) 과거에 받아들여졌던 어떤 성스러운 신앙이나 초자연적 의미를 잃었다면, 순례 행렬이 더 이상 카호키아에 갈 필요도 없었을 것이다. 그랬다면 농부들도 카호키아를 떠났을 것이다. 또한 현지 도시화 과정에서 축적되었던 경험이 통째로 거부되었을 것이고, 후손들은 애써 카호키아를 잊으려 노력했을 것이다.

이와 같은 의도적 거부는 카호키아와 같은 시기의 푸에블로 인디언(Puebloan)에게서 확인된다. 그들의 유적은 뉴멕시코 북서부 차코 캐니언(Chaco Canyon)에 있었다. 카호키아만큼 많은 인구가 거주한 곳은 아니지만, 차코 현상(Chacoan phenomenon, 850~1150 CE)은 일련의 거대한 정치-종교적 운동으로 북아메리카의 남서부 지역을 바꾸어놓았다. 이른바 "위대한 집(Great Houses)"이라는 석조 건물의 네트워크가 차코 공공 의례의 핵심으로, 남서부 전역에서 순례자들이 모여들었다.[18] 특이하게도 이와 관련된 구전 설화가 지금도 푸에블로 인디언에게 남아 있는데, 그들은 차코의 몇몇 지도자들의 손에 권력이 집중되는 것을 원치 않았다고 한다.[19] 카호키아와 달리 차코의 "위대한 집"은 완전히 잊히지는 않았다. 후대에 푸에블로 인디언이 차코 캐니언에 사원을 건설했고, 사람들이 계속해서 차코 캐니언의 유적을 방문한 흔적이 남아 있다.[20]

18 Stephen H. Lekson, *The Archaeology of Chaco Canyon: An Eleventh-Century Pueblo Regional Center* (Santa Fe, NM: School for Advanced Research Press, 2006); Barbara J. Mills, "Remembering While Forgetting: Depositional Practices and Social Memory at Chaco," in Barbara J. Mills and William H. Walker (eds.), *Memory Work: Archaeologies of Material Practices* (Santa Fe, NM: School for Advanced Research Press, 2008), pp. 81–108; and Ruth M. van Dyke, *The Chaco Experience: Landscape and Ideology at the Center Place* (Santa Fe, NM: School for Advanced Research Press, 2007).
19 Stephen H. Lekson, "The Abandonment of Chaco Canyon, the Mesa Verde Migrations, and the Reorganization of the Pueblo World," *Journal of Anthropological Archaeology* 14 (1995), 184–202.

차코의 유적은 석재로 건설된 것이었기에, 방문객들은 굳이 재건축을 하지 않더라도 차코를 충분히 기억할 수 있었다.

결론

카호키아에서 사람들이 떠난 뒤로 차코와 유사한 기억 작용이 지속된 기간은 수십 년 정도에 불과했다. 그러나 뉴 카호키아 당시에는 북아메리카 동부 지역에 심대한 문화적 영향을 미쳤던 것 같다. 상식적으로 생각해볼 때 예컨대 북아메리카 중서부(Midwest), 중남부(Midsouth), 이스턴 플레인스(eastern Plains) 지역에 살던 인디언 민족 혹은 부족이 카호키아와 전혀 접촉이 없었다고 상상하기는 어렵다. 여러 부족 간에 공통되는 다양한 종교와 널리 공유된 의례 풍습에서, 카호키아의 등장과 소멸은 아마도 상당한 여파가 있었을 것이다.

이러한 의견에 모두가 동의하는 것은 아니다. 고고학자들의 뉴 카호키아 발굴은 일견 우리와 모순되는 주장으로 이어졌다. 그들은 북아메리카 동부 지역을 대상으로 콜럼버스 이전의 역사에 미친 카호키아의 영향을 확인하고자 했었다. 한편에서는 동부 지역에서 공유된 1000년의 전통 문화가 있었고, 카호키아는 그 맥락에서 시기적으로 비교적 후대에 더 큰 규모로 등장한 하나의 거대 중심지였을 뿐이라고 주장했다. 이러한 주장의 저변에는 문화의 지속이라는 신화적 선입견이 깔려 있다. 다른 한편에서는 카호키아를 기본적으로 역사의 분기점으로 본다.

20 William D. Lipe, "The Mesa Verde Region during Chaco Times," in David G. Noble (ed.), *The Mesa Verde World: Explorations in Ancestral Puebloan Archaeology* (Santa Fe, NM: School of American Research Press, 2006), pp. 29-37.

과거의 그늘 아래에서 카호키아 고유의 새로운 무언가가 건설되었다는 주장이다. 그렇다면 같은 그늘이 심지어 메소아메리카까지 드리웠을 수도 있다.

연속성과 변화의 정도를 어떻게 보든, 다양한 관점에도 불구하고 모두가 동의하는 것은 뉴 카호키아가 종교 의례와 관련이 있었다는 사실이다. 학계의 의견이 나뉘는 이유는 이 지역의 역사적 맥락을 서로 달리 이해하기 때문이다. 미시시피 문화의 종교를 비교적 변화가 적은 정태적 신앙 체계로 본다면, 카호키아의 사례는 그와 유사한 세계의 다른 도시들과 달리 우리에게 별로 들려줄 이야기가 없을 것이다. 그러나 만약 우리가 카호키아의 종교를 유기적으로 연결된 도시화의 요소들 중 하나로 본다면, 새로운 문화의 창조 혹은 새로운 상상력이 빚어낸 결과로 본다면, 그래서 궁극적으로는 멀리 떨어진 지역까지 정치·사회·경제 생활에 변화를 초래한 것으로 본다면, 뉴 카호키아의 유산은 광범위하게, 거의 대륙적 규모로 주변에 영향을 미쳤기 때문에 이를 밝히기 위해 그들의 종교를 보다 면밀히 연구할 필요가 있다. 종교가 바로 그들의 통치 기반이었으며, 도시의 등장과 몰락의 원인이었기 때문이다.

분명 뉴 카호키아는 근본적인 구조의 변화였다. 도시 중심 구역에는 다양한 요소들이 조직화되어 있었고, 주거지의 배열은 기준을 지키면서도 변화를 꾀했으며, 장례 행사 장면은 세계의 다른 초기 도시들과 비슷한 면이 있었다. 결국 카호키아의 역사는 새롭게 정착하고 조직화된 토착민과 이주민 가족에 의한 옥수수 생산 확장에 달려 있었다. 그러나 카호키아의 유산은, 혹은 유산의 부재는 아마도 건축 재료 때문일 수도 있다. 카호키아에서는 기억 작용을 위한 건축물의 재료로 다진 흙과 목재를 사용했는데, 이는 후손들에게 부담이 되었다. 만약에 카호키아에서 흙이나 나무가 아니라 돌로 건축을 했더라면 아마도 사정은 완전히 달라졌을지도 모른다.

더 읽어보기

Black, Glenn A., *Angel Site: An Archaeological, Historical, and Ethnological Study*, Indianapolis: Indiana Historical Society, 1967.

Cole, Fay-Cooper, Robert Bell, John Bennett, Joseph Caldwell, Norman Emerson, Richard MacNeish, Kenneth Orr, and Roger Willis, *Kincaid: A Prehistoric Illinois Metropolis*, Chicago: The University of Chicago Press, 1951.

Dalan, Rinita A., George R. Holley, William I. Woods, Harold W. Watters, Jr., and John A. Koepke, *Envisioning Cahokia: A Landscape Perspective*, DeKalb: Northern Illinois University Press, 2003.

Emerson, Thomas E., "An Introduction to Cahokia: Diversity, Complexity, and History," *Midcontinental Journal of Archaeology* 27 (2002), 127-48.

Emerson, Thomas E., Timothy R. Pauketat, and Susan M. Alt, "Locating American Indian Religion at Cahokia and Beyond," in Lars Fogelin (ed.), *Religion, Archaeology, and the Material World*, Carbondale: Center for Archaeological Investigations, Southern Illinois University, 2008, pp. 216-36.

Holley, George R., "Late Prehistoric Towns in the Southeast," in Jill E. Neitzel (ed.), *Great Towns and Regional Polities in the Prehistoric American Southwest and Southeast*, Albuquerque: University of New Mexico Press, 1999, pp. 22-38.

Milner, George R., *The Cahokia Chiefdom: The Archaeology of a Mississippian Society*, Washington, D.C.: Smithsonian Institution Press, 1998.

Pauketat, Timothy R., *Cahokia: Ancient America's Great City on the Mississippi*, New York: Penguin Press, 2009.

_____. *Chiefdoms and Other Archaeological Delusions*, Walnut Creek, CA: AltaMira, 2007.

_____. "Resettled Farmers and the Making of a Mississippian Polity," *American Antiquity* 68 (2003), 39-66.

CHAPTER 22

도시의 상상력

티모시 파우케탓Timothy R. Pauketat
앤 킬러브루Ann E. Killebrew
프랑수아즈 미쇼Françoise Micheau

어떤 도시는, 도시 전체가 그럴 수도 있고 부분적으로 그럴 수도 있지만, 그 도시를 상상하는 방식, 설계하는 방식, 건설하는 방식이 이후 영원히 그곳에 사는 시민의 역사와 정체성, 정부, 종교, 생활 경제를 규정하기도 한다. 예루살렘(Jerusalem)이나 바그다드(Baghdad) 혹은 카호키아(Cahokia)가 바로 그러한 도시의 사례. 이외에도 (바그다드처럼) 다른 제국의 수도였던 도시들, 그보다는 범위가 작지만 지역 중심지였던 도시들, 혹은 (예루살렘과 카호키아처럼) 종교적 복합 시설을 갖춘 순례의 중심지였던 도시들도 있다. 기나긴 시간 속에서 그들이 얼마나 혹은 어떻게 발전했든, 도시의 기초가 설립될 당시의 세부 사항들과 이후 구역 곳곳에 설계를 다시 하고 새롭게 의미를 부여했던 결정적 순간들, 그리고 그를 추억하는 기념비적 건축물들은 모두 역사 연구의 대상이 된다. 이를 통해 도시 주변을 둘러싼 역사적 과정과 지역 및 대륙 전체에 미친 영향을 알 수 있기 때문이다.

여기서 우리는 예루살렘과 바그다드, 그리고 카호키아의 역사를 이끌어온 공통점과, 또한 서로 뚜렷이 구별되는 도시적 특성의 대강을 그려보고자 한다. 의미의 층위가 겹겹이 중첩된 "영원의" 도시 예루살렘, 수 세기 동안 침묵 속에 묻혀 있다가 20세기에 다시 등장한 바그다드, 일찍이 발달했다가 연기처럼 사라져버린 도시 카호키아, 이와 같은 도시들이 건설된 당시의 그 무엇이 역사를 초월하여 도시에 남아 있는가? 예컨대 발달 과정의 차이 등 각 도시의 역사에서 확인되는 차이점은 무엇인가? 서로 다른 도시들끼리 비교를 해보면 역사상 왜 서로가 비슷했고 또한 왜 서로가 달랐는지 그 이유를 조명하는 데 도움이 될 것이다.

도시 건설 이론

도시 그 자체, 도시 내 특정 구역, 도시의 건물, 공공 장소, 혹은 기념비적 건축물을 설계하고 시공한 주체가 인간인 이상, 그것은 어디까지나 상상력과 기억 작용의 산물일 수밖에 없다. 그러므로 세계의 위대한 유적을 검토할 때는 반드시 그것이 만들어지게 된 정치적·경제적 과정 및 도시화의 경로를 함께 고려해야 한다.[1] 거대한 공공 시설이나 도시 공간을 건설할 때는 틀림없이 그보다 더 큰 사회적 혹은 우주적 질서를 염두에 두고 설계했을 것이다.[2] 그래서 그 속에는 틀림없이 신화나 위대한 인물, 특정 사건의 의미가 부여되었을 테고, 혹은 다른 어떤 장소를 상징하는 경우도 있었다.[3] 또한 건설된 뒤에는, 의도하지 않았더라도 경험적으로 사람들의 감정과 지식 및 제도에 영향을 미칠 수밖에 없었다.[4] 심지어

---

1 Barbara Bender (ed.), *Landscape: Politics and Perspectives* (London: Berg, 1983); Suzanne Küchler, "Landscape as Memory: The Mapping of Process and Its Representation in a Melanesian Society," in Bender (ed.), *Landscape*, pp. 85–106; and Nick Shepherd and Christian Ernsten, "The World Below: Post-Apartheid Imaginaries and the Bones of the Prestwich Street Dead," in Noëleen Murray, Nick Shepherd, and Martin Hall (eds.), *Desire Lines: Space, Memory and Identity in the Post-Apartheid City* (London: Routledge, 2007), pp. 215–32.
2 Paul Wheatley, *The Pivot of the Four Quarters* (Chicago: Aldine, 1971).
3 Paul Connerton, *How Societies Remember* (Cambridge: Cambridge University Press, 1989).

상상력을 촉진하기 위하여 계획된 건물도 있었다. 말하자면 미래를 능동적으로 상상하기 위한 공간, 혹은 신들과의 소통을 위한 공간이었다.[5]

이와 같은 상상력을 위한 공간은 처음부터 의도적으로 건설되었을 수도 있고 그렇지 않을 수도 있다. 공간의 목적은 도시의 모든 사람이 아니라 일부에 의해 실현되었다. 그것은 도시 공간과 기념비적 건축물의 의미를 어떻게 받아들이느냐에 달려 있었다. 분명 도시 공간의 감각적 차원도 존재했다. 도시의 물건, 도시의 물질적 특성을 받아들이고 이해하는 경험은 사람들마다 달랐다. 그들이 누구인지, 도시에 사는 이유가 무엇인지에 따라 이해와 경험의 성격은 달라질 수밖에 없었다.[6] 어떤 식으로든 도시 공간에서의 경험을 통해 사람들은 육체적으로 도시에 알맞게 훈련되었다. 그것이 누군가에게는 세속적 감각으로, 또 누군가에게는 기념비적 기억으로 받아들여졌다.[7] 말하자면 도시는 수많은 지식을 체험할 수 있는 공간이었고, 도시에서 익숙하게 길들여진 육체는 그것을 제2의 본성으로 받아들였다.[8] 체화된 관념과 통치가 결합되었을 때 비로소 정치적 권위의 기반이 만들어졌다.[9]

4 Gaston Bachelard, *The Poetics of Space: The Classic Look at How We Experience Intimate Places* (Boston: Beacon Press, 1994); and Henri Lefebvre, *The Production of Space*, Donald Nicholson-Smith (trans.) (Oxford: Blackwell, 1991).
5 Shepherd and Ernsten, "The World Below," pp. 215-32.
6 Susan Kus, "The Social Representation of Space: Dimensioning the Cosmological and the Quotidian," in James A. Moore and Arthur S. Keene (eds.), *Archaeological Hammers and Theories* (New York: Academic Press, 1983), pp. 277-98.
7 Michel de Certeau, *The Practice of Everyday Life* (Berkeley: University of California Press, 1984).
8 Rosemary A. Joyce and Lynn M. Meskell, *Embodied Lives: Figuring Ancient Maya and Egyptian Experience* (London: Routledge, 2003).

도시에서 과거의 기억 혹은 미래의 상상과 관련되는 경험을 하게 된다면, 우리는 그것을 전적으로 정치적·사회적·경제적 측면에서 이해해야 할 것이다. 예컨대 체화된 관념과 통치를 결합한 인물이 있다면, 우리는 그를 의도적인 정치 전략가 혹은 도시 설계자로 이해할 것이다. 한편 도시 생활의 경험은 하나의 사회적 과정으로 이해할 것이다. 즉 가장 평범한 정치적 의도조차 젠더, 계급, 민족 등에 뿌리를 두고 있는 여러 가지 동기를 고려할 때 결코 단순하게 볼 수 없다. 그러한 복잡성 또한 나름대로의 경제 원리를 내포하고 있다. 혈통에 따른 사회적 교환의 제한, 시장 거래의 상대적 성공, 심지어 특정 물건(보석, 가보, 마법의 물체)의 유래(내력)까지 경제적 가치로 해석될 수 있다.

이 모든 것을 굳이 거론하는 이유는, 도시 건설에 대해 지나치게 단순히 해석하지 않도록 주의하기 위해서다. 특히 예루살렘이나 바그다드 혹은 카호키아 같은 도시들은 오늘날 우리의 눈으로 보기에 처음 그 도시를 건설했던 이유가 너무 명확할 수도 있다. 도시 발달의 패턴을 단순히 측정만 해보아도 왜 이런 면을 조심해야 하는지 어느 정도는 알 수 있을 것이다. 우라르투 왕국의 도시 경관(Urartian cityscapes)을 연구한 애덤 스미스(Adam Smith)는 도시 계획의 균형과 분포를 역사적으로 비교함으로써 도시들의 공통점과 차이점을 분석한 바 있었다.[10] 우리도 같

9 Susan Kus, "Sensuous Human Activity and the State: Towards an Archaeology of Bread and Circuses," in Daniel Miller (ed.), *Domination and Resistance* (London: Unwin Hyman, 1989), pp. 140–54.
10 Adam T. Smith, *The Political Landscape: Constellations of Authority in Early Complex Polities* (Berkeley: University of California Press, 2003).

은 방식으로 예루살렘, 바그다드, 카호키아를 연구할 수 있을 것이다.

이와 더불어 간과하면 안 될 요소가 또 하나 있다. 그것은 바로 도시 건설에 사용된 물질적 유산이다. 물질은 사람들의 생활 기반이었고, 특히 도시 건설의 제한 조건이 되었던 물질은 도시 건설 직후의 가까운 미래뿐만 아니라 그 도시의 먼 미래에까지 유산으로 남겨져 영향을 미쳤다. 즉 예루살렘, 바그다드, 카호키아의 역사는 도시 건설 당시의 환경으로부터 강한 영향을 받았고, 도시의 유산, 즉 도시가 어떤 식으로 기억되었는지, 혹은 도시가 잊혔는지 잊히지 않았는지 여부는, 일정 부분 도시 건설 당시의 건축 자재에 뿌리를 두고 있었다(즉 자재가 돌이었는지, 진흙이었는지, 나무였는지에 따라 차이가 있었다). 이런 점에서 우리의 이론은, 비록 상상력이 만들어낸 도시를 밝히고자 하는 이론이지만, 그 바탕은 구체적 현실에서 출발해야 할 것이다.

도시 기초의 발달

어떤 측면에서는 예루살렘, 바그다드, 카호키아의 기초가 상당히 비슷했다. 모두 집중적인 건설 단계가 있었고, 그 단계에서는 사람들이 스스로가 우주와 연결되어 있다고 믿는 측면이 있었다. 세 도시의 설립이 시공간적으로 서로 다른 문화적 상상력에 기초했던 것은 사실이지만, 세 도시 모두 우주적 질서와 운명의 의미를 받아들였고, 그것이 유형과 무형의 문화로 표출되었다. 예루살렘과 카호키아는 순례자들이 초자연적 의례에 참여하기 위해 몰려들었던 중심지다. 바그다드에서는 그런 일이 드물었던 것 같다. 비록 바그다드 또한 신의 의지에 따라 건설된 도시였고, 바그다드의 도시 평면 계획 또한 아바스 칼리파국을 지탱한 우주적 원리에 의해 구성되었지만, 예루살렘이나 카호키아의 경우와는 같지 않았다.

고고학적 발굴로 확인된 바에 따르면, 예루살렘에는 이미 기원전 제4천년기부터 사람들이 살았다. 전통적으로는 솔로몬왕이 이스라엘의 신을 위한 성전을 모리아산(Mt. Moriah)에 건설하기 훨씬 전, 아브라함(Abraham, 유대교·기독교·이슬람교에서 공통으로 받드는 조상)이 자신의 아들 이삭(Isaac, 이슬람 신앙에서는 이스마엘Ishmael)을 모리아산에서 신에게 바쳤다고 믿었다. 다윗왕은 예루살렘을 왕국의 종교적·행정적·정치적 수도로 선택했는데, 성경에 따르면 그 이유가 바로 아브라함의 사건 때문이었다고 한다. 예루살렘이 영적 중심지로 변화하기 시작한 시기가 바로 다윗왕 때부터였다. 이후로 수많은 여러 문화에서 예루살렘의 상징적 힘이 인정되었고, 그 결과 예루살렘은 세계에서 가장 분쟁이 치열한 도시가 되어버렸다.

예루살렘의 물리적 발달과 상징적 의미가 언제나 일치했던 것은 아니다. 주변 지역의 많은 고대 도시들이 그러했듯이, 예루살렘 또한 중요한 도심지로 부상하여 요새가 건설된 시기는 중기 청동기 시대(기원전 제2천년기 전반)였다. 기원전 14세기의 유물인 〈아마르나 문서(Amarna Letters)〉에서도 예루살렘이 여러 차례 언급되기는 하지만, 후기 청동기 예루살렘의 유적은 거의 발견되지 않았다. 기원전 10세기 통일 왕조 당시의 예루살렘은, 성경에 따르면 솔로몬이 건설한 화려한 성지였지만, 당시의 유적은 상당히 모호해서 여전히 뜨거운 논란거리가 되고 있다.[11]

---

11 상세한 논의 및 참고문헌에 관해서는 케임브리지 세계사 시리즈 06권 제20장 참조.

그로부터 몇 세기가 지난 뒤 기원전 8세기 말에서 기원전 7세기에 가서야 비로소 예루살렘의 고고학적 증거와 문헌의 기록, 즉 문화적·행정적·정치적 중심지였다는 증언이 일치하고 있다.

예루살렘에 밀어닥쳤던 수많은 세월의 파도는 그 지역의 혼란스러웠던 과거를 반영하고 있다. 수많은 제국과 수많은 민족이 예루살렘을 정복했고, 그들 모두가 나름대로 예루살렘에 흔적을 남겼다. 예루살렘은 유대인의 정신적·물리적 수도였지만, 수많은 정복자를 끌어들였고, 기원후 586년 바빌로니아의 대파괴 또한 그러한 사건 가운데 하나였다. 로마가 임명한 헤로데(Herode) 총독은 예루살렘에 화려한 도시와 성전을 건설했는데, 그의 업적은 로마 제국 건축 유산의 불가사의 중 하나로 일컬어진다. 그러나 기원후 70년 로마 황제 티투스(Titus)의 공격으로 헤로데의 예루살렘은 깡그리 파괴되고 말았다. 기원후 130년부터 로마의 황제 하드리아누스(Hadrianus)는 도시를 재건하고 이름을 아엘리아 카피톨리나(Aelia Capitolina)라 했으며, 남아 있던 유대인을 모두 도시 밖으로 추방했다. 그로부터 몇 세기가 지난 뒤, 비잔틴 제국의 예루살렘은 모든 기독교도의 성지로 발달했다. 7세기 말에 이르러 예루살렘은 아랍에 의해 정복되었고, 이후 이슬람 최고의 성지 중 하나로 발전했다.

도시 바그다드가 건설된 때는 바로 그 직후인 762년이었다. 아바스 왕조의 칼리파 알-만수르(al-Mansûr)가 우마이야 왕조를 무너뜨린 뒤였다(모두 무함마드를 추종하는 이슬람 제국의 산물이다). 도시를 구성할 때는 별자리 방향을 따라 기초를 세웠다. 그 이전까지 바그다드는 조그만 시골 마을에 불과했지만, 그곳에 상서로운 길운이 깃들었다고 하여 도시 건설의 장소로 선택되었다. 이때부터 칼리파는 제국 전역에서 기술자, 건축가, 감독관, 수많은 노동자를 불러 모아 자신의 상상을 실현했다. 도시의 인구는 금세 수만 명으로 늘어났다.

제국의 영토를 다스리는 본거지로서 정치적 행정 기능이 바그다드에 집중되었고, 바그다드는 물리적 세계의 중심이 되었다. 전 세계의 물건들을 바그다드로 가져왔고, 그에 따라 세계의 역사도 바그다드에 모였다. 칼리파는 다른 지역에 있는 과거 왕국의 궁전을 해체하여 그 조각들을 가져다가 바그다드에 궁전을 지었다. 솔로몬왕의 전설이 깃든 강철로 만든 성문(iron gates)도 다른 도시에서 떼어 와서 바그다드의 "원형 도시(Round City)" 출입문으로 사용했다.

원형 도시 그 자체의 모양은 지구의 모양을 본뜬 것이었다. 당시 사람들은 새로운 바그다드의 위치를 세계의 중심이라고 믿었다. 이중으로 성벽과 해자를 두른 원형 도시의 중심부는 지름이 2~3킬로미터에 달했는데, 바로 그곳에 칼리파의 궁전이 있었다. 원형 도시 안에는 궁전과 행정 기관 건물들이 들어서 있었다. 그 바깥으로는 도시 설계에 따라 도로와 도시 구역, 시장이 설치되었고, 아랍인과 페르시아인이 서로 이웃하여 살았다. 그중에는 아프리카와 동유럽 및 중부 유럽 등에서 온 노예도 있었다. 바그다드 외부에는 성벽이 없었다. 굳이 성벽이 필요치 않았기 때문이다. 바그다드는 강력한 제국의 중심이었으므로 어느 누구도 바그다드의 번영에 도전하지 못했다. 엘리트 계층이 부를 차지하고 있었고, 넓은 지역에서 생산된 부가 그들에게 집중되었다.[12]

카호키아는 비록 제국의 수도는 아닐지라도 마찬가지로 도시가 건

---

12 케임브리지 세계사 시리즈 06권 제19장 참조.

설되고 한 세기 안에 비슷한 상황이 연출되었다. 1050년에서 1150년 사이 카호키아는 역시 성벽이 없었으며, 종교 및 정치적 권위의 본산이었다. 전체는 세 구역으로 나뉘었는데, 약 10킬로미터에 걸쳐 불규칙하게 무리 지은 시설들이 산재했다. 세 구역으로 나뉜 곳에 성벽을 설치하기란 현실적으로 어려웠을 수도 있다. 이들 세 구역은 도시의 건설 단계에서부터 확립된 구조로 확인되었다.[13]

카호키아의 세 구역(세인트루이스, 이스트세인트루이스, 그리고 카호키아 중심 구역)은 각자가 동일한 패턴의 구조를 가지고 있었고, 다만 내부적으로 약간의 변형만이 있을 뿐이었다. 각각의 구역에는 중심 기둥에 풀을 엮어 지붕을 덮은 거대한 움막과 독립적으로 세워진 표지용 기둥, 그리고 흙을 다져 쌓은 피라미드가 있었다. 한 구역의 시설과 기념비적 건축물은 모두 남북 정방향의 축에 맞춰져 있었고, 그 주변에 하나의 광장이 설치되었다. 다른 한 구역의 중심축은 북서쪽으로 10도가 기울어 있었으며, 중심 광장이 분명하게 확인되지 않았다. 규모가 가장 컸던 세 번째 구역(카호키아 중심 구역, 아카aka라고 한다)은 북동쪽으로 5도가 기운 중심축에 따라 건설되어 있었다. 가장 큰 규모의 이 구역은 큰 광장 하나와 몇몇 작은 광장들로 구성되어 있었다.

이들 구역을 비교해볼 때 적어도 두 가지 차이점이 있었다. 주민의 특별한 신분을 알 수 있는 요소들, 공공 건축물과 의례용 건축물이 풍부했던 것이 이스트세인트루이스 구역의 특징이었다. 이와 달리 공공 시설, 의례용 건물, 일반인 주거지가 혼재되어 있는 구역이 카호키아 중심

---

13 케임브리지 세계사 시리즈 06권 제21장 참조.

구역에서 분명하게 확인되었다. 이곳의 일반인 주민 상당수와 시골 지역의 농부들은 다른 곳에서 카호키아 권역의 마을로 이주해 다시 정착한 사람들로, 이주는 초기 10여 년 동안 진행되었을 것으로 추정된다.

12세기 말에 이르러 망루를 갖춘 목책이 이스트세인트루이스와 카호키아의 중심 구역에 건설되었다. 목책 건설은 도시로서 카호키아의 종말이 시작되었음을 알리는 징후였다. 1100년대 말 어느 즈음에 이스트세인트루이스 구역의 대부분이 불타버렸다. 도시 주민은 모두 도시를 떠나기 시작했다. 많은 사람들이 도시를 떠났고, 농부들은 시골의 농지를 버리고 떠났다. 그들은 카호키아 권역을 벗어나 알지 못하는 어딘가로 이주했다. 그들이 떠난 뒤 과거 도시에 있던 기둥과 풀을 엮어 만든 움막은, 더 이상 지난 한 세기 동안 건설된 규모로는 재건되지 못했다. 재건축이 되지 못했기 때문에 카호키아에 뚜렷한 상징의 역할을 했던 건물과 도시가 선사한 경험은 더 이상 카호키아에 남아 있지 않았다.

비교

어떤 면에서 예루살렘, 바그다드, 카호키아는 모두가 건설 당시의 중요성을 증언하고 있다. 그러나 다른 면에서 보면 차이점도 확연하다. 즉 정치-종교적 차원에서 이들 세 도시는 전혀 다른 위치에 놓여 있다. 예컨대 예루살렘은 세 가지 주요 종교에서 동시에 중심지로 인정되는 극단적 위치에 놓여 있다. 정신적·물리적·정치적 상황이 복잡하게 뒤얽힌 독특한 도시인 것이다. 도시 예루살렘은 석재로 건설되어 지금도 과거의 유적들이 유지되고 있으며, 건설과 파괴의 사건들이 상세한 기억으로 도시 안에 남겨져 있다. 이와 달리 카호키아는 매우 짧은 기간 동안 존속된 도시였다. 도시 건설의 배경이 된 정치적·종교적 상황은 상당히 불안정했다. 도시 카호키아가 버려진 후 그곳으로 다시 돌아온 사람들은 거의 없었고, 결국에는 구술사의 전통에서도 잊혀버렸다. 한편 바그다드는 카호키아와 예루살렘의 중간쯤에 위치하는 것 같다. 바그다드는 흙벽돌로 건축된 도시였다. 명백한 정치적 이유로 도시는 급속도로 건설되었다. 그 후 오래도록 버려진 상태로 남아 있다가 근대에 이르러 다시 도시 바그다드가 회복되었다.

종교적, 정치적, 행정 관리적 차원에서 이들 도시 건설 당시의 어떤 특성이 그와 같은 차이를 가져왔을까? 해답은 아마도 기원 설화에 있을지 모른다. 대개의 기원 설화는 영웅적이며 종교적인 배경을 바탕에 두는데, 수많은 고대 도시들이 모두 마찬가지였다.[14] 그러나 예루살렘은 좀 다른 면이 있었다. 다른 고대 도시의 경우 그와 관련된 전통이 역사성의 고갱이를 가지고 있을 수도 있고 아닐 수도 있지만, 어쨌든 그것은 다만 흥미로운 신화에 지나지 않는다. 그러나 예루살렘의 기원은 많은 사람들에게 의미심장한 역사로 남아 있다.

성스러운 전통을 자랑하는 도시들 가운데 1000년의 역사를 가진 경우는 거의 없다. 로마 제국의 중심이었던 로마가 기독교 성지로 여겨진 적도 있었지만, 그 기간은 몇 세기에 불과했다. 비잔틴 제국 기독교의 중심지 콘스탄티노폴리스는 1453년 술탄 메흐메트(Mehmed)에게 정복된

---

14 근동 및 고전 시기 세계의 도시에 관해서는 예컨대 다음을 참조. Pedro Azara Nicholás, Ricardo Mar Medina, and Eva Subías Pascual (eds.), *Mites de fundació de ciutats al món antic: (Mesopotàmia, Grècia I Roma). Actes de Colloqui* (Barcelona: Museu d'Arqueologia de Catalunya, 2001).

뒤 이슬람 오스만 제국의 수도가 되었다. 그리스정교에서는 지금도 콘스탄티노폴리스를 영적 중심지로 간주하고 있다. 메카(Mecca)는, 전설에 따르면 이브라힘(Ibrahim, 즉 아브라함)이 카바(Kaaba)를 지었다고 하는 곳으로, 무함마드의 출생지이며 쿠란이 완성된 장소이기도 했다. 오늘날까지 메카는 이슬람의 가장 큰 존경을 받는 도시이자 순례지로 남아 있다. 인도의 갠지스강변에 위치한 역사 도시 바라나시(Varanasi)는 힌두교와 불교에서 모두 성지로 여기는 곳이다. 전설에 따르면 도시 바르나시는 힌두교의 신격인 시바(Shiva)에 의해 건설되었다고 한다. 오늘날에도 그곳은 여전히 순례지로 각광을 받고 있다.

이와 같은 여러 도시와 예루살렘이 다른 점은, 세 가지 주요 종교가 모두 성지로 여긴다는 점이다. 그 결과 예루살렘은 치열한 분쟁 상태에 놓였으며, 그러한 현실이 곧 예루살렘의 역사를 만들었고, 오늘날의 예루살렘 또한 같은 현실의 연장선상에 놓여 있다.[15] 어떤 면에서 보자면, 특히 그 도시가 건설될 당시에 얼마나 다양한 상상이 존재했는지, 그리고 그러한 상상들이 어떤 식으로 실현되었는지(예컨대 건축 재료가 무엇이었는지 등)에 따라 그 도시는 이후 영원히 다른 도시들과 다른 길을 걸을 수도 있었다. 즉 도시 주민의 정체성(신분), 통치 기구, 종교, 경제 생활을 포함하는 도시의 역사 자체가 달라졌던 것이다.

여기서 우리가 특히 주목하고자 하는 논점은, 그 도시의 역사적 유산을 어떻게 보아야 할 것인가 하는 문제다. 예루살렘처럼 1000년의 유산

---

15 Tamar Mayer and Suleiman Ali Mourad (eds.), *Jerusalem: Idea and Reality* (London: Routledge, 2008).

이 지속되는 경우도 있다. 전설과 제도와 종교는 도시의 역사를 둘러싸고 생겨난다. 역사적 유산의 문제가 중요한 다른 도시들도 물론 존재한다. 그러나 대부분의 경우 역사의 창문은 짧은 기간 동안만 열려 있었을 뿐이다. 그러한 도시의 짧은 역사는 어쩌면 도시 건설 혹은 도시 설계상 건축 재료의 지속성과 궤를 같이하는 것이었는지도 모르겠다.

이집트의 도시 아마르나(Amarna)를 예로 들어보자. 아마르나는 흙벽돌로 건설된 도시였다. 그래서 수도에서 멀리 떨어진 위치에도 불구하고 짧은 기간 안에 도시 건설이 가능했다. 물론 같은 이유로 아케나텐(Akhenaten)의 통치가 끝난 뒤 아마르나는 쉽게 버려지고 또한 잊힌 도시가 되었다. 초기의 바그다드도 마찬가지였다. 바그다드 역시 불에 굽지 않은 흙벽돌로 건설된 도시였기에 건축물들이 상당히 연약한 편이었다. 당시 바그다드는 외형적으로나 개념적으로나 세계의 중심으로 건설되었지만, 결국은 버려진 도시가 되었다. 침략과 파괴적 홍수와 화재는 1258년 이후 아바스 왕조 당시 바그다드의 면모를 지워버렸다.

물질적 재료의 장기 지속적 효과는 도시마다 달랐다. 석재, 흙, 목재, 흙벽돌 가운데 무엇이 사용되었느냐에 따라 전 세계 초기 도시들의 차이가 명확했다. 예컨대 중국 상(商)나라의 도시는 면적이 30제곱킬로미터에 달했는데, 도시 내부에 성벽(목책)과 사원 혹은 궁전과 엘리트 계층의 거주지가 포함되어 있었다. 그러나 도시 전체가 흙과 목재로 건설되었고, 경우에 따라서는 겨우 한 세기 남짓 유지되었을 따름이다.[16] 이

---

16 Lothar von Falkenhausen, "Stages in the Development of 'Cities' in Pre-Imperial China," in Joyce Marcus and Jeremy A. Sabloff (eds.), *The Ancient City: New Perspectives on Urbanism in the Old and New World* (Santa Fe, NM: School for

와 비슷한 경우가 올멕(Olmec) 문화의 원시 도시에서도 확인된다. 멕시코의 산 로렌소 테노치티틀란(San Lorenzo Tenochtitlan)에 있는 고대 도시 유적은 메사(mesa, 꼭대기가 평평한 절벽 지형)에 약 5제곱킬로미터 면적으로 펼쳐져 있었다.[17] 도시의 기념비적 건축물은 흙과 잡석을 섞어 만든 소박한 건물들이었고, 색채가 다른 퇴적층에 따라 시기가 구분되는 유적층이 특징적이었다.[18] 이 도시 또한 존속된 기간은 300년에 불과했다.

올멕 문화의 사례는 카호키아와 비슷한 면이 있었지만, 다른 원시 도시 사례인 볼리비아 서부의 티와나쿠(Tiwanaku)는 그렇지 않았다. 기원후 500년경부터 발달하기 시작한 도시 티와나쿠는 볼리비아의 티티카카 평원(Titicaca Basin) 지역을 주도한 도시였다. 석재로 쌓아 올린 플랫폼, 깊은 마당 구조의 사원, 그리고 광장이 우주적 질서에 따라 조성된 티와나쿠의 면적은 4~6제곱킬로미터에 달했다.[19] 중심부의 복합 시설을 둘러 해자가 건설되어 있었지만, 이는 방어 시설이라기보다 천상에 대응되는 지상의 중심축을 조성하기 위한 의도로 건설된 것이었

Advanced Research, 2008), pp. 209-28.
17 Michael D. Coe and Richard A. Diehl, *In the Land of the Olmec: The Archaeology of San Lorenzo Tenochtitlan* (Austin: University of Texas Press, 1980); Barbara L. Stark, "Out of Olmec," in Vernon L. Scarborough and John E. Clark (eds.), *The Political Economy of Ancient Mesoamerica: Transformations During the Formative and Classic Periods* (Albuquerque: University of New Mexico Press, 2007), pp. 47-63.
18 John E. Clark, "Mesoamerica's First State," in Scarborough and Clark (eds.), *The Political Economy of Ancient Mesoamerica*, pp. 11-46.
19 John W. Janusek, *Ancient Tiwanaku* (Cambridge: Cambridge University Press, 2008).

다.[20] 순례자들은 도시에 설치된 석문을 통과하여 다양한 제물을 바쳤다. 이를 통해 도시 티와나쿠가 종교적으로 중요한 공간이었음을 알 수 있으며, 종교적으로 규정된 도시와 그 주변 지역의 성격은 600년 동안 존속되었다.[21]

카호키아와 마찬가지로 중국과 멕시코의 고대 도시들은 존속 기간이 비교적 짧았다. 중국의 도시들은 흙과 목재 등 항구적이지 않은 재료로 건설되었는데, 초기 중국의 불안정한 정치 환경에서 행정 기관이나 인구의 이동을 손쉽게 하기 위해서는 불가피한 선택이었다.[22] 산 로렌소도 마찬가지였다. 산 로렌소의 항구적이지 못한 기념비적 건축물들은 "광범위한 지역 사회의 순환적 맥락을 '이탈'해버렸다."[23] 한편 티와나쿠는 가장 오랜 시간 동안 존속되었다. 시각적으로 뚜렷이 드러나는 석조 구조물, 깊은 마당 구조의 사원, 플랫폼, 석문, 거석 기념물 등은 더욱 오래도록 주민과 순례자의 기억 속에 머물렀다. 예루살렘처럼 여러 가지 전통의 맥락으로 축성이 중첩된 도시가 아니었더라도 도시 티와나쿠는 기원후 1100년 이후까지도 유지되었다.

---

20 Alan L. Kolata and Carlos Ponce Sangines, "Tiwanaku: The City at the Center," in Richard F. Townsend (ed.), *The Ancient Americas: Art from Sacred Landscapes* (Chicago: The Art Institute of Chicago, 1992), pp. 317-33.
21 Deborah E. Blom and John W. Janusek, "Making Place: Humans as Dedications in Tiwanaku", *World Archaeology* 36 (2003), 123-41.
22 Von Falkenhausen, "Stages in the Development of 'Cities,'" pp. 209-28.
23 Stark, "Out of Olmec."

결론

 예루살렘과 바그다드와 카호키아는 서로 비슷한 면이 있었다. 문화적 맥락, 정치적 제도, 종교적 전통에 따른 상상력이 도시를 건설할 당시는 물론 이후로도 구체적으로 표현되었다. 이들 도시에는 단순히 인구가 모여드는 도심지 이상의 그 무엇이 있었다. 또한 상업 중심지나 교역 거점에 국한되지도 않았다. 이들 도시의 역사는 정치적 흐름으로만 규정되지도 않았다. 도시 건설을 둘러싼 환경으로부터 이들 세 도시에는 역사를 초월하는 특성이 부여되었다. 그 특성이 집단적 정체성과 종교적 전통을 만들어냈으며, 어떤 면에서는 지금도 계속해서 만들어지고 있다.

 물론 이들 세 도시가 굉장히 다른 점들도 많이 있다. 예루살렘은 세계의 3대 일신교에서 모두 영원의 도시로 간주한다. 제국의 수도 바그다드는 야심만만한 설계에 의해 건설되었지만, 수 세기 동안 침묵에 휩싸여 있다가 20세기가 되어서야 다시 부상했다. 일찍이 발달했던 도시 카호키아는 불과 3세기 만에 불타 사라져버렸다. 확연하게 서로 달라져버린 이들 세 도시의 역사(예루살렘의 영원성, 바그다드의 탄생과 침묵 후의 재탄생, 카호키아의 소멸)는 처음 도시를 설립할 때의 상상력과 상당히 깊은 관련이 있다.

 정도의 차이는 있지만 도시라면 어디서나 상상력이 개입되기 마련이다. 사람들이 전설과 전통과 제도를 어떤 식으로 경험하고 계획할지는 상상력에 달려 있다. 상상력은 유형의 과정이면서 동시에 무형의 과정으로 드러난다. 사람들은 공간 속에서, 그리고 능력 범위 내에서 계획을 세우고, 경험을 하고, 상상을 한다.[24] 이러한 과정이 예루살렘처럼 중첩되고 다양하고 복잡할 수도 있고, 바그다드나 카호키아처럼 비교적 단일하고 중앙 집중식으로 관리될 수도 있다. 어느 쪽이건 이러한 과정은 명백한 역사적 의미를 내포한다. 가장 기본적인 차원에서 도시의 지속성은 도시 설계에 영향을 받는다. 바그다드에서도 일부 그런 면이 있었지만, 고대 중국의 도시가 특히 그랬다. 혹은 올멕 문화의 산 로렌소, 혹은 아마르나, 혹은 카호키아 등지도 마찬가지였다. 이런 점에서 비록 다양하고 서로 차이가 있기는 하지만, 도시의 상상력은 어느 도시에서나 공통적으로 건축의 과정과 도시 경험의 밑바탕이 되었다.

24 Bachelard, *The Poetics of Space*.

더 읽어보기

Azara Nicholás, Pedro, Ricardo Mar Medina, and Eva Subias Pascual (eds.), *Mites de fundació de ciutats al món antic: (Mesopotàmia, Grècia I Roma)*. Actes de Colloqui, Barcelona: Museu d'Arqueologia de Catalunya, 2001.

Bachelard, Gaston, *The Poetics of Space: The Classic Look at How We Experience Intimate Places*, Boston: Beacon Press, 1994.

Bender, Barbara (ed.), *Landscape: Politics and Perspectives*, London: Berg, 1983.

Blom, Deborah E., and John W. Janusek, "Making Place: Humans as Dedications in Tiwanaku," *World Archaeology* 36 (2003), 123-41.

Clark, John E., "Mesoamerica's First State," in Vernon L. Scarborough and John E. Clark (eds.), *The Political Economy of Ancient Mesoamerica: Transformations During the Formative and Classic Periods*, Albuquerque: University of New Mexico Press, 2007, pp. 11-46.

Coe, Michael D., and Richard A. Diehl, *In the Land of the Olmec: The Archaeology of San Lorenzo Tenochtitlan*, Austin: University of Texas Press, 1980.

Connerton, Paul, *How Societies Remember,* Cambridge: Cambridge University Press, 1989.

de Certeau, Michel, *The Practice of Everyday Life*, Berkeley: University of California Press, 1984.

Janusek, John W., Ancient Tiwanaku, Cambridge: Cambridge University Press, 2008.

Joyce, Rosemary A., and Lynn M. Meskell, *Embodied Lives: Figuring Ancient Maya and Egyptian Experience*, London: Routledge, 2003.

Kolata, Alan L., and Carlos Ponce Sangines, "Tiwanaku: The City at the Center," in Richard F. Townsend (ed.), *The Ancient Americas: Art from Sacred Landscapes*, Chicago: The Art Institute of Chicago, 1992, pp. 317-33.

Küchler, Suzanne, "Landscape as Memory: The Mapping of Process and Its Representation in a Melanesian Society," in Barbara Bender (ed.), *Landscape: Politics and Perspectives*, London: Berg, 1983, pp. 85-106.

Kus, Susan, "Sensuous Human Activity and the State: Towards an Archaeology of Bread and Circuses," in Daniel Miller(ed.), *Domination and Resistance*, London: Unwin & Hyman, 1989, pp. 140-54.

_____, "The Social Representation of Space: Dimensioning the Cosmological and the Quotidian," in James A. Moore and Arthur S. Keene (eds.), *Archaeological Hammers and Theories*, New York: Academic Press, 1983, pp. 277-98.

Lefebvre, Henri, *The Production of Space*, Donald Nicholson-Smith (trans.), Oxford: Blackwell, 1991.

Mayer, Tamar, and Suleiman Ali Mourad (eds.), *Jerusalem: Idea and Reality*, London: Routledge, 2008.
Shepherd, Nick, and Christian Ernsten, "The World Below: Post-Apartheid Imaginaries and the Bones of the Prestwich Street Dead," in Noëleen Murray, Nick Shepherd, and Martin Hall (eds.), *Desire Lines: Space, Memory and Identity in the Post-Apartheid City*, London: Routledge, 2007, pp. 215-32.
Smith, Adam T., *The Political Landscape: Constellations of Authority in Early Complex Polities*, Berkeley: University of California Press, 2003.
Stark, Barbara L., "Out of Olmec," in Vernon L. Scarborough and John E. Clark (eds.), *The Political Economy of Ancient Mesoamerica: Transformations During the Formative and Classic Periods*, Albuquerque: University of New Mexico Press, 2007, pp. 47-63.
Von Falkenhausen, Lothar, "Stages in the Development of 'Cities' in Pre-Imperial China," in Joyce Marcus and Jeremy A. Sabloff (eds.), *The Ancient City: New Perspectives on Urbanism in the Old and New World*, Santa Fe, NM: School for Advanced Research, 2008, pp. 209-28.
Wheatley, Paul, *The Pivot of the Four Quarters*, Chicago: Aldine, 1971.

PART 6

고대 제국의 도시들

CHAPTER 23

신아시리아의 수도: 제국의 수도에서 코즈모폴리턴 도시로

아델하이트 오토
Adelheid Otto

1843년경 모술(Mosul) 지역(오늘날 이라크 북부)에서 사람 머리에 날개가 달린 거대한 사자상과 같은 양식의 수소상이 발견되면서 고대 메소포타미아 탐사가 시작되었다. 아시리아의 여러 도시는 그리스와 로마 여행가들의 기록에 그 이름을 남겼고, 구약 성서에 등장하는 이름들도 있었다. 예를 들면 니므롯(Nimrod), 아슈르(Aššur), 니네베(Nineveh) 등이었다. 기록에 남겨진 이들 도시는 방탕한 생활과 교만, 과대망상, 잔인함을 상징하는 곳이었다. 이러한 도시의 성격은 거대한 괴수와 끝없는 전쟁 장면이 묘사되어 있는 궁전 벽화에서 그대로 확인되었다. 벽화가 장식된 어마어마한 궁전과 믿기 어려울 정도로 거대한 도시의 규모가 이들 도시의 유적을 통해 확인되었다.[1] 오늘날 체계적인 고고학적 발굴을 통해 연구가 진행되고 있고, 또한 수만 점에 달하는 쐐기문자 텍스트가 해독되어 아시리아 제국에 관해 더욱 상세한 정보가 제공되고 있다. 그럼에도 불구하고 아시리아의 도시와 그곳에 살았던 사람들의 특성을

---

[1] 아카드어 인지명에서 "sh" 발음은 이 글 본문과 지도에서 š 혹은 Š로 표기했다. 아카드어 "h" 발음은 표기하지 않았다. 이 발음은 "무성연구개마찰음(Achlaut)"으로, 스코틀랜드어의 "loch", 이디시어의 "chutzpah"에 해당한다. 이 소리는 때로 "kh"로 표기되는 경우도 있다. 강세음(emphatic consonants, 예컨대 s 혹은 t 아래에 점을 찍어 표기)은 이 글에서는 별도로 표기하지 않았다.

확인하기 위해 도전해야 할 연구 과제는 아직 많이 남아 있다.

역사적 배경과 자연환경

우리가 논의하고자 하는 도시들은 메소포타미아의 북부, 이른바 "아시리아 핵심 지대(Assyrian Heartland)"에 위치해 있었다. 그 일대는 자연 강우에 의존하여 밭농사를 하는 비옥한 지역이었다(표 23-1 참조). 기원전 1500년까지 아시리아의 도시들은 면적 100헥타르를 넘어서지 않았는데, 그곳의 배후지로는 그보다 큰 규모의 도시를 부양하기 어려웠기 때문이다. 아시리아인은 주변 배후지를 넘어서는 무역, 세금, 조공 등의 수단으로 수입을 확대해 나갔다.

애초에 아시리아는 수도 아슈르(Aššur) 주변을 아우르는 조그마한 도시국가에 불과했다(아슈르는 도시 최고신의 이름인 동시에 도시 명칭이었고, 아시리아 제국의 이름이었으며, 지역 명칭이기도 했다). 고대 아시리아 시기(Old Assyrian period, c. 2000~1700 BCE) 아슈르는 교역의 중심지였는데, 주로는 아나톨리아 지역의 여러 식민지들과 연결되어 번성할 수 있었다. 팽창 정책은 기원전 14세기에 시작되어 이후로도 지속되었다. 아시리아는 당시 이미 상당한 군사력을 보유하고 있어서 상부 메소포타미아(Upper Mesopotamia)와 시리아 일부 지역을 복속시켰다. 그러다가 기원전 제2천년기 말에서 기원전 제1천년기 초까지는 쇠락의 시기였는데, 이 시기를 거친 후 아시리아는 "거대한 패권"을 차지하여 근동(Near East) 지역의 대부분을 장악했다(기원전 9~7세기). 사르곤 2세(Sargon Ⅱ)와 센나케립(Sennacherib)의 재위 당시 페르시아만과 토로스산맥부터, 그리고 키프로스, 페니키아, 가자부터 자그로스산맥을 넘

	본문에 언급되는 아시리아의 왕	수도 (고대 지명/현대 지명)
고대 아시리아 제국 (c. 2000 – 1700 BCE)		아슈르(Aššur)/Qalat Šerqat
중기 아시리아 제국 (c. 1700 – 1100 BCE)	삼시-아다드(Šamši-Adad) 1세(1815 – 1776)	아슈르(Aššur)/Qalat Šerqat
	투쿨티-니누르타(Tukulti-Ninurta) 1세(1233 – 1197)	카르-투쿨티-니누르타(Kar-Tukulti-Ninurta)/Tulul al-'Aqr
신아시리아 제국 (c. 1100 – 612 BCE)		아슈르(Aššur)/Qalat Šerqat (864년까지)
	아슈르나시르팔(Aššurnasirpal) 2세(883 – 859)	칼후(Kalhu)/Nimrud
	샬마네세르(Salmaneser) 3세(858 – 824)	칼후(Kalhu)/Nimrud
	샬마네세르(Salmaneser) 5세(726 – 722)	칼후(Kalhu)/Nimrud
	사르곤(Sargon) 2세(721 – 705)	두르-샤루-켄(Dūr-Šarru-kēn)/Khorsabad
	센나케립(Sennacherib, 704 – 681)	니네베(Nineveh)/Kuyunjik+Nebi Yunus
	에사르하돈(Esarhaddon, 680 – 669)	니네베(Nineveh)/Kuyunjik+Nebi Yunus
	아슈르바니팔(Aššurbanipal, 668 – 631)	니네베(Nineveh)/Kuyunjik+Nebi Yunus
	신샤리슈쿤(Sinšarišḳun, 626 – 612)	니네베(Nineveh)/Kuyunjik+Nebi Yunus
	아슈르발리트(Aššuruballit) 2세(611 – 609)	하라누(Harranu)/Harran

[표 23-1] 아시리아 수도 연표 및 왕들의 재위 연표

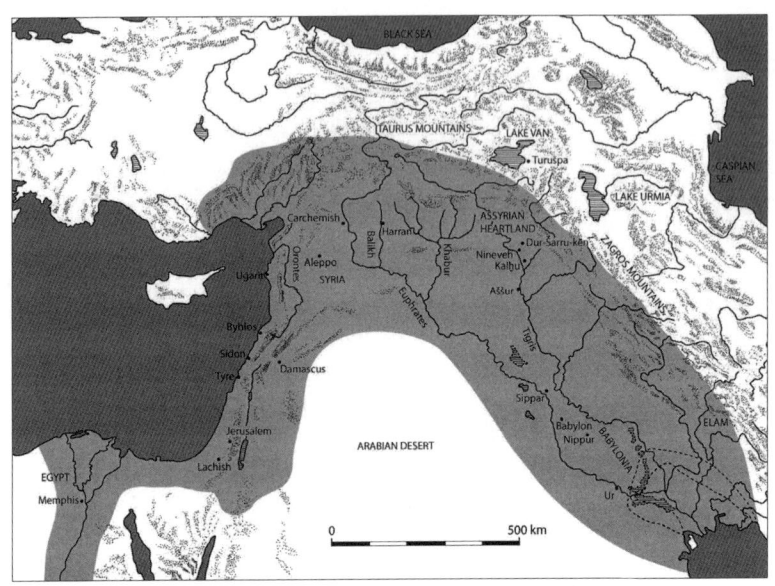

〔지도 23-1〕 신아시리아 제국 전성기(기원전 7세기) 지도

어 이란까지 세력을 확장했다. 에사르하돈(Esarhaddon)과 아슈르바니팔(Aššurbanipal) 재위 시기에는 심지어 이집트도 몇 년간 아시리아에 복속된 적이 있었다(지도 23-1).

기원전 614~612년 아시리아 핵심 지대에 위치한 제국의 주요 도시들은 메디아와 바빌론 연합 세력의 공격을 받고 약탈당했다. 니네베와 아슈르 신전(Temple of Aššur)이 파괴되었고, 이는 곧 아시리아 제국의 종말을 의미했다. 최후의 왕 아슈루발리트 2세(Aššuruballit Ⅱ)는 곧바로 서부 지역의 일부를 회복했고, 이외에도 수많은 지방의 중심지들이 그대로 유지되었지만, 하나의 국가로서의 아시리아는 더 이상 존재하지 않았다.

오래도록 고질적이었던 문제가 제국의 붕괴를 앞당겼다. 아시리아 제국은 왕에게 권력이 집중되는 중앙 집중식 권력 체제에 뿌리를 두고 있었다. 그래서 왕위 계승을 두고 내부의 투쟁이 이어졌고, 중앙의 주요 도시에는 거대 규모의 행정 관료와 군대를 보유하고 있어야 했다. 이들을 먹여 살리려면 정기적으로 지방으로부터, 그리고 속국으로부터 조공을 거두어야 했는데, 그들의 충성심이 자발적인 경우는 거의 없었다. 아시리아 핵심 지대에 위치한 거대 규모의 주요 도시들은 서로가 워낙 근접해 있었기에 그 주변의 배후지에서 생산되는 농산물만으로는 수요량을 충족하지 못했다. 그들은 먼 지역으로부터 식량을 끌어와야 했는데, 그러자면 상당량의 식량을 운반하고 선적하고 저장할 복잡한 시스템이 필요했다.

고대 근동 지역에서 패권이 진화하던 시기에는 상당한 인구 증가 현상도 함께 나타났다. 인구는 주로 강제 이주로 늘어났지만(기원전 850~614년경 끌려온 사람들이 약 400만 명으로 추산된다), 자발적으로 유입된 사람들도 있었을 것이다. 아시리아가 정복한 지역의 상당 부분은 스텝이었다. 아시리아는 강제 이주민을 동원해서 스텝 지역에 농지를 조성했다. 그러다 보니 지방에서 행정 체제의 구조가 바뀌었고, 아시리아 핵심 지대의 도시들도 새로운 형태로 바뀌어갔다. 과거의 수도 아슈르는 기원전 제3천년기 말부터 발달하기 시작했는데, 더 이상 거대 제국의 수도로서 사회적·경제적·정치적 수요를 감당할 수 없었다. 그래서 아시리아의 왕들 가운데 몇몇은 새로운 도시를 찾아 거주해야겠다고 결심했고, 그 결과 전혀 다른 구조의 도시들이 생겨났다(카르-투쿨티-니누르타Kar-Tukulti-Ninurta, 칼후Kalhu, 두르-샤루-켄Dūr-Šarru-kēn, 니네베). 그럼에도 불구하고 아슈르는 여전히 제국의 종교 및 이데올로기의 중심지로 남아 있었다. 도시의 수호신이자 제국의 수호신 아슈르가 거처하는 곳이 바로 그곳이었고, 왕은 곧 아슈르의 화신이었기 때문이다.

아슈르, 영원한 수도

도시 아슈르는 전략적 요충지로서 티그리스강 상류 산줄기의 꼭대기에 위치했다. 아슈르가 가장 유명했던 시기는 기원전 7세기로서 신아시리아 제국 말기부터였다(그림 23-1). 당시 약 65헥타르 면적의 도시 지역 대부분을 아우르는 성벽이 건설되었고, (남쪽으로 확장된) 신도시가 약 73헥타르를 차지하고 있었다. 인구는 3만~5만 명으로 추정된다.

주요 유적으로 기원전 제3천년기 말경의 것으로 알려진 사원들이 있으나, 고대 아시리아 제국 시기의 아슈르에 관해서는 거의 알려지지 않았다. 아슈르가 처음 번성한 때는 정통성 논란이 있었던 왕 샴쉬-아다드 1세(Šamši-Adad I) 시기로, 그 기간이 그리 길지 않았다. 그는 기존에 설치되어 있던 아슈르 신의 사원에 새로운 형태를 부여했고, 그것이 이후 아시리아 제국이 끝날 때까지 1200년 동안 거의 변함 없이 유지되었다. 또한 그는 지구라트도 건설했는데, 아마도 바빌론의 모델을 따랐던 것 같다. 아시리아가 기원전 13세기에 다시 세력을 회복했을 때 도시 아슈르는 남쪽으로 더욱 확장되었다. 투쿨티-니누르타 1세(Tukulti-Ninurta I)는 과감한 팽창 정책으로 온갖 적들을 만든 왕으로 유명한데, 도시 아슈르의 전략적 약점이었던 서쪽 측면을 보강하여 요새를 구축했다. 또한 그는 최초로 과거의 비좁은 도시를 떠나 새로운 수

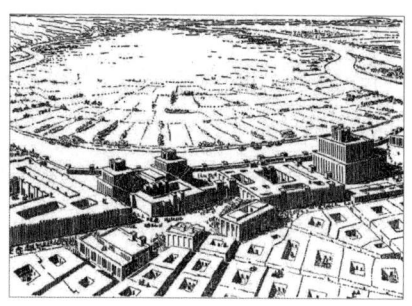

[그림 23-1] 아슈르 중심지의 주요 사원과 궁전

도, 곧 카르-투쿨티-니누르타(Kar-Tukulti-Ninurta)를 건설한 왕이었다 (이하 논의 참조). 아슈르나시르팔 2세(Aššurnasirpal Ⅱ)를 비롯한 아시리아의 다른 왕들도 도시 아슈르를 완전히 벗어난 다른 곳에 정부를 설치했다. 그러나 도시 아슈르의 구조는 기원전 614년까지 변함없이 그대로 남아 있었다. 북쪽 끄트머리 높은 지대를 따라 공공 건물이 줄지어 늘어서 있었다고 한다. 동쪽에서 서쪽으로 가면서 열거하자면, 아슈르 신전 (Temple of Aššur)과 그 끄트머리의 지구라트, "옛 궁전", 그리고 아누-아다드 사원(Anu-Adad Temple)이 있었다. 중앙에 행진을 위한 도로가 나 있었는데, 도로 끝이 광장과 연결되었고, 그 맞은편에 이슈타르(Ištar)와 나부(Nabu)의 사원, 서쪽 궁전, 신(Sin)과 샤마시(Šamaš)의 사원, 동쪽 궁전이 있었다.

아슈르(Aššur) 신을 모시는 사원(에샤라Ešara)은 막강한 복합 시설로, 중심 건물과 수많은 방들로 둘러싸인 궁전이 포함되어 있었다. 의례 행사 같은 특별한 경우 대중도 거대한 궁전의 마당으로 들어갈 수 있었다. 에사르하돈(Esarhaddon)은 신성한 거처를 이렇게 묘사한 적이 있었다. "나는 주님이신 아슈르(Aššur)를 모신 방을 금으로 장식했다. 라흐무(lahmu)와 케루브(cherub) 형상을 금으로 칠해 나란히 배치했다. 방의 벽도 금으로 칠했다. … " 사원에는 전용 물품 제작소(예컨대 금 제련소), 술 양조장, 빵 굽는 곳, 고기 해체와 요리를 하는 곳이 포함되어 있었다. 신과 신을 섬기는 성직자들이 일용할 식사를 준비하는 곳이었다. 또한 제국의 통일성이 바로 이곳에서 구현되었다. 양식의 일부가 제국에 포함된 서로 다른 지방에서 날마다 올라왔기 때문이다. 이렇게 해서 그야말로 제국이 신을 먹여 살렸다.

사원의 존재는 도시의 지속성에 심대하게 기여했으며, 심지어 제국의 중앙 정부가 사라진 뒤에도 마찬가지였다. 성직자와 사원에 부속된 모든 인력은 신과 함께 아슈르에 남아 있었고, 아시리아의 왕들은 정기적으로 의례를 거행하기 위해 아슈르를 방문했다. 사원은 또한 아시리아의 왕실과 국가를 위해 핵심적 이데올로기를 부여했다. 그들의 신 아슈르(Aššur)야말로 진정한 왕이었고, 우주의 질서를 유지하는 중심이었다. 이 땅에서 신의 대리인이 곧 왕이었으며, 왕은 정치 질서의 중심이었다. 그래서 아시리아 왕의 정통성은 아슈르 신전과 곧바로 연결되었다. 제국의 역사를 통틀어 이데올로기의 중심에 아슈르 신전이 위치했다.[2]

사원 가까이에 "옛 궁전"이 있었다. 최소한 기원전 19세기 이후로는 이곳이 아시리아 왕들의 정궁(正宮)이었다. 궁전의 복합 시설을 모두 합

---

2 Stefan Maul, "Der assyrische König – Hüter der Weltordnung," in Kazuko Watanabe (ed.), *Priests and Officials in the Ancient Near East* (Heidelberg: Universitätsverlag C. Winter, 1999), p. 214.

하면 110×98미터 크기였고, 적어도 10개의 정원과 172개의 방이 포함되어 있었다. 그러나 아슈르나시르팔 2세가 수도를 칼후(Kalhu)로 옮기고 그곳에 자신의 새로운 궁전을 건설한 뒤로는 거의 모든 왕들이 호화로운 정궁에 변화를 더했다. 건물에 새겨진 왕들의 이름으로 확인된 것이 최소 21건 이상이었다. 정궁을 계속해서 사용한 이유 중 하나는, 궁전 아래 왕들이 묻힌 무덤이 있었기 때문이다. 최소한 기원전 11~7세기의 아시리아 왕들이 그곳에 묻혀 있었다. 이를 통해 수많은 왕들이 사후에는 "조상들의 궁전"으로 되돌아왔다는 사실을 알 수 있다. 조상의 무덤에 정기적으로 제물과 술을 바치는 일은 모든 왕이 살아생전에 이행해야 할 의무에 속했다.[3]

이외에 다른 궁전이 최소한 네 곳에서 확인되었다. 그중 하나는 기원전 9세기의 궁전으로 "새 궁전"이라 하며, "옛 궁전"에서 남동쪽으로 100미터 거리에 살마네세르 3세(Šalmaneser III)가 건설한 "동쪽 궁전"이 있고, 나부 사원(Nabu-Temple)과 신-샤마시 사원(Sin-Šamaš Temple) 사이에 궁전 혹은 행정 기관 건물이 있다. 그리고 기원전 7세기 초 왕세자의 궁전이 있는데, 이는 주거 구역에 위치한 유일한 공공 건물이었다. 종합하자면 궁전들이 도시 전체에서 차지하는 비중은 그리 크지 않았다. 놀랍게도 공공 건물이 주거 구역에 자연스레 어우러졌는데, 이는 후대의 아시리아 수도들과 뚜렷이 다른 점이었다. 후대의 수도들 모두가 완전히 조사된 것은 아니지만 대체적인 구조는 주거 구역과 공공 건물이

---

3 Friedhelm Pedde and Steven Lundström, *Der Alte Palast in Assur: Architektur und Baugeschichte* (Wiesbaden: Harrassowitz Verlag, 2008).

확연히 나뉘었는데, 공공 건물 주위로 해자를 둘렀기 때문이다. 기원전 7세기 말경을 기준으로 주택들이 밀집된 주거 구역이 펼쳐져 있었고, 그곳으로 접근하려면 정해진 도로를 거쳐야 했다. 도심(libbi āli)의 주택들은 (표면적 150~450제곱미터로) 규모가 그리 작지 않았고 사각평의 평면 구조였다. 이에 반해 기원전 7세기에 새로 확장된 구역에 지어진 집들은 크기도 더 작았고 평면 형태가 불규칙했다. 이로써 갈수록 공간이 넉넉지 못했다는 사실을 알 수 있다.

대규모 주택은 출입문으로 들어가면 공적 공간(bābānu)이 나오고 사적 공간(bītānu)은 그 뒤에 있는 구조로, 궁전과 비슷한 구조였다. 이로 보아 이러한 주택들은 거주지로 사용되었을 뿐만 아니라 많은 손님들이 드나드는 작업장이나 무역 사무실의 역할도 했던 것 같다. 지적 엘리트 계층의 교육은 (학교가 아니라) "글쓰기"의 집에서 이루어졌다. 가장 안쪽 깊숙한 방에는 사망한 가구 구성원이 묻혀 있었고, 궁륭형 천장의 방에서 정기적으로 제사를 지냈다. 사적 기록물(부동산 관련 문서, 결혼 서약서, 유언장, 사업 관련 기록들)을 보유한 집들이 많았는데, 이를 통해 당시의 일상생활을 엿볼 수 있다. 도시 내 다양한 구역은 사회적 신분에 따라 나뉘었던 것 같다. 도시 변두리 지역에 있는 많은 집들은 아마도 이민자의 거처였을 것이다. 아슈르는 번성한 도시였고, 민족적으로나 사회적으로 매우 다양한 주민이 섞여 있었으며, 기원전 614년 제국이 멸망할 때까지는 제국 내 여러 지방 출신이 모여 있었다. 이집트인, 메디아인, 루위아인, 아람인를 비롯하여 기타 다른 지역 출신의 집주인도 확인이 되었다. 성벽 바깥의 교외 지역에서도 관련된 토기 파편들이 확인되었다.

부동산 거래는 도시 행정관의 책임 아래 이루어졌다. 집이나 토지를 매매할 때는 한 명 이상의 공무원이 출석해야 했다. 거래를 관장하는 지위를 "도시의 장관(ša muhhi āli)"이라 했는데, 구역장(hazannu)보다 높은 지위로 왕이 임명하는 자리였다. 기원전 7세기 중엽 이후로는 구역장이 도시 행정의 최고 책임자가 되면서 위계질서에 변화가 있었다. 기원전 684년 이후로 세 명의 구역장으로 구성된 회의체가 확인되었다. 세 명의 구역장은 도시 내 세 구역을 맡은 책임자였는데, 그중 중심 구역(ša libbi āli)을 책임지는 구역장이 가장 높은 사람이었다.[4] 구역장이나 도시의 장관은 판사 역할도 맡았지만, 주된 임무는 어디까지나 왕과 도시를 연결하는 일이었다. 도시 행정을 위한 전용 건물은 아직까지 발견된 것이 없다. 아마도 그런 건물이 없었던 것 같은데, 사원의 업무용 방에서 행정 사무도 보았던 것 같다. 도시의 구역장 중 적어도 한 명은 아슈르 사원에서 금 제련 일을 담당한 사람으로 확인되었다.

과거 수도의 가장 주목할 만한 특징은, 먼저 궁전에 비해 사원이 도시를 주도했다는 점과, 또한 국가적으로 가장 중요한 시설인 궁전이나 사원조차 주거 구역에서 분리되지 않았다는 점이다. 이는 기존에 흔히 알려진 것처럼, 신아시리아 제국의 도시들은 왕실과 도시 구역을 분명하게 나누는 것이 특징이라는 주장에 정면으로 배치되는 사실이다. 어쩌면 바로 이런 이유에서 수많은 아시리아의 왕들이 날로 성장하는 제

---

4 Karen Radner and Evelyn Klengel-Brandt, "Die Stadtbeamten von Assur und ihre Siegel," in Simo Parpola and R. M. Whiting (eds.), *Assyria 1995: Proceedings of the 10th Anniversary Symposium of the Neo-Assyrian Text Corpus Project, Helsinki, Sept. 7-11, 1995* (Helsinki: Neo-Assyrian Text Corpus Project, 1997), pp. 137-59.

국의 행정 본부를 다른 어딘가로 이전하고자 했을 수도 있다.

카르-투쿨티-니누르타, 허망한 시도에 그친 수도 건설

투쿨티-니누르타 1세는 중기 아시리아 말엽의 왕으로, 도시 아슈르를 떠나고자 한 최초의 왕이었다. 아슈르는 당시 사람들이 우러러본 도시지만 비좁았기 때문에, 그는 강줄기를 약 3킬로미터 정도 거슬러 올라가서 새로운 수도를 건설하고자 했다. 왕의 명령에 따라, 비어 있던 땅에 "예배와 거주를 위한 도시" 카르-투쿨티-니누르타(Kar-Tukulti-Ninurta, 투쿨티-니누르타의 항구라는 뜻)가 건설되었다. 도시 건설은 거대한 공사였다. 새로운 수도의 면적은 약 240헥타르에 달했으며, 티그리스강을 따라 최소한 길이 2.8킬로미터, 너비 900미터의 공간에 펼쳐져 있었다.[5] 도시의 주변으로 사각형 성벽이 둘러지고 중간중간에 우뚝 솟은 망루들이 설치되었다. 안쪽 성벽 안에는 공공 시설이 밀집해 있었으며(최소 35헥타르 이상), 그 끄트머리는 강 쪽을 향해 놓여 있었다. 내성 중앙에 "우주의 사원(Temple of the Universe)"이 건설되었는데, 주로 아슈르(Aššur) 신을 위해 헌정된 사원이었다. 그러나 이것은 쓸데없는 사치로 간주되었다. 아슈르 신께서는 오래된 자신의 거처에 머물러 계셨기 때문이다. 귀족들에 의해 투쿨티-니누르타가 암살된 직후 그가 건설한 사원도 폐쇄되었다. 이후로 다른 왕들은 결코 아슈르의 신전을 옮기려 시도하지 않았다.

---

5 Reinhard Dittmann, "Ausgrabungen der Freien Universität Berlin in Assur und Kār- Tukultī-Ninurta in den Jahren 1986-89," *Mitteilungen der Deutschen Orient-Gesellschaft 122* (1990), 157-71.

기단을 높여서 건설한 유일한 건물은 왕의 궁전(우주의 집)뿐이었다. 흙벽돌로 조성된 15~18미터 높이의 기단 위에 궁전을 지었으며, 확인된 길이만 400미터에 달했다. 전체 면적은 4만 제곱미터였는데, 아슈르에 있던 "조상들의 궁전"보다 최소 4배 이상 큰 규모였다. 하위 도시에는 북쪽의 조그만 사원을 포함하여 여러 가지로 정착지의 흔적이 남아 있었다. 그러나 하위 도시 전체가 건물로 뒤덮여 있었는지는 분명하지 않다. 운하("정의의 운하")를 통해 도시 구역에 물을 공급했고, 세금으로 거둔 곡식을 저장하는 창고가 있었다는 내용이 문헌 기록에 등장했다. 새로운 수도에 건축된 건물은 오래 유지되지 못했다. 이후로 왕들은 아슈르에서 통치를 이어가고자 했고, 나중에 아슈르나시르팔 2세가 칼후(Kalhu)로 수도를 옮기기 전까지 그와 같은 상황이 계속되었다.

칼후(혹은 칼라)와 제국 군대 사령부의 등장

아슈르나시르팔 2세는 칼후에 자신의 새로운 수도를 건설했다. 그곳은 이미 작은 규모의 도시가 위치한 곳이었는데, 수도로 지정된 후 360헥타르까지 확장되었다(그림 23-2). 자연 언덕 지형을 따라 타원형으로 요새가 만들어졌다. 도시 주변을 둘러 성벽이 조성되었는데, 흙벽돌로 축성한 거대한 성벽도 있었지만 다 그런 것은 아니었다. 새로 조성된 도심지는 성벽 안에 위치했고, 외곽의 성벽은 직각 형태의 직선이었다. "샬마네세르의 요새(Fort Šalmaneser)"라고 하는 요새 구역에 대해서는 방대한 발굴 조사가 진행되었지만, 나머지 도시의 90퍼센트에 해당하는 요새 아래 도시 지역은 아직 조사가 이루어지지 못했다.

아슈르나시르팔 2세는 요새 언덕 위에 거대한 공공 건물 밀집 지역

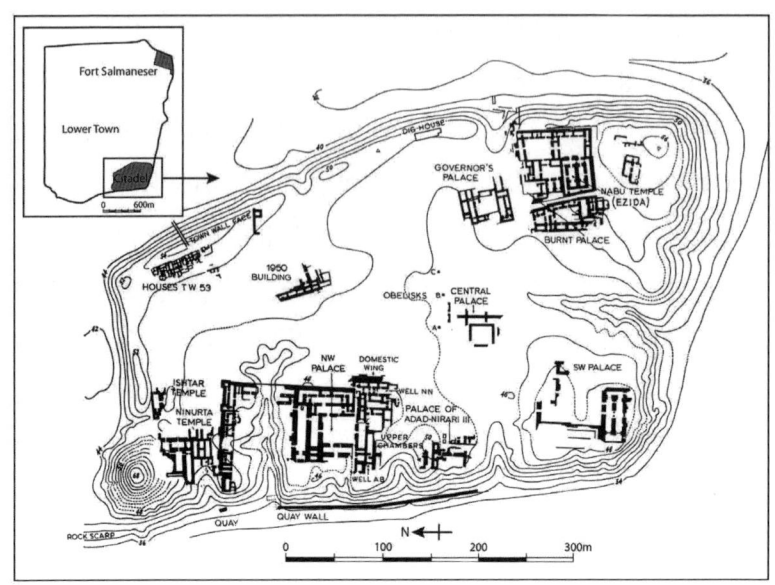

[그림 23-2] 칼후 평면도, 여러 궁전과 중심 요새

을 건설했다. 또한 그는 칼후에 12명의 신을 위한 9개의 사원을 건설하도록 했다. 대개 "궁전"이라 불린 큰 건물은 고위직 관리들이 사용하는 행정 관리 및 주거용 건물이었다. 신아시리아의 왕들이 건설한 궁전은 최소 7개였으나, 이들 궁전이 동시에 사용된 것은 아니었다. 총독의 궁전이라고 하는 유적이 있는데, 총독의 집무 장소는 아니었던 것 같고 칼후의 행정 관리를 담당한 몇몇 고위 관료가 사용했던 건물로 추정된다. 궁정에서 일하는 일부 인력도 요새 안에서 거주할 수 있도록 허용되었다. 예를 들면 "출입 감독관"이나 환관 혹은 궁정 관료 들이었다. 그들은 상인, 지주, 대금업자를 겸했으며, 좁은 거주지에서 여러 명이 밀집하여

생활했다. 요새를 둘러싼 성벽의 북벽 안쪽에 그들의 거처가 있었다.[6]

최초이자 최대의 궁전은 북서쪽 궁전으로, 아슈르나시르팔이 자신의 주요 거처로 건설한 곳이었다. 면적은 최소 200×120미터였으며, 궁전 외곽에는 거대한 행정 기관 구역이 설치되고 그 옆으로 사무실과 창고가 배치되었다. 안쪽 마당 주변으로 몇몇 주거용 건물과 식당이 있었다. 1989년에 주거용 건물 아래에서 왕비들의 무덤이 도굴되지 않은 온전한 형태로 발견되었는데, 발굴된 보물들을 보면 당시 왕실의 엄청난 부를 엿볼 수 있다. 모술 지역에서 생산되는 설화 석고로 만든 방대한 양의 벽면 장식 패널이 설치되어 있는데, 이런 식의 건물 장식은 분명 시리아-아람인의 왕국으로부터 영향을 받은 것이었다. 당시로서는 혁신적이었던 패널 디자인은 이후 신아시리아 제국 공식 건물의 전형적 양식으로 자리 잡게 된다. 서사적 이야기를 담고 있는 부조에서 주제는 방의 기능에 따라 선택되었다. 내밀한 공간에서는 (예컨대 사냥 같은) 왕의 스포츠 장면을 보여주고, 외부 벽면에는 왕에게 조공을 바치는 행렬 같은 장면이 표현되었다. 사실상 제국의 명실상부한 중심이라고 할 수 있는 황제의 접견실은 주요 국가 의례가 거행되는 곳으로 가장 섬세한 장식으로 표현되어 있었다. 거대한 궁전과 호화로운 장식들은 "아시리아의 수도가 문명 세계의 수도이고, 왕의 궁전이 우주의 중심이며, 아시리아의 왕이 가장 강력한 신 아슈르의 대리인으로서 살아 있는 자들 가운데 가장 강력한 존재라는 이미지를 표현함으로써 경외감을 심어주고자

---

6 David Oates and Joan Oates, *Nimrud: An Assyrian Imperial City Revealed* (London: British School of Archaeology in Iraq, 2001).

의도된 디자인이었다."⁷

살마네세르 3세(아슈르나시르팔 2세의 후계자)의 요새로부터 어느 정도 떨어진 거리에 무기고(ekal mašarti)가 건축되어 있었다. "무기고"란 "살마네세르 요새" 발굴팀이 붙인 별칭이었다. 이 건물은 대략 300× 200미터의 부지에 건설되어 있었는데, 당시 근동 지역 건축의 맥락에서는 새로운 양식이었다. 부지의 남측 절반에는 왕과 왕의 시종들이 사용하는 방이 있었다. 한편 북측 절반에는 커다란 마당을 둘러싸고 좁은 방들이 늘어서 있었는데, 주로 군용 막사와 물품 제조 작업장, 군인 가족의 거주지, 병장기와 전마 및 전차를 비롯한 전쟁 도구 등을 보관하는 창고 등으로 사용되었다. 나중에는 약탈한 전리품도 이곳에 보관했다. 이 거대한 건물에 군대가 집합하여, 연례 정복 전쟁에 나서기 전에 전략을 검토했다. 이는 기원전 9세기에 아시리아 군대의 중요성이 점점 커지고 있었음을 알 수 있는 유적이다.

요새 아래 도심지에 관해서는 아직 발굴이 이루어지지 않았기 때문에 다만 추측을 해볼 따름이다. 방대한 면적에 건축을 하는 일에는 강제 이주로 끌려온 사람들의 노동력이 동원되었다. 아슈르나시르팔 2세는 이렇게 기록해두었다. "내가 칼후의 궁전에 축복을 내렸을 때 남녀 4만 7074명을 나의 모든 땅으로부터 데려왔다. 수후(Suhu)의 땅, 힌다누(Hindanu)에서 지체 높은 관리와 사절단 5000명, … 칼후의 사람들 1만 6000명, 궁전의 관료 1500명, 이 모든 사람들에게 … 열흘 동안 먹을 것

---

7 John E. Curtis and Julian E. Reade, *Art and Empire* (London: British Museum Press, 1995), p. 40.

을 주었고, 마실 것을 주었다. … "[8] 강제 이주로 끌려온 4만 7000명이 수년에 걸쳐 칼후에 새로운 궁전을 건설하는 일을 담당했는데, 원래 칼후에 거주하던 주민 1만 6000명 이외에 추가로 데려온 사람들이었다. 처음에 강제 이주자들은 추정컨대 요새 아래 도심 지역에 거주하면서 지속적으로 노동력을 제공했던 것 같다. 이후 인구가 성장하고 군대 사령부가 조성되면서 주택 수요는 더욱 늘어났을 것이다.

두르-샤루-켄(Dūr-Šarru-kēn): 정치적 이유로 새로 건설한 수도

이 도시(오늘날의 코르사바드Khorsabad)는 정치적 이유로 건설되었다. 샤루-켄(Šarru-kēn, 즉 사르곤) 2세(재위 721~705 BCE)는 정통성에 입각한 왕위 계승자가 아니었다. 내부 투쟁이 격화되자 그는 정부를 다른 곳으로 옮겨야겠다는 생각을 했다. 새로운 수도의 위치로는 니네베에서 북동쪽으로 16킬로미터 떨어진 코세르강(Khosr River)가의 언덕이 선택되었는데, 조그만 마을을 제외하면 아무것도 없는 땅이었다. 그는 자신의 수도를 건설하고 그 이름을 "사르곤 요새"라 했다.

기원전 717년에 도시의 기초를 놓은 뒤 완공되기까지 10년이 걸렸다. 거의 사각형 모양의 도시는 각 변의 길이가 각각 1760, 1830, 1620, 1850미터였다. 사방을 성벽으로 둘러쌌는데, 성벽의 너비는 14미터였고, 높이는 전하는 바에 따르면 12미터였다. 7개의 성문이 있었는데, 각각의 문에는 한 쌍의 동물상이 배치되었다. 인간의 머리에 날개를 단 수

---

[8] A. Kirk Grayson, *Assyrian Rulers of the First Millennium B.C.* (Toronto: University of Toronto Press, 1991), Vol. i, p. 293.

소의 상이 출입이 통제되는 성문의 아치를 떠받치고 있었다(그림 23-3).

사원도 빠질 수 없는 건축 요소였다. 기원전 707년 신들을 모셔 오는 축제가 열렸다. 도시가 건설된 뒤 1년이 지나 제국의 모든 고위 관료와 제후국의 통치자들을 초청하여 호화로운 축제가 열렸다. 그러나 사르곤이 그의 화려한 도시를 즐긴 시간은 딱 1년뿐이었다. 사르곤은 기원전 705년 원정 도중에 토로스산맥에서 사망했다. 그의 시신을 찾을 수 없었고 따라서 매장을 할 수도 없었다는 사실은, 그의 후계자 센나케립(Sennacherib)이 새로 건설한 수도를 황급히 떠났음을 짐작케 한다. 센나케립의 수도는 이번에 니네베였다(이하 논의 참조). 두르-샤루-켄은 이후로도 지방의 지역 중심지로 남아 있었다.

두 개의 요새는 가능한 만큼 서로 멀리 떨어져 있었고, 도시의 외곽선에서 돌출한 형태였다. 둘 중 작은 요새가 비트 쿠탈리(bīt kutalli, 별칭은 "Review Palace" 혹은 Palace F)인데, 하위 도시 위쪽의 높은 테라스 지대에 위치했다. 도시 칼후의 샬마네세르 요새에 비추어보건대 비트 쿠탈리도 무기고로 사용되었을 것이다. 둘 중 더 큰 요새는 약 20헥타르 면적에 하위 도시와는 담장으로 분리되어 있고, 담장 곳곳에 망루가 세워져 있었다. 요새로 출입하는 문이 두 개였는데, 모두 방의 형태를 하고 있었다. 그 안에는 왕실 건물, 주거지, 종교적 건물뿐이었다. 사르곤의 왕궁과 나부 사원(Nabu-Temple)은 더욱 안쪽으로 들어가 분리되어 있었고, 지대가 높은 플랫폼 위에 건설되어 있었다. 이 궁전은 어느 면에서 보더라도 이야깃거리가 풍부한 곳이었다. 면적은 250×190미터에 달했으며, 거대한 석상으로 화려하게 장식되었고, 수백 점의 부조 패널들이 부착되어 있었다. 궁전과 인접하여 지구라트와 사원 복합 시설이

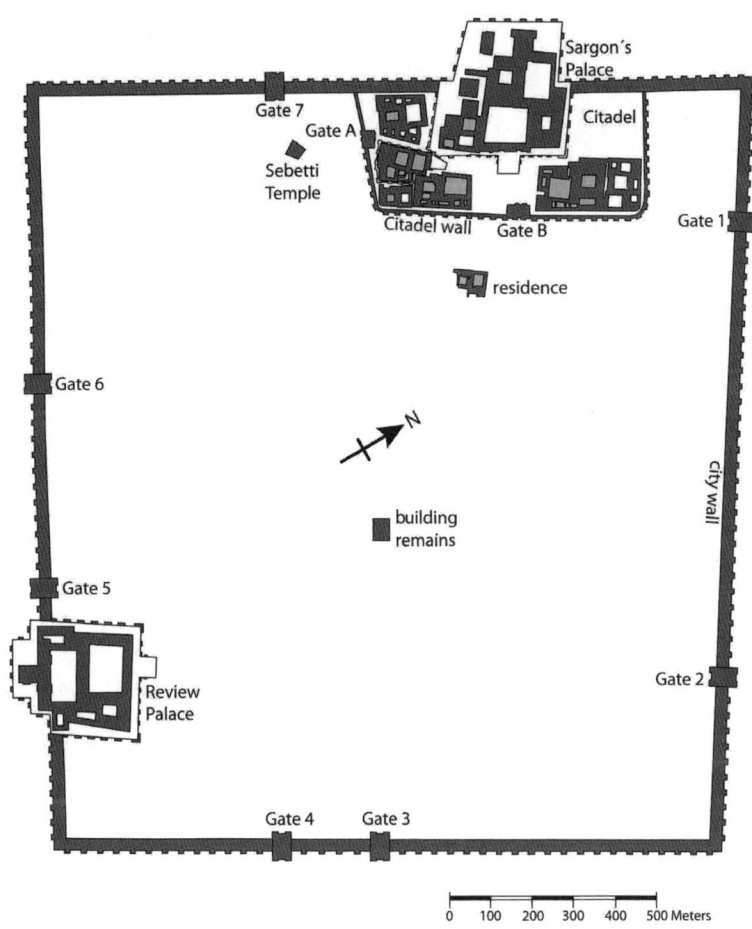

〔그림 23-3〕 새로 건설된 수도 두르-샤루-켄의 평면

건설되었고, 그곳에서 6명의 신들께 제사를 올렸다. 이와 같은 방식에서 사원은 전적으로 왕실의 부속 시설로 통제되었고, 왕은 첩첩이 보호되는 거처를 떠나지 않고서도 종교적 의무를 다할 수 있었다. 그곳의 사원은 위대한 도시 아슈르의 중심 사원을 소형으로 복제한 형태였던 것 같다. 요새의 나머지 지역에는 부속 주거지가 넓은 면적을 차지하고 있었는데, 고위 관료들이 거주하면서 관리를 맡고 있었다.

궁전의 테라스는 인공적인 공원과 과수원으로 이어졌다. 아주 공들여 만든 정원이었다. 사르곤은 그 공원이 "아마누스산(Amanus mountain)과 같아서 그 안에는 하티 땅의 모든 나무가 자라고 모든 산의 과일나무가 자란다"라고 했다. 그곳 왕실 정원은 제국이 확장됨에 따라 정복한 모든 나라에서 이국적인 식물들을 가져다 심음으로써 왕의 우주적 권력을 시각적으로 강조하는 역할을 했다.

그 방식의 측면에서 무엇보다 충격적인 점은 요새의 방어 시설이 매우 강화되고 하위 도시와 엄격히 분리되어 있다는 사실이다. 이러한 사실을 통해 우리는 그곳이 제국 전역에서 강제 이주로 끌려온 혼성 집단이 아시리아의 관리 아래 정착한 도시였을 것으로 추정할 수 있다. 아직 발굴 조사가 이루어지지 않았기 때문에 하위 도시에 얼마나 많은 건물이 들어서 있었는지 그 구체적 내용은 알 수 없다. 그러나 기존의 주장처럼, 그곳은 도시가 아니라 벽을 둘러 죄수를 가둔 수용소이자 빈 공간이었다는 가설은 더 이상 받아들이기 어렵다. 성문은 정규 도로 네트워크와 연결되어, 하위 도시 중심부를 간단히 발굴한 결과만으로도 공간이 상당히 넓은 엘리트 계층의 주택이 드러났다. 이외에도 다른 주거 시설과 사원이 요새 가까운 곳에서 발견되기도 했다.

니네베: 센나케립이 건설한 메소포타미아 최대의 도시

니네베는 적어도 기원전 제3천년기 중엽부터 여신 이슈타르(Ištar)의 사원이 있는 곳으로 알려져 있었다. 기원전 14세기 니네베에는 왕궁이 있었는데, 최소 세 곳의 중기 아시리아 왕궁이 문헌에 기록되어 있다. 기원전 제2천년기 말엽의 니네베는 요새와 상당한 규모의 하위 도시가 있었고, 코세르강에서 북쪽으로 뻗어 나갔으며, 아마도 당시에 이미 성벽으로 둘러싸여 있었던 것 같다. 당시 니네베는 아시리아의 "두 번째 도시"로서, 왕이 잠시 머무르거나 연례행사로 조공을 받기도 하는 곳이었다. 여러 궁전과 인접하여 정원과 몇몇 사원이 있었는데, 문헌 기록상의 위치를 추정해보면 그곳이 쿠윤지크(Kuyunjik, 고대 니네베의 중심 요새가 있었던 위치의 현대 지명)였던 것 같다.[9]

처음 니네베에 아시리아의 행정 수도를 건설한 왕은 센나케립이었다. 센나케립은 도시를 정비하고 규모를 상당히 확장시켰다(그림 23-4). 그가 건물에 새겨둔 글에 따르면, 기존의 도시는 둘레가 9300대척(great cubits, 즉 5115미터 혹은 약 150~200헥타르)이었는데, 확장 후의 둘레는 2만 1815대척(즉 1만 2000미터)이었다고 한다. 발굴 조사 결과 유적지의 면적이 750헥타르였는데, 이는 문헌 기록과 정확히 일치했다. 수도

---

[9] 니네베에 관한 종합적인 개관은 다음을 참조. J. E. Reade, "Ninive," *Reallexikon der Assyriologie* 9 (2001), 388-433. 재발굴을 통해 도시의 발달 및 구역별 다양성이 재조명되었다. 이에 대해서는 다음을 참조. David Stronach, "Village to Metropolis: Nineveh and the Beginnings of Urbanism in Northern Mesopotamia," in Stefania Mazzoni, (ed.), *Nuove fondazioni nel vicino oriente antico: realtà e ideologia* (Pisa: Giardini, 1994), pp. 85-114. 고대 텍스트 불후의 번역. Daniel David Luckenbill, *Sennacherib, King of Assyria*, Annals (Chicago: The University of Chicago, 1924).

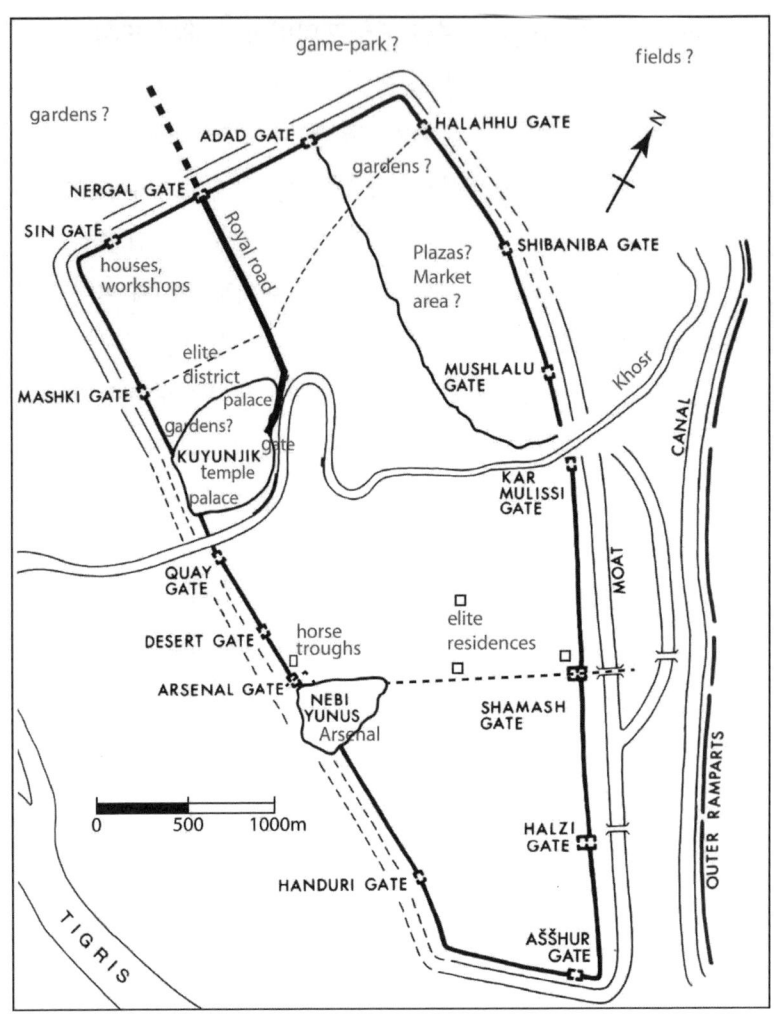

[그림 23-4] 당대 최대 규모의 도시 니네베, 도시와 그 주변부

가 되기 전의 니네베 인구는 1만 5000~2만 명(헥타르당 100명)으로 추정되는데, 도시 칼후의 인구 규모와 비슷했다. 발굴 결과 새로 건설한 니네베는 사각형 모양이었고, 길이 약 4킬로미터에 너비 최대 2킬로미터로 면적은 750헥타르였다. 그렇다면 아슈르보다 10배나 큰 규모였다. 인구는 (헥타르당 100명으로 추산해) 7만 5000명으로 계산되는데, 사실은 이보다 훨씬 더 많았던 것 같다. 〈요나서〉 4장 11절에는 "인구가 12만이 넘고 소가 많다"라고 기록되어 있다. 이는 대개 과장이었을 것으로 추정되지만, 칼후가 면적 360헥타르에 인구 6만 3000명이었던 것을 고려하면 니네베도 거의 비슷한 수준이었으리라고 볼 수 있다.

센나케립은 건설 프로젝트를 이렇게 설명했다. "나는 왕의 도시 니네베의 면적을 늘렸다. 광장을 확장했고, 길거리를 밝게 했으며, 햇살처럼 빛나게 했다. … 기술자들을 불러 담장과 성벽을 쌓게 했고 높이는 산처럼 높게 했다. 해자는 100대척(great cubits) 이상으로 넓혔다." 아시리아 왕실 건물에 새겨진 기록은 객관적 자료가 아니다. 이상적 도시를 기록한 것일 뿐 실제 지형을 조사한 기록이 아니기 때문이다. 그럼에도 불구하고 고고학적으로 확인된 유적과 대조해본다면 진위 여부를 확인할 수는 있다.

제국의 사령부

몇 개의 인공 언덕이 도시를 둘러싸고 있었다. 가장 두드러진 두 개의 인공 언덕은 도시의 외곽 끝에 위치하여 티그리스강과 도시를 가르는 경계가 되었고, 강으로부터 도시를 방어하는 기능을 할 수 있었다. 둘 중 작은 인공 언덕이 남쪽에 있었는데(예언자 요나Jonah의 이름을 따서 네비 유누스Nebi Yunus라 한다), 약 15헥타르 면적에 높이는 15미터였다. 최소한 기원전 9세기 이후로 신아시리아의 무기고(ekal mašarti/kutalli)가 그 언덕에 위치해 있었다. 그곳에 군대의 막사와, 말과 무기를 수용할 거대한 공간도 있었다. 고고학적으로 확인된 바로 전쟁에서 거두어들인 전리품도 그곳에 보관되어 있었는데, 예를 들어 신아시리아에 정복당한 이집트 왕들의 석상 몇 개가 무기고 출입문에 두드러지게 전시되었다. 네비 유누스(Nebi Yunus)에는 별도의 성문을 통해 서쪽에서 바로 출입할 수 있었다. 문의 이름이 다른 모든 해석과 맞아떨어진다. 그 문의 이름은 "무기고의 문(Gate of the Arsenal)"이고, 가까운 곳에 말구유가 있었다.

쿠윤지크(Kuyunjik)는 가파르게 경사진 언덕이었다. 면적은 약 45헥타르, 높이는 25~30미터였다(그림 23-5). 그곳 인공 언덕에는 기원전 제7천년기 이후 연속적으로 주거지층이 누적되어 있다. 그곳에 요새가 만들어진 때는 신아시리아 시기였다. 돌로 포장된 경사로를 따라 올라가면 입구에 다다른다. 그곳이 동문(East Gate)이었고, 문 양쪽에는 거대한 소의 석상이 놓여 있었다. 사원은 적어도 다섯 개가 언덕 안에 설치되어 있었다. 개인의 주택은 기원전 614년의 문헌 기록에 언급되어 있으나, 누가 그 집에서 살았는지 특정하기 어렵다(고위 관료 혹은 왕실의 시종들이 아니었을까?). 또한 쿠윤지크 언덕이 제한 구역이었는지도 불분명하다.

그때까지는 가장 큰 규모의 건물이었던 두 개의 궁전이 도시의 남서쪽과 북동쪽 끝에 위치했다. 심하게 훼손된 북쪽 궁전(North Palace)에 관해서는 왕세자 몇몇이 거주했다는 사실 외에 알려진 바가 거의 없다. 반면에 남서쪽의 "무적 궁전(Palace Without Rival)"에 관해서는 더 많은

[그림 23-5] 니네베의 언덕 "쿠윤지크"를 묘사한 그림
요새화된 성벽이 곳곳에 남아 있으며, 센나케립의 "무적 궁전"이 그 꼭대기에 위치해 있다. 그림이 그려진 석판은 니네베의 북쪽 궁전 방 번호 H의 벽면에 붙어 있던 것이다. 대영박물관 소장.

정보가 파악되고 있다. 센나케립이 자신의 연대기에 많은 사실들을 기록해두었기 때문이다. 그가 과거의 궁전을 철거하고 새로운 궁전을 확장한 이야기들이 기록되어 있다. 궁전의 면적은 틀림없이 약 12헥타르였을 텐데, 현재까지 발굴된 것은 그 절반에 불과하다. 이 궁전이 바로 아시리아 제국 전체를 통괄하는 행정부의 중심이었다. 궁전 외곽으로 아마도 정부 기관과 사무실이 둘러싸고 있었을 테고, 그곳을 통하여 왕의 집무실로 들어갔을 것이다. 사무 공간을 지나면 왕과 왕비의 거주 공간이 있었다. 그 사이로 왕실 시종들을 위한 조그만 주거 시설이 있었다. 남쪽 구역의 상당 부분은 다양한 행정 기관이 사용했던 곳이다. 추정컨대 아시리아의 수도가 건설되기 이전에 있었던 고위 관료의 저택을 개조해서 사용했던 것 같다. 궁전과 궁전 마당의 거의 모든 벽면은 석판(石版)으로 장식되어 있었다. 석판에는 군사 원정을 나가 정복하는 장면과 아시리아를 건설하는 장면이 그려져 있었고, 많은 양의 설명 글이 추가되어 있었다.

성의 남서쪽 끝은 티그리스강 방향이었으며, 거대한 건물 정면에 테라스가 펼쳐져 있었다. 이 또한 석판에 그림으로 남아 있는데, 이중 성벽과 곳곳에 우뚝 솟은 감시탑, 그리고 작은 문들과 강 건너의 성벽이 그려져 있었다. 안쪽 성벽에도 곳곳에 작은 탑(turret)이 있었고, 외벽에는 꼭대기에 총안(銃眼) 같은 구멍이 뚫려 있었다. 이는 아마도 요새 쿠윤지크의 성벽을 묘사한 그림으로 추정된다. 이 그림은 센나케립이 글로 남긴 궁전의 모습과 상당히 잘 들어맞는다. 가령 거대한 소의 석상이 문 양쪽에 버티고 있는 점, 그리고 청동 사자상이 시더(cedar) 목재로 만든 기둥을 받치고 있는 점이 그러하다.

성벽, 길거리, 공원, 그리고 개방 공간

센나케립이 건립한 도시의 성벽(총연장 12킬로미터)은 흙벽돌로 쌓은 내벽(적의 간담을 서늘하게 할 성벽)과, 돌로 쌓은 외벽(악마를 두렵게 할 성벽)으로 구성되어 있었다. 내벽은 두께 약 15미터에 높이 25미터, 외벽은 두께 11미터에 높이 4.5미터였다. 그리고 약 80미터 거리를 두고 너비 55미터의 해자가 둘러싸고 있었는데(물이 채워져 있었는지 여부는 불분명), 곳곳에 돌로 만든 다리가 놓여 있었다. 성벽에는 각각 아주 긴 이름이 붙은 성문이 14~18개가량 있었다. 예를 들면 "이 땅에 축복을 내려주시는 아다드 신: 놀이 공원(혹은 정원)의 아다드 신의 문" 같은 식이었으며, 해당 문을 통과하면 나오는 곳(놀이 공원 혹은 정원)도 문 이름에 포함되었다.

돌로 포장한 경사로에서 이어지며 양쪽에 거대한 소의 석상이 놓인 네르갈 성문(Nergal Gate)은 도시의 중심 도로 혹은 "왕의 도로"로 이어지는 입구였는데, 이 길을 따라가면 제국의 심장부인 쿠윤지크 꼭대기까지 곧바로 연결되었다. 센나케립의 설명에 따르면, "내가 측정한 바로 공원의 문까지 왕의 도로 너비는 62대척(great cubits)이었다."[10] 34미터 너비의 이 도로는 네르갈 성문에서 쿠윤지크의 북동쪽까지 직선으로 연결되었고, 길이는 1000미터였다. 도로의 끝은 주거 구역 유적에 닿아 있는데, 주거 구역 건설에 상당한 문제가 있었던 모양이다. 센나케립은 이런 설명을 덧붙여두었다. "만약 누구라도 이 도시에 거주하는 사람이 자신의 집을 허물어 새 집을 짓는다면, 그 집의 기초가 도로를 침범하게 된다면, 그들은 그자를 말뚝에 꿰어 그 집 위에 세워두는 형벌에 처할 것이다." 이 문구로 우리가 알 수 있는 사실은, 요새 아래 도심지의 부동산 문제에 관해서는 왕이 아니라 행정 관료가 책임을 맡고 있었고, 주민은 주

10 See Luckenbill, *Sennacherib*.

거 구역과 골목길을 편한 대로 개조하기도 했다는 점이다. 니네베는 제국 전체를 관리하는 행정의 중심지였을 뿐만 아니라 그곳만의 독자적인 도시 행정 업무가 있었고, 그 업무를 총괄하는 책임자로 도시 장관이 있었다.

"화려한" 도로라고 이름 붙은 길은 아마도 석판으로 포장을 한 경우를 말하는 것 같다. 일반적인 도로나 심지어 유명한 왕의 도로, 연례 군사 원정에 사용되는 군사 도로 하란 샤리(harrān šarri), 그리고 무역이나 우편에 사용되는 도로는 모두 흙길이었다.

성 밖에 일반 공원과 놀이 공원이 최소한 세 군데 이상 있었고, 성안에서 몇몇 정원 구역의 유적이 확인되었다. 이른바 "공중 정원(Hanging Gardens)"은 인공적으로 평면을 구성한 공원으로, 화려한 이국적 동식물을 전시해둔 곳이었다. 바빌론뿐만 아니라 니네베에도 이런 공중 정원이 있었다. 그곳이 일반 대중에게 개방되었던 것 같지는 않다. 다만 민간 정원, 과수원, 농지 등이 성 안팎에 존재했다. 센나케립이 조성한 복잡한 운하, 댐, 수로 시스템을 통해 그곳으로 물을 공급했는데, 물은 도시 북쪽으로 40킬로미터 떨어진 자그로스산맥의 산자락에 있는 제르완(Jerwan)에서 끌어왔다.

하위 도시

도시는 코세르강이 가로지르며 북부와 남부로 나뉜다. 북부 지역에서 지대를 높인 인공 언덕은 쿠윤지크 북쪽으로 400미터가 이어진다. 기원전 7세기에 엘리트 계층의 밀집 주거 구역이 들어섰던 곳으로, 개별 주거지 공간은 널찍했고 배수가 잘 되는 마당을 갖추었으며, 두 개의 넓은 도로가 있었는데 그중 하나는 서쪽으로 마슈키 성문(Maški Gate)으로 이어졌다. 그 옆쪽으로, 그러니까 도시의 북서부 구석에 해당하는 곳에서 고도 밀집 주거 구역의 유적이 확인되었다. 토기를 비롯한 기타 수공업품 제조 작업장과 비좁고 다닥다닥 붙은 주택의 유적들이었다.

그런데 이상하게도 센나케립이 조성한 성벽의 북동부에는 고도가 높은 하안 단구가 형성되어 있었는데, 조사 결과에 따르면 주거지의 흔적이 많지 않았다고 한다. 이 구역의 일부는 정원과 과수원이었던 것 같고, 나머지 일부는 시장으로 사용되었던 것 같다. 이 정도 규모의 도시라면 틀림없이 성문 가까운 곳 혹은 도심에 일상적인 물물 교환과 교역을 위한 상당히 넓은 장소가 있었을 것이다. 센나케립이 광장을 확장하는 공사를 했다고 자랑하는 기록도 있고, 두 개의 북동부 성문 이름에도 그 흔적이 남아 있다. 그 이름은 "언제나 우수한 품종의 곡물과 가축을 가지고 있는 곳: 쉬바니바 구역(Town Šibaniba)으로 가는 문"과, "산의 생산물을 가져오는 곳: 할라후의 땅(Land of Halahhu)으로 가는 문"이다. 그 주변이 일상적인 경제 활동 공간이었을 것으로 추정되는 곳이다.

니네베의 북부에서는 구역별로 뚜렷하게 나뉘는 기능별 차이를 확인할 수 있지만, 남부 지역에서는 구별이 쉽지 않다. 군대 장교나 왕실 가족이 사용했던 거대한 건물 유적들로 볼 때, 니네베 전역을 통틀어 엘리트 계층의 주거지는 주요 도로를 따라 형성되어 있었고, 그 도로가 두 개의 요새로 연결되었다. 엘리트 계층의 주거지를 제외한 도시 안의 나머지 공간에서는 수만 명의 주민이 함께 거주했다. 고고학적으로는 확인되지 않지만 문헌 자료를 통해 알 수 있는바, 기원전 7세기 말의 니네베는 국제적인 거대 도시로서, 제국의 전역에서 끌려온 강제 이주자를 비롯하여 다양한 민족의 사람들이 함께 일하며 거주하는 곳이었다.

결론

도시국가(아슈르Aššur)에서 아시리아(Assyria) 제국으로 발전하면서 주민의 생활에는 뚜렷한 변화가 생겨났고, 도시에는 왕국의 수도라는 성격이 부가되었다. 예전의 전통적인 수도 아슈르는 더 이상 왕국의 정부 소재지가 아니게 되었고, 몇몇 왕들이 아시리아 핵심 지대에서 새로운 수도를 건설했다. 이러한 변화를 거치면서 인구 압력이 높아졌고, 경제가 성장했으며, 안전 문제가 대두되었다. 그리고 왕국의 권위를 세우고자 하는 시각적 수요가 더욱 강화되었다. 이에 못지않은 아시리아 왕들의 욕망도 있었다. 그들은 오랜 라이벌이었던 바빌론(Babylon) 왕국을 규모나 화려함, 그리고 종교적 명성에서 능가하고자 했다. 아슈르 사원이 제국의 종교적·이데올로기적 중심으로 남아 있는 한, 제국을 통치하는 정부의 소재지는 왕에 따라 또한 필요에 따라 옮겨 다녀도 무방한 일이었다.

거대 도시들의 건설은 과거의 도시를 재정비하는 경우도 있었고 완전히 새로 건설하는 경우도 있었다. 어느 쪽이건 아시리아의 왕들로서는 그것이 무엇보다 중차대한 관심사였다. 아시리아 사람들의 관념에 따르면, 세계의 질서를 만들고 또한 유지하는 것이 곧 왕의 임무였다. 주기적으로 도시를 설계하거나 새로 건설하는 일은 모든 도시에서 주로 나타나는 일이었는데, 그것은 단지 기술적 이유로 그렇게 했던 것이 아니라, 적어도 상당 부분은 이데올로기적 이유가 개입되어 있었다. 가장 극명한 사례가 바로 왕이 직접 추진하는 건설 프로젝트였다. 왕은 폐허가 된 도시를 재건하고, 요새와 도로를 건설하여 도시를 조율하며, 식물원과 동물원을 만들어 문명을 과시하고, 심지어 고도로 복잡한 관개 시스템을 건설하여 자원을 통제하기도 한다. 도시 내부의 도로 체계가 불규칙했으리라는 기존의 추정은 이제 완전히 사실이 아닌 것으로 밝혀졌다. 거대한 중심 도로를 건설하려고 기존의 도심을 파괴하는 일을 서슴지 않은 왕도 있었다. 이처럼 기존의 도시를 수리하는 차원을 넘어서 "새로운" 도시와 "영원한" 건물을 건설하는 일은 왕에게 잊히지 않을 명성을 안겨주는 일이었다. 그렇게 해서 불멸의 존재가 만들어졌다. 불멸, 그것이 바로 근동 지역 사람들의 근본적 목적이었다.

새로 계획된 도시의 또 한 가지 큰 특징은 바로 그 규모에 있었다. 도시의 규모는 당시 세계 최대였다. 위대한 궁전, 위압적인 요새, 드넓은 도로, 석상과 수호신상의 크기 등 모든 것이 거대했다. 이를 건설하기 위해 투입되는 노동력 또한 엄청난 규모였다. 수만 명의 사람들이 몇 년에 걸쳐 어마어마한 공사 현장에 투입되었다. 제국 전역에서 재능과 기술을 가진 셀 수 없이 많은 사람들이 공사를 위해 동원되었다. 정부의 중심에는 여러 개의 궁전이 있었고, 궁전에는 수많은 방이 있었으며, 수많은 사람들이 거주할 집이 도시 안에서 버섯처럼 솟아올랐다.

건설의 수준 또한 놀라울 정도였다. 건설을 통해 영원한 제국의 면모를 과시해야 했다. 정복한 모든 지역으로부터 이국적인 동식물과 보석과 목재, 상아 같은 특수 재료를 가져다가 건물에 사치를 더했다. 가장 높은 곳을 차지하고자 하는 욕망도 극도의 사치를 추구한 왕들의 의지 가운데 하나였다. 왕의 궁전은 하위 도시보다 높은 곳에 건설된 요새 안에 위치했다. 칼후나 두르-샤루-켄의 가장 높은 곳, 궁전 바로 옆에 지구라트가 건설된 것도 우연은 아니었다. 아시리아 최후의 수도 니네베/쿠윤지크에서 가장 높은 건물은 왕궁 그 자체였다. 규모, 수치, 수준, 높이 등 왕을 위한 모든 것이 거대하고 또한 지나쳤다. 건설 프로젝트는 왕권이나 왕과 신의 특별한 관계를 나타내는 가장 정교한 전략이었고, 이 전략은 만천하에 과시되어야 했다.

인공적으로 설계된 제국의 도시에서는 엘리트 계층과 서민을 명확히 구분했다. 행정을 통괄하는 수도에서 정치 및 종교 권력의 최고 심장부는 벽을 둘러 도시의 다른 곳과 구별했다. 이는 어쩌면 당연한 조치였다. 왕궁은 "세계적" 제국의 경제와 행정을 총괄하는 심장부였고, 어마어마한 양의 세금과 전리품 및 보물이 왕궁에 간직되었다. 그러므로 제국의 심장부는 도시의 다른 부분과 분리되어야 했고, 그 안에서 그곳만을 위한 행정 체제, 물품 수급, 공적·사적 기관과 건물의 복잡한 네트워크가 존재했다. 군대 사령부에는 특별한 관심을 기울였다. 기원전 9~7세기의 수도에는 별도의 제2요새가 건설되어 무기고 기능을 담당했고, 이 또한 하위 도시와 엄격히 분리되어 있었다. 충분히 조직화되고 장비를 제대로 갖춘 군대는 제국의 기둥이었고, 그 기둥을 버팀목으로 광대한 아시리아 제국이 유지될 수 있었다.

수많은 강제 이주자와 스스로 수도를 찾아온 사람들이 몰려들면서 도시와 주변 시골의 인구가 급격히 변화했다. 예를 들어 아슈르에서는 밀집 주거 구역이 점차 확장되면서 성벽을 넘어서까지 이어졌다. 이집트인, 메디아인, 바빌론인, 루위아인을 비롯하여 제국의 여러 곳에서 몰려든 이민족이 서로 이웃하며 어울려 살았다. 생활 공간 부족을 피하기 위해 니네베와 칼후의 경우 하위 도시를 엄밀히 계획했다. 그러나 도시 전체가 건물로 뒤덮인 것은 아니었다. 알려진 바로는 정원, 공원, 목초지 등이 성벽 안쪽에도 있었고, 다양한 사회적·경제적 목적에 활용된 광장도 존재했다. 성 밖에는 왕실 및 민간 소유의 농지와 정원과 과수원이 있었고, 이러한 공간들은 여가 생활이나 성안에서 필요한 물품 공급을 위해 사용되었다. 도시의 교외는 아슈르에서만 유적으로 확인되었지만, 이외의 다른 도시에도 그러한 공간이 있었을 것으로 추정된다.

왕의 건축 프로젝트가 도시의 면모를 주도하는 것처럼 보이지만 현실 속에서 그것이 전부는 아니었다. 하위 도시와 그 이웃들을 좀 더 세밀히 들여다본다면, 아마도 도시의 이미지는 다르게 보일 수도 있을 것이다. 도시의 일상, 부동산 관리, 법적 관행, 기타 생활의 여러 가지 요소는 도시 행정 관리의 손에 달려 있었다.

거대 도시의 인구는 다양한 민족에 사회적 신분도 서로 다른 3만~12만 명 정도였다. 그들의 생계는 필수품의 공급, 의사소통, 교통 등 고도의 시스템에 달려 있었다. 물 공급은 수만 명 인구의 정착 생활에서 아마도 가장 어려운 기술이 필요한 부분이었을 것이다. 중심 도시를 유지하려면 그 주변 지역의 자원만으로는 턱없이 부족했다. 그래서 그들은 다른 여러 지방을 개척했고, 어쩔 수 없이 매우 취약한 구조가 초래되었다. 그러므로 메디아와 바빌론이 아시리아로 쳐들어왔을 때, 그 침략은 아시리아 제국 치하의 많은 사람들에게 아시리아의 무거운 굴레를 벗어던질 수 있는 좋은 기회였다.

더 읽어보기

Dalley, Stephanie, "Nineveh, Babylon and the Hanging Gardens: Cuneiform and Classical Sources Reconsidered," *Iraq* 56 (1994), 45-58.

Frahm, Eckart, *Einleitung in die Sanherib-Inschriften*, Vienna: Institut für Orientalistik, 1997.

Fuchs, Andreas, *Die Inschriften Sargons II. aus Khorsabad*, Göttingen: Cuvillier, 1994.

Maul, Stefan M., "1903-1914: Assur, Das Herz eines Weltreiches," in Gernot Wilhelm (ed.), *Zwischen Tigris und Nil*, Mainz: Verlag Philipp von Zabern, 1998, pp. 47-65.

_____. "Die altorientalische Hauptstadt-Abbild und Nabel der Welt," in Gernot Wilhelm (ed.), *Die altorientalische Stadt: Kontinuität, Wandel, Bruch*, Saarbrücken: SDV, 1997, pp. 109-24.

Postgate, J. N., and J. E. Reade, "Kalhu," in D. O. Edzard et al. (eds.), *Reallexikon der Assyriologie*, Berlin: de Gruyter, 1977-80, pp. 303-23.

Russell, John M., *Sennacherib's Palace Without a Rival at Nineveh*, Chicago: The University of Chicago Press, 1991.

Stronach, David, "Notes on the Fall of Nineveh," in Simo Parpola and R. M. Whiting (eds.), *Assyria 1995*, Helsinki: The Neo-Assyrian Text Corpus Project, 1997, pp. 307-24.

CHAPTER 24

멕시코-테노치티틀란: 메소아메리카 최후 제국의 수도, 기원과 변화

헤라르도 구티에레스
Gerardo Gutiérrez

테노치티틀란(Tenochtitlan)은 스페인 정복 직전까지 북아메리카에서 가장 규모가 크고 건물이 밀집한 도시였다. 그곳은 텍스코코 호수(Lake Texcoco) 서쪽에 있는 작은 섬들이 모여 만들어진 수상(水上) 도시였다. 테노치티틀란은 원주민 제국의 거대 도시였는데, 제국은 멕시코만(Gulf of Mexico)에서 태평양 해안에 이르는 300킬로미터 이상의 험준한 산악 지대와, 멕시코 중부의 건조한 평원 지대를 건너 약 500킬로미터 떨어져 있는 멕시코 치아파스주(Chiapas) 소코누스코(Soconusco)의 숲 지대에까지 이르렀다. 테노치티틀란은 독자적으로 제국의 수도가 되었다. 그러나 도시의 형태나 인프라 구조를 건설하는 데에는 엄청난 규모의 경제적 자원과 인적 자본이 투입되었고, 아스테카인은 메소아메리카 전역에서 도시 건설에 필요한 자원을 가져왔다. 처음에는 이민자들이 박대하는 이웃을 피해 자신의 거처를 만든 것이 도시 건설의 계기가 되었다. 이후로도 초기 단계에서는 엄혹한 조건을 견뎌내며 고난을 감수해야 했다. 그러다가 머지않아 기민한 정치력과 강한 군사력, 그리고 약간의 행운이 결합되어 주변을 압도하는 정치체가 출현했다. 도시 테노치티틀란의 형태와 기능, 그리고 그곳에 모인 사람들의 집단은 모두 정치적·군사적 성공과 관련이 있었다. 따라서 도시 테노치티틀란의 분석은 아스테카 제국과 피정복지의 역사 및 고고학적 성과와 분리해서 생각하기 어렵다.

도시로서의 테노치티틀란은 아스테카 제국의 영혼을 표현했을 뿐만 아니라, 메소아메리카식 도시의 가장 세련된 표현이었다. 멕시코 중남부에 거주한 아스테카인과 비아스테카인 모두가 도시 건설에 참여했다. 그들은 자발적으로 혹은 강제적으로 조공과 노역을 바쳤고, 그 재원으로 거대 사원과 세련된 궁전이 건설되었으며 도시의 전사와 주민의 생계가 유지되었다. 여기에 덧붙여 테노치티틀란은 메소아메리카 도시의 전통을 물려받았다. 당시 메소아메리카에는 2000년에 달하는 도시 건설과 도시 생활의 경험이 축적되어 있었다. 도시는 폭발적으로 성장했다. 그러나 1521년 스페인 정복자들이 도시의 대부분을 파괴했다. 결국 테노치티틀란의 역사는 200년에도 못 미친다. 그러나 원주민과 유럽 역사가들이 과거의 영광을 기록한 방대한 자료가 남아 있다. 뿐만 아니라 텍스코코 호수 아래에 아스테카 수도의 고고학적 유물이 기대 이상으로 풍부하게 남아 있다. 비록 우연히 남겨진 유물들이지만, 이를 통해 우리는 메소아메리카 최후 제국 수도의 성장과 몰락은 물론 도시 생활의 특성까지 이해할 수 있는 기회를 얻게 되었다.

이 글이 목적으로 하는 바는 테노치티틀란의 도시 구조와 문화를 분석하는 데 있다. 이와 함께 후기 후고전기 시대(Late Postclassic period) 메소아메리카를 주도했던 도시(수도) 이데올로기도 살펴보고자 한다. 먼저 정치적 및 영토적 틀에서 아스테카 제국의 도시 경험의 구조를 이론적으로 간략히 살펴볼 것이다. 그리고 멕시카인-테노치카인의 역사를 요약하고, 배후지로부터 자원을 흡수했던 복잡한 조공 체계를 알아볼 것이다. 마지막으로 도시의 내부 구조, 도시의 역사, 일상생활을 살펴볼 것이다. 테노치티틀란은 메소아메리카 정치의 중심이자 거대 시장이었고 종교적 축이 되었다. 그 과정에서 멕시카인-테노치카인의 정신세계와 문화적 관습도 변화되었다. 그들은 스스로를 "창조된 만물의 주군"이라고 믿었다. 이 글의 결론에서는 강력했던 토착 원주민의 도시가 다른 원주민과 유럽인 연합 정복자들에 의해 어떻게 파괴되었는지를 살펴볼 것이다. 테노치티틀란의 몰락이 단지 스페인 무기의 우월성으로 환언될 수는 없다고 하더라도, 구대륙의 공성전 기법으로 정복된 최초의 아메리카 도시가 테노치티틀란이었다는 사실 또한 주목할 만한 일이다.

후고전기 멕시코 중부 지역 도시의 역사

도시화 관련 연구자들은 대체로 구대륙에서의 도시 경험을 해석의 모델로 이용했다. 비서구 지역에서도 도시의 기원, 발전, 구조, 형태, 기능을 설명할 때면 의식적 혹은 무의식적으로 고대-고전-중세-중상주의-산업화-현대 도시로 이어지는 계보가 모델로 사용되거나 심지어 남용되어왔다. 그 결과 세계적으로 폭넓은 범위의 도시화 경험이 우리의 시야에서 누락되고 말았다.[1]

후고전기 멕시코 중부 지역의 도시화는, 나우아틀어로 알테페틀(altepetl)이라고 하는 현지의 정치-지리적 구조 속에서 이해되어야 마땅하다. 알테페틀이란 말 그대로 해석하자면 "물, 산"이다. 스페인 사람들

---

1 Gerardo Gutiérrez, "Territorial Structure and Urbanism in Mesoamerica: The Huaxtec and Mixtec-Tlapanec-Nahua Cases," in William T. Sanders, Alba Guadalupe Mastache, and Robert Cobean (eds.), *Urbanism in Mesoamerica* (State College: Pennsylvania State University, 2003), pp. 85-95.

은 이를 세뇨리오 인디오(señorío indio), 즉 "인디언 왕국"으로 번역했다. 스페인 사람들은 또한 알테페틀을 "도시"로 번역하기도 했는데, 그래서 수십 년 동안 고고학자들은 알테페틀이라고 하는 정치 단위를 "도시-국가"로 이해해왔다. 이 개념은 사실에 부합하지 않는다. 왜냐하면 알테페틀[2] 또는 원주민의 국가는 그 영토 안에 여러 도시를 포괄하는 복잡한 구조였기 때문이다. 스페인 사람들은 머지않아 세뇨리오 인디오가 복잡한 정치 조직이라는 사실을 알아차렸다. 그들에게 가장 충격적인 사실은 하나의 알테페틀을 다스리는 통치자가 여러 명이었다는 점이다. 이들의 협의체가 느슨한 연합의 구조를 이루고 있었다. 핵심은 알테페틀을 구성하는 각 부분을 특정 통치 가문(틀라토카메카요틀tlatocamecayotl)이 다스린다는 사실이었다. 스페인 정복 이후 스페인 사람들은 조공을 쉽게 거두기 위하여 복잡한 알테페틀을 각 부분으로 쪼갠 뒤 이들을 파르시알리다데스(parcialidades)라 했고, 각각의 파르시알리다드(parcialidad)에 통치자를 지정하여 그를 카시케(cacique, 현지어로 "추장"을 의미)라 했다. 스페인 점령 이전의 정치 구조가 해체된 사실로부터 학자들 사이에서 수 세대에 걸쳐 혼란이 야기되었다. 학계에서는 원주민 정치체의 본성을 두고 복잡한 논의가 전개되었다. 스페인 점령 이전의 사회정치 조직을 검토할 때는 식민지 이후, 즉 단일 통치자 아래 최소한의 부분으로 원주민 국가가 나뉜 사실을 논외로 해야 한다. 그 대신 알테페틀 전체를 하나로 보고 그에 포함된 다수의 통치 가문과 통치 협의체를 한꺼번에 고려하는 것이 스페인 점령 이전의 구조를 더 정확히 이해할

---

2 알테페틀(Altepetle)은 동시에 단수와 복수의 의미를 갖는다.

수 있는 방법일 것이다. 원주민의 사회정치 구조를 복합 구조로 보는 이러한 관점을 통해 우리는 연맹체의 다원적 특성과, 특히 메소아메리카의 정치 및 지역 조직을 더 잘 이해할 수 있을 것이다.[3] 알테페틀은 정착지의 네트워크로 구성되었고, 친족 집단으로 얽힌 통치자 집단에 의해 지배되었다. 알테페틀 개념 그 자체로는 도시-시골의 이항 대립이 적용되지 않는다. 여기에는 모든 도시와, 도시보다 작은 규모의 정착지와, 사람들과, 영토, 그리고 통치 연맹체의 정치적 지배를 받는 자원 공급처가 모두 포함되기 때문이다.

멕시카-테노치카인

멕시코-테노치티틀란을 건설한 사람들은 나우아틀어 사용자였다. 나우아틀어는 유트-아스테카어족(Uto-Aztecan family)에 속하는 언어로, 사용자들이 오늘날 미국의 유타주에서 중앙아메리카 지역에 분포했다. 그들의 신화에 따르면, 그들은 아스틀란(Aztlan)이라는 곳에서 왔다고 한다. 추정컨대 멕시코의 북서부 혹은 미국의 남서부 지역 어디쯤이었을 것이다. 아스틀란이라는 지명에서 유명한 아스테카라는 이름이 유래했다. 그들의 부족 신 우이칠로포치틀리(Huitzilopochtli, "왼발의 벌새"라는 의미)의 명령에 따라 그들은 아스테카 달력 제1부싯돌의 해 (year 1 Flint), 즉 서력으로 기원후 1064년에 아스틀란을 떠났다. 우이칠로포치틀리는 그들에게 신성한 땅을 찾으라고 명했다. 그곳에 가면 그

---

3 James Lockhart, *The Nahuas after the Conquest: A Social and Cultural History of the Indians of Central Mexico, Sixteenth through Eighteenth Centuries* (Stanford, CA: Stanford University Press, 1992), pp. 14-30.

들은 스스로 주인이 되고 "창조된 만물의 주군"이 될 것이었다. 수십 년 동안의 방랑 끝에 마침내 그들은 멕시코 평원으로 들어와서 차풀테펙 (Chapultepec) 지역에 정착했다. 기원후 1299년경이었다.[4]

멕시카인이[5] 멕시코 평원에 도착했을 때, 그곳에는 이미 40개 이상의 도시들이 서로 네트워크를 형성하고 있었다. 얕은 호수로 연결된 거의 1300제곱킬로미터에 달하는 지역 곳곳에 도시들이 흩어져 있었다. 이들 도시에는 강력한 지배 가문들이 존재했으며, 이들 간의 외교와 혼인 동맹, 전쟁 등을 통하여 느슨하게나마 최소 다섯 개의 연맹체가 형성되어 있었다. 테파넥(Tepanec) 연맹은 호수의 서쪽 편을 지배했는데, 최소한 12개의 도시가 이 연맹에 소속되어 있었다. 호수의 동쪽 편은 아콜우아(Acolhua) 연맹의 지배를 받았고, 약 14개의 도시가 텍스코코(Texcoco)의 통치 아래 놓여 있었다. 쿨우아(Culhua) 연맹은 익스타팔라파반도(Ixtapalapa Peninsula)를 지배했고, 세 개의 도시가 쿨우아칸(Culhuacan)의 통치 아래 놓여 있었다. 소치밀카(Xochimilca) 연맹에도 도시 소치밀코(Xochimilco)를 비롯해 세 개의 강력한 도시가 포함되어

---

4 Domingo Francisco de San Antón Muñon Chimalpahin Cuauhtlehuanitzin, *Codex Chimalpahin: Society and Politics in Mexico Tenochtitlan, Tlatelolco, Texcoco, Culhuacan, and other Nahua Altepetl in Central Mexico*, Arthur J. O. Anderson and Susan Schroeder (eds. and trans.) (Norman: University of Oklahoma Press, 1997), p. 29.
5 "멕시카(Mexica)"란 이름은 멕시코(Mexico) 섬에 정착한 부족 집단의 이름에서 유래했다. 섬 주민은 크게 두 부족으로 나뉘었는데, 하나는 테노치카(Tenochca), 또 하나는 틀라텔롤카(Tlatelolca)였다. 나우아틀어로 기록된 1차 자료에서 "멕시카"와 "테노치카"는 서로 혼용될 수 있는 명칭으로, 멕시카-테노치카 부족을 의미했다. 한편 멕시카-틀라텔롤카 부족은 대개 "틀라텔롤카"로 언급되었다. "아즈텍(Aztec)"이라는 명칭은 주로 영어권에서 사용되었으며, 테노치티틀란, 텍스코코, 타쿠바 연맹을 의미했다. 멕시코 저자들은 그보다는 "삼각동맹" 제국이라는 명칭을 선호했다.

있었다. 마지막으로 찰카(Chalca) 연맹이 서쪽의 배후지였던 포포카테페틀(Popocatepetl) 화산의 산록 지대를 지배하고 있었다(지도 24-1). 다섯 개의 연맹체는 각각 방대한 양의 자원과 인구 및 전략적 위치를 점유하고 있었고, 서로가 끊임없이 전쟁을 계속했다. 연맹체들끼리의 합종연횡은 수시로 바뀌었지만, 전체적으로 이러한 형국을 타개할 수 있는 계기는 없는 상태였다.

멕시카인이 차풀테펙에서 자신들만의 알테페틀을 수립하려 했으나, 주변의 그 누구도 새로 들어온 신참을 허용하지 않았다. 테파넥 연맹과 쿨우아 연맹이 연합하여 멕시카인을 휩쓸어버렸다. 생존자들은 두 그룹으로 나뉘어 달아났다. 멕시카-테노치카인은 쿨우아칸의 포로가 되어, 익스타팔라파반도 북부 산록에 위치한 티사판(Tizapan)에 강제로 정착해야 했다. 또 한 그룹은 멕시카-틀라텔롤카인으로, 호수 안의 황무지 섬으로 달아난 그들은 아스카포찰코(Azcapotzalco)의 백성이 되었다. 멕시카-테노치카인과 멕시카-틀라텔롤카인은 각각 새로운 주군의 휘하로 들어가 현지의 정치 구조에 편입되었다. 쿨우아칸과 아스카포찰코가 전쟁을 할 때는 그들도 조공과 병역을 제공했다.

멕시카-테노치카인은 쿨우아 연맹의 백성으로 받아들여졌음에도 불구하고 나중에 티사판에서 쫓겨났다. 그들의 부족 신 우이칠로포치틀리와 쿨우아칸의 공주의 결혼 사건 때문이었다. 신과 인간의 결혼은 가죽을 벗기는 의례가 포함되어 있었고, 의례를 거행하는 가운데 가엾은 공주는 목숨을 잃어야 했다. 테노치카인은 다시 테마스칼티틀란(Temazcaltitlan)이라고 하는 수심이 얕은 섬에서 은신처를 찾았다. 그곳은 멕시카-틀라텔롤카인이 강제로 정착한 지역과 이웃한 바로 남쪽이

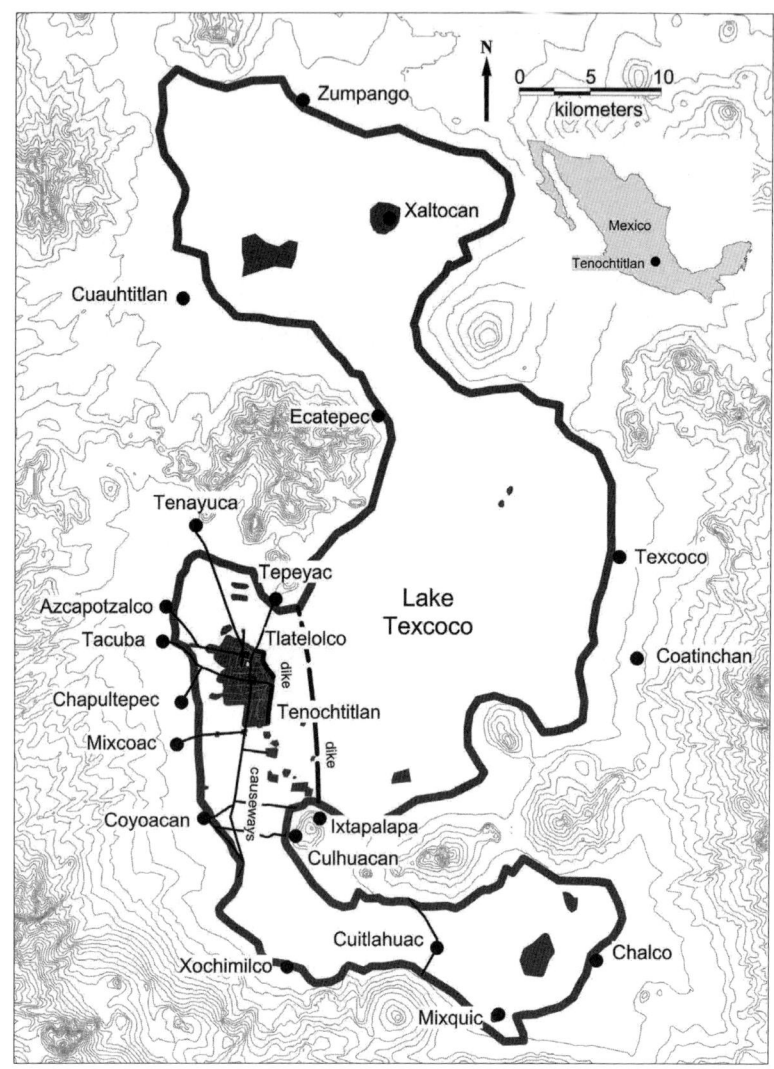

[지도 24-1] 멕시코 평원의 도시 테노치티틀란과 틀라텔롤코의 위치

었다. 이 섬에서 그들은 전설의 장면을 목격하게 된다. 즉 위대한 독수리가 선인장(cactus, 즉 테노치틀리tenochtli) 꼭대기에서 뱀을 뜯어 먹는 장면이었다. 테노치카인은 그곳이 바로 약속의 땅임을 확신했고, 그곳에서 아스테카 달력 제2집(2 House)의 해(즉 서력 1325년)에 그들만의 알테페틀을 건설했다. 그 섬의 이름은 테노치티틀란으로 바뀌었는데, 그들로서는 길조였던 선인장 꼭대기의 독수리를 기념하는 이름이었다. 그러나 테노치티틀란은 강력한 도시 아스카포찰코의 영토에 속하는 호수 권역에 포함되어 있었다. 그 도시가 바로 테파넥 연맹의 수도였다. 그래서 멕시카-테노치카인은 도시 아스카포찰코에 탄원하여 섬에 정착할 수 있도록 허락을 얻어야 했다.[6]

14세기 중엽에 이르러 멕시카-테노치카인은 중부 멕시코 지역 정치 체제에 따른, 그들만의 알테페틀에 걸맞은 그들 스스로의 틀라토아니(tlatoani, 통치자)를 옹립하고자 했다. 그 목적을 달성하기 위하여 그들은 초대 틀라토아니로 아카마피치틀리(Acamapichtli)를 선택했다. 그는 지체 높은 쿨우아 연맹체 통치자의 손자였다. 아카마피치틀리가 사망한 뒤 그의 둘째 아들 우이칠리우이틀(Huitzilihuitl)이 1391년에 통치자의 지위를 이어받았다. 그는 대단한 수완을 발휘했다. 그가 아스카포찰코 통치자의 딸과 결혼한 뒤로 연맹체에서 테노치티틀란의 지위도 올라갈 수 있었다. 우이칠리우이틀이 사망한 뒤 그의 아들 치말포포카(Chimalpopoca)가 테노치티틀란의 통치자가 되었다. 1426년

---

6 Bernardino de Sahagún, *General History of the Things of New Spain*, Charles E. Dibble and Arthur J. O. Anderson (eds. and trans.) (Santa Fe: School of American Research and University of New Mexico, 1961), Book 10, p. 196.

에 아스카포찰코의 통치자이자 테파넥 연맹체의 지도자였던 테소소목(Tezozomoc)이 사망한 뒤로 후계 전쟁이 일어났다. 코요아칸(Coyoacan)의 통치자 막스틀라틀(Maxtlatl)이 권력을 잡았고, 정적을 차례대로 살해하는 공포 정치를 실시했다. 아스테카의 통치자 치말포포카도 죽음을 면치 못했다. 1427년 이츠코아틀(Itzcoatl)이 테노치티틀란의 제4대 틀라토아니가 되었다. 1428년 테노치티틀란은 텍스코코(Texcoco) 및 타쿠바(Tacuba)와 협력하여 아스카포찰코를 무너뜨렸다. 이것이 아스테카 제국 삼각 동맹의 시작이었다. 테노치티틀란은 염호 텍스코코 서쪽의 보잘것없는 정착지에 불과했으나, 이제 인구 면에서나 정치력 측면에서 과거 어느 연맹체의 수도도 능가하는 도시로 성장했다.

이츠코아틀이 사망하자 그의 조카 목테수마 일우이카미나(Moctezuma Ilhuicamina, 재위 1440~1468)가 즉위했고, 다시 그의 세 손자인 악사야카틀(Axayacatl, 재위 1468~1481), 티속(Tizoc, 재위 1481~1486), 아우이초틀(Ahuitzotl, 재위 1486~1502)이 차례대로 통치를 이어갔다. 이츠코아틀의 증손자 목테수마 소코요친(Moctezuma Xocoyotzin, 재위 1502~1520)이 아스테카 제국의 마지막 황제였다. 그는 제국의 변경을 넓혔으며, 제국의 수도를 더욱 아름답게 가꾸었다. 그러던 참에 스페인 정복자들이 도착했다. 이후 자신의 도시와 제국이 무너지는 데 핵심 역할을 한 인물도 바로 그였다. 테노치티틀란 최후의 두 통치자, 쿠이틀라우악(Cuitlahuac, 재위 1520)과 쿠아우테목(Cuauhtemoc, 재위 1520~1525) 또한 이츠코아틀의 증손자였다. 그들의 역사적 운명은 자신의 도시를 방어하는 것이었다. 그러나 스페인 사람들과 구대륙에서 건너온 질병, 특히 이전 토착 원주민 군대의 합동 공격을 막아낼 재간은 없었다.

아스테카 조공 체계

아스테카가 하나의 제국으로 성립하기 전 이미 후고전기에 지역별 조공 체계가 정형화되어 있었다. 지역별 정치 단위(칼풀리calpulli 혹은 틀락실라칼리tlaxilacalli)마다 최소 한 명 이상의 데키틀라토(tequitlato)가 있었는데, 그는 조공과 관련된 모든 업무를 조직하는 관리였다. 데키틀라토는 조공을 할당하고 수집하는 책임자였고, 조공을 바치는 정치 단위별로 데키틀라토가 배정되어 있었다. 이러한 정치 단위는 대개 여러 가구가 합쳐진 집단 혹은 공동 주거 집단으로 구성되었다. 조공의 형태는 현물도 있었고 노역도 있었는데, 조공 목록에 근거해서 할당되었다. 아스테카 사람들이 정치적 확장에 성공한 뒤로 정치적 명령 체계와 조공 수집의 네트워크를 만들어 지역 군주가 명령에 따르는지 감시하는 역할을 부여했다. 제국 중앙부에서 지명한 총독과 현지인 출신의 조공 수집 책임자(칼픽스케calpixque)는 가족을 동반하여 지방에 거주하면서 하인 몇 명을 거느리고 살았다.[7]

아스테카의 조공 기록 보고서(Información de 1554, 이하 《1554년 보고서》라 칭한다)가 남아 있는데,[8] 이 기록을 근거로 스페인 점령 직전 아스테카 조공 수입의 총량을 추정해보도록 하겠다. 《1554년 보고서》는 유일한 조공 통계 보고서로, 지역별 조공 물품을 스페인 정복 당시 원주

---

7 Diego Durán, *The History of the Indies of New Spain*, Doris Heyden (trans.) (Norman: University of Oklahoma Press, 1994), p. 181.
8 Frances V. Scholes and Eleanor B. Adams, *Documentos para la historia del México Colonial IV: información sobre los tributos que los Indios pagaban a Moctezuma. Año de 1554* (Mexico: José Porrúa e Hijos, 1957).

민이 사용하던 직물(만타manta) 단위로 환산하여 기록해둔 것이다. 이는 다양한 조공 품목을 만타(manta, mantas)라고 하는 단위로 통일함으로써 추상적 기준으로 수량을 표준화하여 아스테카 제국의 전모를 보여주는 유일한 자료다. 이에 근거해 보자면, 아스테카 제국의 조공 물량은 매년 약 65만 2246만타스(mantas)였다(표 24-1). 각 지방에서 매년 바친 수량을 1만 만타스 단위로 나누면 각 지방을 큰 범주로 분류할 수 있다(표 24-2, 그림 24-1). 이렇게 나누어서 보면 몇몇 주요 지역이 상당량의 조공품을 보냈으며, 수많은 여러 작은 지역에서 바친 조공품은 전체적으로 차지하는 비중이 그리 크지 않았음을 알 수 있다.

조공 수입의 지역적 분포는 깊은 함의를 지닌다(지도 24-2, 표 24-1). 제국에 속한 단위 지역들 가운데 테노치티틀란 기준 200킬로미터 이내의 26개 지역에서 거두어들인 조공이 전체 조공 수입량의 54퍼센트(35만 1981만타스), 200킬로미터 이상 되는 13개 지역에서 나머지 46퍼센트(30만 265만타스)를 차지했다. 이로 보아 테노치티틀란에 더 가까운 지역에서 거두어들인 곡물과 부피가 큰 만타스는 아스테카 교환 경제 체제에서 유동성을 유지하는 밑바탕이 되었음을 알 수 있다(표 24-3).[9] 이에 비해 아스테카의 이데올로기적·정치적 생활을 뒷받침하는 사치품은 더 멀리 떨어진 외곽 지역에서 거두어들였다. 열대 해안이나 산악 등의 외곽 지역에서는 상징적 의미가 있는 암석을 가져왔는데, 예를 들면 녹색의 뱀 같은 조형물을 이 암석으로 만들었다. 외곽 지역에서 가져오

---

9 Elizabeth M. Brumfiel, "Specialization, Market Exchange, and the Aztec State," *Current Anthropology* 21 (1980), 459-78.

[지도 24-2]의 번호	지역명	연간 조공 수량(만타스 환산)	전체 대비 백분율	누적 백분율
30	Tochtepec	99,715	15.3	15.3
37	Atlan	45,000	6.9	22.2
19	Tepecuacuilco	36,540	5.6	27.8
20	Cihuatlan	36,000	5.5	33.3
33	Cuetlaxtla	30,020	4.6	37.9
36	Tochpan	26,510	4.1	42.0
2	Petlacalco	24,725	3.8	45.8
3	Acolhuacan	24,513	3.8	49.5
39	Oxitipa	24,090	3.7	53.2
27	Coixtlahuaca	23,450	3.6	56.8
35	Tlatlauhquitepec	21,015	3.2	60.0
4	Quauhnauac	20,443	3.1	63.2
5	Huaxtepec	19,383	3.0	66.1
11	Xilotepec	15,297	2.3	68.5
18	Apan	14,844	2.3	70.8
10	Atotonilco de Pedraza	13,100	2.0	72.8
34	Tlapacoyan	12,900	2.0	74.7
31	Xoconochco	12,660	1.9	76.7
21	Tlapan	12,080	1.9	78.5
12	Quahuacan	11,115	1.7	80.2
38	Tzicoac	10,725	1.6	81.9
1	Tlatelolco	9,869	1.5	83.4
17	Tlachco	9,634	1.5	84.9
13	Tolocan	9,551	1.5	86.3
14	Ocuilan	8,643	1.3	87.7
32	Quauhtochco	8,600	1.3	89.0
29	Tlachquiauco	7,565	1.2	90.1
26	Tepeacac	7,501	1.2	91.3
9	Hueypochtlan	7,170	1.1	92.4
7	Axocopan	7,155	1.1	93.5
28	Coyolapan	6,825	1.0	94.5
8	Atotonilco el Grande	6,711	1.0	95.6
25	Chalco	6,625	1.0	96.6
22	Tlacozautitlan	6,465	1.0	97.6
6	Quauhtitlan	5,065	0.8	98.4
15	Malinalco	3,941	0.6	99.0
23	Quiauhteopan	2,440	0.4	99.3
16	Xocotitlan	2,339	0.4	99.7
24	Yoaltepec	2,025	0.3	100.0
	Total	652,246	100.0	

〔표 24-1〕 지역별 연간 조공 수량 추정치, 만타 단위로 표준화

수량에 따른 등급 구분	포함되는 지역의 개수	전체 대비 백분율
0 – 10,000	18	18.1
10,000 – 20,000	9	21.9
20,000 – 30,000	7	26.7
30,000 or more mantas	5	33.3
Totals	39	100.0

〔표 24-2〕 아스테카 제국의 연간 조공 수입량, 1만 만타스 단위

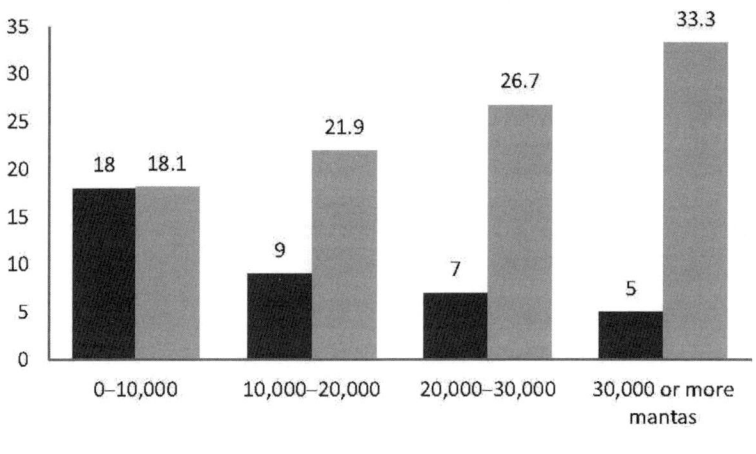

〔그림 24-1〕 아스테카 제국의 연간 조공 수입량(1만 만타스 단위) 비중과 해당 범주에 속하는 지역의 수

는 조공품은 무겁거나 부피가 크지 않은 대신 시장 체제에서 교환 가치가 큰 품목이었다. 이러한 품목은 동시에 정치 및 종교 영역에서 수요가 높은 것들로, 특히 금, 카카오, 깃털, 보석 등이 있었다.[10]

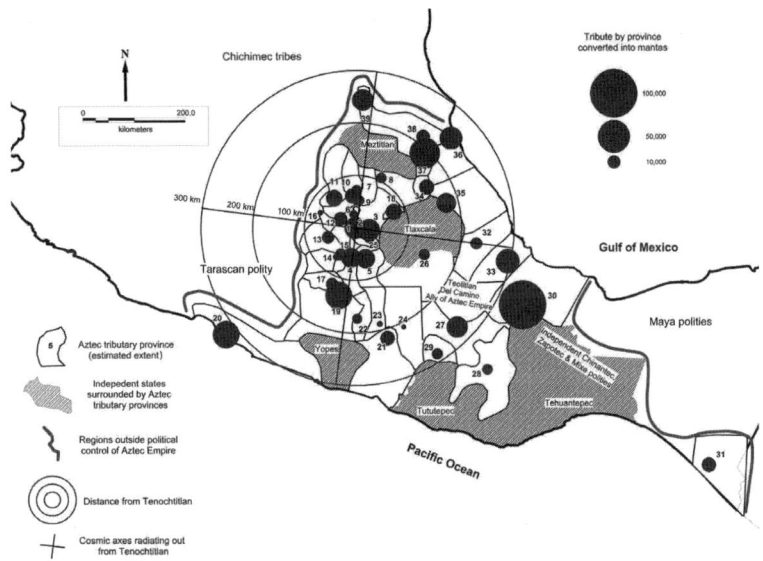

[지도 24-2] 아스테카 조공 수량의 공간적 분포, 직물 단위(만타스)로 환산

주기적으로 조공 물품이 수도로 흘러들고, 그에 따라 의례와 정치적 과정을 통해 소비가 되면서 메소아메리카 전체가 그 영향을 받게 되었다. 조공품 물동량의 상당 부분이 테노치티틀란 반경 400킬로미터 이내에서 움직이며 멕시코 평원으로 흘러 들어왔다. 이 때문에 아스테카의 배후지는 주식 작물과 부가 고갈되어 자원 부족에 시달려야 했다. 조공 체계를 따라 물품이 흘러드는 반대편 끝에서는 엄청난 수량의 다양한

10 See maps in Frances F. Berdan and Patricia Rieff Anawalt, *The Codex Mendoza* (Berkeley: University of California Press, 1992), Vol. x, pp. 67-77.

테노치티틀란과의 거리	거리 내 지방 단위의 개수	만타스 수량	만타스 비중
0-100km	17	20,3775	31
100-200km	9	14,8206	22.7
200-300km	9	14,5065	22
300km 이상	4	15,5200	24
합계	39	65,2246	100

[표 24-3] 아스테카 제국 조공 수입의 공간적 분포, 테노치티틀란과 지역의 거리

물건이 멕시코 평원의 인구를 풍요롭게 했다. 이데올로기적 의례 과정을 통해 잉여 물품이 흡수되었고, 특히 사치스러운 의례와 축제의 과정에서 막대한 양의 물품이 소비되었다. 게다가 전쟁에서 승리한 용감한 전사에게 주어지는 상품과 배당도 있었다. 이와 같은 메커니즘에도 불구하고, 또한 부를 과시하지 못하도록 하는 엄격한 윤리적 금기에도 불구하고 조공 물품은 시장을 통해 널리 유통되었다. 그 결과 테노치티틀란, 텍스코코, 타쿠바는 화려하고 부유한 도시가 될 수 있었다.

멕시코-테노치티틀란과 이데올로기적 기본 틀

테노치티틀란과 틀라텔롤코(Tlaltelolco)는 기존의 도시 형태를 답습하지 않는 완전히 새로운 방식의 정착지로 변화하기 시작했다. 1473년 테노치티틀란의 군대가 틀라텔롤코를 흡수한 뒤에 테노치티틀란의 이름이 주도권을 잡게 되었다. 그렇지만 테노치티틀란의 어떤 점을 거론하더라도 틀라텔롤코의 중요성을 빼놓을 수 없다. 서로 떨어져 있던 두 도시는 작은 섬들을 점차 붙여 나가며 확장하는 과정에서 서로 연결되어 반(半)인공적인 하나의 거대한 섬이 되었으나, 도시의 이중 구조는

멕시카 사람들의 역사가 지속되는 한 변함없이 유지되었다. 이들 쌍둥이 도시는 각각 자신의 우주론을 기반으로 도시 평면이 구성되어 있었다. 부족한 토지와 습지 및 미세 지형의 사용과 할당 등 공간의 조직화는 주로 두 집단의 협상에 의거했다.

그들의 구전에 따르면, 테노치티틀란의 설립 과정이 정교한 의례로 전해 내려왔다고 한다. 즉 미래의 정착을 위한 "올바른 장소"를 발견하기까지의 이야기와 토지를 소유하게 되는 과정이 의례의 내용에 포함되어 있었다. 장소 선정과 관련되는 멕시카인의 관습은 테노치티틀란 고유의 알테페틀이 수립되기 이전에, 신비로운 사건들로 가득한 실제 혹은 신화적 이주의 기억으로부터 시작되었다. 새로운 고향으로 선정되려면 필요한 요건들이 있었다. 고대의 예언 내용에 들어맞아야 했고, 기존의 장소 선정 사건과도 일치해야 했다. 예를 들면 "굽은 모양"의 산, 동굴, 산맥으로 연결되는 V자형 바위, 맑은 샘물 등의 조건을 모두 만족시켜야 했다. 게다가 새로운 정착지 후보는 성스러운 의미도 갖추고 있어야 했다. 성스러운 장소를 알아보는 비법은 특이하고 초자연적인 사건을 목격하는 것이었다. 즉 길조로 해석될 만한 사건이 있어야 했다. 적당한 장소로 추천된 곳이라도 불길한 징조가 보이면 포기해야 했다. 예컨대 나무가 갑자기 쓰러진다거나 부족 내 각 분파 간 분쟁이 벌어지는 등의 일들이 바로 그러한 불길한 징조였다. 멕시카인이 확인한 길조는 선인장 위의 독수리였다. 그것이 신성한 장소를 표시하는 장면이었다. 그래서 그곳을 새로운 도시의 중심이자 우주의 중심으로 선택했다. 나우아틀어로 이와 같은 신성한 장소를 알테페욜로코(altepeyolloco)라 하는데, 이는 도시의 "신장(콩팥)"이라는 의미로, 그곳이 중심적 종교 구역으로 지정되었다. 멕시카-테노치카인이 도시를 세울 때는 먼저 세 가지 구성 요소를 건설했다. 이를 통해 그들이 그 땅을 차지하는 정당성을 확보한다고 믿었다. (1) 축구 경기장, (2) 흙을 쌓아 만든 인공 언덕, 그리고 그 위에 다시 (3) 흙을 쌓아 올린 사당이 바로 그 세 가지였다. 인공 언덕은 두 개의 자연 동굴 끝에 건설되었는데, 후대의 건축물로 인해 땅속에 묻혀 있었다. 부족의 많은 신들은 아마도 신격화된 조상신이었던 것 같다. 그래서 땅속 동굴과 하늘을 향해 뻗어 있는 중심 사원이 만든 수직 축은 조상 숭배를 위한 이상적 회합의 장소였다. 즉 그곳은 살아 있는 사람들이 과거 부족의 시조들과 영적 대화를 나누는 곳이었다. 우주의 축은 8도 각도로 설정되고, 도시는 네 구역으로 나뉘어 있었다. 모요틀란(Moyotlan, 남서쪽), 테오판(Teopan, 남동쪽), 아차쿠알코(Atzacualco, 북동쪽), 쿠에포판(Cuepopan, 북서쪽)이 그것이었다. 최초의 사원은 소박한 규모였다. 이후 멕시카-테노치카 통치자들은 저마다 재정적 형편은 달랐을지라도 모두가 나름대로 사원을 확장했다.

테노치티틀란의 제8대 틀라토아니 아우이초틀(Ahuitzotl)의 통치(1486~1502) 아래 아스테카의 수도는 더욱 안정적인 구조와 기능을 갖추게 되었다. 대사원(Great Temple)이 더욱 확장되었고, 종교 구역은 엄청난 규모의 복합 건물이 들어서서 성지로 인식되었다. 그곳은 아스테카 제국의 상징적 심장부로, 최소한 78개의 전문화된 건물, 사원, 예배소가 들어섰다. 구역 전체를 네 개의 성벽이 감싸 안았고, 성벽 안쪽의 공간은 약 14헥타르에 달했다. 성지로 통하는 네 개의 출입문이 있었고, 정방향으로 교차하는 도로가 성문에 연결되어 있었다. 여기서 이어진 포장도로는 도시 밖까지 이어졌다. 테노치티틀란은 상징적으로 계획된 도시여서, 기본 틀로 아스테카인의 우주 지도를 따랐다. 멕시코 고고학자들이 성지 구역의 특성과 구조를 더욱 상세히 파악하기 위하여 발굴 조사를 계속하고 있지만,[11] 우리는 이미 구조의 대강을 파악하고 있다. 성지 구역에서 가장 잘 알려진 건물은 중심 사원이었다. 1978년 2월 21일, 전기회사 일렉트릭 라이트 컴퍼니(Electric Light Company) 소속 노동자들이 과테말라와 아르헨티나 도로 주변에 땅을 파다가 일련의 부조가 새겨진 거대한 석조 유물을 발견했다. 현장을 본격적으로 발굴하면서 지름 3.25미터의 거대한 단일 암석이 출토되었는데, 머리와 팔다리가 잘린 여성상이 부조로 새겨져 있었다. 그 형상은 여신 코욜사우키(Coyolxauhqui)의 모습이었다. 아스테카 신화에 따르면 그녀는 남자 형제의 손에 살해되었는데, 그가 바로 전쟁의 신 우이칠로포치틀리였다. 코욜사우키 부조상을 근거로 전문가들이 더 깊이 연구를 수행하면서 테노치티틀란 중심 지역이 드러나게 되었다.

멕시코 고고학자들은 6년 이상 테노치티틀란 대사원의 7개 건축 단계와 관련된 유물을 발굴했다.[12] 제1단계는 아스테카인이 건설한 성소였는데, 그 시기는 그들이 도시 테노치티틀란을 처음 건설한 1325년이었다. 제2단계는 보존 상태가 상당히 우수해서 멕시카인의 종교적 이데올로기에 관한 최상의 정보를 제공했다. 제2단계의 사원은 파리미드보

---

11 Leonardo López Luján, *The Offerings of the Templo Mayor of Tenochtitlan* (Albuquerque: University of New Mexico, 2005).
12 Eduardo Matos Moctezuma, "The Templo Mayor of Tenochtitlan: History and Interpretation," in Johanna Broda, David Carrasco, and Eduardo Matos Moctezuma, *The Great Temple of Tenochtitlan: Center and Periphery in the Aztec World* (Berkeley: University of California Press, 1987), pp. 30-5.

다 플랫폼에 가까웠다. 그럼에도 불구하고 이전 단계의 전형적 요소는 모두 포함하고 있었다. 사원 꼭대기에는 두 개의 사당이 설치되어 있었는데, 피라미드의 정면에는 각각의 사당으로 올라가는 계단이 바닥에서 꼭대기까지 따로 설치되어 있었다. 이 사당은 부족의 신 틀랄록(Tlaloc, 북쪽)과 우이칠로포치틀리(Huitzilopochtli, 남쪽)를 제사 지내는 곳이었다. 각 사당은 서쪽을 향한 채 신격과 관련된 조각상이 안치되어 있었다. 틀랄록 사당 정면에는 "차크-물(chac-mool)"이라는 조각상(남자가 누운 상태로 그릇을 배 위에 받쳐 들고 있는 형상)이 설치되어 있었다. 우이칠로포치틀리 사당 앞에는 테크카틀(techcatl)이라는 제단이 설치되어 있었는데, 그 위에서 수많은 희생자들이 신에게 바쳐졌다. 발굴층위 제2단계는 통치자 아카마피치틀리, 우이칠리우이틀, 혹은 치말포포카의 재위 기간에 해당하는 것으로 알려져 있는데, 서력으로 환산하면 1428년(아스테카가 아스카포찰코로부터 독립한 해) 이전이었다.

대사원의 제3단계 피라미드 뒤쪽 벽면, 그러니까 우이칠로포치틀리에게 헌정된 기단에 아스테카 달력 제4갈대(4 Reed)의 해가 새겨져 있다. 이는 아마도 1431년을 의미하는 것 같은데, 그렇다면 제3단계의 건축은 이츠코아틀의 재위 기간(1427~1440)에 이루어졌다. 제4단계의 건축과 조각은 대사원 최고의 장관을 연출하고 있다. 피라미드의 기단은 더욱 확장되었으며, 네 측면이 냄비 모양과 뱀 대가리 모양으로 장식되었다. 제4b단계가 설정된 이유는 사원이 부분적으로 확장된 흔적이 있었기 때문이다. 사원의 정면, 서쪽 측면이 확대되었고 구불구불한 뱀 모양의 장식이 모서리를 돌아 감다가 뱀 대가리 형상으로 끝을 맺었다. 우이칠로포치틀리 사당 측면의 가운데, 계단 아래쪽에 신체가 훼손된 코욜사우키의 형상이 거대한 돌에 얕은 부조로 새겨져 있다. 제5단계와 제6단계의 유물은 남겨진 것이 거의 없었다. 다만 플랫폼 위에서 회반죽과 의례 구역 바닥의 일부가 발견되었는데, 바닥은 납작한 돌에 스투코가 섞여 있었다. 대사원의 제7단계는 16세기 스페인 사람들의 육안으로 볼 수 있었다. 이 시기의 유물은 의례 구역 돌바닥의 일부가 남아 있을 따름이다.

멕시코-테노치티틀란과 도시의 기반 시설 구조

도시를 건설할 때 테노치티틀란과 틀라텔롤코에는 모두 합쳐 29개의 칼풀리가 있었고, 이를 근거로 추정하면 인구는 3000명 정도였다(이주민 칼풀리 하나에 약 100명 안팎의 주민이 소속되었다고 가정한 결과다). 1519년 11월부터 1520년 6월까지 테노치티틀란에 거주한 스페인 사람들의 구전을 기록한 세르반테스 데 살라사르(Cervantes de Salazar)의 보고에 따르면, 섬에는 모두 6만 채의 "주택"이 있었다고 한다. 이 수치 때문에 과연 보고서에서 말하는 "주택"이 무엇인지를 두고 논쟁이 벌어졌고, 도시의 인구를 (주택당 4~5명으로 가정해) 24만~30만으로 추정한 연구자들도 있었다.[13] 칼네크(Calnek)의 연구에 근거해서[14] 샌더스(Sanders)는 테노치티틀란과 틀라텔롤코가 정복한 모든 지역을 대상으로 주택의 규모와 특성, 그리고 도시 각 부분별로 토지의 이용 가능성 등을 다시 분석했다. 그가 추정한 인구의 규모는 좀 더 보수적인 쪽으

---

13 Francisco Cervantes de Salazar, *Crónica de la Nueva España* (Madrid: Biblioteca de Autores Españoles, 1971), Vol. i, p. 324.
14 Edward Calnek, "Tenochtitlan-Tlatelolco: The Natural History of a City," in Sanders, Mastache, and Cobean (eds.), *Urbanism in Mesoamerica*, pp. 149-202.

로 결론이 나왔는데, 69개 칼풀리(테노치티틀란 49개, 틀라텔롤코 20개)에 소속된 인구수는 12만 5000명에서 14만 명 사이였다.[15] 최종 단계에서 섬의 면적은 13제곱킬로미터에 달했다. 만약 처음 도시를 건설할 당시의 인구를 3000명으로 가정한다면, 스페인 점령 직전 인구가 최대 14만 명이었으므로 연간 인구 성장률은 2퍼센트였던 셈이다. 그러니까 35년마다 도시의 인구는 2배로 불어났다. 이 정도의 인구 성장률은, 전근대의 높은 사망률을 고려할 때 상당히 높은 수준이었다. 이러한 인구 성장의 요인은 무엇이었을까? 자연 성장률만 가지고는 이를 분명히 설명하기 어렵다. 그러므로 아마도 상당수의 인구가 꾸준히 섬 외부로부터 이주해 왔을 것으로 추정할 수 있다. 인구 이동은 제국의 세력 확장에 따른 일이었고, 가까운 멕시코 평원 지역의 인구 유입과 관련이 있었다. 에르난 코르테스(Hernán Cortés)의 증언에 따르면, 멕시카인은 그들에게 속한 모든 정치 단위의 통치자들에게 아들이나 가까운 친척을 테노치티틀란으로 보내 영구히 거주하게 했다고 한다.[16] 아스테카 제국에 정복된 소규모 정치 단위가 최소한 400곳 이상이었기 때문에 이러한 정책에 의해 적잖은 규모의 도시 확장이 필요했을 것이다.

    스페인 사람들은 언제나 테노치티틀란을 "또 하나의 베네치아"라고 했다. 수상 도시의 특성 때문이었는데, 배가 다닐 수 있는 물길이 약 20킬로미터에 달했고 그와 비슷한 길이의 육로도 있었다. 그러나 이러한 낭만적 특성 때문에 테노치티틀란에는 처음부터 농지가 부족했다. 그래

---

15 William T. Sanders, "The Population of Tenochtitlan-Tlatelolco," in Sanders, Mastache, and Cobean (eds.), *Urbanism in Mesoamerica*, p. 213.
16 Hernán Cortés, *Cartas de relación* (Mexico: Editorial Porrúa, 1988), p. 65.

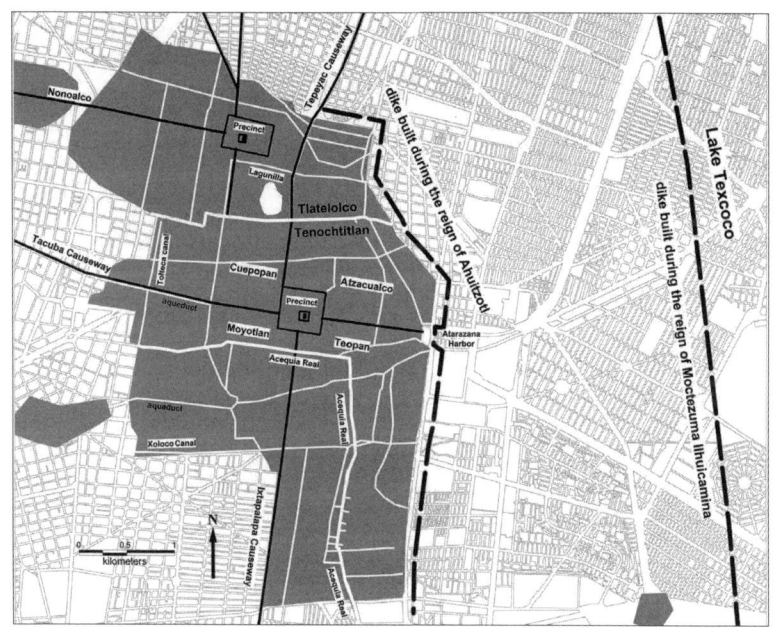

[지도 24-3] 고지도를 근거로 재구성한 멕시코 섬의 GIS 지도
1554년의 운하 네트워크를 통해 스페인 정복 무렵 섬의 형태가 어떠했을지 추정할 수 있다. 회색 음영 부분은, 오늘날은 멕시코시티지만 과거 텍스코코 호수였던 곳이다.

서 테노치카인은 호숫가나 산록에 사는 사람들과 교역을 하지 않을 수 없었다. 애초에 섬의 주민은 수상 생물 교역에 특화되어 있었는데, 이를 이웃 지역 주민에게 팔고 대신 나무나 돌을 샀다. 사들인 자재를 가지고 테노치티틀란 사람들은 호수의 얕은 곳을 채워 섬을 만들어갔고, 이렇게 만든 인공 섬의 면적이 약 13제곱킬로미터에 달했다(지도 24-3). 섬의 바닥 면을 호수 면보다 높게 올리려면 수백만 세제곱미터에 달하는 침전물이 필요했다. 치남파 시스템(chinampa system)은 처음에 소치밀코

(Xochimilco) 호수와 찰코(Chalco) 호수에서 개발된 것으로, 섬과 섬 사이의 바닥 지면을 높여 연결하는 데 사용되는 기술이었다. 한 줄로 심은 버드나무, 풀, 나무토막, 바위 등을 이용하여 도시의 인공 방어벽을 단단하게 만들었다. 운하는 깊이 파서 카누가 다닐 수 있도록 했고, 운하를 넘어 한 구역에서 다른 구역으로 건너가려면 나무로 만든 다리를 이용했다. 도시 테노치티틀란에서 이동 수단은 카누와 도보가 혼용되었고, 수백 개의 다리가 놓여 있는 복잡한 물길과 육로의 네트워크가 서로 연결되어 있었다(그림 24-2).

그러나 무엇보다 특별했던 건축물은 섬과 호숫가의 주요 도시를 연결하는 둑길, 맑은 물을 도시로 끌어들이는 도수로, 그리고 텍스코코 호수의 수위를 조절하는 댐이었다. 이 모든 토목 공사는 놀라운 성과가 아닐 수 없었다. 호수 주변의 정복지로부터 끌려온 사람들의 강제 노동이 아니었으면 이런 공사는 불가능했을 것이다. 아스테카 제국의 이츠코아틀(Itzcoatl) 황제 재위 기간에 소치밀카인(Xochimilcas)이 둑길의 공사를 맡았다. 이 둑길은 익스타팔라파(Ixtapalapa) 거리로 알려져 있는데, 길이는 약 10킬로미터에 달했다. 에르난 코르테스의 보고에 따르면, 도로 폭은 말 여덟 마리가 나란히 지나갈 수 있을 정도였다고 한다.[17] 이외에도 세 개의 둑길이 건설되어 있었다. 그중 하나는 타쿠바(Tacuba) 방향(서쪽)이었고, 또 하나는 테페약(Tepeyac) 방향(북쪽)이었다. 그리고 동쪽에 짧은 둑이 하나 더 있었다. 특히 이 네 개의 둑길이 성스러운 제사 구역에서 하나로 합쳐진다는 사실이 중요할 것이다. 이들 둑길은 기나긴 종

17 Cortés, *Cartas*, p. 50.

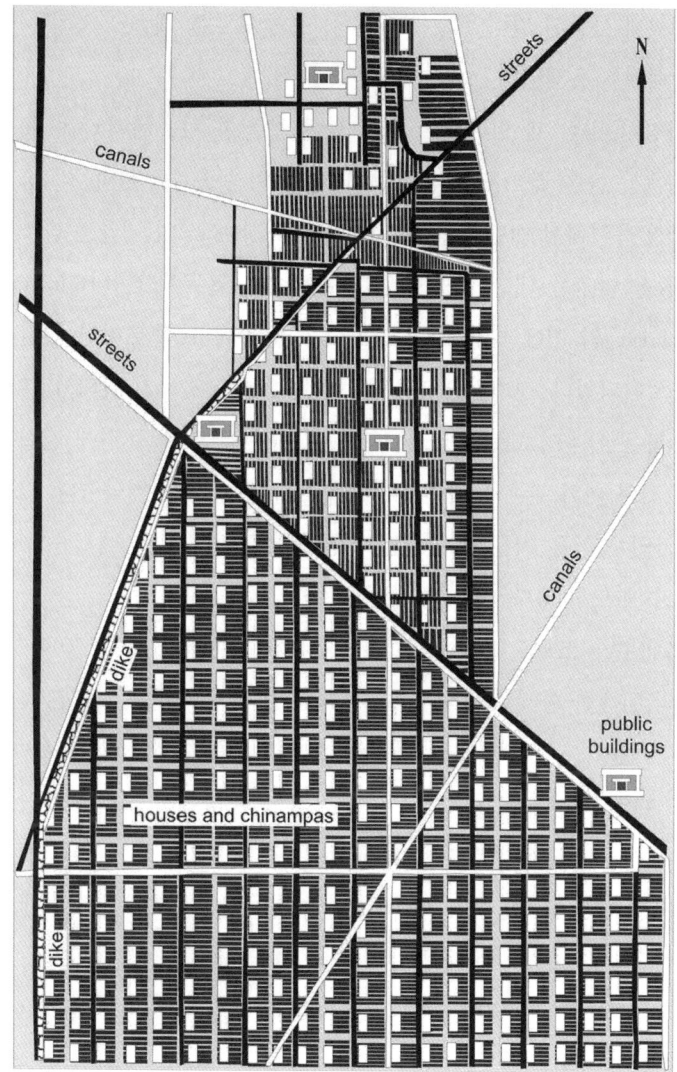

〔그림 24-2〕 도시의 일부 구역 도식화
테노치티틀란 혹은 틀라텔롤코에 포함되는 어느 구역이지만 자세한 위치는 알 수 없다. 1557~1562년경 작성된 고지도 Plano en Papel de Maguey를 근거로 재구성. 운하, 둑, 도로, 치남파스 농지, 주택의 위치를 중심으로, 당시 섬의 인공적인 도시 계획을 한눈에 볼 수 있다. 도시 안에서 이웃하는 다른 구역으로 이동하는 일은 상당히 흥미로웠을 것 같다. 수십 개의 다리와 미로 같은 좁은 골목길을 지나 깊은 운하와 제방을 거쳐 갔을 것이다.

교 행렬에 사용된 길이었다. 특히 수십 명의 포로를 제물로 바치는 중요한 의례에 사용되었다.

가장 유명한 관개 시설은 호수 밖에 위치한 차풀테펙(Chapultepec)의 샘에서 물을 끌어오는, 5킬로미터에 달하는 도수로였다. 이는 도시의 위생 측면에서 대단히 중요한 성과로, 위장(胃腸)의 세균을 감소시켜 사망률을 낮추는 데 크게 기여했다. 목테수마 일우이카미나(Moctezuma Ilhuicamina)의 명에 따라 텍스코코 호수 안쪽에 16킬로미터에 달하는 둑이 설치되었다. 정기적으로 발생하던 홍수를 방지하기 위해서였다. 두 번째 둑은 아우이초틀(Ahuitzotl) 재위 기간에 섬의 동쪽 편에 건설되었다. 그러나 이와 같은 노력에도 불구하고 섬은 홍수에 취약했다. 그래서 멕시카인은 집을 지을 때 지붕을 튼튼하게 하여 필요할 때 2층으로 피난할 수 있도록 했다.

목테수마 소코요친(Moctezuma Xocoyotzin, 재위 1502~1520)은 제국 최후의 위대한 황제로서, 에르난 코르테스에게 틀라텔롤코 사원 꼭대기에서 자신의 도시와 멕시코 평원의 여러 도시를 자랑스럽게 보여주었다. 그 아래 시장에서는 멕시코 중부 지역 수천 곳에서 몰려온 사람들이 바쁘게 물물 교환과 상거래를 하고 있었다.[18] 도시의 개념을 최대한 확장하자면 테노치티틀란도 하나의 도시였다. 이데올로기적으로 테노치티틀란은 메소아메리카 원주민 권력의 가장 중요한 핵심이었다. 또한 가장 정교한 종교 구역이 도시 안에 포함되어 있었고, 원주민 귀족이 가

---

18 Bernal Díaz del Castillo, *Historia de la Conquista de la Nueva España* (Mexico: Editorial Porrúa, 1986).

장 밀집해 있는 곳이었으며, 인구가 가장 많은 곳이었고, 제곱킬로미터당 거주 인구 밀도가 가장 높은 곳이었다. 테노치티틀란은 국제적 도시가 되었고, 도시의 모든 주민은 중요한 도시와 국가에서 살아간다는 자부심을 가지고 있었다. 화려한 의례와 함께 자원의 재분배, 축제, 교역이 일어났으며 거대한 규모의 건설 공사를 통해 반경 300킬로미터 이내의 사람들 수천 명이 직간접적으로 서로 연결되었다. 이 모든 요소가 결합되어 테노치티틀란 사람들에게 어떤 감정을 불러일으켰을 것이다. 존경과 공포와 원한의 심정은 많은 문헌 자료에 기록되어 있다. 그러나 멕시카인이 제국 전체를, 심지어 멕시코 평원의 다른 정치 단위를 포용하는 사회적·정치적 정체성을 만들어가는 속도는 매우 느렸다.[19] 삼각 동맹에 속하는 민족들은 모종의 특권을 누린 것으로 보이지만, 알테페틀 단위에서 기존에 형성되어 있던 충성심과 정체성은 변함없이 유지되었다. 그것을 대체할 만한 제국 전체의 정체성이 형성되지 못했기 때문이다.

테노치티틀란과 틀라텔롤코 모두 스페인 정복 당시에 파괴되었다. 피라미드나 석조 기념비를 막론하고 땅 위에 노출되어 있었던 모든 석재는 이후 유럽 정복자들이 집을 지을 때 사용되었다. 특히 주목할 만한 점은, 원주민에게 테노치티틀란을 난공불락의 도시로 보이게 한 요소들(도시의 규모, 호수 가운데 위치, 이동 가능한 다리로 통하는 기나긴 도로 등)이 결국 스페인 사람들과의 전투에서는 도시의 치명적 약점으로 작용

---

19 Friedrich Katz, "A Comparison of Some Aspects of the Evolution of Cuzco and Tenochtitlan," in Richard P. Schaedel, Jorge E. Hardoy, and Nora Scott Kinzer (eds.), *Urbanization in the Americas from its Beginnings to the Present* (The Hague: Mouton Publishers, 1978), pp. 212-13.

했다. 1520년 가을 스페인 정복자와 원주민 연합군은 도시를 공격할 계획을 수립했다. 당시로서는 최신의 공성전 기술이 도입되었다. 대포, 화약 무기, 활, 검, 철 지난 투석기 캐터펄트까지 사용되었다. 특히 텍스코코 호수에서 운행하기 위한 맞춤형 쌍돛범선도 제작되었는데, 이 한 가지 수단으로 호수 위에서 스페인 해군의 우위가 확보되었다. 호수는 더이상 공격을 막아줄 도시의 방어막이 되지 못했다. 오히려 스페인 사람들은 배에 대포를 싣고 가서 성벽이 없는 곳을 골라 포격을 퍼부었다. 호수 위로 연결되던 둑길은 스페인-틀락스칼라(Tlaxcala) 연합군의 진입로 구실을 했다. 수로는 파괴되었고, 식량 보급로도 육상과 해상 양쪽에서 모두 끊겼다. 테노치티틀란의 대규모 인구는 순식간에 불리한 조건이 되어버렸다. 굶주린 사람들이 달아나기 시작했다. 제국에 복속되었던 지역 군주들은 처음에 섬으로 도망쳐 안위를 도모했다가 멕시카인을 버리고 연합군 편으로 돌아섰다. 심지어 멕시카의 동맹이었던 텍스코코와 타쿠바의 도시들도 멕시카를 저버렸다. 이로써 90년 동안 지속된 삼각동맹이 깨졌다. 테노치카와 함께 남은 것은 틀라텔롤카뿐이었다. 다시 한 번 역경을 맞이하여 우이칠로포치틀리의 자손들이 힘을 합해 최후의 전투에 나섰다. 심지어 여인들과 아이들도 방패와 검을 들고 한자리에 모였고, 지붕 위에 올라가 대규모 군대가 서 있는 것처럼 위장했다. 최종 전투의 날 공격을 막아낼 군사가 부족했기 때문이다.

결론

테노치티틀란과 틀라텔롤코의 파괴는 새로운 도시의 창조로 이어졌다. 새로운 도시 또한 마찬가지로 성스러운 땅, 멕시카 이주민이 최초로 도시와 국가를 건설했던 곳에서 형성되었다. 그러나 이 새로운 도시는 스페인 식민주의자들의 중심지가 되었다. 그들은 멕시코와 중앙아메리카, 미국의 남쪽 절반과 필리핀을 점령했다. 멕시카인, 틀라텔롤카인, 틀락스칼라인을 비롯한 멕시코 중부 지역의 나우아틀어 사용자들은 다 같이 뉴스페인 정복군에 보병으로 편입되었다. 역사의 아이러니가 아닐 수 없다. 짧은 기간 존속했고 급속도로 성장했던 테노치티틀란과 틀라텔롤코지만, 이들은 아메리카 원주민 제국과 제국의 수도 건설을 분석할 수 있는 유일한 사례에 해당한다. 삼각 동맹 제국의 이데올로기적·상징적 요소들은 그들의 확장에서 경제적 요인들 못지않게 중요했다. 테노치티틀란 사람들은 처음부터 역경을 견뎌냈고, 그 과정을 통해 전쟁과 외교 및 교역에서 새로운 능력을 획득했다. 그들은 기본 식량과 건축 재료 등 초기 도시에서 필요한 요소들을 매우 성공적으로 해결했다 (특히 일반인도 무역가 혹은 상인으로 활동했다). 테노치카는 기회를 노렸고, 메소아메리카의 다른 집단에서는 그 기회를 알아보지 못했다. 야망에 찬 엘리트들은 메소아메리카의 부족 지도자나 통치 가문과 연합하는 데 성공했다. 시간이 지나면서 그들은 평민과 점점 멀어지기는 했지만, 그들 스스로가 완전히 단절된 존재가 된 적은 없었다. 조공 물품의 분배는 전쟁 공로를 근거로 했기 때문에 엘리트 계층과 평민의 사회적 응집력은 손상 없이 유지되었다. 국가에서 운영하는 교육 체계 또한 칼풀리 단위에서 제국의 수도에 거주하는 사람들에게는 테노치카의 정체성을 강화하는 데 도움이 되었다. 그러나 테노치카와 지방의 관계는 수탈적이었다. 그들이 다른 메소아메리카의 정치 단위들에서 생산된 부를 흡수했기 때문이다. 하지만 테노치카는 다른 왕국의 존재를 존중했으며,

지역 현안에 개입하는 일도 최소화했다. 테노치티틀란은 메소아메리카에서 권력과 부가 최대로 집중되는 도시가 되었다. 스페인 사람들이 타바스코 사람들에게 가장 부유한 곳을 물어봤을 때 돌아온 대답은 "쿨우아, 쿨우아, 멕시코, 멕시코"였다.

스페인 사람들의 직접 증언에 따르더라도 멕시코-테노치티틀란은 부와 권력의 도시였다. 멕시카인이나 그들에게 정복된 사람들의 증언은 말할 것도 없다. 멕시코는,

> 노팔 선인장 모양의 바위가 서 있는 곳이며, 독수리가 내려앉는 곳이며, 독수리가 쉬는 곳이며, 독수리가 첫소리를 질러대는 곳이며, 독수리가 휘파람 소리를 내는 곳이며, 독수리가 날개를 펴는 곳이며, 독수리가 즐거워하는 곳이다. 독수리가 먹이를 뜯는 곳이며, 독수리가 배불리 실컷 먹는 곳이다. 뱀이 쉭 소리를 내는 곳이며, 물고기가 헤엄치는 곳이다. 푸른 물과 누른 물이 합쳐지는 곳이며, 물이 불타오르는 곳이다. 거기가 물의 배꼽, 물이 빨려 들어가는 곳이다. 사초 풀과 갈대가 속삭거리는 곳, 흰 물뱀이 사는 곳, 흰 개구리가 사는 곳이다. 그곳은 흰 사이프러스 나무가 서 있는 곳이며, 가장 고귀한 흰 버드나무가 서 있는 곳이다.[20]

---

20 Chimalpahin Cuauhtlehuanitzin, *Codex Chimalpahin*, Vol. i, p. 27.

더 읽어보기

Armillas, Pedro, "Gardens on Swamps," *Science* 174 (1970), 653-61.

Brumfiel, Eizabeth M., "Specialization, Market Exchange, and the Aztec State," *Current Anthropology* 21 (1980), 459-78.

Calnek, Edward, "Tenochtitlan-Tlatelolco: The Natural History of a City," in William T. Sanders, Alba Guadalupe Mastache, and Robert Cobean (eds.), *Urbanism in Mesoamerica*, State College: The Pennsylvania State University, 2003, pp. 149-202.

Caso, Alfonso, "Los barrios antiguos de Tenochtitlan y Tlatelolco," *Memorias de la Academia Mexicana de la Historia, Tomo* 15 (1956), 7-62.

Chanfon Olmos, Carlos (ed.), *Historia de la arquitectura y el urbanismo mexicanos*, Mexico City: Universidad Nacional Autónoma de México and Fondo de la Cultura Económica, 1997, Vol. ii.

Christaller, Walter, *Die Zentralen Orte in Süddeutschland*, Jena: Gustav Fischer, 1933.

Gibson, Charles, *The Aztecs under Spanish Rule: A History of the Valley of Mexico, 1519-1810*, Stanford, CA: Stanford University Press, 1964.

González Aparicio, Luis, *Plano reconstructivo de la región de Tenochtitlán*, Mexico City: Instituto Nacional de Antropología e Historia, 1973.

Gutiérrez, Gerardo, "Territorial Structure and Urbanism in Mesoamerica: The Huaxtec and Mixtec-Tlapanec-Nahua Cases," in William T. Sanders, Alba Guadalupe Mastache, and Robert Cobean (eds.), *Urbanism in Mesoamerica*, State College: The Pennsylvania State University, 2003, pp. 85-118.

Harris, Chauncy D., and Edward L. Ullman, "The Nature of Cities," *Annals of the American Academy of Political and Social Sciences* 242 (1945), 7-17.

Hassig, Ross, *Aztec Warfare: Imperial Expansion and Political Control*, Norman: University of Oklahoma Press, 1988.

Hicks, Frederick, "Cloth in the Political Economy of the Aztec State," in Mary G. Hodge and Michael E. Smith (eds.), *Economies and Polities in the Aztec Realm*, Albany: Institute for Mesoamerican Studies, State University of New York, 1994, pp. 88-111.

Hirth, Kenneth G., "The Altepetl and Urban Structure in Prehispanic Mesoamerica," in William T. Sanders, Alba Guadalupe Mastache, and Robert Cobean (eds.), *Urbanism in Mesoamerica*, State College: The Pennsylvania State University, 2003, pp. 57-84.

Hodge, Mary G., *Aztec City-States*, Ann Arbor: University of Michigan, 1984.

Katz, Friedrich, "A Comparison of Some Aspects of the Evolution of Cuzco and Tenochtitlan," in Richard P. Schaedel, Jorge E. Hardoy, and Nora Scott Kinzer (eds.), *Urbanization in the Americas from its Beginnings to the Present*, The Hague: Mouton Publishers, 1978, pp. 202-13.

Lockhart, James, *The Nahuas after the Conquest: A Social and Cultural History of the Indians of Central Mexico, Sixteenth Through Eighteenth Centuries*, Stanford, CA: Stanford University Press, 1992.

López Luján, Leonardo, *The Offerings of the Templo Mayor of Tenochtitlan*, Albuquerque: University of New Mexico Press, 2005.

Matos Moctezuma, Eduardo, "Buildings in the Sacred Precinct of Tenochtitlan," in William T. Sanders, Alba Guadalupe Mastache, and Robert Cobean (eds.), *Urbanism in Mesoamerica*, State College: The Pennsylvania State University, 2003, pp. 119-47.

_____. "The Templo Mayor of Tenochtitlan History and Interpretation," in Johanna Broda, David Carrasco, and Eduardo Matos Moctezuma, *The Great Temple of Tenochtitlan: Center and Periphery in the Aztec World*, Berkeley: University of California Press, 1987, pp. 15-60.

Miranda, José, *El tributo indígena en Nueva España durante el siglo XVI*, Mexico City: Colegio de México, 1952.

Ouweneel, Arij, "Altepeme and Pueblos de Indios: Some Comparative Theoretical Perspectives on the Analysis of the Colonial Indian Communities," in Simon Miller and Arig Ouweneel (eds.), *The Indian Community of Colonial Mexico: Fifteen Essays on Land Tenure, Corporate Organizations, Ideology and Village Politics*, Amsterdam: Centro de Estudios y Documentación Latinoamericanos, 1990, pp. 1-37.

Reyes, Luis, "La visión cosmológica y la organización del imperio Mexica," in Barbaro Dahlgren (ed.), *Mesoamérica, Homenaje al Doctor Paul Kirchoff*, Mexico City: Secretaria de Educación Pública and Instituto Nacional de Antropología e Historia, 1979, pp. 34-40.

Sanders, William T., "The Population of Tenochtitlan-Tlatelolco," in William T. Sanders, Alba Guadalupe Mastache, and Robert Cobean (eds.), *Urbanism in Mesoamerica*, State College: The Pennsylvania State University, 2003, pp. 203-16.

Smith, Michael E., *Aztec City-State Capitals*, Gainesville: University Press of Florida, 2008.

Wirth, Louis, "Urbanism as a Way of Life," *American Journal of Sociology* 44 (1938), 1-24.

CHAPTER 25

제국 도시의 전형: 로마의 부상과 제국의 무게

니콜라 테레나토
Nicola Terrenato

도시 로마는 500년이 넘는 세월 동안 거대 제국의 수도였다. 형태는 다를지라도 비슷한 사례가 인류 역사상 여러 차례 출현했음에도 불구하고 로마는 여전히 특수한 사례로 간주되며, 역사적 사실보다 더 큰 관심을 받고 있다. 적어도 지난 1500년 동안 발달해온 유럽 중심적(Eurocentric) 문화권에서는 그렇게 인식되고 있다. 심지어 서로마 제국이 멸망하기 전부터 로마의 전성기는 당연히 야심만만한 팽창주의의 전형으로 알려져 있었다. 절대화된 가치 판단이 개입된 이른바 "고전 시기(classical period)"라는 시대 명칭이 사용된 뒤로, 유럽과 그 주변의 역사학 전통은 점차 로마를 전형으로 간주하는 의식과 떼려야 뗄 수 없는 관계로 발전해왔다. 결과적으로 로마의 역사, 로마의 법, 로마의 언어 등 로마에 관한 장황한 지식을 전제하지 않고서는 어떠한 학파도 성립할 수 없게 되었다. 오늘날의 정치적 상황이나 도전 또한 흔히 로마의 사례와 연결되었다. 이른바 "영원한 도시(Eternal City)"라는 인식 아래 로마는 언제나 실제보다 더 크게 평가되었다(실제로 그런 별칭이 붙은 적도 있었다). 사회과학은 학문의 기원에서부터 적어도 유럽 식민주의가 끝날 때까지 로마의 명성을 높이 쌓았고, 논란의 여지는 있겠지만, 그 여파는 지금도 여전히 중심적 위치를 벗어나지 않고 있다.

이와 같이 비할 데 없는 명성은, 비록 그 정당성은 의문일지라도 동경을 불러일으키기에 충분했다. 분명 무수히 많은 책과 영화, 대학 교수직, 연구비 등등이 고대 로마와 관련된 주제에 투자되었으므로 많은 학자들이 군침을 흘리는 것도 당연했다. 그러나 그 때문에 치러야 했던 학문적 대가 또한 적지 않았다. 로마는 샤를마뉴(Charlemagne)의 궁정이나 무솔리니(Mussolini)의 집무실에서도 흔히 중심 담론으로 거칠게 밀고 들어왔고, 더욱이 뻔뻔한 정권 홍보의 수단이 되기도 했다. 오늘날에는 대부분의 사람들이 동의하듯이, 어떠한 과거라도 편견에 사로잡힌 시선으로 바라보아서는 안 된다. 그런 측면에서 로마는 다른 어떤 과거보다 더 심하게 왜곡되었고, 어떤 허구적 선입관이 여러 차례에 걸쳐 만들어낸 사실들이 오늘날에도 여전히 받아들여지고 있다. 구글 이미지 검색에서 "로마의(Roman)"를 검색하면 토가(toga)를 걸친 원로원 의원 같은 전설적 이미지들이 스크린 가득 떠오른다. 수 세기에 걸쳐 로마는, 그 형태는 다양했지만 대체로 군사 정권이나 독재 정권에 의해 정치적으로 이용 혹은 남용되었다. 그 결과 (최소한 암묵적으로라도) 로마 제국이 거의 전적으로 폭력과 위협에 근거를 두고 있었다는 사실을 인정하지 않을 수 없게 되었다.[1]

역사적으로 로마가 두드러진 데 따른 또 한 가지 부정적 결과는 비교가 어렵다는 점이다. 로마 제국은 흔히 가장 강력하고, 원칙적이고, 잘 조직된 체제이며, 따라 하려고 도전해야 할 목표이긴 하지만 결코 도달할 수 없는 위치에 놓여 있었기 때문에 다른 어떤 제국이라도 로마와 같

---

1 R. Hingley (ed.) *Images of Rome* (Portsmouth, RI: Journal of Roman Archaeology, 2001).

은 테이블에 놓고 비교하려는 시도는 학자들의 공공연한 저항에 직면해야 했다. 로마 전공 역사학자들은 대개 시야를 "고전(classic)" 시기에 국한하는 경향이 있었다. 그러니 당연히 지중해권에서 영토의 면적이나 지속성 면에서 로마에 필적할 상대를 결코 발견할 수 없었다. 학문적 논의는 언제나 전문화된 은밀한 용어의 껍질에 감춰져 있었는데, 방대한 양의 라틴어와 로마의 제도적 개념이 동원되었다. 비교학에서 영어로 가장 흔히 등장하는 도시(city)나 제국(empire) 같은 용어도 그 어원은 라틴어고, 그 라틴어는 로마인이 스스로의 정치를 논할 때 사용했던 어휘라는 사실은 아이러니가 아닐 수 없다. 마찬가지로, 논란의 여지는 있지만 국가(state)라는 개념 자체가 로마에서 기원했음에도 불구하고, 최근 풍성하게 발표된 국가(state) 형성의 문화권 간 비교 연구 성과에서도 로마는 재검토된 적이 거의 없었다.

오히려 화려한 명성의 피해자라 할 로마는 블록버스터나 다큐멘터리, 역사 소설과 연극 공연을 통해 무엇이든 수 세기 동안 시각적으로 구체화되었던 지적 전통과 분리해서 생각하기 어렵다. 유럽 중심적 문화에 깊이 박혀 있는 로마는 역사학적 분석을 통해 재검토하고 기존의 상식을 교정하는 과정을 오히려 늦추는 역할을 하고 있다. 19세기 학자들이 만들어둔, 그리고 오늘날까지 떠돌고 있는 굳건한 선입견이나 편견에 맞서 싸워야 할 이유가, 로마 이외의 다른 시대 연구에서는 그렇게 심하지 않다. 결과적으로 우리 연구에서 시급한 주제는 로마를 오늘날의 사회과학적 시각에서 재검토하고, 로마 제국의 특수한 사례를 복합 사회(complex societies)의 역사적 전개라는 보다 넓은 차원 속에 자리매김하는 것이다.

도시에서 제국으로

로마는 이탈리아의 다른 주요 도시들과 마찬가지로 후기 청동기 시대인 기원전 제2천년기 말에 정착이 시작되었고, 이후 기원전 제1천년기 초엽 몇 세기 동안에 도시국가로 발전했다. 같은 시기 비슷한 중심지들이 이탈리아 중서부 해안을 따라 형성되었고, 또한 같은 시기에 그 아래 남부 지역과 섬 지역에서 그리스와 카르타고의 식민지들이 건설되었다(지도 25-1).[2] 로마는 새로운 정치체들이 특히 밀집된 지역에 자리 잡고 있었는데, 가장 가까운 이웃 도시국가와의 거리는 불과 20~40킬로미터였고, 성벽으로 둘러싸인 이들의 규모는 50헥타르에서 150헥타르까지 다양했다. 이 지역의 주요 강줄기는 테베레(Tevere)강이었다. 로마는 그 강변에 위치했는데, 문화적 색채는 북쪽의 에트루리아 문화권과 남쪽의 라틴 및 그리스 문화권 사이의 중간적 특성이 강했다. 초창기부터 로마인은 아마도 스스로의 민족적·문화적 융합성을 발달시켜갔던 것 같다. 그 결과 이웃들과는 다양한 측면에서 더욱 분명하게 정체성이 차이 나게 되었다.[3] 또한 로마의 특이한 환경 지리적 특성 때문에 도시 로마는 몇 개의 가파른 언덕에 걸쳐 확장되었는데, 각각의 언덕 사이에는 주기적으로 범람하는 충적 평야가 놓여 있었다. 경쟁 관계에 있었던 주변의 다른 공동체들은 면적도 넓고 자연적 방어가 유리한 화산 분지에 위치해 있었다. 이와 달리 로마는 거대한 토목 공사를 시행하지 않

---

2 H. D. Andersen (ed.) *Urbanization in the Mediterranean in the 9th to 6th Centuries BC* (Copenhagen: Museum Tusculanum Press, 1997).
3 E. Dench, *Romulus' Asylum: Roman Identities from the Age of Alexander to the Age of Hadrian* (Oxford: Oxford University Press, 2005).

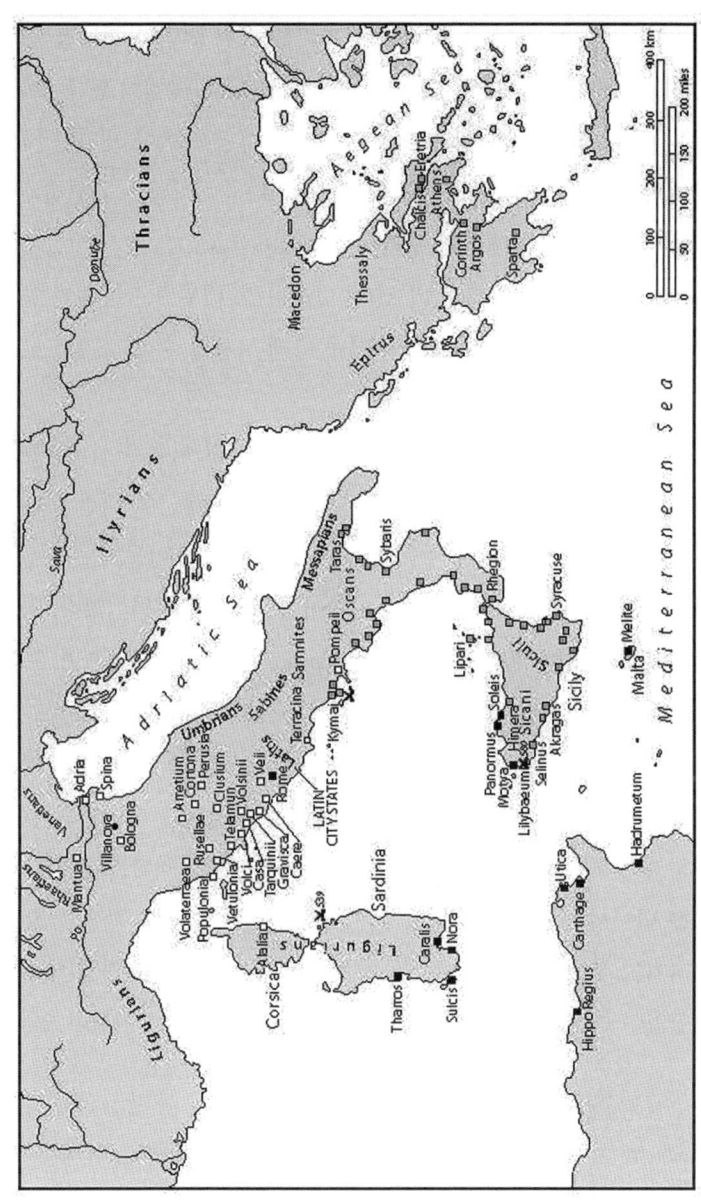

[지도 25-1] 기원전 600년경의 이탈리아

CHAPTER 25 - 제국 도시의 전형: 로마의 부상과 제국의 무게을 수 없었다. 막대한 양의 흙을 퍼다 골짜기를 메워 언덕과 언덕을 연결하는 다리를 만들어야 했다(이것이 나중에 포룸Forum 광장이 된다). 이런 공사는 수 세기에 걸쳐 계속되었다.[4] 로마에 인공 성벽이 세워진 시기가 상대적으로 늦었다는 사실은 주목할 만하다. 그 시점은 기원전 6세기 중엽이었다. 특히 요새화된 구역(면적 약 285헥타르)은 당시 이탈리아의 다른 도시국가들보다 훨씬 더 컸다. 그러나 그 내부에는 방대한 양의 미개척 충적지뿐만 아니라 각각의 언덕 아래 사용할 수 없을 정도로 가파른 법면이 포함되어 있었다.

기원전 6세기 말에서 기원전 5세기 초까지 로마와 이웃 도시국가들의 정치 체제는 대단히 불안정한 단계로 접어들었다. 폭군에 의한 쿠데타가 빈번했으며, 도시 엘리트 계층이 다른 도시로 수평 이동하는 경우가 잦았다. 도시의 거대 토목 공사가 이루어진 것도 이 무렵이었다. 최초의 거대 국가 사원이 캄피돌리오(Campidoglio) 언덕에 세워졌으며, 포룸 계곡(Forum Valley)의 배수로 공사도 시행되었다. 전쟁은 풍토병 같은 것이었다. 다만 계절적으로 공습이 이루어졌기 때문에 그 여파는 제한적이었고, 주요 정치 단위가 다른 도시국가를 병합하는 데까지는 결코 도달하지 못했다. (주로 우호적 통치자들끼리의 연합을 바탕으로) 하나의 도시를 넘어서는 주도권이 형성되는 것은 특이한 경우에 속했고, 오래 지속되지도 못했다. 그리스나 에트루리아 및 이탈리아반도와 시칠리아섬에 있었던 다른 도시국가들도 이와 비슷한 형편이었다. 기원전 5세

---

4 A. J. Ammerman, "On the Origins of the Forum Romanum," *American Journal of Archaeology* 104 (1990), 627–45.

기 말엽에 이르러 공화정 체제가 로마에서 확고히 자리 잡았고, 주변의 경쟁 도시들도 그런 경우가 많았다. 공화정 체제에서는 엘리트 계층들끼리 매년 군사 및 공공 지도부 선거를 두고 경쟁했다. 그러나 일단 선출되면 자신이 속한 분파나 가문의 이익에 충실한 경우가 많았다.[5] 당시는 지중해 중부의 세계 전체가 근본적 변화를 겪던 시기였다. 카르타고와 시칠리아섬의 시라쿠사(Siracusa) 역시 영토 확장의 대열에 뛰어들었다(곧이어 이탈리아반도의 다른 도시국가들도 참여했다). 목표는 다른 도시국가를 합병하는 것, 그리고 직접 지배 식민지를 건설하는 것이었다(기원전 9~6세기에 건설된 기존 식민지는 간접 지배 방식이었다).[6]

이 시기에 즈음하여 로마 또한 북쪽에 있던 에트루리아 문화권의 주요 도시 베이이(Veii)를 공격했다. 테베레강 건너에 위치한 베이이는 로마에 가장 근접한 도시국가였다. 몇 년 동안 지속된 전쟁 끝에 베이이는 무너졌다(이때 로마 군대는 처음으로 1년 내내 지속적으로 전투 현장에 투입되었고, 병사들에게는 봉급이 지급되었다). 전쟁의 결과 베이이의 독립적 정치 조직은 해체되었는데, 이탈리아 중부 지역에서는 전례가 없는 사례였다. 베이이의 많은 시민들이 로마로 강제 이주를 당했다. 그러나 그들은 머지않아 로마에서 기존의 로마 시민과 동등한 권리를 인정받았다. 이는 심각한 구조적 변화를 촉진했다. 승전국 로마도 급격히 확장되는 영토에 맞추어 신속히 적응해야 했다. 게다가 고고학적 기록을 통해 확인되듯이, 정복 전쟁 이후 소규모 농가의 수와 밀도가 급격히 증가

---

5 T. J. Cornell, *The Beginnings of Rome* (London: Routledge, 1995).
6 A. M. Eckstein, *Mediterranean Anarchy, Interstate War, and the Rise of Rome* (Berkeley: University of California Press, 2006).

했다. 이는 전통적으로 로마의 식민지 건설 결과로 해석되었지만, 오늘날 밝혀진바 소규모 농장의 확산은 지중해 중부 지역의 전반적 유행이었을 뿐 초기 로마 제국의 확장에 따른 국지적 현상이 아니었다.[7] 그보다는 오히려 전문 기술자들이 생산한 제품의 급증, 그리고 도시 지역의 전반적 성장과 관련이 있었다. 이들 두 가지 현상은 잉여 농산물의 증가를 전제로 했다. 또한 초기 제국의 확장 과정에는 고도의 에너지 전환(energy transformation)이 필요했는데, 이는 그 직전에 이미 농업 생산력이 강화되었기 때문에 가능했다고 볼 수도 있다.

피정복민을 대하는 로마의 정책은 처음부터 포용적 태도를 보였는데, 기존의 지역 권력 구조는 그대로 두고 세금과 징병의 기반만 늘리고자 했다. 베이이를 파괴한 이후 로마는 금세 기운을 회복하여 확장을 계속했다. 카르타고 혹은 코린토스(Korinthos) 같은 전략적 요충지에서는 폭력적 사태가 반복되기도 했다. 그러나 스펙트럼의 반대편에는 가비이(Gabii)가 있었다. 가비이는 베이이만큼이나 로마와 가까운 라틴 국가였다. 로마는 가비이와 "평등한"(즉 균형 잡힌) 조약을 체결했다. 이는 나중에 지중해 지역의 수백 개 도시국가들과 로마가 체결하게 될 조약의 기본 모델이 되었다. 기본적으로 기원전 4~3세기 동안 로마는 이탈리아 반도에서 급속한 성장을 이루어냈다. 그 과정에서 수많은 도시국가들과 개별적으로 일대일 계약을 체결했을 뿐 명확한 연합체를 창설하거나 분명한 제국적 정치 질서를 구축하지는 못했다. 로마인이 다른 도시국가

---

7 P. A. R. van Dommelen and N. Terrenato (eds.), *Articulating Local Cultures: Power and Identity under the Expanding Roman Republic* (Portsmouth, RI: Journal of Roman Archaeology, 2007).

를 일컬어 동맹이라고 했던 사실은 의미가 있다. 그들은 주변의 도시국가를 향하여 조약에 참여하도록 설득했으며, 그 수단은 협상, 군사적 위협, 실제 전쟁, 공통의 적을 상대로 하는 안전 보장, 내부적 사건 개입 등 다양했다. 로마의 원로원 의원과 군대 지휘관은 각각의 정치 조직과 협상하는 데 있어 상당한 유연성과 개별적 능력을 선보였다. 결과적으로 로마와 동맹 도시국가들 사이에 매우 복잡한 상호적 의무의 모자이크가 형성되었다. 따라서 막강한 전쟁 기계가 돌아다니면서 발에 걸리는 모든 것을 분쇄해버렸을 것 같은 이미지의 기존 상식은 크게 보아 로마 판타지에 불과하며, 민족지나 고고학 자료를 통해서도 전혀 확인된 바가 없는 주장일 뿐이다.

사실은 상식과 달랐다. 당시 지중해 중부 지역에서 세력을 확장해가던 모든 중심지(로마, 시라쿠사, 카르타고, 마케도니아)는 눈덩이 효과를 톡톡히 보고 있었다. 즉 일단 병합에 성공한 뒤에 그다음의 병합은 좀 더 쉬운 일이 되었다. 성장하는 제국에서는 조공과 징병이 모두 증가했고, 일반적 경제 규모도 커졌기 때문이다. 그러나 확장을 통한 확장이 계속되고 제국들 간의 경쟁 체제도 심화되자, 제국의 자원 수급은 더욱 효율적일 필요가 있었다. 이는 단순히 군사적 문제를 넘어서는 일이었다. 이 점에서 로마는 이방인을 자국의 시민으로 받아들이는 뿌리 깊은 정책 덕분에 분명한 장점이 있었는데, 같은 시기의 그리스 통치자라면 도저히 이해할 수 없는 정책이었다. 이 시기의 추정 인구 규모는 시간에 따라 급증했는데, 전근대 사회의 기본 출산율을 훨씬 상회하는 비율이었다. 그러므로 순수하게 민족적 입장에서 로마인이 이탈리아를 정복한 것이 아니라 민첩한 정치적 결정과 민족 차별 극복을 통해 기존의 도시화된 공동체들이 짧은 시간에 로마에 동화되었고, 로마의 통치를 확장한다는 개념은 모호하면서도 현지에 맞게 편의적으로 적용되어 상대를 쉽게 설득할 수 있었다.

이탈리아반도에서 로마의 확장 패턴을 분석해보면 심층 구조가 분명하게 드러난다. 로마는 물 위에서 기름띠가 퍼지듯 구심점을 중심으로 확장된 것이 아니라, 50킬로미터나 떨어져 있는 반도의 서쪽 해안 주요 도시들까지 직접 연결되었다. 그곳은 철기 시대 이탈리아 도시화의 요람으로서, 기존에 존재해온 공동체 간의 소통 통로를 로마가 따라갔던 것이다. 다른 경쟁 도시들에 비해 유리한 점이 뚜렷했던 만큼 팽창의 시기가 도래하자마자 로마 또한 그 대열에 뛰어들었다. 도시화가 진행되지 않은, 이탈리아반도의 척추에 해당하는 고지대 지역은 나중의 문제로 제쳐두었다. 이르면 기원전 4세기부터 로마는 불과 100킬로미터 거리에 있는 아펜니노산맥 중부의 산악 지대 시골보다, 무려 1000킬로미터나 떨어져 있는 카르타고 때문에 걱정하고 있었다(카르타고와 로마도 정치 및 상업적 조약을 체결해둔 상태였다). 심지어 이탈리아 동부 해안 지역도 매우 간헐적으로 도시화가 진행된 곳이었는데, 해상으로 가면 (최단 거리로 불과 200킬로미터 정도로) 그리 멀지 않은 곳이었지만, 초기의 문헌 기록에 등장하는 빈도수나 고고학적으로 확인된 교류 및 귀중품도 당시 주요 국제 무역 중심지였던 스페인 남동부나 심지어 나일강 유역보다 훨씬 더 적었다.

지중해 중부 지역의 주요 도시국가들이 서로 연맹을 맺는 상황에서 로마는 경쟁자들에 비해 뚜렷한 장점을 가지고 있었다. 로마 주변 지역은 도시 밀집도가 높았기 때문에 팽창의 초기 단계에서 육로를 이용하는 데 유리했다. 다시 말해서 카르타고처럼 오직 해로만 이용해야 하는 제한 조건이 없었다. 수 세기 동안 로마의 핵심부는 서부 해안선을 따라 300킬로미터 정도 펼쳐져 있었고, 내륙으로는 로마에서 50킬로미터 정도밖에 들어가지 않았다. (이탈리아, 시칠리아, 사르디니아, 프랑스 남부에 접한) 티레니아해(Tyrrhenian Sea) 연안 지역에 흩어져 있던 여러 도시들이 점차 하나로 묶였을 때 그 핵심 지역은 비교적 촘촘한 편이었다. 사막으로 둘러싸인 카르타고의 경우 상업적으로 매우 생산성이 높은 제국이었지만, 소속된 도시국가들은 서로 분리되어 멀리 떨어져 있을 수밖에 없었다. 한편 시라쿠사(Syracusa) 같은 그리스 문화권의 도시들은 이탈리아의 배후지에 결코 투자하지 않았고, 그 주민을 효율적으로 흡수하지 못했다(지도 25-2).

로마는 기존에 건설된 도시국가들을 우선시하기는 했지만 새로운 식민지를 건설하는 일에도 관심을 기울였다. 식민지 건설의 주요 기능은 새로운 도시국가를 건설하는 데 있었다. 새로운 식민지는 탄생 자체부터 로마인 주둔 군사 거점을 목표로 하는 것이 아니라 연맹 소속 국가가 만들어지는 것이었다. 당시 많은 수의 로마 식민지는 도시화가 지체된 내륙 및 이탈리아 동부 지역에 건설되었다. 그러나 이들이 기존의 도시 안에 건설되는 (심지어 기존 도시를 대신하는) 경우는 거의 없었다. 그래서 결과적으로 이탈리아 중서부 지역보다 도시 네트워크는 더욱 조밀해졌다. 식민지가 건설되는 곳이면 어디든 도시 주변의 토지를 새로 구획하는 일을 벌였다. 식민지 개척민이 정치적 권리를 주장하려면 일정 규모 이상의 토지를 소유해야 했다. 그래서 새로운 토지 측량 제도가 실시되어 토지 소유 관계를 이전보다 더 분명히 추적할 수 있게 되었다.

[지도 25-2] 로마의 팽창

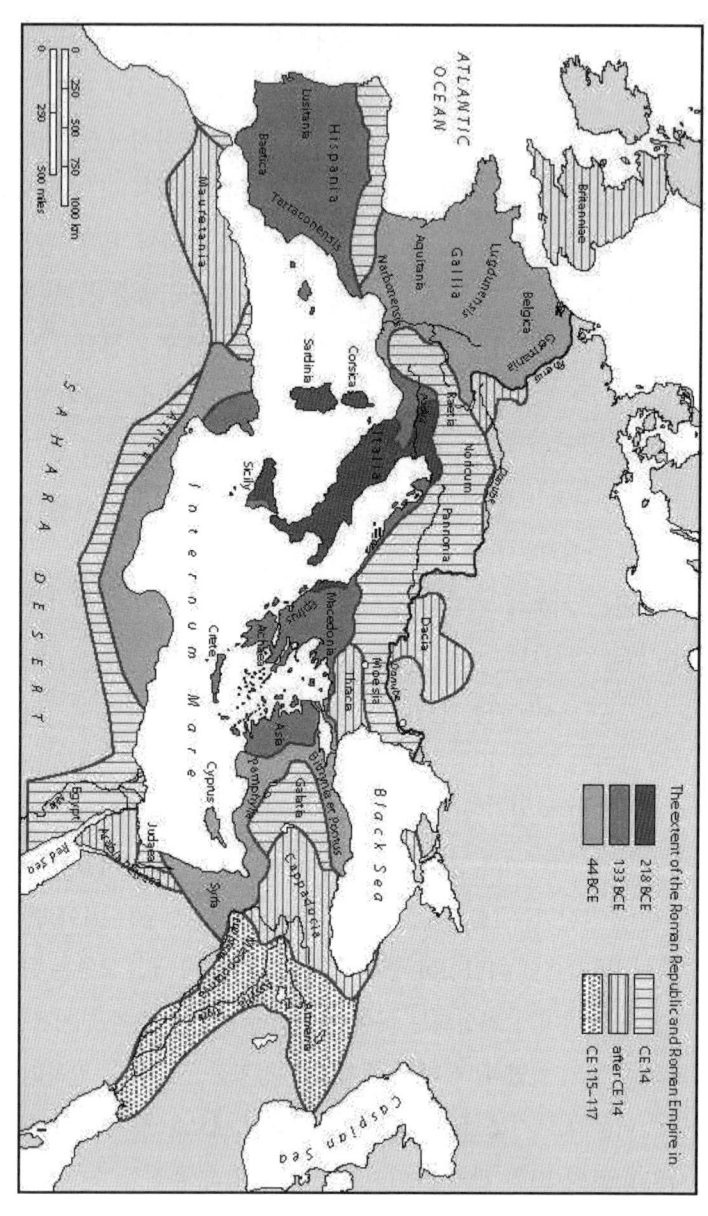

최근의 연구 성과에 따르면, 현지인(뿐만 아니라 동맹 공동체 소속 구성원)도 정기적으로 새로운 정치 조직에 참여하도록 초대를 받았고, 토지 몰수와 재분배가 기존에 알려졌던 것처럼 그렇게 만연한 일은 아니었던 것 같다.[8] 농장 건설과 농업 관습은 고고학적으로 확인된바 식민지 건설 전후로 크게 바뀐 것이 없었고, 현지의 매장 관습이나 문화도 계속 유지되는 경우가 많았다.

로마의 식민지는 다른 식민지와 뚜렷한 차이가 있었다. 식민지 주민에게는 차별 없이 새로 건설된 도시의 시민권이 주어졌을 뿐만 아니라 준시민권(드물게는 완전한 시민권)도 주어졌다. 연맹에 참여하는 공동체에게도, 그들이 연맹에 충성을 지속하는 보상으로 비슷한 정도의 혜택이 주어졌다. 이러한 권리에 포함되는 구체적 내용에는 로마로 이주할 권리, 로마인과 결혼하고 재산을 상속받을 권리, 로마법의 보호 아래 로마인과 교역할 수 있는 권리가 포함되었다. 나중에는 신생 제국의 구성원으로 간주되어 투표권도 주어졌다. 흔치는 않았지만 해방된 노예(로마에서 급속도로 성장하는 사회 계층이자 거의 전적으로 비-로마인)도 같은 방식으로 취급되었다. 이런 식으로 해서 로마의 기반은 계속해서 확장되었으며, 새롭게 연맹에 가입하는 사람들에게 주어지는 구체적 이익은 로마와 경쟁 관계에 있던 카르타고나 그리스 제국보다 더 유리한 조건이었다. 로마 확장의 또 다른 핵심은 정치 질서에 있었다. 로마의 정치 질서는 민족이나 출신 배경을 막론하고 토지 소유 엘리트 계층에게

---

8 G. Bradley and J. P. Wilson (eds.), *Parallels and Contrasts in Greek and Roman Colonisation: Origins, Ideologies and Interactions* (London: Duckworth, 2005).

치우쳐 있었다. 원로원 의원이 되는 기회는 토지 소유주에게 한정되었고, 사회 계층의 상승은 수평적인 엘리트 계층의 이동보다 훨씬 드물었다(이미 기원전 제1천년기 초부터 존재하던 현상이다). 이탈리아반도의 다른 지역 출신인 비-로마인 귀족이 로마로 이주하거나 로마에 거점을 마련하는 일은 아주 쉬웠고, 흔히 최고 관료나 원로원 의원의 자리에까지 오르곤 했다. 이들이 이끄는 로마 군대는 동맹 소속 공동체의 엘리트 계층을 구출하고 사회 불안과 반란을 억누를 준비가 되어 있었다. 로마에 병합된 도시 전체가 반역을 하거나 연맹을 탈퇴하는 경우보다는 소소한 소요 사태가 벌어지는 경우가 훨씬 더 많았다.

 기원전 3세기 말과 특히 기원전 2세기에 로마의 팽창은 계속해서 경쟁 관계에 있는 다른 제국의 영토를 밀어내었다. 그 과정에서 연쇄적으로 전쟁이 발발했는데, 이는 로마가 이탈리아반도 안에서 수행한 전쟁과 근본적으로 달랐다. 전쟁은 흔히 명운을 건 패권 경쟁으로 비화되기도 했고, 시간이 짧거나 오래 걸리는 차이는 있었지만, 결국 언제나 로마의 적이 패배하는 것으로 끝났다. 알렉산더 대왕의 제국이 붕괴하면서 일어났던 왕국들이 모두 같은 운명에 놓였으며, 시라쿠사나 카르타고 같은 지중해 중부의 패권 세력도 마찬가지였다. 기원전 140년대 로마는 지중해 연안의 거의 모든 도시를 장악했다. 정치 및 경제 구조를 통합하기 용이하거나, 혹은 시민권을 비롯한 여러 특권을 제공함으로써 복속하기 쉬운 도시들이 먼저 흡수되었다. 결과적으로 소화하기 힘든 지역은 건너뛰면서 원거리 지역까지 뻗어 나간 광범위한 제국이 형성되었다. 동시에 포(Po)강 유역 평원 같은 식민지 기반 덕분에 도시화 정도도 계속 성장했다. 그곳은 유럽에서 가장 인구가 밀집된 지역으로 발달했으며(지금까지도 마찬가지다), 나름대로 제국의 정치 구조에 전적으로 참여하는 길을 개척했다. 이탈리아반도 바깥 지역도 마찬가지로 일단 동맹에 가입된 뒤로는 기존의 지역 내 권력 구조를 되도록 유지했기 때문에 변화된 환경에 적응하는 데 따른 불안 요소가 최소화되었고, 제국의 한 지방으로 편제되었다. 이와 같은 행정 구역에는 세금 수납, 질서 유지, 도시 간 조정, 국경 감시의 임무를 지닌 지방관이 매년 파견되었다.

이탈리아 지역에서 로마 팽창 시기를 전후로 로마의 정복 때문에 농민 인구가 전체적으로 위치를 이동했다든지, 혹은 로마인에게 토지가 넘어갔다는 고고학적 증거는 거의 없다. 지금까지 확인된 바로 상황 변화의 가장 확실한 징후는 막대한 인프라 건설 투자로, 시골 지역에 대한 중앙 정부의 투자였다(이보다 규모는 작지만 지방 정부가 투자한 사업도 있었다). 방대한 도로 네트워크를 건설하는 힘겨운 공사가 진행되었는데, 모든 도로가 로마를 향한 것은 아니었다. 새로운 의사소통의 경로는 때로 기존의 경로를 따르거나 향상시키는 방식으로 형성되었지만, 아펜니노산맥이나 알프스산맥의 자연 장애물을 제거하여 교역과 교류에 새로운 기회를 폭넓게 열어젖히는 경우도 흔했다. 이와 같은 대규모 건설 공사는 같은 시기 로마 내부에서 비교적 작은 규모로 진행되었던 공공 건축과 뚜렷하게 대비된다. 이외에도 도수로(주로 로마에 물을 공급하기 위한 수로였지만 다른 도시의 사례도 있다), 배수로, 토지 개간 등의 인프라 건설 공사 이루어졌다. 해적이나 산적 세력은 적극적으로 억제되고 결국 소탕되었는데, 이 또한 도로 건설과 같은 목적(소통 확대)으로 이루어진 사업이었다. 이와 같은 모든 노력은 로마 제국의 초기부터 뚜렷한 특징으로 부각되었다. 소문은 개별 도시를 넘어 수많은 지역으로 퍼져 나갔다. 마치 제국에 소속된 연맹의 구체적 이익을 홍보하기 위해 일부러 벌인 사업들이라 해도 과언이 아닐 정도였다. 로마가 채택한 일반적 전략은, 도시 내부와 직접적 배후지의 일들은 간섭하지 않고 내버려두되, 도시국가들 사이의 틈새에 개입하는 방식이었다. 즉 세금을 걷는 대가로 도시들 간의 연결, 통합, 촉진, 기여, 중재 등의 임무를 수행했다.

대륙의 제국을 향하여

지중해 세계의 도시들은 (이집트와 약간의 아프리카 해안 지역을 제외하고) 거의 모두가 로마의 깃발 아래 하나로 통합되었다. 이후 로마는 해양에서 대륙으로 눈을 돌려 서부 및 중부 유럽과 서부 아시아에 이르는 광대한 지역으로 팽창을 계속했다. 수 세기 동안 지중해 무역상들과 여행가들은 강을 거스르고 평원과 산맥을 가로질러 귀중품을 거래했다. 와인 같은 이국적 술이나 원재료, 노예, 그리고 호박(amber) 같은 보석 등이 교환 품목이었다. 이미 원활히 작동하는 교역 시스템이 존재했지만 교역량에 제한이 있었고, 교역 자체가 외부적 변수에 종속되었다. 게다가 이들 지역의 도시화 단계 이전 정치 단위들이 내부적 성장의 결과로 마침내 국가 건설의 단계로 진입했다. 그 과정에서는 틀림없이 지중해 세계와의 오랜 상호 교류가 영향을 받았을 것이다. 예컨대 프랑스 중부나 스페인 지역에서는 언덕 위에 건설된 요새를 중심으로 거주지가 형성되었는데, 기원전 2세기 말에서 기원전 1세기 초 무렵 이런 도시들이 수적으로나 규모 면에서 뚜렷이 증가했고 내부 계층화도 강화되었다. 이러한 변화는 오래도록 로마 정복의 결과물로 인식되어왔다. 그러나 오늘날 연대를 세밀히 분석한 결과, 이 지역의 변화는 로마 군대가 도착하기 이전에 이미 시작된 상태였고, 때로는 수십 년 차이밖에 나지 않는 경우도 있었다.[9] 지중해권의 도시 연맹이 발달하는 과정에서 새로운 기회가 나타났던 것으로 보인다. 연맹이 팽창하면서 새로운 지역과 더욱 가까워졌고, 외부 지역은 연맹에 통합되기 이전에 이미 나름대로 통합을 위해 "충분히 무르익은" 상태가 되어 있었다. 동시에 로마 및 지중해 연맹이 외부 지역에서 새롭게 진화하던 정치 단위들과 접촉하면서 당연히 그들의 저항에 직면하게 되었고, 통합한 뒤에도 그에 따른 불안정한 상황을 처리해야 했다. 스페인 중부 지역에는 (또한 프랑스와 심지어 이탈리아반도의 리구리아Liguria 지역까지도) 계속해서 반복적으로 군사 작전이 필요했다. 이로 보아 새롭게 영토 제국에 편입된 민족들은 분명 이전의 도시국가들처럼 선택권을 행사할 수 없었던 것 같다.

군사 용어로 로마 제국의 육상 작전(push inland)은 해상 작전과 전혀 다른 전략을 필요로 했다. 군대 이동(특히 보급)도 해로를 이용할 수 없었기에, 진격의 속도가 느리고 전투를 치르는 횟수도 더 많았다. 먼 지역으로 원정을 떠날 경우에는 작전 수행에 몇 년이 걸릴 수도 있었다. 이런 경우 군대 지휘관을 매년 선출하는 일은 (대개 지휘자 교체에 따라 군대 편제와 지휘부도 교체되었으므로) 매우 실용적이지 못했다. 그래서 사령관의 근무 연한이 연장되고 지방 총독이 중요한 역할을 맡게 되는 경우가 많았다. 이들은 전장에서 같은 군대와 오랜 시간을 함께 보내면서, 적어도 다시 로마로 돌아올 때까지는 기본적으로 원로원의 감독으로부

---

9 G. Woolf, *Becoming Roman: The Origins of Provincial Civilization in Gaul* (Cambridge: Cambridge University Press, 1998).

터 자유로웠다. 이와 같은 구조 때문에 군대의 성격은 근본적 변화를 맞았다. 군대 내에서는 병사들의 사회 계급적 출신 성분의 흔적이 사라져 버리고, 오히려 수직 체계와 전장에서 획득한 군대 계급이 중요해졌다. 정복 전쟁이 해안선을 따라 펼쳐질 때면 지속적이고 항상적인 속도가 유지되었고, 성과 없이 지나가는 해가 없었다. 그러나 육상 작전에서는 결과를 예측하기가 훨씬 더 어려워졌고, 때로는 급속도로 진격했다가 때로는 오랜 기간 동안 경계선에 고착되기도 했다. 필연적으로 제국의 팽창은 머나먼 원정의 결과일 수밖에 없었고, 그렇기 때문에 미리 섬세한 계획이 필요했으며, 만약 성공할 경우 이탈리아반도 전체보다 더 큰 지역을 병합하게 되는 사례가 많았다(지도 25-2 참조).

대륙 지역에서 로마의 행정 관리 전략은, 적어도 처음에는 항상 기존 도시국가들 사이에 형성된 네트워크를 활용하는 것이었다. 그래서 로마인도 틀림없이 안달루시아 지방에서 카르타고인이 만들어둔 과달키비르(Guadalquivir)강 유역의 도로나, 그리스 문화권의 도시 마살리아(Massalia, 마르세유)가 만든 론(Rhone)강 유역의 도로로부터 이득을 보았을 것이다. (그러나 로마가 과거의 활용에만 머물렀던 것은 아니다. ─ 옮긴이) 로마인은 여기서 새로운 도시를 건설했고, 대규모 토목 공사를 실시했다. 이는 지역 공동체가 지중해권 세계에 더욱 관심을 가지게 되고, 또한 서로 화합하게 되는 근본적 계기를 마련했다. 로마의 노력은 상당히 오랜 기간 동안 지속되었다. 그 과정에서 무엇보다 지역을 대표하는 기관이 설치될 수 있었고 (어떤 식으로든 할 일이 매우 많았기 때문에) 로마 제국에 속하는 어느 도시 출신의 개인이든 정책에 참여할 수 있는 기회가 주어졌다. 다시 말해서 인프라 건설 투자는 전혀 위협적인 일이 아니었으며, 화합과 경제 발전을 촉진하는 기능을 했다. 새로 편입된 지방들, 예컨대 프랑스 지역의 프로방스(Provence)나 스페인 동부 지역의 히스파니아 키테리오르(Hispania Citerior)는 초기 단계에서 제국의 부속으로 확고히 자리를 잡았으며, 이를 통해 지중해 세계의 경계가 효과적이고도 항상적으로 확장될 수 있었다.

기원전 1세기를 거치는 동안 로마 제국의 많은 영역에 근본적 변화가 있었다. 정치적으로는 공화정 체제가 무너졌다. 대규모 직업 군인들 간의 충돌이 있었는데, 그들은 오래도록 지역 사령관의 부하로 복무했기 때문에 제국보다 사령관에게 확고한 충성심을 가지고 있었다. 또한 분명한 사실은, 로마 연맹에 속하는 지리적·문화적 규모가 너무 커지는 바람에 매년 로마에서 관리를 선출하여 파견할 수 없었다. 특히 로마 제국에 편입된 주변부 민족들의 비중이 급속히 확장되면서 그들에게도 참정권이 주어졌지만, 수도로부터 거리가 멀어서 실제로 권리를 행사하기 어려웠다. 로마의 정치적 포용 정책은 근본적으로 사실상 공간적 한계에 부닥쳤다. 이후 로마는 황제라고 일컬어진 군사 독재자들에 의해 지배되었다. 황제의 권력은 기본적으로 군대에 바탕을 두었는데, 특히 수도 근처에 주둔하는 군대가 중요했다. 군사적 성공은 초기의 용병대장들, 예컨대 마리우스(Marius), 폼페이우스(Pompeius), 카이사르(Caesar) 같은 인물이 부상하는 데 중요한 통로가 되었다. 그러나 기원후 1세기 이후로는 군사적 성공이 더 이상 권력을 획득하고 유지하는 데 필수 불가결의 요소가 아니었다. 이와 관련한 시민의 관심이 줄어들었기 때문이다. 군사적 성과는 가끔 권력 찬탈에 도움이 되기도 했다. 베스파시아누스(Vespasianus)나 셉티미우스 세베루스(Septimius Severus)의 경우가 그랬다. 그러나 새로운 정복 전쟁의 강한 동력은 예전에 비해 상당히 약화되었다. 기원전 100년부터 로마 군대와 장군들은 외부의 적들과 싸우는 대신 내부 권력 투쟁과 영광스럽지 못한 전쟁에 훨씬 더 자주 투입되었다. 그 결과 훨씬 더 많은 부상자가 발생했다. 제국의 역사 서술에서 내전과 분파 투쟁은 언제나 중요한 장면으로 등장하며 상당한 분량을 차지한다. 변화의 시기가 되면 멀리 떨어진 외국의 일 따위는 아랑곳없이 모든 정치적 관심도 내전에 집중된다(기원후 2세기의 80년 동안은 예외에 속한다). 심지어 지중해권 국가들 가운데 마지막까지 남아 있었던 이집트 정복조차 로마의 독재자들과 반쯤 사병의 성격을 지닌 군대의 오랜 내전에 따른 부산물쯤으로 여겨졌다.

로마는 당시 지중해 세계 최대 제국의 수도였음에도 불구하고 기원전 100년까지 도시의 인프라 시설은 비교적 큰 변화가 없었다. 기존 성벽이 그대로 유지되었고, 포룸(Forum) 광장은 아직 기념비적 건축물의 위용을 갖추지 못했으며, 대부분의 투자는 도시 주변에 수많은 부속 사원을 건설하는 데 사용되었던 것 같다(지도 25-3). 로마에서 주도적인 가문들이 경쟁적으로 건설 공사에 투자하는 가운데 도시 로마는 당시 소수 분파 주도의 특성이 유지되었다. 그러다가 권력이 군대 지휘관에게 집중되자 대규모 시설 공사가 시작되었다. 광장, 극장, 더 많은 사원들이 민간인 구역을 철거하고 들어섰으며, 마침내 도시의 중심지가 공적 공간과 기념비적 건축물의 모자이크로 변화된 시기는 기원후 1세기 말이었다.[10] 팔라티노(Palatino) 언덕에 거대한 제국의 궁전이 들어섰으

---

10 J. C. Coulston and H. Dodge (eds.), *Ancient Rome: The Archaeology of the*

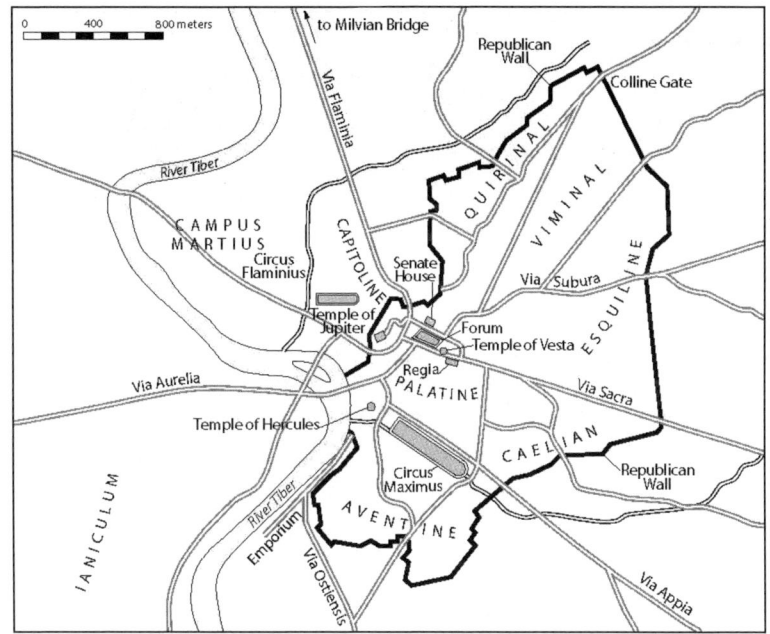

〔지도 25-3〕 기원전 150년경의 로마

며, 이후 중세 및 르네상스 시기 유럽의 수많은 왕실 궁전이 바로 이 궁전을 모델로 삼기도 했다(지도 25-4).

　기원후 1~2세기를 거치면서 불규칙한 팽창과 기타 여러 가지 이유들로 제국의 기반이 요동치기 시작했다. 도나우(Donau)강을 따라 먼저 라인란트(Rhineland) 지방으로 진출한 다음 이베리아반도 북서부까지 나아갔는데, 외관상 방어가 용이한 국경선을 구축하는 데까지 이르렀

Eternal City (Oxford: Oxford University School of Archaeology, 2000).

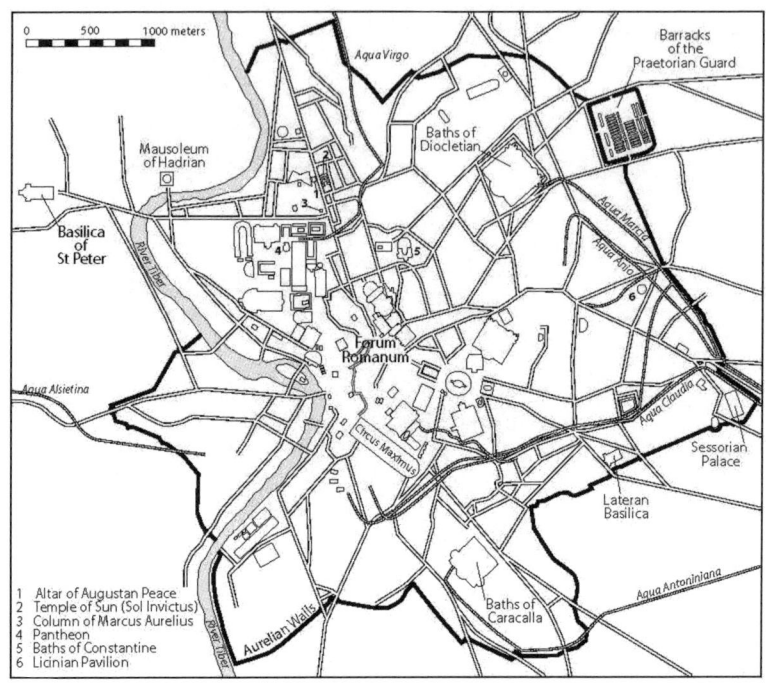

[지도 25-4] 기원후 330년경의 로마

다고 여겨졌다. 이번에 진출한 지역은 기존에 병합된 제국의 나머지 지역들과 달리 훨씬 더 강력히 저항했고, 가끔 로마 군대가 심각한 패배를 경험하기도 했다. 수십 년이 지난 후 로마는 갑작스레 브리튼섬을 침공했다. 아마도 로마 제국의 내부적 이유도 있었겠지만, 브리튼섬의 남동부에서 전개된 복잡한 정치적 상황에 개입하려는 의도였던 것 같다. 브리튼섬 또한 제국 내에서 문화적·구조적으로 매우 이질적인 상황이었으며, 불안정과 반란의 정도가 훨씬 더 강력했다. 이런 지역을 정복하는 경우는 흔치 않은 일이었다. 모든 지방이 브리튼섬이나 게르만 지역 같았다면 제국은 오래 살아남지 못했을 것이다. 최후의 대규모 군사 작전은 기원후 100년대에 이루어졌고, 루마니아와 메소포타미아가 신속히 병합되었다. 루마니아는 게르만과 문화적으로 달랐는데, 아마도 천연자원을 탐내서 정복에 나섰던 것으로 추정된다. 한편 메소포타미아는 도시화가 충분히 진행된 지역이었다. 페르시아에서 갈라져 나온 거대 영토 제국 파르티아의 수중에 있던 지역이었으며, 파르티아와 로마의 경계는 기존에 여러 차례 밀고 밀리는 관계에 놓여 있었다. 메소포타미아를 정복한 이후 더 이상의 팽창은 없었다. 로마 제국의 대외 정책은 거의 전적으로 국경 방어에 국한되었고, 특히 서쪽에서 제국을 탈퇴하려는 시도를 억압하느라 바빴다. 기원후 200년 이후부터 로마의 중심적 위치는 훨씬 약화되었고, 로마의 황제들은 다른 곳에 수도를 건설했다. 국경 혹은 경쟁자와 더 가까운 곳으로 가기를 원했기 때문이다. 기원후 410년에 이르러 로마는 심각한 약탈을 당했다.

일반 시민의 눈으로 본 로마

로마 제국의 장기적 팽창이 로마가 정복한 지역의 사람들에게 미친 영향을 이해하는 일은 최근 수십 년 동안 점점 더 어려워졌다. 수 세기 동안 역사가, 정치가, 교사, 여행가 들은 돌에 새긴 공식적 기록이나 공기를 데우는 방식의 목욕탕 혹은 군대 막사 등을 심각한 변화의 근거로 제시해왔다. 이상주의자들은 로마의 문화적 사명을 찬양했으며, 유물론자들은 생산 양식의 변화에 주목했고, 후기식민주의자들은 지역별 전통이 사라진 것을 애석해했다. 그러나 서로 입장이 달랐던 이들은 모두, 로마가 긍정적으로든 부정적으로든 문화적 혁명에 영향을 미쳤다는 것은 암묵적으로 인정했다. 이렇게 이해하는 가운데 전형적 사례로 여겨지는 흔적이 발견되면, 그것이 지중해 문화권의 영향이라기보다 모두 이후 로마 정복의 결과라고 해석했던 것이다(이런 해석을 내놓는 학자는 근대 국적을 기준으로 해당 지역 국적자인 경우가 많았다). 오늘날 고고학 연구 성과가 더욱 세밀하게 밝혀진 덕분에 역사의 장면은 훨씬 더 풍부하게 드러나고 있다. 그래서 이탈리아 중부와 모로코와 오스트리아는 같은 모델로 해석하기가 어렵게 되었다. 최소한 도시화가 먼저 진행된 뒤에 정복을 당한 지역과, 정복된 뒤에 도시화가 진행된 지역 혹은 전혀 진행되지 않은 지역은 근본적으로 차이가 있었다고 보아야 한다. 공공 건축물이나 돌에 새겨진 기록물에 초점을 맞춘다면 겉으로는 비슷해 보일 수도 있겠지만, 저변의 문화적 활력은 심오한 차이가 있는 것이었다. 도시가 이미 존재했던 곳에서는 기존 도시가 중단 없이 유지되면서 지중해권 도시 문화가 기원전 제1천년기 동안 발전시켜온 것과 같은 식의 도시가 건설되었다. 그 외 나머지 지역들, 예컨대 아펜니노산맥과 알프스산맥에서부터 영국의 펜스(Fens, 해안 평원)와 리비아에 이르기까지는 도시 혹은 도시와 비슷한 지방 정부가 건설되었는데, 결과적으로 훨씬 더 큰 영향을 미친 것으로 확인되었다.[11]

로마의 팽창으로 큰 변화가 일어났던 지역을 중심으로 최근 생산과

---

11 S. J. Keay and N. Terrenato (eds.), *Italy and the West: Comparative Issues in Romanization* (Oxford: Oxbow, 2001); N. Terrenato, "The Cultural Implications of the Roman Conquest," in E. Bispham (ed.), *Roman Europe* (Oxford: Oxford University Press, 2008), pp. 234-64.

경제 부문이 집중 조명되었다. 예컨대 농업 부문을 보자면, 사실상 제국 어디에나 대규모 플랜테이션 농장인 빌라(villa)가 있었다. 현지 농민들로부터 빼앗은 식민지 토지 경영으로 생산 구조와 농업 기반 권력 관계가 혁명적 변화를 맞이했을 것으로 추정되었다. 그러나 빌라 현상을 더욱 면밀히 검토한 결과, 이러한 방식은 기원전 2세기 말 이탈리아 중부 지역에서 처음 등장한 것으로 확인되었다. 이는 해당 지역이 로마에 정복된 후 수 세기가 지난 뒤였다. 또한 빌라는 주로 환금 작물 투자가 아니라 지방 귀족 계층의 신분 과시 문제와 관련이 있었다. 환금 작물 투자가 확인된 곳은 나중에, 그것도 오직 대도시 공급망과 직접 연결된 특수 지역에 국한되어 있었다. 예를 들면 로마의 직접적 배후지나 지중해의 곡창 지대 같은 경우였다. 다른 곳에서는, 특히 변방 지역에서는 기존 농민 사회가 노예 집단으로 대체되지 않았고, 기원전 3세기 제국의 대규모 팽창 이후 농업 집약화 관련 자료가 대체로 드물었다. 교역과 광산을 예로 들자면, 기원전 2세기부터 기원후 2세기 사이에 거시 경제가 발전했음을 알 수 있는 자료가 남아 있다. 즉 이 시기에 지중해에서 난파선의 빈도수가 최고조에 이르렀고, 또한 극지방의 아이스코어를 통해 금속 제련과 관련된 납 성분이 급증했음을 확인할 수 있었다. 평균 신장의 증가도 명확히 확인되었는데, 이는 영양 상태가 호전되었음을 의미한다. 테베레강 하구의 오스티아(Ostia) 같은 상업 중심지의 규모와 복잡한 구조는 산업 혁명 이전까지 결코 볼 수 없었다. 이러한 자료들은 그러나 여러 가지 지역별 맥락과 함께 비교 검토가 필요하다. 지역에 따라서는 경제 발전의 흔적이 거의 혹은 전혀 확인되지 않는 곳도 있기 때문이다. 대륙의 여러 지역에서 사정이 그러했지만, 특히 그리스 본토같이

도시화된 동방 지역의 상당 부분은 로마 정복 이전에 비해 오히려 쇠락의 경향을 보였다.[12]

이전과 다름없이 인프라 구조의 네트워크는 계속해서 중앙 정부의 우위를 과시하는 좋은 수단이 되었다. 도로, 교량, 수로, 하수구, 댐, 수력 풍차 등의 건설 비중은 가파르게 증가했고, 기계 및 건설 기술의 향상에도 크게 기여했다. 이러한 요소들은 이탈리아 지역에서 그러했듯 제국의 외부 지역에서도 마찬가지 역할을 담당했다. 즉 로마 제국에 통합되었을 경우의 장점을 유감없이 보여주는 것이었다. 물론 이러한 공사가 성공하려면 현지의 직접적 요구가 전제되어야 했다. 그러나 지중해 지역에서 그런 수요가 있었다고 해서 다른 모든 지역에서도 그랬던 것은 아니다. 특히 세금과 관련해서는 더욱 차이가 있었다. 예컨대 이전에는 세금을 내본 경험이 없고 세금을 지불하기 위해 동전을 이용해본 적이 거의 없는 지방에서는 더더욱 그랬다. 그래서 제국 중앙에서 일괄적으로 하달되는 정책은 지역에 따라 매우 다른 결과를 초래했다. 제국의 이질성을 키운 또 하나의 요인은 상비군 문제였다. 끊임없는 팽창 정책이 주춤하자 지방 파견 부대가 영구 주둔하는 경향을 보였다. 특히 국경을 따라 그러한 현상들이 나타났다. 제국 전역과 외국에서까지 모여든 수천 명에게 현금과 막사와 식량과 장비를 제공하는 일은 그 지방에 큰 영향을 미칠 수밖에 없었으며, 국경에서 멀리 떨어진 내부 지역에 군대가 주둔하는 경우, 그 지방 사람들은 군비 지원을 부담스럽게 느낄 때가 많았다.

---

12 W. Scheidel, I. Morris, and R. P. Saller (eds.), *The Cambridge Economic History of the Greco-Roman World* (Cambridge: Cambridge University Press, 2007).

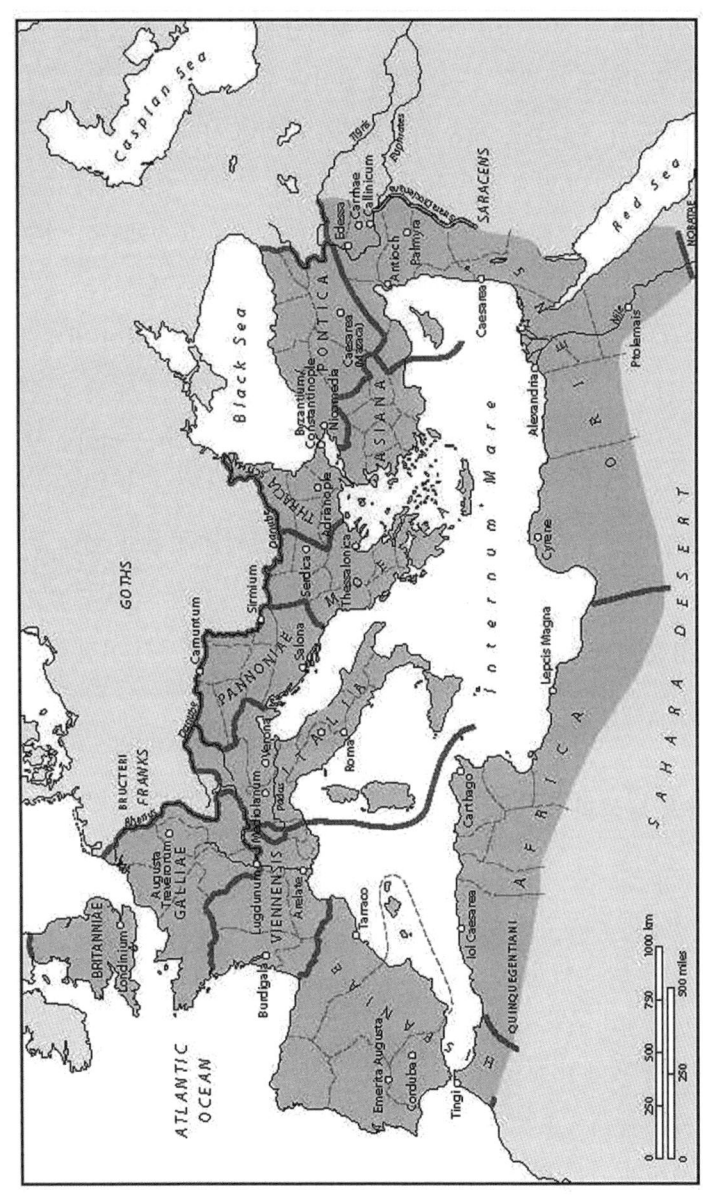

[지도 25-5] 로마 제국 후기

CHAPTER 25 - 제국 도시의 전형: 로마의 부상과 제국의 무게 제국의 내부는 지역에 따라 차이가 생겨난 데다 한때 어느 정도 안정되었던 곳이라도 기원후 2~4세기에 일어난 복잡한 변화가 더해졌다. 이탈리아반도의 중심성은 계속 줄어들다가 마침내 사라져버렸다. 그와 함께 세금이나 군대 면제 같은 특혜도 사라졌다. 로마는 제국 내 수많은 도시 가운데 하나에 불과했고, 다만 재임 기간이 짧았던 황제들이 그곳에 궁전을 건설할 따름이었다. 제국의 동쪽 절반 그리스 문화권은 제국의 서쪽보다 1000년이나 더 오래 유지되었는데, 새로운 발전이 전개되었고, 제국의 다른 지역에서는 이미 쇠락이 시작된 도시 및 도시 외 인프라 구조가 향상되었다. 이탈리아의 와인과 오일은 더 이상 해외로 널리 수출되지 않았다. 대신에 스페인, 아프리카, 동양의 상품이 수출되었다. 지중해 세계에서 비잔티움과 알렉산드리아는 새롭게 정치, 경제, 문화의 중심지로 부상했다. 한마디로 중심은 서서히 동방으로 이동했고, 로마의 경험은 막을 내리는 대신 유럽 대륙에 독특한 역사적 여정을 남겨두었다(지도 25-5).

로마의 특성과 고유의 가치

고대 로마를 더 넓은 역사적 맥락에서, 그리고 다른 제국들과 함께 고려할 때 금세 드러나는 모순이 있다. 물론 우리의 의식에서 그만큼 확고한 명성을 얻은 제국, 혹은 정치적 담론에서, 문화적 상상력에서, 도시의 건축물에서 그만큼 두드러지는 위치를 차지한 제국은 로마밖에 없었다. 그러나 학계의 로마 연구는 복합 사회 발달 연구라는 거대한 지적 흐름과는 대체로 동떨어져 있었다. 예컨대 국가 형성 연구에서 이탈리아와 세계의 다른 나라를 비교하는 연구가 거의 없었고, 역사인류학이나 사회학에서도 이는 마찬가지였다. 아마도 로마 제국이 제국이라는 제도와 조직의 전형으로 예외적 가치를 지녔다는 믿음 때문에 사회과학의 주요 이론 틀에 근거하여 로마 제국을 분석할 생각을 못 해봤거나, 생각을 했더라도 실제 수행을 할 수 없었을지 모른다. 몇 차례 시도가 없지는 않았지만, 문학 연구가들이 넓은 시야로 검토한 연구의 결과는 그리 인상적이지 못했다. 이런 점에서 로마의 특별한 점이 무엇이었는지를 검토하려면, 기본적으로 19세기에 덧씌워진 껍데기를 벗겨내고 다른 비교 대상과 같은 잣대로 분석해보아야 한다. 그렇게 하자면 틀림없이 몇 가지 결정적 요소들은 상당히 비슷한 면이 보일 것이다. 도시 중심, 토지 기반 세금 부과, 징병, 지방 행정, 전문화된 궁정 관료주의, 권력 과시, 제국적 문화 등 몇 가지만 예를 들더라도 모두가 거대 영토 국가에서 흔히 발견되는 측면들이다. 다른 측면들, 예컨대 최소한 형식적일지언정 토지 자산을 중요시하거나 엘리트 계층 간 자산 이동이 법적 소송을 거치는 등의 일들은, 흔히들 알고 있듯 그렇게 드문 사례도 아니었고, 로마에만 있는 유일한 경우는 더더욱 아니었다.

놀랍게도 로마에 관한 기존 이미지에 포함되지는 않지만 다른 제국과 확연히 달랐던 로마의 특색 한 가지가 있는데, 그것은 바로 민족적·문화적 포용이었다. 로마인은 스스로의 정체성에 대해 모호한 태도를 가지고 있었다. 그 대신 팽창기의 로마인은 사회정치적 입장과 시민의 지위에 주로 관심을 두었는데, 그것이 제국 포함 여부의 핵심이었다. 출신 배경, 언어, 피부색(혹은 신체 생김새), 종교나 관습은 대체로 무시했으며, 제국에 새롭게 편입된 사람들은 단지 지역 내 계급, 토지 소유 여부, 도시민(urbaneness, 라틴어로 urbanus는 곧 문명화되었다는 의미) 여부,

제국의 미래에 참여할 의사가 있는지 여부로 판단했다. 500년의 세월을 거치는 동안 수백만 명이 로마의 시민으로 편입되었고, 로마는 더 이상 고대의 도시가 아니라 폭발적 성장세를 구가하는 정치 단위가 되었으며, 로마의 지방 행정은 곧 제국적 체제를 갖춰 나갔고, 투표권자는 세상의 끝에까지 펼쳐져 있었다. 그들의 문화는 다양한 사상을 모자이크처럼 붙여서 하나로 융합했으며, 수백만 제곱킬로미터의 공간을 포괄했다. 정복 활동을 통하여 가장 많은 변화를 겪은 이들은 바로 로마인 자신이었다는 사실만큼은 의심의 여지가 없을 것이다.

더 읽어보기

Aldrete, G. S., *Floods of the Tiber in Ancient Rome* (Baltimore: Johns Hopkins University Press, 2007).

Ammerman, A. J., "Environmental Archaeology in the Velabrum, Rome: Interim Report," *Journal of Roman Archaeology* 11 (1998), 213-23.

Badian, E., *Foreign Clientelae, 264-70 B.C.* (Oxford: Clarendon Press, 1958).

Champion, C. B., *Roman Imperialism: Readings and Sources* (Malden, MA: Blackwell Pubblishers, 2004).

Coarelli, F., *Rome and Environs: An Archaeological Guide* (Berkeley: University of California Press, 2007).

Dyson, S. L., *The Roman Countryside* (London: Duckworth, 2003).

Giardina, A., and A. Vauchez, *Rome, l'idée et le mythe: du Moyen Age à nos jours* (Paris: Fayard, 2000).

Harris, W. V., *War and Imperialism in Republican Rome, 327-70 B.C.* (Oxford: Oxford University Press, 1979).

Laurence, R., *The Roads of Roman Italy: Mobility and Cultural Change* (London: Routledge, 1999).

Millett, M., *The Romanization of Britain: An Essay in Archaeological Interpretation* (Cambridge: Cambridge University Press, 1990).

Osborne, R., and B. Cunliffe (eds.), *Mediterranean Urbanization 800-600 BC* (Oxford: Oxford University Press, 2005).

Potter, D. S., *The Roman Empire at Bay: AD 180-395* (New York: Routledge, 2004).

Schiavone, A., *The End of the Past: Ancient Rome and the Modern West* (Cambridge, MA: Harvard University Press, 2000).

Torelli, M., *Studies in the Romanization of Italy* (Edmonton: University of Alberta Press, 1995).

Wallace-Hadrill, A., *Rome's Cultural Revolution* (Cambridge: Cambridge University Press, 2008).

CHAPTER 26

제국의 도시들

헤라르도 구티에레스Gerardo Gutiérrez
니콜라 테레나토Nicola Terrenato
아델하이트 오토Adelheid Otto

제국의 중심에 위치한 도시 문제를 검토하려면 정치 구조, 팽창주의, 국가 건설, 경제적 상호 의존, 이데올로기적 헤게모니 등등의 문제에 특히 관심을 기울일 수밖에 없다. 다시 말해 제국의 도시라고 하면 반드시 권력, 문화, 경관의 문제가 서로 복잡하게 얽혀 있을 것이므로, 보다 넓은 인문지리적 맥락에서 보아야만 제대로 파악할 수 있을 것이다. 이번 장에서는 제국의 도시 문제를 명확히 하기 위하여 세 가지 서로 다른 문화권에 속했던 거대 제국의 도시, 즉 로마와 테노치티틀란, 그리고 아시리아 제국의 몇몇 도시를 중점적으로 살펴보고자 한다. 주지하듯이 제국(empire)이라는 존재는 국가(state)와 비교했을 때 아직 이론적으로 명확히 규정되지 못한 편이지만, 보통 폭력에 의해 기존의 국가(뿐만 아니라 더 작은 형태의 정치 단위)를 정복함으로써 형성된 것으로 이해되고 있다. 그러므로 도시와 국가의 일반적 관계에서 제국의 도시는 어떤 특별한 사례로 보아야 할 것이다. 이 문제는 지금도 활발히 논쟁 중인 주제로서, 이론적으로 다양한 입장들 사이에 논란의 여지가 남아 있다. 역사적으로 일부 시공간에서는 도시화가 국가의 출현과 동시에 진행된 사례가 있었고, 그래서 양자는 같은 현상으로 간주되기도 했다(예컨대 지중해 권역의 대부분 도시와 국가가 이런 경우에 해당한다). 그러나 대부분의 비교사학자들은 국가와 도시의 출현 경로를 구분해서 연구한다.[1] 뚜렷한 도시의 발달 없이도 국가가 형성된 사례들이 있고,² 또한 어느 국가에 소속되지 않은 도시들도 있었고, 나중에 발달하여 국가 체제로 나아가지 않고 도시 그 자체로 머문 사례도 있기 때문이다.³

이론적으로 제국이 반드시 도시를 포함할 필요는 없다. 물론 강력한 거대 도시를 포함하지 않았던 국가는 드물고, 제국은 더더욱 그러했던 것도 사실이다. 심지어 중앙아시아의 드넓은 초원에서 출현한 유목민의 복합 및 정복 사회들조차 결국에는 기존의 거대 도시를 활용해 기마 전사 제국의 중심지로 삼거나(예컨대 북경과 바그다드), 스스로 제국의 수도를 건설했다(예컨대 모스크바). 이러한 배경을 전제로, 우리의 논의에서는 제국의 도시라는 범주를 분석할 것이다. 도시와 배후지 사람들의 상호 교류에 특별한 주의를 기울일 것이며, 더 크게는 도시에 의해 조정되었던 제국과 도시의 관계를 살펴볼 것이다.

이러한 관점에서 보자면 제국이란 국가보다 더 높은 "최상급"의 국가로서, 다른 국가를 침략 및 흡수 혹은 병합함으로써 만들어지는 것이었다. 흔히 군사적 수단이 동원되었지만 언제나 그랬던 것은 아니다. 역사적으로 여러 제국이 전개되는 과정에서 공통적 측면들이 나타났는데,

---

1 See, for instance, Linda R. Manzanilla, "Early Urban Societies: Challenges and Perspectives," in Linda R. Manzanilla (ed.), *Emergence and Change in Early Urban Societies* (New York: Plenum Press, 1997), pp. 3-39.
2 예를 들어 사하라 이남 아프리카 국가 건설의 몇몇 사례 연구는 다음을 참조. Daryll Forde and Phyllis M. Kaberry (eds.), *West African Kingdoms in the Nineteenth Century* (London: Oxford University Press, 1967).
3 텔 브라크(Tell Brak)나 하무카르(Hamoukar) 같은 청동기 이전 시기의 대규모 유적을 근거로 이와 같은 주장이 있었다. See Mitchell S. Rothman, "The Local and the Regional," in Mitchell S. Rothman (ed.), *Uruk Mesopotamia and Its Neighbors* (Santa Fe, NM: School of American Research Press, 2001), pp. 3-26.

예컨대 제국은 대체로 그들이 위치한 지역 및 시대 범위 안에서 가장 큰 정치 조직이었고, 몇몇 제국은 거의 대륙 전체 혹은 아대륙 전체를 포괄할 정도로 거대해졌다. 그러나 제국들을 비교적 관점에서 살펴보자면, 각각의 제국 안에서도 분명 상당한 정도의 다양성이 상존했다. 다른 집단을 흡수함으로써 팽창해 나간 정치 조직은 무수히 다양한 형태의 정치 조직으로 성장할 수 있었다. 그리고 이는 물론 그들에게 복속된 다른 정치 조직에도 영향을 미쳤는데, 이 문제는 앞으로 다시 논의하게 될 것이다. 또한 기술과 조직적 우위가 제국 내부의 권력 균형에 어떤 역할을 담당했는지도 사례별로 매우 다양했다. 정복을 주도한 집단이 (이동성 강한 집단이든 정주성 강한 집단이든) 기술적으로 열등한 경우도 있었고, 정치적으로 단순한 형태의 집단이 "선진적" 형태의 국가를 정복한 적도 있었다. 그와 반대로, 복잡한 체제의 제국이 그보다 단순한 정치 단위들을 정복해 나가는 경우도 있었다.

왜 사회적으로 이와 같은 제국의 질서가 출현했을까? 그들은 거대한 세계에서 자신들이 지배하는 영역 내의 다양한 민족을 어떻게 관리했을까? 이는 고대로부터 오늘날에 이르기까지 많은 학자들이 관심을 쏟아온 주제였다. 시공간을 가로질러 풍부한 스펙트럼을 형성하고 있는 제국의 역사 연구를 향한 첫걸음으로, 많은 학자들은 다양한 측면을 분석하면서 유형을 분류해보고자 했다. 예컨대 에드워드 루트왁(Edward Luttwak)이 10여 년 전에 제시한 이론은[4] 영토 제국(territorial empires)

---

4 Edward N. Luttwak, *The Grand Strategy of the Roman Empire from the First Century A.D. to the Third* (Baltimore, MD: Johns Hopkins University Press, 1976). See also Terence N. D'Altroy, *Provincial Power in the Inka Empire* (Washington,

과 헤게모니 제국(hegemonic empires)의 구분이었다. 영토 제국은 팽창과 영토 확장에 중점을 두며, 토지와 토지에 포함된 자원을 정복하고 정복지에 긴밀한 관리 체제를 수립한다. 한편 헤게모니 제국은 자신의 종주권만 확인할 뿐 정복지에 뚜렷한 관리 체제를 수립하지 않으며, 지역 엘리트 계층을 통해 조공을 받고 자원을 착취할 따름이다. 마이클 도일(Michael Doyle) 또한 비슷한 이론을 제시하며,[5] 제국의 유형적 통제와 무형적 통제를 구분했다.

이와 같은 이론들은 뚜렷한 대비를 강조한다는 점에서 냉전 시대의 태도를 반영하는 측면이 있었다. 그래서 이후로는 맥락에 더욱 세심한 접근법이 과거의 이론을 점차 대신하는 경향을 보였다. 소속 국가 통제라는 측면에서 고대의 제국들은 단순한 이원론으로 나누기보다 지역별로 시공간에 따라 상당히 유연하고 다양한 전략을 채택했다. 사실 최근 10~20년 동안 근대 초기 유럽 제국들을 연구한 성과들에서 훨씬 세밀한 분석을 옹호하는 경향을 보였다. 이들의 연구를 통해 다양한 측면에서 축적된 문화적·정치적 배경들이 밝혀졌기 때문이다.[6] 동시에 고대 제국을 연구하는 고고학자들 또한 비슷한 방향으로 움직였다. 특히 이웃하거나 경쟁 관계에 있던 제국들 사이에서 지역별 대응과 복잡한 상호 교류를 강조했다.[7] 오늘날 학계에서 각각의 제국을 그 자체의 역사적

D.C.: Smithsonian Institution Press, 1992).
5 Michael W. Doyle, *Empires* (Ithaca, NY: Cornell University Press, 1986).
6 For instance, Anthony Pagden, *Lords of all the World: Ideologies of Empire in Spain, Britain and France c.1500-c.1800* (New Haven, CT: Yale University Press, 1995); and David Cannadine, *Empire, the Sea and Global History: Britain's Maritime World, c. 1760-c. 1840* (New York: Palgrave Macmillan, 2007).

계기와 특수성에 입각하여 연구할 필요가 있다는 공감대가 대두되고 있는 것도 사실이다. 그러나 이와 같은 관점의 변화에도 불구하고 넓은 범위에서 제국 간 비교를 수행해야 할 이유는 충분히 남아 있다. 일단 제국은 인류 역사상 출현했던 국가들에 비해 수적으로 훨씬 적었다. 어떤 기준에서 보더라도 100개가 채 안 되었을 것이다. 그리고 제국은 몇몇 핵심 지역에 국한되는 경우가 많았다. 그 안에서 그들은 서로 공격하고, 분열하고, 오랜 시간 동안 계승을 이어갔다. 이와 같은 시공간적 연속성 때문에 제국의 이데올로기와 사상이 전파 및 계승되면서 다양한 역사적 맥락에서 반복적으로 제국이 출현하는 결과가 초래되었다. 때로는 과거 제국에 관한 민족사적 혹은 반(半)신화적 전설들이 후대의 정치 행위에 여전히 영향을 미치기도 한다.

제국의 도시들

제국이란 존재가 나름대로 독특한 "최상급"의 정치 조직이라고 한다면, 제국의 도시 또한 특수한 종류의 도시 형태로 보아야 할 것이다. 실제로 제국의 도시에는 제국과 상관없는 정착지의 도시와는 뚜렷이 구별되는 측면과 지표가 존재했다. 그 이유를 제대로 설명하기 위해서, 비록 제국에는 많은 도시가 포함되지만 우리의 논의는 가장 중요한 도시의 역할에 집중할 것이다. 대개는 그러한 도시를 제국의 수도라고 하는데, 정치적·경제적·상징적 권력의 중심지로서 제국의 행정 기관 및 이데

---

7 Susan E. Alcock, Terence N. D'Altroy, Kathleen D. Morrison, and Carla M. Sinopoli (eds.), *Empires: Perspectives from Archaeology and History* (Cambridge: Cambridge University Press, 2001).

올로기 기관에 해당하는 도시 구조물을 통해 그러한 권력이 물질적으로 드러나는 곳이다. 특히 무엇보다 중요한 것은, 실제 건축 환경 및 재료와 건축을 추진한 이념 사이의 관계를 파악하는 것이다.

제국의 수도들을 살펴볼 때 즉시 분명하게 드러나는 사실은, 대체로 성공한 팽창주의자의 명령에 따라 출현하는 경우가 많았다는 점이다. 전근대 시기의 많은 사례에서 드러났듯이, 제국의 수도도 그 자체는 평범한 하나의 도시에 불과했다.[8] 다만 주변의 경쟁자(혹은 좀 더 단순한 구조의 정치 단위)들을 통제하는 능력이 추가되어 있었다. 우리 책에서 검토한 로마와 테노치티틀란과 아슈르가 그랬고, 그 밖에 베네치아나 카르타고 혹은 쿠스코도 마찬가지였다. 이러한 사례들을 통해 볼 때 도시 내 정치 기구는 도시 범위를 넘어서는 훨씬 더 큰 집단의 사람들을 관리하는 행정 중심지의 기능으로 확대되어 그 역할에 적응해 나갔다. 또한 이러한 도시들은 극적이라 할 만큼 빠른 속도로 성장했다. 제국의 지배 아래 있는 사람들이 몰려들었고, 앞에서 로마의 사례를 통해 확인한 바와 같이 그 과정에서 효율적 권력 분산이 이루어졌으며, 이는 다시 신생 제국을 더욱 확장하고 안정화하는 수단이 되었다. 제국이 어느 정도 규모에 도달하면 수도가 건설되었다. 백지 상태에서 새로 건설되는 경우도 있었고(아시리아의 여러 수도를 비롯해 알렉산드리아부터 모스크바까지), 혹은 기존의 평범한 도시에 활력을 불어넣어 새롭게 활발한 수도로 발전시키는 경우도 있었으며(예컨대 콘스탄티노폴리스), 혹은 다른 제국을

---

8 도시국가로 규정되는 일부 문화적 맥락의 사례 연구: Morgens Herman Hansen (ed.), *A Comparative Study of Thirty City-state Cultures: An Investigation* (Copenhagen: Kongelige Danske Videnskabernes Selskab, 2000).

정복하면서 그 수도를 그대로 사용하는 경우도 있었다(예컨대 오스만 제국의 이스탄불 또는 몽골 제국의 북경).

수도의 건설 과정상 차이에 상관없이 모든 수도에는 언제나 방대한 양의 부가 집중되는 경향이 있었다. 멀거나 가까운 수많은 정복 지역에서 흡수한 부가 비교적 작은 공간으로 몰려들었다. 이와 같은 자원의 집중화는 수도의 지위를 드높이고 강화하는 역할을 했다. 수도는 단시간 내에 제국에 소속된 정착지들의 복잡한 네트워크와 위계질서의 중심에 위치한 가장 크고 복잡한 중심지가 되었다. 테노치티틀란의 경우 도시 외부에서 유입된 집단을 받아들이고 동화되는 과정이 제국의 팽창 수단을 유지하는 데 중요한 역할을 했다. 테노치티틀란의 주민이 주변 경쟁 국가에 비해 몇 배나 더 많았기 때문이다. 로마의 인구 또한 비슷한 과정을 거치면서 기하급수적으로 늘어나 결국 백만 단위에 이르렀다. 물질적 측면에서, 새롭게 획득한 권력을 과시하는 방법의 전형은 야심에 찬 건설 공사였다. 거대한 궁전, 화려한 사원, 인상적인 도로와 광장, 복합적인 운하 네트워크, 기타 복잡한 도시 편의 시설 들이 건설되어 제국의 수도에 밀집했다. 이와 같은 건축 프로그램은 개별 건물의 크기나 그 수에서 과장된 면이 있었지만, 건축물의 수준에 있어서도 탁월했다. 엄청난 자본과 노동력이 투입되어 어느 모로 보나 기념비적이고 빼어난 건축물이 완성되었다. 우리가 앞에서 살펴본 수도 세 곳은 모두 이러한 면모를 유감없이 보여주는 사례들이다. 테노치티틀란의 대사원과 피라미드, 아시리아의 수도 여러 곳에서 확인되는 사원과 요새 및 궁전 등은 그들의 세계에서는 필적할 상대가 없을 만큼 위대한 건축물이었다. 아시리아의 왕은 니네베에 방 100개가 넘는 기적적인 궁전을 건설하고

"무적 궁전(Palace Without Rival)"이라는 자랑스러운 이름을 붙였다. 한편 로마의 경우는 흥미롭게도 이러한 현상이 늦게 나타났다. 기념비적 건축물들을 통해 제국 수도로서의 면모가 나타난 것은 제국의 성장 곡선이 한참 올라간 이후 상대적으로 늦은 시기로, 이미 대부분의 팽창 정책이 완성되고 나서 권력이 황제들에게 넘어간 때였다.

제국의 도시들은 대부분의 경우 예술 작품과 건축물에 지배적 정치 이념을 새겨두었다. 기념비적 건축물의 거대한 규모만 보더라도 그 자체로 이미 정치 이념을 표현하고 있는 셈이다. 육중한 건축물과 석재 조각상은 지배 계층에게, 백성에게, 그리고 동시에 적에게도 제국의 위대함과 정복 불가능성을 웅변하고 있다. 수도에 이와 같은 건축 공사를 하는 것은 곧 제국의 능력을 재확인하는 일이었다. 공사를 위해 돌을 캐내어 다듬고, 먼 거리를 운반하고, 또한 그 거대한 석재를 세우려면 막대한 노동력을 동원해야 했다. 거기에 최고 수준의 조각이 새겨졌는데, 제국 내 최고의 예술가에게 그 임무가 주어졌다. 양적 측면 못지않게 그들이 만들어내는 작품의 질적 우수성 또한 제국의 힘을 과시하는 수단이었다. 시각 예술을 통해 제국의 메시지는 더욱 강화되고 분명해졌다. 대개는 크고 작은 군사적 업적이 조각과 회화 작품으로 제작되었다. 예술가와 후원자는 예술 작품을 통해 제국의 업적을 자축하며 미래의 야심을 선포하고자 했고, 이러한 목적에 걸맞은 아이콘(iconography, 도상)과 모티프와 스타일과 문자를 선택했다. 기념비적 예술 작품이라고 해서 언제나 거대한 것만은 아니었다. 작은 규모의 섬세한 예술품도 있었다. 이 경우 귀하고 이국적인 재료가 사용되었으며, 그 자체로 상징적 권력의 의미를 담고 있었다. 중심 사원을 얼마나 증축하느냐에 따라, 또한 새롭게 정복한 지역에서 가져온 공물을 얼마나 풍부하게 부장품으로 사용하는가에 따라 황제 개인의 성공과 실패를 가늠할 수 있었다. 이 과정에서 제국의 수도는 또다시 예외적 특성이 더욱 강화되었다. 독특하고 흔히 신비로운 기술을 보유한 최고의 기술자들이 수도로 이끌려 들어왔기 때문이다. 제국의 수도에서 (혹은 멀리 떨어진 지방에서도) 운반 가능한 규모의 예술 작품을 보여주면, 그것이 곧 제국 내 정착지의 위상을 표현하는 것이었다. 공직자들은 제국의 인장이나 휘장을 지니거나 옷에 부착하고 다녔다. 이러한 상징물을 보여주는 것 자체로 존경과 두려움을 불러일으켜, 정복 지역에서 행정 관리상 편의를 도모할 수 있었다.

제국의 도시들은 거대한 도시 계획으로 다른 도시들과 달리 두드러져 보일 수밖에 없었다. 광장, 시장, 도로, 정원, 놀이 공원, 성문, 아치 등은 기능적 역할뿐만 아니라 상징과 홍보 수단으로도 사용되었다. 거대 규모의 인원이 종교 및 정치 행사에서, 상거래에서, 축제 혹은 여흥을 즐기는 과정에서 이러한 시설들을 이용했기 때문이다. 제국의 상업과 사회적 교류도 수도에 집중되는 경우가 많았으므로, 이러한 활동을 위한 공간이 준비되어 있어야 했다. 도시의 우수성은 이미 기념비적 건축물과 세련된 예술 작품으로 충분히 과시되고 있었지만, 여기에 덧붙여 굉장히 넓고 인상적이며 잘 정비된 대중적 공간을 통해 도시의 위용은 더욱 빛났다. 기념비적 건축물과 잘 정돈된 도시 구획을 나누는 도로는 여느 도시보다 더 넓고 튼튼하게 건설되었다. 도로들은 궁전, 사원, 피라미드, 성문으로 연결되었다. 이는 대규모 행진을 염두에 둔 설계였는데, 비아 사크라(via Sacra, 성스러운 길)에서 펼쳐진 로마의 개선 행진, 혹은 익스타팔라파(Ixtapalapa) 거리를 따라갔던, 희생 제물로 바쳐질 포로들의 행진이 그러한 사례였다. 니네베에는 폭이 34미터에 이르는 왕의 도로가 있었는데, 요새 안 왕궁과 사원으로 곧장 이어졌다. 길고 넓었던 도로, 이를 따라 펼쳐진 의례 혹은 정치적 행렬은 거대한 개방 공간으로 이어졌을 테고, 이는 다시 위대한 도시의 면모를 더해주었을 것이다. 이러한 장치들은 제국의 질서를 도시의 형태로 표현한 것이며, 도시의 핵심 지점들을 통과하는 이동 경로를 효율적으로 연결했다. 곧게 뻗은 직선 도로는 멀리 떨어진 주요 지점, 즉 대개는 사원, 궁전, 정원, 혹은 성지 등으로 수렴되었는데, 도시 주민은 물론 방문객의 시선을 사로잡기에 충분한 장치였다. 제국의 영역에 포함된 모든 지역으로부터 순례자들이 수도에 모여서, 정치적·종교적 권능을 드러내는 기념비적 건축물이 뿜어내는 히에로파니(hierophany), 즉 신성 체험을 했다. 거대한 건설 공사에서 좀 더 실용적인 목적이 엿보이기도 한다. 제국의 도시에서 급성장하는 인구에게 필요한 시설을 제공해야 했기 때문이다. 예컨대 테노치티틀란의 도로는 통행로뿐만 아니라 둑으로 사용되기도 했으며, 둑 안에는 방대한 양의 민물이 저장되었다. 이렇게 공급된 물은 치남파(chinampa, 채소밭)를 위한 관개와, 배 운항을 위한 운하 수위 유지에도 사용되었다. 댐과 운하와 수로의 복잡한 시스템을 통해 니네베의 경우 멀게는 40킬로미터 거리에서 물을 끌어왔으며, 로마의 수로 또한 마찬가지 기능의 분명한 사례에 속한다.

    도시의 구조는 경우에 따라 달랐다. 제국의 수도가 완전히 새롭게 건설된 경우와 단순한 구조의 도시에서 서서히 성장한 경우, 기존의 도시를 기반으로 새롭게 건설한 경우, 혹은 이전의 제국으로부터 빼앗아 그대로 사용한 경우가 있었다. 완전히 새롭게 건설된 경우에는 설계를 맡은 사람들 마음대로 대칭이나 미적 완성도, 복합적 건물들의 조화를 고려할 수 있었다. 백지 상태의 처녀지라면 의미 있는 기하학적 구도(남북 축선, 격자무늬, 별 형태 등)를 채택했다. 이는 새로운 정치 질서를 자축하는 의미가 있었다. 이 경우 기존의 다른 의미나 지리적 제한 조건이 개입되거나 개념을 모호하게 흐리는 일은 없었다. 테노치티틀란, 카르-투쿨티-니누르타, 두르-샤루-켄 등이 바로 여기에 해당하는 사례였다. 아슈르나 로마 같은 다른 제국의 수도들은 주변의 경쟁 정치 단위들을 누르고 주도권을 잡아가는 과정을 통해 기존의 도시에서 서서히 유기적으로 성장한 경우였다. 이 과정에서 생겨난 독특한 도시의 형태는 소소한 개량 공사의 결과물로, 공사는 수 세대를 거치며 꾸준히 진행되었다. 도로와 광장은 점차적으로 확장되고, 곧게 펴지고, 장식이 더해졌다. 도시의 물리적 형태가 날로 성장한 제국만큼 가치 있게 되었다고 생각될 때까지 도시의 정비와 구조 개선은 계속되었다. 이런 경우 과거 도시의 의미 있는 랜드마크, 예컨대 고대 사원이나 무덤, 과거의 요새, 궁전, 성지 혹은 특정 자연 경관은 제거하거나 변경할 수 없는 부분이 있었다. 그런 곳에서 새로운 도시 구조는 보존 영역 주변에 배열될 수밖에 없었으며, 아니면 완전히 새로운 건물이나 구역을 설정해서 만들어지기도 했다. 바로 이러한 일들이 도시 로마의 역사에서 흔히 일어났다.[9] 테노치티틀란에서는 초기에 세워진 사원 위에 최소한 일곱 차례에 걸쳐 중첩적으로 사원이 건설된 흔적이 발굴되었다. 아슈르 신의 사원은 아시리아 제

---

9 로마의 포룸(Forum)에 만들어진 사원 라피스 니게르(Lapis Niger, 즉 Black Rock)가 바로 그런 사례였다. Albert J. Ammerman, "The Comitium in Rome from the Beginning," *American Journal of Archaeology* 100 (1996), 121-36.

국에서 수 세기에 걸쳐 종교적·이데올로기적 중심으로 남아 있었다.

평범했던 도시가 제국의 명령에 의해 새로운 수도로 지정될 때도 비슷한 일들이 일어난다. 다만 건설 속도에는 차이가 있다. 왜냐하면 오랜 세월에 걸쳐 유기적으로 일어나는 도시 변화가 아니라 수도의 지위에 걸맞은 면모를 갖추기 위한 갑작스런 변화의 결과이기 때문이다. 이런 경우 새로운 제국의 중심을 만들어가는 과정에서 도시는 더욱 구조화되고 대칭적으로 변하겠지만, 그럼에도 불구하고 기존의 도시는 여전히 나름대로 역할을 가지고 있다. 마지막으로 기존의 수도를 정복한 경우, 그곳에는 대개 도시 설계에 따른 기념비적 건축물들이 이미 존재하므로, 새로운 주인의 정치적·이데올로기적 필요에 맞게 수정될 필요가 있는 것이다. 마지막 두 가지 경우, 도시 설계와 건축을 맡은 사람들은 흔히 기존의 랜드마크와 장치를 보존하는 문제와 새로운 현재와 미래의 이데올로기를 드러내는 문제 사이의 균형을 잡느라 고심할 수밖에 없다.

제국의 수도에 살았던 사람들

제국의 수도가 여느 도시와 달랐던 점은 단지 물리적 형태뿐만이 아니다. 그곳에 사는 사람들은 대개 그 주변의 도시들과 다른 특이한 집단들이 많았다. 축적한 자본의 정도, 사회경제적 계층화, 기능적 전문화, 문화적 수준, 민족적 구성, 다언어 사용 등 여러 측면에서 그러했다. 물론 도시에 기념비적 건축물들이 들어서려면 먼저 제국 전역에서 제국 중심으로 온갖 종류의 부가 엄청난 규모로 유입되어야 했다. 학자들이 대체로 주목한 통로는 전리품과 조공 및 세금 등이었지만, 사실 그 정도는 빙산의 일각에 불과했다. 경제적·인적·상징적 자본이 중심 도시로 모여들었다. 이유는 많았겠지만 그중에서도 특히 엘리트 계층과 평민 계층의 이주, 집단적 이주, 외부적 투자와 내부적 성장 등이 그를 뒷받침하는 요인이었다. 제국의 수도가 성공적이었을 경우, 제국 전역에 거주하는 엘리트 계층은 수도로 올라가지 않으면 자신의 지위를 유지하기 어려울 것 같은 위기를 느꼈고, 상인들은 노예부터 고귀한 방향제나 향신료에 이르기까지 자신의 상품을 소비해줄 마르지 않는 시장을 제국의 수도에서 발견했다. 고향 사람들이 외면했던 이국적 종교의 예언자들은 제국의 수도에서 자신의 말에 귀 기울여주는 신도를 만날 수 있었다. 무역 네트워크는 제국 수도의 중심성을 한층 더 강화했다. 수도에서 시작된 교역로는 국경 너머로까지 뻗어 나갔다. 수도에 모여든 사람들 자체가 다른 그 무엇보다 풍부한 자산이었고, 그들이 가지고 온 것은 말 그대로 제국의 보물이었다.

가장 높은 엘리트 계층과 가장 낮은 거지나 포로로 잡혀온 죄수가 모두 한자리에 모여들자, 수도에서는 제국 내 다른 어느 지역보다 수직 계층화가 더 극심해질 수밖에 없었다. 고고학적으로 민간 건물의 발굴 성과에도 이러한 현상이 반영되어 있다. 수직 계층화보다 더 심하다고 할 수는 없겠지만, 그에 못지않게 기능과 기술적 전문화의 관점에서 수평적 분화도 크게 나타났다. 제국에서는 국가적 차원에서 전문 병력과 전문 관료를 비롯한 공적 복무 인력을 고용하고 훈련시켰다. 엘리트 계층의 경쟁 수요는 극도로 전문화된 수공업 기술자, 특정 무역 종사자, 독특한 물품의 생산자를 뒷받침했다. 복합 종교와 전문 지식인도 등장했다. 고위직 성직자, 예언가, 마술사, 의사, 법률가, 기술자, 천문학자, 철학자, 예술가, 음악가, 무용가, 배우, 요리사 등은 모두 제국의 수도에서 자신을 알아봐줄 안목 있는 고객을 찾아야 했다. 그들이 아니라면 고도로 세련된 전문가들이 존재할 수 없었다.

정체성, 민족성, 언어의 측면에서 제국 내의 다양성은 특히 풍성했다. 제국의 수도는 전형적인 국제도시였다. 언어, 민족, 패션, 의례, 사상, 윤리의 측면에서 그곳은 진정한 바벨탑이었다. 앞서 언급한 계층화와 전문화에 더하여 다양성은 더욱 심오한 차원에서 복잡하게 얽혀 있었다. 예컨대 사회 집단과 위계를 나눌 때 언어와 출신 배경을 보았고, 이는 복식이나 장신구 혹은 신체적 표지로 표현되었다. 제국의 팽창을 주도한 민족은 당연히 강제로 끌려온 사람들에 비해 특권을 누렸을 것으로 예상되곤 한다. 최근 이 과정을 주도한 개인을 더욱 면밀히 연구한 성과에 따르면, 문화적 삼투 과정과 권력 분배가 예상보다 훨씬 더 빈번하게 일어난 것으로 밝혀졌다. 종속 집단의 엘리트 계층은 출신 배경의 약점을 완화할 수 있는 (심지어 완전히 지워버릴 수 있는) 다양한 방법을 모색했다. 결혼이나 문화적 모방 등 다양한 경로를 통해 제국의 지배 민족에 편입되었던 것이다.[10] 제국의 수도에서는 평민 계층 인구 규모가 급격히 늘어났는데, 정복 지역에서 끊임없이 사람들이 몰려든 결과였다. 포로, 노예, 하인, 노동자, 징집병 등 다양한 이유로 사람들이 들어왔고, 그에 따라 자연히 수도의 인구 구성과 문화적 특성이 달라졌다. 정복자의 언어는 대개 제국의 공식 언어로 채택되었고, 광대한 제국의 공통

---

10 For example, Martin Millett, *The Romanization of Britain: An Essay in Archaeological Interpretation* (Cambridge: Cambridge University Press, 1990); and Serge Gruzinski, *The Conquest of Mexico: The Incorporation of Indian Societies into the Western World, 16th-18th Centuries* (Cambridge: Polity Press, 1993).

어(lingua franca)로 사용되었다. 그러나 지역 공동체는 대개 놀라울 정도로 자신의 전통과 언어 및 방언에 집착했다. 특히 평민 계층에서 그러했는데, 이들과 달리 엘리트 계층은 이중 언어에 적응하여 정복자와 피정복자 사이를 매개하는 권력과 문화의 중개자로 활동했다.

제국의 입장에서는 다양한 구성원을 함께 묶어내는 일이 아마도 해결해야 할 가장 큰 과제였을 것이다. 정복 당시에는 강제와 위협이 결정적 수단이었을 수밖에 없다. 그러나 이를 넘어서는 그 무엇, 즉 전형적으로 이데올로기와 종교의 영역에 속하는 성과 없이 오래 살아남을 제국은 없었다. 권력 중심부에서는 제국의 모든 구성원에게 신앙을 합법화 및 정당화하는 메시지를 끊임없이 전달했다. "마음을 사로잡기 위한 전쟁(battle for hearts and minds)"은 맥락에 따라서 굉장히 다양한 형태를 지녔다. 그러나 거의 언제나 제국 체제를 이상화하고, 특히 제국의 리더십을 강조했다. 용감함, 고귀함, 지혜, 연민, 공정 등 긍정적 가치들은 대개 승리한 집단의 것이었고, 제국의 최고 권위는 비할 데 없이 독보적이었으며, 보통 군주로 대표되었다. 제국의 군주는 다른 모든 나라의 군주보다 위에 있는 "최상급"의 존재로서 "왕 중의 왕"이었다. 이 칭호를 처음 사용한 사람은 투쿨티-니누르타 1세였고, 이후 페르시아부터 에티오피아까지 다른 많은 제국의 군주들이 이를 답습했다. 아스테카 제국에서 우에이 틀라토아니(huey tlatoani, 위대한 말씀을 하는 자)는 그 아래 수많은 틀라토케(tlatoque, 틀라토아니의 복수형)를 지배했는데, 왕 중의 왕과 비슷한 의미를 지녔다. 엠퍼러(emperor, 황제)라는 단어가 로마에서 기원했음에도 불구하고, 로마는 이런 점에서 다른 제국들과 달랐다. 로마에서 절대 군주제가 출현한 시기는 비교적 나중의 일이었다. 기원후 3

세기가 되어서야 비로소 로마의 황제가 절대 왕권과 신성의 지위를 획득했는데, 이때는 로마가 멸망하기 불과 2세기 전이었다.

국가의 수반은 정치적 위계질서의 꼭대기에 위치했고, 그다음 지위에 있는 사람과의 격차가 매우 컸다. 황제는 대개 제국 행정의 최고 책임자였으며, 세상의 모든 일을 관장했다. 만백성의 지도자로서 황제는 복잡한 신하들의 네트워크 꼭대기에 위치했다. 신하들은 각각 행정, 문화, 군사를 책임지며 제국을 운영했다. 황제의 신하들은 통치 가문에 속한 사람이거나, 지방관, 지명된 왕, 과두정의 구성원, 관료, 선출된 공직자 등이었다. 제국이 성장하고 팽창할수록 신하들의 구성도 다양하고 국제적으로 변해갔다. 황제는 어느 누구보다 우위에 있었지만, 제국의 최고 수호신보다는 아래였을 것이다. 혹은 황제 자신이 수호신의 화신이었다. 어느 경우건 황제의 초월적 지위에는 변함이 없었고, 모두가 황제를 경배했으며, 모든 의례와 정치권력이 황제를 통해 구체화되었다. 황제는 신격과 관계를 맺고 또한 강화하는 복잡한 의례 행사를 통해 끊임없이 자신의 신성함과 (혹은 최고의 신과 연결된 자신과) 지상의 권력을 과시했다.[11] 종교적 일정에 따른 주요 행사에서 황제의 위치는 가장 빛나는 자리였고, 제국의 의례를 거행하는 장소는 제국의 전 영역을 통틀어 가장 신성한 곳이었으며, 시민의 축제나 종교적 축제 등 중요한 행사는 모두 그곳에서 거행되었다.

수도에서 황제의 종교 및 정치적 차원의 최고 권위는 (혹은 황제가 아

---

11 Nicole Brisch (ed.), *Religion and Power: Divine Kingship in the Ancient World and Beyond* (Ann Arbor, MI: Edwards Brothers, 2008).

니라도 최고 권력은) 궁궐, 의회, 연회장, 무덤, 고관의 궁전 등 공간적 차원으로 표현되었다. 사원은 거의 언제나 이러한 건축물에 포함되었으며, 종교와 통치가 분리될 수 없음을 명확히 표명했다. 특히 궁전은 여러 가지 고급 기능을 포괄했다. 제국 행정의 중심이 바로 그곳이었다. 궁전은 대개 도시의 나머지 공간과 뚜렷이 구분되었다. 예를 들면 외벽을 두르거나, 혹은 중요 장소의 토대를 높여서 그 위에 궁전을 건축했다. 궁전에는 왕실의 가족, 보물, 군사 및 행정 지도부가 있었다. 아슈르의 "옛 궁전"은 이러한 궁전의 완벽한 사례를 보여준다. 궁전 건축을 통해 조성된 주변 환경은 수백 년 동안 유지되었으며, 다른 곳에 다른 궁전이 건설되고 수도가 이전한 뒤에도 아시리아의 왕들은 그곳으로 돌아와 묻혔다. 아시리아 도시들의 건축 규정과 질서에는 이데올로기적 이유도 있었다. 아시리아인이 생각하기에 왕의 의무는 세계의 질서를 만들고 유지하는 것이었기 때문이다. 아스테카 수도의 경우 다음 황제가 등극하면 자신의 궁전을 새로 건설하는 전통이 있었으며, 그 이전의 궁전은 여러 가지 다른 목적으로 사용했다. 최후의 황제 목테수마의 주요 궁전은 중심 의례 구역 가까이에 위치했다. 궁전이 비록 넓고 여러 가지 기능을 포함하고 있었지만, 날로 확대되어가는 궁전과 제국의 수요를 감당하기에는 충분하지 못했다. 그래서 목테수마는 도시 중심지를 벗어난 곳에 좀 더 특화된 궁전을 건설했다. 그리고 연회를 즐길 수 있는 정원과 사냥터, 그리고 메소아메리카 전역에서 가져온 동물을 전시한 동물원을 설치했다. 로마에서는 (영어에서 "palace" 즉 궁전이라는 단어 자체가 로마의 후대 황제들이 거주하던 팔라티노Palatino 언덕에서 유래했음에도 불구하고) 기원후 64년 대화재가 일어난 이후에야, 지중해 다른 지역 통치자들의 궁전과 비슷한 규모의 궁전이 도시 중심부에 건설되었다. 그 이전까지 제국의 이데올로기를 표현하는 건물은 주로 도시의 사원이었다. 이는 애초에 과두 정치 시스템의 성격과 관련되는 문제였다.

제국의 배후지

제국의 수도는 여러 가지 측면에서 제국 전체의 구조를 거울처럼 반영하게 된다. 그래서 수도 주변의 배후지뿐만 아니라 훨씬 더 멀리 떨어진 제국 내의 다른 시골들도 영향을 받게 된다. 제국의 지도자들이 채택한 행정 관리 정책은 물론 제국 안에서라면 어디서나 적용되게 마련이다. 그러나 대체로 더욱 중요한 것은 인구, 경제, 문화, 기술, 종교 등 수도의 모든 것이 제국 내 다른 지역에 중요한 영향을 미친다는 점이다. 사람과 물자, 상품, 재산이 수도로 몰려들고, 끝도 없는 욕망이 성장을 촉진하고 자원을 고갈시키며 생산에 변화를 일으킨다. 더욱 향상된 (그리고 대개는 저비용의) 교역로가 원거리 무역의 성격과 규모를 바꾸어놓는다. 정보, 신앙, 선전이 수도로부터 흘러나와 유통되면서 어디서나 의사 결정에 영향을 미친다. 이 모든 복합적 요인을 모두 살펴보기란 불가능하다. 그러나 중요한 패턴의 윤곽을 그려보는 정도는 가능할 것이다.

특히 고고학적 성과로 분명하게 드러나는바, 인프라 구조 건설 투자는 수도의 건설 및 성장과 밀접한 연관을 보여준다. 그중에는 도로 건설이 포함되어 있는데, 연결되는 도로망이 제국 전체를 망라한다. 이는 로마나 페르시아 제국의 경우에도 확인이 된다. 자체 생산량을 넘어서는 도시의 수요 때문에 상수도, 운하, 둑, 강둑, 수로 시스템 등은 거의 언제나 필요한 공사였다. 아스테카 차풀테펙(Chapultepec)의 기념비적 유적이나 로마의 아쿠아 클라우디아(Aqua Claudia) 수로 유적은 그와 같은 건설 과정을 잘 보여주는 중요한 유적으로 남아 있다. 카를 비트포겔(Karl Wittfogel) 같은 학자들은 심지어 이러한 공사를 국가 형성의 동기로 해석하기도 했다. 즉 이러한 공사가 제국의 출현에 선행된 조건이었다는 해석이다.[12] 거의 언제나 배후지 혹은 상당히 멀리 떨어진 지역까지도 경관의 변화가 나타났다. 예컨대 테노치티틀란이나 베네치아 같은 호숫가 혹은 수변 환경에서 그런 사례를 흔히 볼 수 있었다. 그곳에서는 인공적 둑길과 포장도로의 네트워크를 통해 인공 섬과 수상 농장이 만들어졌다. 메소포타미아와 이탈리아 중부의 충적 평야에서도 비슷한 과정이 목격되었다.

한편 정치적 및 행정 관리적 차원에서 제국은 정복한 지역을 제국 내 하나의 행정 구역으로 편입하는 경향을 보였는데, 정복된 나라의 수도가 행정 중심지로 설정되기도 했다. 노역이나 현물로 바치는 조공이나 제국 전역에서 올라오는 세금은 물론 제국의 수도에서 중요한 수입원이었으나, 이 과정에서 지방의 납세자들도 큰 영향을 받게 되었다. 핵심부와 주변부의 권력 관계는 물론 대등한 관계가 아니었지만, 경제적 측면에서 그 결과는 다양했다. 자원을 빼앗기고 빈곤이 심화되는 경우도 있었고, 지역 생산 물품의 수요가 증가하거나 화폐의 유통 및 선진적 교역 체계가 갖추어지는 경우도 있었다. 실제 행정 관리 체계 면에서 제국들 간의 특성은 매우 달랐다(이를 두고 영토 제국과 헤게모니 제국을 구

---

12 Karl A. Wittfogel, *Oriental Despotism: A Comparative Study of Total Power* (New Haven, CT: Yale University Press, 1957). 그러나 이 관점은 학계에서 거부된 지 이미 오래되었다.

분하기도 했다). 관리 방식의 차이는 정복 전쟁 직후부터 나타났다. 어떤 제국들은 지역의 권력 구조를 완전히 대체했고, 자원의 상당 부분을 전리품으로 빼앗고 몰수해 갔다. 한편 다른 제국들은 조공과 세금과 노역을 충분히 부과하는 정도로 만족하고, 대신 협조적 공동체에게는 그들의 권력 구조를 그대로 유지할 수 있도록 허용했다. 이와 비슷한 경우로 행정 감독관을 지정하는 경우도 있었는데, 멕시코의 칼픽스케(calpixque)가 그런 사례였다. 혹은 중앙에서 총독을 파견하기도 했는데, 후기 로마에서 파견된 지방관들의 경우가 그랬다.

대부분의 제국은 이데올로기 선전에 크게 의존했다(뿐만 아니라 공감대 형성을 위한 현실적 수단도 사용했다). 주요 메시지는 제국의 모든 백성이 제국의 통치로 오래도록 이득을 누린다는 내용이었다. 이런 메시지가 반드시 혹은 언제나 거짓말은 아니었다. 거대 규모의 구조 조정은 지역 내 경쟁과 폭력을 완화했고, 그 결과 생산과 교역을 촉진하는 효과가 있기도 했다. 비슷한 효과로 수요나 중앙으로부터의 투자가 증가하고, 의사소통 통로가 개선되기도 했다. 또한 피정복민이 제국의 네트워크로 편입되는 과정에서 통치자가 의도하거나 의도치 않은 결과도 나타났다. 자원, 정보, 인력이 제국의 핵심부와 수도로 집중되면서 수도의 본성에는 변화가 생길 수밖에 없었다. 신 혹은 상징 권력의 원천이 피지배 민족으로부터 유입되는 경우도 있었다. 문화적으로 그들의 정체성, 사고방식, 풍습이 제국에 병합되고 기존의 것과 뒤섞여 새로운 보편적 세계관이 등장했다.

에필로그

성숙 단계의 여러 제국에서 추가로 수도를 건설한 흔적은 흔히 남아 있다. 이는 행정 관리 수요의 팽창에 부응하기 위한 대응이었다. 혹은 애초의 수도를 성지화하려는 이유도 있었다. 새로운 수도가 건설된 뒤 원래의 수도는 순수한 의례용 도시로 그 성격이 바뀌었다. 새로운 수도 건설은 섬세한 결정이 필요한 일이었다. 다양한 구성원 사이에 합의와 협상이 선행되어야 했고, 결과적으로 파벌주의가 공공연히 드러나기도 했다. 또한 막대한 양의 부를 재할당 및 지출해야 했는데, 그러다 보면 제국의 경제와 조직적 한계가 쉽게 노출되었다. 아시리아나 이집트의 사례에서 보듯이, 이처럼 중대한 수도 건설이 일반적으로 강력하고 카리스마 넘치는 황제에 의해 수행되는 것은 우연이 아니다. 그럼에도 불구하고 제국 내에서 두 번째 수도가 건설되는 것은 때로 제국 쇠락의 명백한 징후였다. 새로운 수도 건설은 기존 수도의 시대가 최소한 기존 상태로는 끝났다는 의미이고, 또한 내전이나 일촉즉발의 분열(심지어 파멸)을 예고하는 전조이기도 했다. 인문지리학과 고고학에서는 일반적으로 도시의 등급-크기의 변화 과정을 오목 곡선(concave)에서 볼록 곡선(convex)으로의 변화로 설명하는데,[13] 중심 도시가 중요성을 상실하는 경우는 주로 제국의 완숙 단계에서 나타나는 현상으로, 국력을 가늠할 때 수도의 변화를 진단하는 것이 얼마나 중요한지를 잘 보여주는 이론이다.

13 Gregory A. Johnson, "Aspects of Regional Analysis in Archaeology," *Annual Review of Anthropology* 6 (1977), 479-508.

제국이 정점을 지나면 무슨 일이 벌어질까 하는 문제는 에드워드 기번(Edward Gibbon) 이후로 많은 역사학자들의 관심을 끌었던 주제다. 제국이 더 크고 복잡한 규모로 성장할수록 제국의 체제는 더욱 약해진다. 팽창의 최고 정점에 도달한 뒤에는 의도하지 않더라도 피정복민이 점차 제국의 능력을 습득하게 되는데, 그것이 여러 측면에서 제국을 약하게 만드는 원인이 된다.

점차적으로 주변부는 제국의 이데올로기와 기술 및 군사 조직을 활용하고 나름대로 재구축하며, 제국의 행정 관리 체계가 발달하여 실질적인 동시에 상징적인 제국의 권력이 각 지방에서도 확고히 수립된다. 이와 같은 과잉 복제가 때로는 평화적으로, 때로는 폭력적으로 분열을 초래한다. 대개는 제국 핵심부에서 정치적 위기가 발생했을 때 이런 현상이 나타난다. 또한 제국의 수도 혹은 배후지에서 내부적으로 심화된 모순과 파벌 다툼이 근본적 변화를 촉발하는 경우가 있다. 그렇게 되면 백성은 정체성을 잃고 제국에 충성하지 않게 된다. 특히 평민 계층에서 이런 현상이 심화되는데, 그들은 귀족과 제국 관료에 의해 착취당하여 빈곤에 처하기 때문이다. 또한 제국의 지방이나 국경 너머에서 성장한 새로운 제국에게 흡수되어 제국의 명이 다하는 경우가 있다. 이런 상황에서 지방은 대개 수도를 보좌하는 역할을 하지 못하고 수동적으로 이익을 계산하거나, 심지어 새로운 침략자를 적극 도와서 과거의 주군을 공격하기도 한다. 테노치티틀란의 경우가 바로 그런 사례였다. 기존 제국에 속했던 수만 명의 백성이 아스테카 제국을 침략한 소수의 유럽인을 지원했다. 이렇게 해서 강력한 주도권을 잡은 새로운 제국의 성장 과정이 시작되며, 기존 제국의 도시는 깨끗이 일소되고 만다.

CHAPTER 27

결론: 초기 도시의 의미

노먼 요피
Norman Yoffee

기원전 4000년을 기준으로 메소포타미아의 정착지라고 하면, 이라크 남부의 충적 평야 혹은 시리아 북부의 토로스산맥 기슭에 간헐적으로 점점이 퍼져 있는 상태였다. 기원전 3000년 이후 만약 어떤 여행자가 육로로 이동하거나 메소포타미아 강줄기로 배를 타고 이동했다면, 정착지를 둘러싼 거대한 성벽을 곳곳에서 목격했을 것이다. 성벽 안쪽에는 토대를 높이 쌓은 플랫폼 위에 건축된 사원과 궁전 및 의례 행사 구역이 있었고, 그 주변으로 주택이 밀집해 있었다. 이러한 도시들에는 정원과 과수원도 있었으며, 농지가 성벽 바깥까지 이어져 있었고, 농지 사이로 운하와 수로가 건설되어 있었다. 초기 메소포타미아의 도시를 목격한 여행객은 아마도 경외감을 느꼈을 것이며, 메소포타미아뿐만 아니라 우리 책에서 언급된 초기 도시 어디를 방문했더라도 여행객의 경외감은 크게 다르지 않았을 것이다. 초기 도시란 무엇인지를 "규정하는" 요소들의 목록에[1] 한 가지 항목을 더 추가할 수 있다면, 그것은 아마도 "도시는 멋져야 한다"라는 조건일 것이다.

도시는 메소포타미아의 물리적 경관을 바꾸고, 메소포타미아 사람들의 삶을 바꾸어놓았다. 도시민의 활동은 도로, 이웃, 광장, 작업 구역,

---

1 케임브리지 세계사 시리즈 05권 제1장 참조.

의례 구역, 사원과 궁전 복합 건물 등에 의해 일상화되었다. 전부는 아니지만 일부 도시민은 멀리 떨어져 있는 밭을 일구어 농사를 짓거나 가축을 기르기도 했다. 메소포타미아의 도시들은 보통 독립적이었다. 그들은 좋은 토지와 물, 교통로와 무역로 확보 문제로 이웃과 투쟁하면서 독립을 유지했다. 도시국가가 중심에 놓이고, 그 주변으로 몇 개의 마을이나 농촌이 부속되어 있었다. 도시에는 통치자가 있어 그에 의해 통치되었으며, 지역의 주변 공동체에는 별도로 원로 회의가 있었다. 배후지 사람들도 축제가 열릴 때는 도시를 방문했고, 필요한 물품을 바쳤으며, 그 대가로 도시의 공방에서 만든 물품을 받았다. 메소포타미아의 엘리트 계층은 시골에 토지를 소유했고, 심지어 다른 도시에 주택을 소유하기도 했다.

메소포타미아의 도시들은 매우 거대했다. 몇몇 도시들은 수백 헥타르 면적에 주민이 수만 명에 달했다. 고고학자들은 건축가와 정반대의 순서로 일을 한다. 인내심을 가지고 건물을 해체하며 애초 건물이 어떻게 지어졌는지를 분석한다. 남아 있는 건물 유적을 다루는 고고학자들의 태도는 수술을 집도하는 외과 의사와도 같다. 그래서 메소포타미아 도시의 흔적이 작은 일부만 발굴되었다 할지라도, 발굴 조사 기술이 날로 향상되는 만큼 꽤 좋은 근거를 확보하게 된다. 고고학자들의 해석이 세련될수록, 발굴 유물이 증가할수록, 분석이 세밀할수록 도시 생활에 대한 이해도 높아진다.

그런데 메소포타미아 학자들은 오직 메소포타미아만 아는 사람들일까? 오늘날 메소포타미아의 도시들은 이중적 의미에서 폐허가 되어 있다. 첫째, 메소포타미아 지역의 주요 건축 재료였던 진흙 벽돌은 내구성이 떨어져 끊임없이 수리나 재건축이 필요했다. 도시가 형성되면 건축 구조물들도 생겨났고, 새로운 건물은 과거의 건물 유적 위에 겹쳐서 건축되곤 했다. 초기 도시들이 버려지면, 모든 초기 도시의 운명이 결국 그러했지만, 도시 유적은 평원 위에 거대한 언덕 모양으로 남게 되었다. 그 주변을 둘러 현대 건물들이 건축된 경우도 있고, 새로운 정착지가 유적 안쪽까지 뻗어 있는 경우도 있다.

그 뒤 고고학자들은 도시의 단층을 뚫고 내려간다. 몇 미터 두께로 쌓여 있는 잔해를 파헤치며 고고학자들은 과거의 활동을 복원해낸다. 고대의 도시는 폐허 그 자체였고, 계속해서 무너져 내렸으며, 그러다가 다시 재건되곤 했다. 그래서 고대 도시 안에는 곳곳에 유적이 포함되어 있었다.

메소포타미아의 도시를 발굴할 때 대규모 수평 발굴층이 발견되는 일은 기본적으로 불가능에 가깝다. 도시의 규모도 그렇고, 유적의 층위들이 산더미처럼 쌓여 있기 때문에도 그렇다. 고고학적으로 발견되는 메소포타미아의 과거가 단지 파편에 불과하다면, 메소포타미아의 도시 생활을 파악하고자 할 때 비교 연구가 과연 가능할까? 메소포타미아의 경제 및 정치 연구는 수만 점의 쐐기문자 텍스트로 확인이 되는데, 그것이 도시의 유적에서도 발견될까? 그리고 그것이 다른 지역의 초기 도시들을 이해하는 데에도 도움이 될까?

메소포타미아를 비롯한 세계 곳곳의 초기 도시 연구가 이제 시작 단계라고 해서 그리 놀랄 필요는 없다. 도시의 발굴은 고고학자들이 감당해야 할 가장 힘겨운 작업이다. 도시란 정의 자체가 넓은 면적에 복합적 층위가 중첩된 곳을 말한다. 테오티우아칸(Teotihuacan)의 발굴 지도는[2] 메소포타미아를 연구하는 고고학자들이 보기에 놀랍고도 부러운 것이 사실이지만, 그럼에도 불구하고 테오티우아칸의 아주 작은 일부만 발굴되었을 뿐이며, 다른 초기 도시들도 현재는 물론 과거에도 상황이 마찬가지였다. 그런데도 초기 도시 비교 연구가 우리에게 도움이 될 수 있을까? "초기 도시"란 무엇인지 그 개념을 근본적으로 재검토하거나, 개별 도시들의 독특한 특성과 역사를 부정하지 않을 수 있을까?

이 책에 수록된 글들은 초기 도시와 그곳에 거주한 사람들의 어떤 특징적인 면을 조명했다. 우리는 도시 안에서 의례 행사, 행렬을 위한 도로, 성스러운 구역, 정보 기술, 도시 경관의 변화를 알 수 있는 명백한 흔적과 핵심을 추적했고, 도시가 어떻게 주변의 시골과 생활 경제를 바꾸었는지, 새로운 형태의 권력 관계와 불평등의 모든 측면이 초기 도시에서 어떻게 만들어지게 되었는지도 살펴보았다. 비록 이 책에 수록된 거의 모든 글이 매우 세부적인 내용을 다루었지만, 고고학자들이 파악한 내용을 우리 책에 모두 수록할 수는 없었다. 우리가 다루지 못한 많은 주제들이 있다. 도시의 지형, 계급적 특성과 이웃 간 사회관계, 주택과 가정의 형태, 농업 관행과 관개 시설, 위생, 질병과 사망률, 시간에 따른 크고 작은 사회적·정치적 변화, 도시가 무너지고 버려진 이유를 다루지 못했으며(다만 로마, 예루살렘, 바그다드 등[3] 몇몇 도시의 유지 존속에 관한 내용은 예외다), 이외에도 많은 주제들이 언급되지 못했다.[4]

---

2 케임브리지 세계사 시리즈 05권 제13장 참조.
3 케임브리지 세계사 시리즈 06권 제25장, 제20장, 제19장 참조.
4 케임브리지 세계사 시리즈 06권 제21장 소절 "사람들은 왜 도시를 버리고 떠났을까?" 참조. 붕괴와 지속의 문제에 관해서는 제21장의 이후 대목 참조.

우리 책에서는 도시 내 조직 구성의 중요한 원칙에 관해서 매우 엄격한 관찰의 결과를 제시했고, 각 장별로 이와 같은 원칙의 구조와 기능이 시공간을 넘어서 어떻게 달라졌는지 비교했다. 비교의 대상은 선택된 도시에 한정되었다. 도시 선정 작업은 책임 편집자가 맡았으므로 그 범위가 한정될 수밖에 없었지만, 그래도 중요한 정보가 있는 도시로 선정하려고 노력했다. 각 장별 비교 내용을 보면, 전통적으로 인정되는 내용도 있지만 흥미롭고 새로운 시각도 있다. 비교를 하는 과정에서 물론 차이점도 드러날 수밖에 없다. 그래서 도시 간 비교를 통해 초기 도시들이 서로 어떻게 달랐는지를 검토하고, 왜 그렇게 되었는지 구조적인 심층 연구가 이어졌다. 우리의 책이 실험적 연구라는 점은 공공연히 밝혔다. 우리는 도시 간 비교가 과연 가능한지, 그리고 무엇을 기준으로 삼아야 의미 있는 비교가 될 것인지 해답을 구하고자 했다. 우리의 연구로 이 주제에 결론을 내린다는 생각은 결코 아니었다. 오히려 우리의 연구는 세계적 차원에서 초기 도시들을 비교하는 최초의 시도에 속한다.

학자들에게는 연구의 한계라는 설정이 있고, 물론 학생들에게도 그러한 한계를 조언한다. 그 한계란 바로 충분한 자료가 있는 주제만 연구할 수 있다는 점이다. 그리고 결론은 잠정적으로 열어두어야 하는데, 다른 학자들(비평가들)이 생각할 여지를 남겨두기 위해서다. 초기 도시 연구와 비교 연구 방법론을 다룬 우리 책이 초기 도시 비교와 관련된 모든 주제를 검토한 것은 결코 아니다. 결론적인 "거대 담론"을 기대했던 독자라면 실망할 수도 있을 것이다.[5] 이어지는 문단에서 나는 논의의 종합

---

5 Similarly, Penelope J. Cornfield, "Conclusion: Cities in Time," in Peter Clark (ed.),

을 시도하지 않을 것이다. 대신 오늘날 초기 도시들을 돌이켜보는 의미를 숙고해보고자 한다. 그리고 이 글의 마지막 부분에서 기존 연구의 분명한 진보의 과정을 폄하하지 않도록, 그리고 부수적이고 별 볼 일 없는 주제라는 인식을 불식하기 위해 초기 도시 비교 연구의 목적이 무엇인지를 다시 논의하도록 하겠다.

오늘날 초기 도시들을 돌이켜보는 의미

2004년 아테네에서 올림픽이 개최되었다. 개막식 행사에서는 그리스의 역사를 보여주는 극적인 장면들이 연출되었다.[6] 거대한 "키클라데스 양식 조각상"이 등장했는데, 높이가 최소 30미터나 되었으며 플라스틱 같은 재질로 만든 것이었다. "실제" 키클라데스 양식의 조각상들은 기원전 제3천년기 말엽에서 제2천년기 초엽에 만들어진 것으로, 키클라데스 제도를 비롯하여 에게해의 섬 지역에서 발견되었는데, 크기는 45센티미터 정도였다. 모두 밝은색의 대리석으로 벌거벗은 여인의 신체를 표현했는데, 주로 팔을 허리 위에 얹어둔 형식이 특징적이다. 표면은 평면기하학적으로 구성되어 있어 피카소의 입체파 작품을 떠올리게 한다. 이러한 조각상들이 1930년대에 그리스 정체성의 중심으로 자리 잡으면서 거대한 비잔틴 제국이나 콘스탄티노폴리스의 기억을 대체했다. 조각

Cities in World History (Oxford: Oxford University Press, 2013), pp. 828–45.

6 필자는 이 주제와 관련하여 옥스퍼드대학교 Astor Lecture를 비롯한 여러 강의 준비를 한 적이 있었다. 그 결과물이 현재 출간되어 있다. Norman Yoffee, "The Earliest Cities and the Evolution of History," in Elizabeth Frood and Angela McDonald (eds.), *Decorum and Experience: Essays in Ancient Culture for John Baines* (Oxford: Griffith Institute, 2013), pp. 299–304.

상의 명성과 영향에 힘입어 빛깔과 명확한 형태, 심지어 작은 크기는 그리스다움의 간결한 미학적 가치를 나타내는 것으로 인식되었다.

개막식 행사에서 키클라데스 양식의 조각상 다음 장면으로 켄타우로스가 거대한 조각상의 아름다움을 감상하는 장면이 등장하는데, 그때 조각상이 갈라지면서 고전 그리스 시기의 토르소가 드러난다. 그리고 그다음 장면으로 토르소 분장을 한 실제 배우들이 허리를 묶는 요의(腰衣, loincloth)를 걸치고 등장하여 배 위로 뛰어 올라 중앙 무대로 나아간다. 이 장면에서 토르소 형상의 배우들은 조각, 수학, 논리학의 탄생을 의미한다. 이는 고전 그리스가 전 세계에 가져다준 선물이었다. 이 장면은 단절 없이 이어진 그리스 역사를 나타내는 것으로, 에게해의 소박한 어부들이 고전기 그리스를 거쳐 (특히 개막식 행사가 열린 아테네를 중심으로) 현재까지 이르게 된 역사였다.

이상 개막식 장면 해설은 그리스의 고고학자 데스피나 마르고메노우(Despina Margomenou)의 도움을 받은 것으로, 그는 개막식 행사에 담기지 못한 그리스 역사까지 관심을 가지고 있다. 즉 선사 시대의 그리스 북부(마르고메노우의 전공 분야), 로마 통치 시기의 그리스, 그리고 오스만 제국 헤게모니 시기의 그리스 등이다.[7]

우리 책에 수록된 많은 도시들에는 현대 세계의 중요성이 얽히고설켜 있다. 오늘날 우리가 추상적 기억을 구체화한 내용이 곧 우리의 역사적 상상력을 만들어내기 때문이다. 수전 손택(Susan Sontag)은 역사학에

---

7 See also Yannis Hamilakis, *The Nation and its Ruins: Antiquity, Archaeology and National Imagination in Greece* (Oxford: Oxford University Press, 2007).

서 상상력과 기억의 문제를 다음과 같이 서술했다.

집단의 기억이라고 불리는 것은 단지 과거의 수동적 기억이 아니라 그렇게 기억하기로 한 집단의 합의 약정이다. 이것이 중요하다. 이 일이 일어난 과정은 이러했다, 그 장면은 이러했다는 내용들이 우리 머릿속의 이야기(역사)를 고정시킨다. 이데올로기에 의해 어떤 이미지를 저장할지, 대표적 의미를 지닌 이미지는 무엇인지가 확증되며, 그로부터 예측 가능한 사상과 느낌의 단서가 만들어진다.[8]

요한 하위징아(Johan Huizinga)가 언급한 역사의 정의도 이와 같은 "집단 기억(collective memories)"에 포함될 것이다. 하위징아에 따르면 "사람들이 스스로에게 과거를 설명하는 방식"이 곧 역사다.[9]

메소포타미아 지역 최초의 도시는 우루크(Uruk)였다. 도시 우루크에 관해서 우리는 상당히 세부적인 사항까지 알고 있다.[10] 기원전 3200년경 우루크에는 수만 명의 사람들이 살았다. 사회 계층의 분화가 극심했으며 고도의 예술, 사원 복합 건물, 그리고 문자가 존재했다. 메소포타미아 지역의 도시 진화 과정에서 북부의 역사가 남부 못지않게 빨랐지만, 메소포타미아 문화의 정점은 남부에 있었다. 도시 우루크를 비롯한 남

---

8 Susan Sontag, *Regarding the Pain of Others* (New York: Farrar, Straus and Giroux, 2003), p. 8.
9 Johan Huizinga, "A Definition of the Concept of History," in Raymond Klibansky and H. J. Paton (eds.), *Philosophy and History: Essays Presented to Ernst Cassirer* (New York: Harper & Row, 1963), p. 8.
10 케임브리지 세계사 시리즈 05권 제6장, 제12장.

부 도시들의 성장은, 최소한 고고학적으로 볼 때는 가히 폭발적이었다. 우루크가 건설되기 불과 수백 년 전 그곳에는 조그만 시골 마을들이 점점이 흩어져 있을 따름이었다. 최초의 도시들(우루크 포함)이 남부 메소포타미아 지역에서[11] 등장한 시기는 기원전 제4천년기 말엽이었다. 시골 지역은 효과적으로 인구가 감소했고, 마을은 도시의 배후지로 재구성되었다.

도시는 낯선 사람들이 모이는 장소였고, 군사적 보호의 핵심이었으며, 무엇보다도 가장 중요한 사원이 있는 곳이었다.[12] 국가는 도시를 관리하는 행정 체계였고, 그에 따른 이데올로기가 형성되었다. 더불어 의례, 행사, 물질문화가 도시의 진화와 함께 만들어졌다. 이러한 이데올로기 속에서 도시, 통치자, 노예, 불평등은 당연하며 영원한 것으로 인식되었다.

유적이 최초로 발굴된 시기는 19세기였다. 바빌론(Babylon)이라는 이름 자체와 아시리아의 영광은[13] 현대 국가 이라크의 역사적 위대함을 나타내는 이미지로 활용되었다. 현대 이라크의 통치자였던 사담 후세인(Saddam Hussein)이 자주 메소포타미아 왕의 복장을 하고 등장한 장면을 우리는 기억하고 있다.[14] 이라크 북부 지역은 현재 쿠르드인의 통제 아래 있는데, 가히 여단 규모의 고고학자들이 투입되어 무엇보다 아시리

---

11 북부 메소포타미아 지역의 도시 발전에 대해서는 케임브리지 세계사 시리즈 05권 제12장 참조.
12 As I have expressed it in Norman Yoffee, *Myths of the Archaic State: Evolution of the Earliest Cities, States, and Civilization* (Cambridge: Cambridge University Press, 2005). 케임브리지 세계사 시리즈 05권 제2장 참조.
13 케임브리지 세계사 시리즈 06권 제23장.
14 Yoffee, "The Earliest Cities and the Evolution of History," p. 302.

아 제국의 역사를 집중적으로 탐사하고 있다. 아시리아 또한 "메소포타미아인"이었지만 남부의 바빌로니아인과는 적대 관계에 있었다. 이라크 남부에 맞서는 쿠르드인에게 아시리아가 갖는 의미는 불문가지다.

현대 인도에서도 하라파/인더스 문명 도시의 의미를 두고 역사 전쟁이 벌어지고 있다.[15] 전쟁에 참여하는 이들 가운데 일부의 견해에 따르면, 모헨조 다로와 하라파에서 (그리고 현대 인도의 다른 여러 도시들에서) 아리아인의 흔적이 보인다고 한다. 이러한 주장에는 물론 무슬림을, 처음부터 영원한 힌두교의 고향에 침입한 침략자로 규정하고자 하는 의도가 숨어 있다.

테오티우아칸[16] 또한 우루크를 비롯한 메소포타미아의 여러 도시들과 마찬가지로, 소박한 시골 마을에서 폭발적으로 성장하여 주변 지역을 아우르는 주도적 우두머리 도시가 되었다. 2010년에 멕시코 독립 200주년과 멕시코 혁명 100주년에 즈음하여, 아스테카의 수도 테노치티틀란뿐만 아니라[17] 테오티우아칸도 현대 멕시코의 뿌리로 선포되었다.

과테말라의 티칼(Tikal) 유적지[18] 북쪽 대피라미드 기단 가까이에는 불을 피우는 구덩이가 있다. 구덩이는 오늘날 설치한 것으로, 현대의 마야인이 과거의 마야 도시와 역사적 연관을 기념하기 위한 장소다.[19]

이외에도 고대 도시가 오늘날 민족과 정부의 역사적 기억과 이해를

15 케임브리지 세계사 시리즈 06권 제15장.
16 케임브리지 세계사 시리즈 05권 제13장.
17 케임브리지 세계사 시리즈 06권 제24장.
18 케임브리지 세계사 시리즈 05권 제3장.
19 케임브리지 세계사 시리즈 05권 제8장.

만드는 데 활용된 수많은 사례들을 열거할 수 있다. 그러나 이러한 "기억들"이 끊어진 것임을 증명하기란 쉽지 않다. 사실 그것은 전혀 기억이라고 할 수도 없는 것이다. 우루크, 모헨조 다로, 티칼, 은허(殷墟),[20] 카호키아,[21] 그리고 다른 많은 도시들의 실상이 오늘날 현지인에게는 전혀 혹은 거의 알려져 있지 않다. 초기 도시를 발굴하는 것도 고고학자들이고, 계속해서 집단 기억을 만들어내는 산파역을 하는 것도 고고학자들이다. 역사를 둘러싼 이야깃거리와 논란거리를 제공하는 역할을 고고학자들이 하기 때문이다.

초기 도시의 취약성

이제 우리의 논의는 다시 초기 도시에서 실제로 일어났던 "사회적 드라마"로[22] 되돌아가기로 한다. 제25장에서 로마를 논의했고, 제26장에서 제국의 도시들을 비교했다. 로마에서는 피정복민이 로마의 영향권으로 빨려 들어갔으며, 그중 많은 사람들이 로마 시민으로 편입되었다. 신아시리아의 경우,[23] 아시리아에 조공을 거부한 예컨대 이스라엘의 "잃어버린 열 지파(Ten Lost Tribes)" 같은 피정복민 수만 명은 아시리아 제국의 곳곳으로 강제 이주를 당했다. 그들은 신아시리아 왕들의 새로운 수도를 건설하는 노동자로 일했으며, 아시리아의 고위 관료나 장군의 농장 일꾼으로 보내지기도 했다. 강제 이주민을 아시리아 사회로 편입

---

20 케임브리지 세계사 시리즈 05권 제7장.
21 케임브리지 세계사 시리즈 06권 제21장.
22 케임브리지 세계사 시리즈 05권 제1장.
23 케임브리지 세계사 시리즈 06권 제23장.

하려는 시도는 거의 없었다. 게다가 아시리아의 국가 의례는 왕궁이나 사원 내부 깊숙한 곳에서 거행되었고, 아시리아인이건 아니건 사람들과 국가 의례의 간극은 점점 더 벌어졌다. 아시리아의 왕들은 점차 메소포타미아 문화의 중심에 놓이게 되었다. 예컨대 바빌로니아에 보관되어 있던 모든 문서를 가져오기도 했다. 이후 도시와 시골을 막론하고 당시로는 절대다수였던 문맹 인구와 스스로를 점차 뚜렷이 구분했다. 결과적으로 아시리아가 적들에 의해 정복되고 그들의 수도와 기타 여러 도시들이 파괴되었을 때, 시골 주민의 입장에서는 물질적으로든 이데올로기적으로든 아시리아를 재건할 이유가 없었다.

물론 왕과 궁정의 권력이 막대했음에도 불구하고, 이 책에서 논의된 도시들은 모두가 "취약"했다. 기원전 제2천년기 중국에서도 거대 도시가 등장했다. 이리두(二里頭)의 면적은 300헥타르 이상이었고, 기원전 1900~1500년 번성했으며, 거주민은 약 3만 명이었다.[24] 그 뒤에 등장한 도시 정주(鄭州)는 25제곱킬로미터 면적에 인구는 약 10만 명이었고, 기원전 1600~1400년 동안 유지되었다. 이들 두 도시 안에는 궁궐이 위치했고, 수공업품 제조 작업장과 엘리트 계층의 묘지 구역도 있었다. 그리고 기원전 제2천년기에 상나라의 마지막 수도 은허(殷墟)가 등장했다. 면적은 30제곱킬로미터 이상이었고, 발굴자들의 보고에 따르면 10만 명 넘게 거주했다고 한다. 은허에 관해서는 많은 사실들이 알려져 있다.[25] 몇몇 구역에서 대규모 발굴이 이루어졌기 때문이다. 은허에도

24　The data are from Liu Li and Chen Xingcan, *The Archaeology of China: From the Late Paleolithic to the Early Bronze Age* (Cambridge: Cambridge University Press, 2012).

특히 수공업품 제조 작업장과 다양한 묘지 구역, 그리고 왕실 구역이 포함되어 있었다. 또한 갑골문 기록을 통해 기원전 1275년경부터 기원전 1050년까지 대를 이은 왕의 권력이 확인되었다.

초기 도시의 성장과 규모, 왕궁의 출현과 고도로 계층화된 작업 구역 및 묘지 구역, 거대 구역을 둘러싼 성벽(특히 정주鄭州의 경우) 등을 근거로 고고학자들과 역사학자들은 왕과 (국가 수도로서의) 도시의 거대한 권력을 설명하게 된다. 그러한 설명이 틀렸다고 말할 수는 없지만, 왕의 권력이 경쟁 상대 없이 절대적이었다거나 그 권력을 통해 정부와 도시가 안정화되었다고 곧장 결론을 내리기는 어렵다. 게다가 수명이 길지 않았던 도시들, 그리고 상나라 말기의 왕들이 배후지를 통제하기 위해 끊임없이 정복전에 나서야 했던 일을 고려할 때 기원전 제2천년기 중국 도시의 정치 구조는 매우 불안정했다.

이 책에 수록된 다른 도시들을 통해서도 중국 초기 도시의 불안정성을 파악할 수 있을까? 스페인의 고대 잉카와 아스테카 제국 정복 이야기를 읽은 독자라면[26] 제국이 그토록 분열되어 있었다는 사실, 그리고 원주민이 스페인과 연합하여 잉카와 아스테카 제국의 정복을 도왔다는 사실이 놀라웠을 것이다. 구티에레스(Gutiérrez)의 보고에 따르면[27] 테노치티틀란의 성장과 배후지에서 도시로 흡수되는 막대한 양의 공물 때문

---

25 케임브리지 세계사 시리즈 05권 제7장.
26 For example, Jared Diamond, *Guns, Germs, and Steel: The Fates of Human Societies* (New York: W. W. Norton & Company, 1999); and Jared Diamond, *Collapse: How Societies Choose to Fail or Succeed* (New York: Viking, 2005).
27 케임브리지 세계사 시리즈 06권 제24장.

에 시골은 갈수록 고갈되었다. 테노치티틀란 자체로도 치남파스라고 하는 농지가 대규모로 조성되어 있었고, 운하와 교량 건설에 대규모의 노동력이 동원되었다. 의례 중심지로 연결되도록 행진을 위해 조성된 도로 위로 사람들의 물결과 공물이 흘러들었다. 제국의 "붕괴" 당시, 제국의 피정복 지역 출신 원주민 병력이 스페인 정복군과 연합하여 도시를 약탈했다. 은허와 마찬가지로 테노치티틀란 역시 경관은 위대했지만 수명이 길지 않았다. 도시는 기원후 1325년 건설되어 1521년 무너졌다.

쿠스코와 잉카 제국의 멸망 이야기도 줄거리는 대개 비슷했다. 기원후 1438년에 수립된 타완틴수유(Tawantinsuyu)는 원주민 군대와 스페인의 협공으로 무너졌다.[28] 어튼(Urton)의 연구가 보여주었듯이[29] 잉카 제국의 통치자들은 인력과 물품의 통계를 꼼꼼히 기록해두었다. 제국에 "병합된" 인구는 곧바로 원주민 군대로 편입되었고, 이를 바탕으로 거대하고 강력한 중앙 집권 권력이 형성되었지만, 결국 잉카 제국의 정치 구조는 연약하기만 했다.

존속 기간이 짧았던 또 하나의 도시가 바로 카호키아였다. 1050년경 "빅뱅(인구 폭발)"이 일어난 그곳도 200년 뒤에는 사실상 폐허가 되었다.[30] 카호키아는 지역 전체를 아우르는 규모에, 거대 인구에, 배후지를

---

28 David Cahill, "Advanced Andeans and Backward Europeans: Structure and Agency in the Collapse of the Inca Empire," in Patricia McAnany and Norman Yoffee (eds.), *Questioning Collapse: Human Resilience, Ecological Vulnerability, and the Aftermath of Empire* (Cambridge: Cambridge University Press, 2010), pp. 207–38.
29 케임브리지 세계사 시리즈 05권 제9장.
30 케임브리지 세계사 시리즈 06권 제21장. "빅뱅(big bang)"이라는 표현은 파우케탓(Pauketat)의 글에 나온다.

아우르는 중심지로서 넓은 지역 전체에 영향을 미치고 있었다. 그곳에서 의미심장한 의례가 거행되었다는 사실은 의심의 여지가 없다. 그런데 카호키아는 어떤 종류의 도시였을까? 파우케탓(Pauketat) 연구팀의 보고에 따르면, 카호키아에는 왕이나 전문 관료로 조직된 중앙 정부도 존재하지 않았다. 그보다는 지도자들이 각자 자신의 위치에서 친족과 의례 시스템을 통해 권력을 유지했다. 카호키아에는 많은 이주민 인구가 거주했다는 사실로부터, 카호키아가 국가 같은 조직 체계를 발달시키지 않으면서도 전통적 방식으로 다양한 주민을 통합했다는 해석이 가능할 것 같지만, 사실은 그렇지 않다. 카호키아 영향권 범위에 훗날 거주한 사람들의 민속 의례 가운데 카호키아의 영향을 엿볼 수 있지만, 실제 카호키아의 기억은 살아남지 못했다. 이를 두고 카호키아가 후대에게 기억을 전하는 데 실패했다고 보아야 할까? 아메리카 남서부에 이른바 "차코 현상"이 있었는데, 거대한 순례지로 아마도 9세기 말엽 "빅뱅(인구 폭발)" 당시에 형성되었다가 12세기 초엽에 폐허가 된 것으로 추정된다. 푸에블로 인디언의 구전 역사에 그 연원이 전해지고 있는데, 중앙 집중화의 교만함에 따른 신의 저주가 내린 곳이라고 한다.[31]

메소포타미아에 대한 니센(Nissen)의 연구에 따르면[32] 도시는 기원전 제5천년기 말 소박한 마을에서 시작되어 거대 도시국가로 성장한 뒤, 기원전 3200년경 문자가 발명되었다. 니센은 그 뒤의 이야기를 들려주지 않았지만 다른 글에서[33] 그 직후 단계가 언급되었는데, 의례 구역

---

31 Steve Lekson, *A History of the Ancient Southwest* (Santa Fe, NM: School of Advanced Research Press, 2008), p. 200.
32 케임브리지 세계사 시리즈 05권 제6장.

인 에안나(Eanna)가 번성했으며 나중에는 폭력적으로 파괴된 흔적이 있었다고 한다. 우루크는 기원전 제3천년기 초엽에 등장했던 수많은 도시들 가운데 하나로 독립과 헤게모니 장악을 위해 투쟁해야 했다.

다른 메소포타미아 도시들에서도 같은 이야기가 반복된다. 기원전 제3천년기 중엽 도시 키시(Kish)는 메소포타미아 중부 지역의 패권을 장악했다. 그곳에는 궁전, 지구라트, 왕실 묘역이 따로 있었고, 거대한 건물들이 늘어서 유적지 안 어느 한 장소를 향해 길을 만들고 있었다. 겨우 한 세기 만에 키시는 아카드의 사르곤에 의해 정복되었다. 이후 2500년 동안 키시는 다른 중심 권력의 외곽 전진 기지로 기능하는 하나의 지방으로 편입되어 있었다. 오토(Otto)는[34] 신아시리아 제국 시기 메소포타미아 북부에서 몇몇 수도가 거대 규모로 건설되었다가 이내 버려진 사건을 논의했다.[35]

최근 발표한 논문에서 패트리샤 맥애너니(Patricia McAnany) 등의 저자들은 마야 도시의 취약성과[36] "붕괴"를[37] 연구했다. 특히 그들의 논의

---

33 Hans J. Nissen, *The Early History of the Ancient Near East* (Chicago: The University of Chicago Press, 1988); Mario Liverani, *Uruk: The First City* (Chicago: The University of Chicago Press, 2006); and M. van Ess (ed.), *Uruk, 5000 Jahre Megacity* (Petersburg: Michael Imhof Verlag, 2013).
34 케임브리지 세계사 시리즈 06권 제23장.
35 이들 도시의 붕괴와 관련하여 더 자세한 내용은 다음을 참조. Norman Yoffee, "The Collapses of Ancient Mesopotamian States and Civilizations," in Norman Yoffee and George L. Cowgill (eds.), *The Collapse of Ancient States and Civilizations* (Cambridge: Cambridge University Press, 2005), pp. 44–68
36 케임브리지 세계사 시리즈 05권 제3장.
37 Patricia McAnany, Jeremy A. Sabloff, Maxime Lamoreux St-Hilaire; and Gyles Iannone, "Leaving Classic Maya Cities," in Geoff Emberling (ed.), *Counternarratives: Agency and the Long-term in Archaeology and History*

에서는 후기 고전기(Late Classic period, 기원후 9~10세기경) 남부 저지대에 있었던 마야 도시의 왕실이 버려진 사실에 주목했다. 그로부터 1~3세대가 지난 후 도시의 주민은 특히 북쪽에 있던 마야의 다른 도시들로 이주했는데, 당시 그곳에서는 위계질서가 완화된 새로운 정치 체제가 등장했었다. 연구자들이 중점적으로 검토한 것은 마야 도시의 지나친 집중화 혹은 인구 과잉 문제가 아니라, 혹은 후기 고전기 마야 도시들 간의 전쟁 증가가 아니라 "활발한 디아스포라"였다. 마야 도시의 "인구 소멸"이 일어난 이유는 "엄청나게 다양한 변수들"이 있었고, 또한 그만큼 "복잡하고도 다양한 원인과 복합적인 과정"이 존재했다. 후기 고전기 마야의 일부 지역에서는 기후 변화가 확인되었고, 가뭄이나 산림 훼손, 토양 고갈, 인구 과잉의 흔적이 거의 발견되지 않는 지역들도 있었다. 맥애너니 연구팀에 따르면, 마야 도시 붕괴에 따른 지역 인구 이동에는 "다단계 효과(cascading effect)"가 있었다. 인구 감소 때문에 왕실에서 열대 지역의 농부들에게 더 이상 자원 공급을 명령할 수 없는 지경에 이르면, 행진을 위한 도로와 의례용 복합 건물 등 거대 규모의 의례와 건축에 초점을 맞추고 있는 도시들은 갈수록 취약해질 수밖에 없었다. 그래서 각 도시를 떠받치고 있던 그나마 남은 사람들도 환경 변화에 좀 더 능동적으로 대응할 수 있는 다른 지역으로 이주할 수밖에 없었다. 왕실과 왕실 의례의 번거로운 절차가 맞물려 있는 정치 체제의 수요는 갈수록 농부들과 상인들의 관심에서 멀어졌다.

더 이상 왕실을 유지하지 못하고 사람들이 떠남으로써 도시가 붕괴

(Cambridge: Cambridge University Press, *forthcoming*).

되었다는 시나리오는 하라파 문명과 인더스 문명 사람들의 선택에도 적용될 수 있을 것이다. 인더스 문명의 도시에서 "왕실"의 근거는 확인되지 않았지만[38] 일부 도시들(최소한 모헨조 다로)에는 중앙 집중식 거대 의례 구역이 존재했고, 고밀도의 도시 복합 건물에 거주했던 엘리트 계층을 부양하려면 상당량의 농산물이 지원되었을 것이다. 앙코르(Angkor) 또한 마야처럼 인구 밀도가 낮았던 도시의 사례인데, 굉장히 다양한 의례 구조물과 복잡한 관개 시설이 특징이었다.[39] 그곳의 섬세한 정치 및 환경 체제가 악화될 경우 주민은 종교 및 정치 엘리트를 부양하지 않고 떠나버렸을 것이다. 이 시나리오를 티와나쿠에도 적용한다면, 그곳의 거대 규모 의례용 건축 구조물들도 환경 요인의 악화에 직면하여 더 이상 유지가 어려웠던 것은 아닐까?[40]

    기 미들턴(Guy Middleton)은 "영원한 것은 없다"는[41] 자명한 이치를 다시 한 번 강조하며 "고대의 정치 단위가 얼마나 취약했는지"를[42] 논했다. 고대의 정치 단위뿐만 아니라 도시는 더욱 그랬다. 도시의 규모와 복잡한 구조를 보고 고고학자들은 초기 도시들이 통치자에 의해, 그리고 당시의 국가 이데올로기였던 종교적 우주론에 의해 "통합"되어 있었다고 믿었다. 이 책에 수록된 우리의 연구는 그러한 개념에 의문을 제

---

38 케임브리지 세계사 시리즈 06권 제15장.
39 케임브리지 세계사 시리즈 05권 제4장.
40 케임브리지 세계사 시리즈 05권 제11장.
41 Guy Middleton, "Nothing Lasts Forever: Environmental Discourses on the Collapse of Past Societies," *Journal of Archaeological Research* 20 (2012), 257-307.
42 Middleton, "Nothing Lasts Forever," p. 286.

기하는 것이었다. 만약 초기 도시들이 통합되어 있었다면, 그 통합이라는 것에 모든 것이 원활히 운영된다는 의미도 포함되는지, 그리고 도시의 붕괴는 예컨대 기후 변화 같은 무언가 잘못된 일이 일어나는 경우에만 발생하는지를 질문했다(기후 변화에 따른 붕괴 시나리오는 분명 현대의 환경 관련 문제의식으로부터 영향을 받았다). 고고학자들이 "복합 사회(social complexity)의 진화"를 설명할 때면 복합성(complexity)을 협력(cooperation) 내지 통합(integration)과 같은 의미로 간주하는 경향이 있지만, 초기 도시를 검토한 우리의 논의에서 보여주고자 했던 바는, 통합을 위한 시도는 곧 도시와 사회 안에서 여러 사회적 분야를 통제하고자 하는 진정한 투쟁이었고, 결국 그것은 분열의 전조이거나 대개 분열의 원인이 되었다는 사실이다.

취약성이 극명하게 드러난 사례는 예루살렘, 고전기 그리스의 도시, 그리고 바그다드였다. 이러한 도시들은 새로운 종류의 연속성에 바탕을 두고 있었고, 새로운 종류의 최우선 이데올로기에 의해 지배를 받았다. 이러한 이데올로기는 단지 정치 체제의 일부였을 뿐만 아니라 현실 정치에 대립되는 경우도 종종 있었다. 새로운 종류의 엘리트 계층은 스스로를 일시적 지도자, 왕실 혹은 중앙 집중화된 관료나 군대가 아니라 초월적 가치와 신념의 체계에 소속되어 있다고 믿었다. 이런 신념이 이들 도시를 다른 초기 도시들과 매우 차이 나는 도시로 만들었다. 우리 책에서 언급되었던 일부 도시들, 특히 그리스의 도시들,[43] 제니-제노,[44] 그리

---

43 케임브리지 세계사 시리즈 06권 제16장.
44 케임브리지 세계사 시리즈 06권 제17장.

고 아마도 하라파 문명에서 중앙 집중화가 극도로 강화되지 않았던 것은 도시가 더 오래 존속하는 데 도움이 되었다고 볼 수도 있다.

초기 도시들의 복합성(즉 복잡성complexity)은 아이러니였다. 원래 이들 도시는 복잡성을 제거하여 단순화하기 위한 목표의 (많은 변수를 제거하기 위한 노역의) 결과물이었기 때문이다.[45] 바로 이 지점에 그들의 약점(fragility)이 놓여 있었다. 그렇다면 우리의 연구 방향은 "복잡성의 진화"가 아니라 "약점의 진화"가 되어야 할 것이다.[46]

---

45 제임스 스콧(James Scott)은 이를 "사회의 가독성(legible)"을 높인다고 표현했다. 즉 통치자가 사회를 읽게(지배하게) 되는 것이다. James Scott, *Seeing Like a State: How Certain Schemes to Improve the Human Condition Have Failed* (New Haven, CT: Yale University Press, 1999).
46 물론 약점의 반대(예외)도 포함되어야 한다.

케임브리지 세계사 06

고대의 도시들 2
권력과 제국주의

2021년 10월 15일 1판 1쇄

노먼 요피 편집
류충기 옮김

펴낸곳 : (주)소와당笑臥堂 | 신고 번호 : 제313-2008-5호
주소 : (03994) 서울시 마포구 연남로 13(영상빌딩 3층)
전화 : (02)325-9813
팩스 : (02)6280-9185
전자우편 : sowadang@gmail.com

저작권자와 맺은 협의에 따라 인지를 생략합니다.
값은 뒤표지에 적혀 있습니다.
잘못 만든 책은 서점에서 바꾸어 드립니다.

ISBN 978-89-6722-034-1 94900
ISBN 978-89-6722-028-0 94900 (세트)